D1234076

Diese Anthologie hat nicht die die hochtrabende Absicht, überzeitliche Werte zu vermitteln. Sie stellt statt dessen zur Diskussion. Wie jede Auswahl, und insbesondere jede zeitgenössische Auswahl, wird auch diese auf Widerspruch stoßen. Mancher wird Namen, die ihm lieb geworden sind, vermissen. Aber oft steht ein Autor mit seinem Darstellungsstil noch stellvertretend für andere. Der Herausgeber hatte bei dieser Sammlung deutschsprachiger Prosa des 20. Jahrhunderts zwei Ziele im Auge. Er wollte einen relativ bequemen Zugang zu dem für viele unübersehbar gewordenen oder auch unbekannt gebliebenen Fundus unserer Gegenwartsliteratur schaffen. Und er wollte für einen möglichst großen Kreis von Lesern einen Band Geschichten zusammenstellen, die zeigen, daß auch die moderne Dichtung mit ihren gewollten oder ungewollten Dunkelheiten, sofern sie beanspruchen darf, Dichtung zu sein, immer noch ›Spiel‹ und ›Spaß‹ bedeutet.

Im Fischer Taschenbuch Verlag wurden außerdem von Benno von Wiese herausgegeben: ›Deutschland erzählt. Von Johann Wolfgang von Goethe bis Ludwig Tieck‹ (Band 10982), ›Deutschland erzählt. Von Georg Büchner bis Gerhart Hauptmann‹ (Bd. 10983) und ›Deutschland erzählt. Von Rainer Maria Rilke bis Peter Handke‹ (Bd. 10985).

Benno von Wiese, der Herausgeber dieser Sammlung, der 1903 in Frankfurt am Main geboren wurde und lange Jahre ordentlicher Professor in Bonn war, zählt zu den bedeutendsten deutschen Literaturwissenschaftlern der Nachkriegszeit. Er starb 1987 in München.

Deutschland erzählt

Von Arthur Schnitzler
bis Uwe Johnson

Ausgewählt und eingeleitet
von Benno von Wiese

Fischer Taschenbuch Verlag

25. – 34. Tausend: Februar 1995

Originalausgabe
Veröffentlicht im Fischer Taschenbuch Verlag GmbH,
Frankfurt am Main, Dezember 1991
Erstveröffentlichung Dezember 1962

Umschlaggestaltung: Buchholz / Hinsch / Hensinger
unter Verwendung der Abbildung ›Dame in grüner Jacke‹
von August Macke
Gesamtherstellung: Clausen & Bosse, Leck
Printed in Germany
ISBN 3-596-10984-1

Gedruckt auf chlor- und säurefreiem Papier

Inhalt

Einleitung 9

ARTHUR SCHNITZLER
Die Toten schweigen 21

HUGO V. HOFMANNSTHAL
Lucidor 39

HEINRICH MANN
Abdankung 52

THOMAS MANN
Beim Propheten 63

ROBERT WALSER
Der Tänzer 72

FRANZ KAFKA
Auf der Galerie 74

FRANZ KAFKA
Der Jäger Gracchus 76

ROBERT MUSIL
Die Amsel 81

GOTTFRIED BENN
Gehirne 99

FRANZ WERFEL
Die Hoteltreppe 105

HANS HENNY JAHNN
Ein Knabe weint 117

HERMANN BROCH
Methodisch konstruiert 130

ALFRED DÖBLIN
Im Himmel · Der Erzengel Gabriel 143

BERTOLT BRECHT
Herrn K's Lieblingstier 154

BERTOLT BRECHT
Maßnahmen gegen die Gewalt 155

HERMANN HESSE
Märchen vom Korbstuhl 156

BRUNO FRANK
Chamfort erzählt seinen Tod 160

JOSEPH ROTH
Seine k. u. k. apostolische Majestät 167

RENÉ SCHICKELE
Das gelbe Haus 173

ERNST PENZOLDT
Der Delphin 190

ELISABETH LANGGÄSSER
Die Bootstaufe 207

CARL ZUCKMAYER
Die Geschichte vom Tümpel 218

STEFAN ANDRES
Die Himmelsschuhe 227

ERNST JÜNGER
Die Eberjagd 234

FRIEDRICH GEORG JÜNGER
Der Knopf 241

EMIL BARTH
Beim Uhrmacher 251

HEINZ RISSE
Das Gottesurteil 255

WOLFDIETRICH SCHNURRE
Reusenheben 259

GEORG BRITTING
Das Märchen vom dicken Liebhaber 265

WERNER BERGENGRUEN
Die Fahrt des Herrn von Ringen 272

MARIE LUISE KASCHNITZ
Das dicke Kind 278

ILSE AICHINGER
Spiegelgeschichte 286

MAX FRISCH
Geschichte von Isidor 295

FRIEDRICH DÜRRENMATT
Der Tunnel 299

ALFRED ANDERSCH
Grausiges Erlebnis eines venezianischen Ofensetzers . . . 310

HEINRICH BÖLL
Es wird etwas geschehen 318

HERBERT EISENREICH
Erlebnis wie bei Dostojewski 324

GÜNTER GRASS
Die Linkshänder 337

MARTIN WALSER
Ich suchte eine Frau 344

SIEGFRIED LENZ
Der Amüsierdoktor 350

WOLFGANG BORCHERT
Nachts schlafen die Ratten doch 356

JOSEF MÜHLBERGER
Der Kranzträger 360

LUISE RINSER
Die rote Katze 364

HANS ERICH NOSSACK
Das Mal 371

ROLF SCHROERS
Das Gericht 383

UWE JOHNSON
Grenzübertritt 391

Bibliographie 395

Gerade gedruckte Titel stammen vom Herausgeber.

Einleitung (1962)

Deutschland erzählt – damit meinen wir: in deutscher Sprache wird erzählt. Der Herausgeber glaubte sich daher berechtigt, auch Autoren aus Österreich und aus der Schweiz in seine Sammlung mit aufzunehmen. Dem ehrwürdigen Begriff »Nationalliteratur« haftet zudem manches Antiquierte an. Er verliert vollends seinen Sinn, wo von verschiedenen Völkern, deren nationale und politische Eigentümlichkeiten wir durchaus respektieren, in der gleichen Sprache gedichtet wird. Dichter wie Keller, Gotthelf, Meyer sind ebenso wie Stifter und Hofmannsthal längst »Klassiker« einer deutschen Literatur geworden.

Deutschland erzählt – damit meinen wir: in unserem Zeitalter, in der Epoche, in der wir leben, wird erzählt, so wie auch in vergangenen, schon geschichtlich gewordenen Zeitaltern jeweils erzählt wurde. Aber die Grenze zwischen »einst« und »jetzt« ist keineswegs leicht zu ziehen. So manches Dokument des sog. »Expressionismus« oder der sog. »neuen Sachlichkeit« ist für unser heutiges Bewußtsein bereits »historisch« geworden, während wiederum weiter zurückliegende Dichtungen aus der Zeit der Jahrhundertwende in manchen Fällen erneut »Aktualität« gewonnen haben.

Deutschland erzählt – damit meinen wir nicht nur die Schriftsteller des Tages, sondern auch die »Väter«, die großen Toten: Hugo von Hofmannsthal, Arthur Schnitzler, die Brüder Heinrich und Thomas Mann, Franz Kafka, Robert Musil, Gottfried Benn, Franz Werfel, Hermann Broch, Alfred Döblin und andere, um von hier aus den Bogen bis zu den Jüngeren und Jüngsten, die heute unter uns wirken, zu schlagen. Denn bei diesen »Vätern« wurde der Grund gelegt zu dem seltsam befremdenden und verrätselten Phänomen moderner deutscher Dichtung mit ihrer oft raffinierten Technik des Erzählens, und auch diese »Väter« standen noch in Erzähltraditionen der Weltliteratur, die mindestens bis zu Joyce,

Proust, Maupassant und Tschechow reichen. Der geschichtliche Schnitt liegt hier ziemlich genau um die Jahrhundertwende.

Einigen von diesen Kronzeugen der modernen Prosa war es vergönnt, noch über den weiteren Einschnitt der zwanziger Jahre, ja noch über die Totengräberepoche des Nationalsozialismus hinaus bis in unsere Gegenwart hinein ihre produktive Strahlungskraft zu entfalten. Beispielhaft dafür ist vor allem Thomas Mann. Bereits seine frühe Prosa, die noch ganz in die Zeit der Jahrhundertwende fällt, wurde weltberühmt. Eine Novelle wie »Der Tod in Venedig« (1911) steht mit ihrem mischenden und antithetischen Stil, ihrer Kunst der subtilen psychologischen Analyse, aber auch schon mit ihren symbolischen Verweisungszusammenhängen stellvertretend für modernes Erzählen überhaupt. Thomas Mann, »der ironische Deutsche«, wie ihn Erich Heller genannt hat, erwies sich als der souveräne Meister in fast allen Gattungen des Erzählens: im Roman, in der Novelle, in der Kurzgeschichte und in der Studie. Wie viele andere mußte er das Los der Emigration auf sich nehmen und blieb lange Jahre in Deutschland ungehört. Dennoch hat gerade sein Spätwerk einen bis heute noch nicht abzusehenden Einfluß auf das Deutschland der Nachkriegszeit gewonnen. Wohl mochten manche ihn als den Erben, ja sogar als den Epigonen der großen Erzähltraditionen des 19. Jahrhunderts bewerten, aber sein bewahrendes Festhalten an »bürgerlichen« Werten, seine Abneigung gegen alle ideologische Verfestigung, sein Wohlwollen dem Menschlichen gegenüber verband sich bereits mit jener kritischen Skepsis der Moderne und den sowohl reflektierenden wie musikalischen Gestaltungsformen, die ihn zu einem der größten Stilisten unseres Zeitalters in Deutschland und noch über Deutschland hinaus werden ließen.

Sein Bruder Heinrich wiederum, dessen allzu wortreiche, ja schwülstige Renaissance-Romane aus der Zeit der Jahrhundertwende sich heute nur noch »geschichtlich« lesen lassen, behielt als Satiriker und Sozialkritiker von ätzender Schärfe dennoch seine Bedeutung, und sein gewiß nicht uninteressantes Spätwerk »Jugend und Vollendung des Königs Henri Quatre« (1935−38) ist bisher, wenigstens in Westdeutschland, leider so gut wie unbekannt geblieben.

Zu den großen Toten, denen vielleicht erst die Zukunft gehört, möchte ich auch Alfred Döblin zählen. Sein antibürgerlicher Proletarierroman »Berlin Alexanderplatz« (1930) erlangte frühen, aber bald verschütteten Ruhm; erst heute findet eine jüngere Generation zu ihm zurück und entdeckt ihn als ein künstlerisches Pandämonium, als ein den kollektiven Kräften gewidmetes Werk von höchstem Rang, das weit über Döblins frühe »expressionistische« Prosa hinausgeht und in der Geschichte des deutschen Romans vielleicht sogar eine neue Epoche einleitet. Ebenso werden die kaum gelesenen Romane aus Döblins Spätzeit erst jetzt allmählich angeeignet. Die von uns abgedruckte, selbständige Erzählung aus »Hamlet oder die lange Nacht nimmt ein Ende« ist ein Meisterstück mythologischer Persiflage: tiefsinnig, humoristisch und ironisch zugleich.

Der Ruhm Robert Musils wiederum, dessen unvollendeter Roman vom Kulturzerfall des alten Österreich, »Der Mann ohne Eigenschaften«, in Teilen bereits 1930 und 1933 zum ersten Mal herauskam, beginnt eigentlich erst in unseren Tagen und hat gewiß noch lange nicht seine Kulmination erreicht. Dabei konnte man eine seiner intensivsten, freilich auch anspruchsvollsten Erzählungen, »Die Amsel«, schon 1928 in der Neuen Rundschau lesen. Wenn wir sie hier erneut abdrucken, so geschieht es, um ihr endlich das breite Leserpublikum zu verschaffen, das sie für sich beanspruchen darf.

Daß Hofmannsthal und Kafka, beides Dichter, die längst zur Weltliteratur gehören, »Väter« unserer modernen Dichtung sind, wird heute kaum jemand bestreiten. Vielleicht mag Hofmannsthal von manchen Literaturkritikern stärker unter geschichtlichen Aspekten gesehen werden; aber die Stunde ist glücklicherweise noch lange nicht da, wo wir ihn im Museum der Literatur unterstellen dürfen. Gerade seine erzählende Prosa, wie zum Beispiel die »Reitergeschichte« mit ihrer symbolisierenden Stilisierung, die die Stilform der psychologischen Analyse weit hinter sich läßt, ist bisher nur von wenigen in ihrem künstlerischen Rang gesehen worden. Vom »Lucidor«, den wir neu abdrucken, gilt das gleiche. Sein Wiener Nachbar Arthur Schnitzler wiederum wartet erst recht noch auf seine endgültige Entdeckung. Denn sein früher und flüchtiger Ruhm als Erzähler hatte, ähnlich wie bei Döblin, etwas Vorläufiges. Kafka hingegen, bei Lebzeiten nur von ganz wenigen gesehen und erkannt, steht heute im Zenit seines Ruhmes. Es gibt kaum eine erzählende deutsche Prosa von heute, die ihm nicht in irgendeiner Weise verpflichtet wäre. Freilich haben wir ebenso schlechte Nachahmer, die seinen Stil ins Manierierte übertreiben, ohne über die Anmut dieses Stils zu verfügen.

Die Geschichte einer Literatur läßt sich nicht an der chronologischen Skala ablesen. Manche Autoren von *einst* finden erst *jetzt* ihre geschichtliche Stunde, manche Autoren von *heute* hingegen, deren aktuelle Bedeutung wir leicht aus der Froschperspektive überschätzen, sind trotz aller angeblichen »Avantgarde« sehr viel antiquierter, als sie sich dem Anschein nach gebärden. Der Herausgeber konnte sich nur bemühen, sein literarisches Konzert so mannigfaltig wie möglich zu gestalten. Dabei mußte er sich – so verlangte es das Gesetz des Raums – zumeist auf die Kleinformen des Erzählens: Anekdote, Studie, Kurzgeschichte, Parabel, allenfalls noch Novelle, beschränken; aus größeren Erzählungen und Romanen hat er nur dann Einzelgebilde herausgelöst, wenn sie in sich ein geschlossenes Ganzes repräsentieren. Indessen läßt sich für eine solche Beschränkung auf die Kleinform auch eine sachliche Begründung geben. Denn die Prosa der Moderne hat auf weiten Strecken *experimentierenden* Charakter; manchmal sieht es geradezu so aus, als ob sie im Laboratorium in der Retorte künstlich hergestellt sei. Dafür bietet sich die Kleinform oft mehr als die Großform an. Besonders die Kurzgeschichte ist von allen Gattungsformen die relativ freieste, am wenigsten an Überlieferungen der Gattungspoetik gebunden. Trotz ihrer räumlichen Begrenzung, ja gerade innerhalb dieser Begrenzung, gibt sie dem Dichter ein nahezu unbegrenztes Spielfeld. Es reicht vom Realen der Reportage bis zum mysteriös Wunderbaren, von der exakten Wirklichkeitsschilderung bis zur grotesken Phantastik, vom verknappenden Bericht bis zur kunstvollen, oft ironischen Stilisierung, vom naiven Erzählen bis zur Verrätselung im Zeichenhaften. Die lehrhaften Kurzgeschichten Brechts über Herrn Keuner erreichen wohl das Äußerste an stilistischer Verknappung. Ja, manche dieser Erzählungen wollen nur erproben, was sich dem ebenso biegsamen wie spröden Material der Sprache selbst heute noch, in einer

Spätzeit, an neuen Nuancen, Überraschungen und Gewagtheiten abgewinnen läßt. Wo den Großformen mit dem Verlust eines einheitlichen Weltbildes und dem Verlust einer Totalität der Objekte der Zerfall droht – und dies ist schon im ausgehenden 19. Jahrhundert weitgehend der Fall –, kann die Kleinform die Kunst des Experimentierens entfalten. Je mehr die Welt, in der die Menschen leben müssen, das Selbstverständliche, Fraglose verliert, desto mehr bedarf es auch in der Literatur der konstruktiven Elemente. Nicht nur die Welt, auch ihre Menschen werden zeichenhaft, so daß die Sprache nicht mehr die Gegenstände selbst aussagt, sondern auf Bereiche hindeutet, die sich der Sprache entziehen und die »eigentlich« gemeint sind. Die Wirklichkeit ist wie ein täuschender Vorhang, hinter dem erst die wahre, die »unrealistische« Realität gefunden werden soll.

Von diesem neuen Lebens- und Stilbewußtsein her wird die außergewöhnliche Wirkung Kafkas verständlich. »Wirkliche Realität ist immer unrealistisch«, äußerte dieser einmal in den Gesprächen mit Janouch. Das ist wie eine Formel für einen großen Teil der Gegenwartsprosa. Das konstruktive Experiment braucht die sonderbaren Zusammenstellungen, die schon durch ihr bloßes Vorhandensein etwas »bedeuten«, braucht das Artifizielle in der jeweiligen Anordnung; die Künstlichkeit im Sprechen, um einen Abstand zur Wirklichkeit zu gewinnen. Daher muß man auch die »Dunkelheiten« zeitgenössischer Dichtung in Kauf nehmen, mögen sie nun legitim oder nur ein geschickter Betrug sein. Ein Zeitalter, das das Diskontinuierliche als Daseinsproblem erfährt, das die Zertrümmerung der Kontinuitäten erlebt, die dialektischen Antinomien des gesellschaftlichen und sittlichen Lebens, die Relativität von Raum und Zeit, kann nicht mehr so nachahmend, so poetisch naiv erzählen, wie es in früheren Epochen noch möglich war. Statt dessen schafft der Erzähler mit virtuos gehandhabten Stilmitteln eine »verfremdete« Welt, die ihre eigene Gewichtsverteilung, ihre eigenen Steigerungen und Pausen hat und durch ästhetische Reduktion, durch absichtliche Verwischung der Trennungslinie von Wirklichkeit und Täuschung die Illusion zerstört, daß noch nach Ähnlichkeit mit der sogenannten wirklichen Welt gefragt werden könne.

»Methodisch konstruiert« heißt eine Erzählung von Hermann

Broch. Bereits der Titel ist symptomatisch. Banale Alltagswirklichkeit mit trivialen Menschen wird hier nicht realistisch »nachgeahmt«, sondern durch den ästhetisch reduzierenden, Sprache gewordenen künstlerischen Akt gleichsam filtriert, um ihre reine Essenz konstruieren zu können. Dadurch ergäbe sich zugleich die Möglichkeit zum radikalen Umschlag in das Gegenteil, zum Außerordentlichen als der Antithese zum Gewöhnlichen. Aber das bleibt nur ein fiktives Resultat des Erzählers, dem am Ende das Steckenbleiben des Alltagsmenschen in der Banalität ironisch gegenübergestellt wird. Der Erzähler benutzt die methodisch konstruierte Fiktion und auch noch die gewollte Künstlichkeit seines eigenen Stils, um die Erbärmlichkeit des Realen zu entlarven. Das ist eine Stilform, die bereits in der expressionistischen Prosa, etwa in der Skizze aus Benns Frühzeit, »Gehirne«, ihre Geburtsstunde hat, aber noch weiter wirkt bis zu Hans Henny Jahnn – das Kapitel »Ein Knabe weint« aus seinem Roman »Perrudja« ist hierfür besonders charakteristisch – ja, bis zur satirischen Groteske bei Max Frisch, Heinrich Böll und Günter Grass. Ist ja doch die Groteske, in der Unvereinbares dennoch im gleichen Raum existiert, eine der beliebtesten Darbietungsformen zeitgenössischer Prosa!

Die Kompliziertheit einer immer unübersehbarer werdenden gesellschaftlichen Welt erzwingt den komplizierten Stil. Nur die in Sprache und Lebensgefühl mehr an die Tradition gebundenen Erzähler wie Hermann Hesse, Bruno Frank, Joseph Roth, Ernst Penzoldt, Carl Zuckmayer, Friedrich Georg Jünger, Werner Bergengruen, Luise Rinser vermögen stärker das naiv Fabulierende zu bewahren, wobei die Kunstwirkungen nicht so sichtbar hervortreten, sondern mehr verdeckt sind. Der Stil des Erzählens bleibt gelassener, vergleichsweise epischer, zuweilen auch sentimental gefühlvoller. Der Glaube, daß sich Welt und Wirklichkeit poetisieren lassen, wie er von Theodor Storm bis zu Carossa, Binding und Wiechert noch weiterwirkte, ist auch hier nicht völlig erloschen. Der Leser darf sich mit schauderndem Behagen oder stillem Vergnügen in eine »Geschichte« einspinnen lassen, die sich von einer gesicherten, weiterhin tradierten Sprache tragen läßt und die nun, sei es mit mehr, sei es mit weniger Spannung, auf ein Ende hin erzählt wird. Experiment und Konstruktion treten dabei zurück zugunsten der um ihrer selbst willen festgehaltenen Situationen, mögen diese nun idyllisch-humoristisch, wehmütig verklärt oder schaurig tragisch sein.

Es ist reizvoll, von diesem Blickpunkt aus die Brüder Jünger miteinander zu vergleichen. Ernst Jüngers meisterhaftes Prosastück »Die Eberjagd« ist nur scheinbar ein Situationsgemälde. In Wahrheit gilt auch hier: »methodisch konstruiert«. Der Akzent liegt durchaus auf der Stilisierung, auf der wie durch einen Filter hindurchgegangenen Sprache, auf der Verteilung von Licht und Schatten, der Kontrapunktik der Figuren und der zeichenhaften Gegenüberstellung von Tier und Mensch. Was sich so einfach und selbstverständlich lesen läßt, ist dennoch erst das Ergebnis sehr genau erwogener künstlerischer Operationen. Friedrich Georg Jüngers Erzählung »Der Knopf« hingegen ist weit mehr fabuliert; die Sprache folgt den geschichtlich vorgegebenen Bahnen. Ein unentrinnbar ablaufendes Schicksal entwickelt sich, so beiläufig zufällig der Anlaß sein mag, der es in Gang bringt, in unerbittlicher Folgerichtigkeit aus den Charakteren.

Oder man vergleiche die beiden von uns abgedruckten Erzählungen von Thomas und Heinrich Mann, beide aus ihrer Frühzeit, beide Zeugnisse für die ungewöhnliche ironisch-satirische Begabung ihrer Autoren. Die Satire Heinrich Manns spitzt sich bis zum Äußersten zu; man spürt eine leidenschaftliche denkerische Energie dahinter, die zu künstlerischen Abstraktionen neigt, ja die die Wirklichkeit geradezu vergewaltigt um des moralischen Postulats willen. Der dargestellte Umschlag von Sadismus in Masochismus ist für den Erzähler weit mehr als ein psychologisches Problem; er interessiert ihn als gesellschaftliches Phänomen, als extreme Form der Inhumanität im menschlichen Zusammenleben. Die Studie liest sich heute wie eine politische Kritik der erst später folgenden Hitlerjahre. Die Inhumanität als solche soll enthüllt, entlarvt, angeprangert werden. Die bewußt übertreibende, ins Groteske verzerrende Darbietungsform ist hier weniger ein Element des künstlerischen Spiels, sondern weit eher ein Instrument des Kampfes, der Auseinandersetzung mit einer negativ beurteilten Wirklichkeit. In Günter Grass' sehr viel späterer Erzählung »Die Linkshänder« ist es im Grunde nicht viel anders. Mehr freilich gilt das noch von seinem umstrittenen Roman »Die Blechtrommel«, der in Heinrich Manns politisch-satirischem Roman »Der Untertan« (1914) schon eine Art Vorläufer hat.

Thomas Mann erzählt damit verglichen menschlicher, freilich keineswegs naiv. Seine analytisch-psychologische Kunst ist mehr beobachtender Natur. Die Satire auf den Derleth-Klages-Kreis der kosmogonischen Propheten aus München-Schwabing bleibt liebenswürdig. Selbst die eigene Figur – sie ist in dem Novellisten, der die Gastrolle spielt, unschwer zu erkennen – kann noch zum Gegenstand der Selbstironie gemacht werden. Nur der Humor gestattet »ein gewisses Verhältnis zum Leben«, mag der Ironiker dies auch wiederum diskret verspotten. Radikale Moralisten oder Immoralisten – beide sind oft zum Verwechseln einander ähnlich – besitzen es nicht. Darin ist Thomas seinem Bruder überlegen. Denn dieser stand dem Leben eher mit Haß und Verachtung gegenüber. Trotz aller Satire blieb auch er stets Prediger und »Prophet«, wenngleich Thomas Mann in seinem Spott über die Unbedingten, die Propheten natürlich nicht seinen Bruder gemeint hat.

»Ein gewisses Verhältnis zum Leben«, wie es Thomas Mann stets besaß, – finden wir es nicht eher bei der älteren als bei der jüngeren Generation? Franz Werfels Erzählung »Die Hoteltreppe« aus den zwanziger Jahren zeigt gewiß sehr artistische Züge: in der genauen Präzision der auf den inneren Bewußtseinsvorgang gerichteten Beobachtung, in dem pointierten, unerwartet paradoxen Abschluß, in dem Kontrast von langem, unendlich langem Gang die Hoteltreppe hinauf und dem ungeheuren Lüster hoch oben, der wie ein strahlender Riesenvogel »mit ausgebreiteten Schwingen über dem Abgrund schwebte«. Und doch ist seine unglückliche Francine mit ihrem inneren Sprechen weit mehr ein Geschöpf der dichterischen Liebe als des erzählerischen Experimentes. In solcher Verbindung sublimer Erzähltechnik mit menschlicher Atmosphäre und diskretem Takt sehe ich den Rang solcher von den Heutigen kaum mehr erreichten Prosa. Das wächst freilich nicht zuletzt aus dem österreichischen Erbe heraus. Wie geistvoll und zugleich komödiantisch verspielt ist bereits Hofmannsthals wundervolles Prosastück »Lucidor« mit seiner verwegenen Lust an der Maskerade, an der phantasievollen Sinnlichkeit und den subtilen, ebenso bedenklichen wie hinreißenden Enthüllungen! Von dort aus und von Schnitzlers vornehmem ästhetischem Takt, der stets das erzählerische Gleichgewicht zu halten vermag, geht der Weg bis zu Werfel, Roth, ja zu Ilse Aichinger und dem noch viel zu wenig bekannten Herbert Eisenreich. Aber auch der Elsässer René Schickele, ein Meister bitter-süßer Prosa, in der strenge Stilisierung und lyrische Stimmungsatmosphäre miteinander vereinigt sind, hatte auf seine Weise ebenfalls ein »gewisses Verhältnis zum Leben«. Gleiches läßt sich von der gut fabulierten und zugleich so beseelten Prosa des Bayern Penzoldt sagen, die in der Erzählung »Der Delphin« in überlegener Führung vom humoristischen zum mythischen Sprachton hinüberzuwechseln versteht, oder von der liebenswürdigen Idyllik des Mosselländers Stefan Andres in seiner an die Legende anklingenden verspielten Erzählung »Die Himmelsschuhe«, ja auch noch von der gut gelaunten Phantastik des Ostpreußen Siegfried Lenz in »Der Amüsierdoktor«. Seine masurischen Geschichten »So zärtlich war Suleyken« gehören in der Naivität ihres Volkstons und in der unbeschwerten Freude am Schwankhaften zu den kleinen, oft unterschätzten Kostbarkeiten unseres zeitgenössischen Schrifttums.

Dennoch überwiegt im Ganzen unserer Gegenwartsliteratur eher der düstere, ja verzweifelte Ton. Wenn Elisabeth Langgässer eine Pubertätsgeschichte wie »Die Bootstaufe« erzählt, so gerät es ins Unkindliche, ja Makabre. Etwas vom Sündhaften der menschlichen Existenz schwingt immer bei ihr mit. Man hat oft vom »Nihilismus« unseres zeitgenössischen Schrifttums gesprochen, vom »Verlust der Mitte« und dafür noch Franz Kafka verantwortlich gemacht. Aber die Dichter sind mehr oder weniger Seismographen und reagieren auf die leisesten Erschütterungen ihres Zeitalters. Wir leben in keinem »klassischen«, harmonischen Zeitalter, sondern weit eher in einer »manieristischen« Epoche, die ihre besonderen Ausdrucksmittel suchen muß. Das zeigt sich unter anderem in der auffallenden Neigung zum Phantastischen und Labyrinthischen, zur Persiflage und zur Ironie. Von Franz Kafkas Erzählung »Der Jäger Gracchus« geht schon rein motivisch eine deutlich erkennbare Linie über Werner Bergengruens »Die Fahrt des Herrn von Ringen« bis zu Friedrich Dürrenmatts »Der Tunnel«. In allen drei Fällen wird jene undefinierbare Zone zwischen Leben und Tod sichtbar: bei Kafka in der parabolischen Darstellungsform, in der der dicht und konkret beschriebene, aber durchaus phantastische Einzelfall zeichenhafte Bedeutung für das »unmöglich« gewordene Dasein des Menschen in der Welt gewinnt, so wie auch sein Landarzt am Ende »nackt, dem Frost dieses unglückseligsten Zeitalters ausgesetzt, mit irdischem Wagen, unirdischen Pferden« endlos sich umhertreiben muß; bei Bergengruen als phantastische Begebenheit, aus deren Labyrinth es keinen Ausweg mehr gibt, bei Dürrenmatt als visionärer Angsttraum, in dem das völlige Scheitern des Menschen vorweggenommen ist. Jedoch Kafkas suggestiver Stil ist nicht nur der Ausdruck einer tödlichen Verzweiflung; er verfügt zugleich über eine manchmal sogar spielerische Grazie, für die das Schreiben nach seinen eigenen Worten »Spaß« bedeutet. Ist nicht eben darin Robert Walser bereits sein Vorläufer? Er verdiente weit mehr gelesen zu werden als bisher. Es ist kein allzu weiter Weg von hier bis zu Kafkas vielleicht durch Georges Seurats Gemälde »Der Zirkus« (1890/91, Paris, Louvre) inspirierter Studie von der Kunstreiterin in der Manege »Auf der Galerie« (etwa 1910/12 entstanden).

Ich weiß nicht, auf welche »Väter« sich die Heutigen, Ilse Aichinger, Alfred Andersch, Wolfdietrich Schnurre, Martin Walser und Rolf Schroers, im einzelnen berufen. Das Phantastische und zuweilen auch Verspielte ihrer Prosa wäre jedoch kaum ohne Kafka so möglich gewesen. Bereits der Titel von Ilse Aichingers phantasievollem Erzählband »Der Gefesselte« könnte von Kafka stammen. Bei Andersch, vor allem in seinem Roman »Sansibar oder der letzte Grund«, mischt sich das freilich mit dem Einfluß amerikanischer Prosaisten, bei Schnurre bekommt es die besondere, fast pikante Note einer Vereinigung von Skepsis und Kindlichkeit, bei Martin Walser ist es vor allem der Stil, der von Kafkas Prosa herkommt, bei Schroers hingegen überwiegt neben dem Traumhaften die bohrende Gewissensforschung, durch die er mit sich selbst und der »unbewältigten« Vergangenheit abrechnet. Jeder von ihnen kann durchaus beanspruchen, nach seinem eigenen Gesetz angetreten zu sein. Aber selbst Georg Brittings so andersartige, sehr viel naturhaftere Phantastik in dem so plastisch erzählten »Märchen vom dikken Liebhaber«, das sich wie ein heidnischer Lobgesang auf den großen Gott Pan liest, freilich ein Lobgesang, der mit verräterischem Schmunzeln angestimmt wird, ja noch Marie Luise Kaschnitz' beklemmende Doppelgängergeschichte »Das dicke Kind« verdanken Kafka, ob sie es nun selber wissen oder nicht, den auf das objektiv Gegenständliche und zugleich auf das Phantastische gerichteten Stilwillen.

Damit verglichen wirkt die im rein Beschreibenden bleibende realistische Prosa, selbst wo sie zerrüttete Verhältnisse nachzeichnen will wie in Wolfgang Borcherts »Nachts schlafen die Ratten doch« oder in Luise Rinsers gut erzählter Episode aus der Nachkriegszeit »Die rote Katze«, sehr viel harmloser. Wie jedoch auch hier der Stil der symbolischen Verdichtung zu gelingen vermag, kann die so realistisch suggestive Geschichte des sudetendeutschen Dichters Josef Mühlberger »Der Kranzträger« verdeutlichen, die, knapp und gedrängt, eine Begebenheit aus der Zeit des Kriegsendes so erzählt, daß wir nicht mehr entscheiden können, ob sie wirklich sich so ereignete oder sich nur so hätte ereignen können. Uwe Johnson versucht wiederum das allzu Eindeutige des realistischen Zeitromans mit den komplexen Stilmitteln der Moderne zu kompensieren. Hat das analytisch experimentierende Erzählen in Thomas Mann, Werfel und Broch seine Ahnherren, das suggestiv magische in Kafka, das souverän kultivierte, soweit es das überhaupt heute noch gibt, in Hofmannsthal, so möchte man für die deutsche grüblerische Neigung zur metaphysischen Prosa eher an Musil denken. Indessen, die »Undeutlichkeitszonen der Beziehung« (Musil), die dort noch aus einer echten Bildüberlagerung entstehen, verlieren bei den späteren Nachfahren manches von ihrer Bildkraft. In der Prosa von Emil Barth, Heinz Risse, Paul Nossack, Rolf Schroers und anderen klaffen Gedanke und Bild zuweilen auseinander. Emil Barth, auch als Prosaist immer noch Lyriker, sucht unter dem »Bildtrug« den »Wahrheitsquell«; Nossack in seiner Erzählung »Das Mal« bedarf der überbrückenden Reflexion; Schnurre wiederum in »Reusenheben« spiegelt reizvoll ein Ereignis von zwei ganz verschiedenen Perspektiven aus, der eines Mörders und der eines die Schule schwänzenden Kindes, und versetzt so den Vorgang in eine schwebende Vieldeutigkeit zwischen Tragik und Humor. Heinz Risse seinerseits, der in seiner gesamten Prosa immer wieder die Urfrage nach der Schicksalsgebundenheit des Menschen und seiner qualvollen Verstrickung in Schuld und Sühne aufnimmt, konstruiert in der Erzählung »Das Gottesurteil« die extremen Situationen, deren endgültige Beurteilung offengelassen wird. Rolf Schroers ist damit verglichen weit subjektiver, sucht jedoch das Ausweichen und In-der-Schwebe-Lassen gerade zu vermeiden und zwingt, indem er sich selber moralisch »engagiert«, auch den Leser zum klaren Ja oder Nein.

Was von alledem wird bleiben? Was wird versinken? Der Herausgeber beansprucht nicht, das zu entscheiden. Eine Anthologie wie diese hat nicht die hochtrabende Absicht, »überzeitliche Werte« zu vermitteln. Sie stellt statt dessen zur Diskussion. Wie jede Auswahl und insbesondere jede zeitgenössische Auswahl wird auch diese auf Widerspruch stoßen. Mancher wird Namen, die ihm lieb geworden sind, vermissen. Aber oft steht ein Autor mit seinem Darstellungstil noch stellvertretend für andere; längere Texte mußten aus Raumgründen zurückgestellt werden, etwa Ingeborg Bachmanns Erzählung »Alles« aus »Das dreißigste Jahr«; vieles schien mir bereits genügend in anderen Anthologien verbreitet. Und so gab es noch manche andere, auch kritische Gründe für die Aufnahme von Texten oder den Verzicht darauf.

Zwei Ziele hatte ich bei dieser Sammlung deutscher Gegenwartsprosa im Auge. Das eine Ziel war belehrend. Ich wollte einen relativ bequemen Zugang zu dem für viele unübersehbar gewordenen oder auch unbekannt gebliebenen Schrifttum unserer Gegenwart schaffen, indem ich eine Art stellvertretenden Querschnitt gab. Das zweite Ziel war unterhaltend. Ich wollte für einen möglichst großen Kreis von Lesern einen Band Geschichten zusammenstellen, bei dem man sich nicht langweilt und der einen nicht vergessen läßt, daß auch die moderne Dichtung mit ihren gewollten oder ungewollten Dunkelheiten, sofern sie beanspruchen darf, Dichtung zu sein, immer noch »Spiel« und »Spaß« bedeutet.

Über ihren endgültigen Rang mag dann erst die Zukunft entscheiden.

Benno von Wiese

ARTHUR SCHNITZLER

Die Toten schweigen

Er ertrug es nicht länger, ruhig im Wagen zu sitzen; er stieg aus und ging auf und ab. Es war schon dunkel; die wenigen Laternenlichter in dieser stillen, abseits liegenden Straße flackerten, vom Winde bewegt, hin und her. Es hatte aufgehört zu regnen; die Trottoirs waren beinahe trocken; aber die ungepflasterten Fahrstraßen waren noch feucht, und an einzelnen Stellen hatten sich kleine Tümpel gebildet.

Es ist sonderbar, dachte Franz, wie man sich hier, hundert Schritt von der Praterstraße, in irgendeine ungarische Kleinstadt versetzt glauben kann. Immerhin – sicher dürfte man hier wenigstens sein; hier wird sie keinen ihrer gefürchteten Bekannten treffen.

Er sah auf die Uhr... Sieben – und schon völlige Nacht. Der Herbst ist diesmal früh da. Und der verdammte Sturm.

Er stellte den Kragen in die Höhe und ging rascher auf und ab. Die Laternenfenster klirrten. »Noch eine halbe Stunde«, sagte er zu sich, »dann kann ich gehen. Ah – ich wollte beinahe, es wäre so weit.« Er blieb an der Ecke stehen; hier hatte er einen Ausblick auf beide Straßen, von denen aus sie kommen könnte.

Ja, heute wird sie kommen, dachte er, während er seinen Hut festhielt, der wegzufliegen drohte. – Freitag – Sitzung des Professorenkollegiums – da wagt sie sich fort und kann sogar länger ausbleiben... Er hörte das Geklingel der Pferdebahn; jetzt begann auch die Glocke von der nahen Nepomukkirche zu läuten. Die Straße wurde belebter. Es kamen mehr Menschen an ihm vorüber: meist, wie ihm schien, Bedienstete aus den Geschäften, die um sieben geschlossen wurden. Alle gingen rasch und waren mit dem Sturm, der das Gehen erschwerte, in einer Art von Kampf begriffen. Niemand beachtete ihn; nur ein paar Ladenmädel blickten mit leichter Neugier zu ihm auf. – Plötzlich sah er eine bekannte Gestalt rasch herankommen. Er eilte ihr entgegen. Ohne Wagen? dachte er. Ist sie's?

Sie war es; als sie seiner gewahr wurde, beschleunigte sie ihre Schritte.

»Du kommst zu Fuß?« sagte er.

»Ich hab' den Wagen schon beim Karltheater fortgeschickt. Ich glaube, ich bin schon einmal mit demselben Kutscher gefahren.«

Ein Herr ging an ihnen vorüber und betrachtete die Dame flüchtig. Der junge Mann fixierte ihn scharf, beinahe drohend; der Herr ging rasch weiter. Die Dame sah ihm nach. »Wer war's?« fragte sie ängstlich.

»Ich kenne ihn nicht. Hier gibt es keine Bekannten, sei ganz ruhig. – Aber jetzt komm rasch; wir wollen einsteigen.«

»Ist das dein Wagen?«

»Ja.«

»Ein offener?«

»Vor einer Stunde war es noch so schön.«

Sie eilten hin; die Frau stieg ein.

»Kutscher«, rief der junge Mann.

»Wo ist er denn?« fragte die junge Frau.

Franz schaute rings umher. »Das ist unglaublich«, rief er, »der Kerl ist nicht zu sehen.«

»Um Gottes willen!« rief sie leise.

»Wart' einen Augenblick, Kind; er ist sicher da.«

Der junge Mann öffnete die Tür zu dem kleinen Wirtshause; an einem Tisch mit ein paar anderen Leuten saß der Kutscher; jetzt stand er rasch auf.

»Gleich, gnä' Herr«, sagte er und trank stehend sein Glas Wein aus.

»Was fällt Ihnen denn ein?«

»Bitt schön, Euer Gnaden; i bin schon wieder da.«

Er eilte ein wenig schwankend zu den Pferden. »Wohin fahr'n mer denn, Euer Gnaden?«

»Prater – Lusthaus.«

Der junge Mann stieg ein. Die junge Frau lehnte ganz versteckt, beinahe zusammengekauert, in der Ecke unter dem aufgestellten Dach.

Franz faßte ihre beiden Hände. Sie blieb regungslos. – »Willst du mir nicht wenigstens guten Abend sagen?«

»Ich bitt dich; laß mich nur einen Moment, ich bin noch ganz atemlos.«

Der junge Mann lehnte sich in seine Ecke. Beide schwiegen eine Weile. Der Wagen war in die Praterstraße eingebogen, fuhr an dem Tegetthoff-Monument vorüber, und nach wenigen Sekunden flog er die breite, dunkle Praterallee hin. Jetzt umschlang Emma plötzlich mit beiden Armen den Geliebten. Er schob leise den Schleier zurück, der ihn noch von ihren Lippen trennte, und küßte sie.

»Bin ich endlich bei dir!« sagte sie.

»Weißt du denn, wie lang wir uns nicht gesehen haben?« rief er aus.

»Seit Sonntag.«

»Ja, und da auch nur von weitem.«

»Wieso? Du warst ja bei uns.«

»Nun ja... bei euch. Ah, das geht so nicht fort. Zu euch komm' ich überhaupt nie wieder. Aber was hast du denn?«

»Es ist ein Wagen an uns vorbeigefahren.«

»Liebes Kind, die Leute, die heute im Prater spazieren fahren, kümmern sich wahrhaftig nicht um uns.«

»Das glaub' ich schon. Aber zufällig kann einer hereinschaun.«

»Es ist unmöglich, jemanden zu erkennen.«

»Ich bitt dich; fahren wir wo anders hin.«

»Wie du willst.«

Er rief dem Kutscher, der aber nicht zu hören schien. Da beugte er sich vor und berührte ihn mit der Hand. Der Kutscher wandte sich um.

»Sie sollen umkehren. Und warum hauen Sie denn so auf die Pferde ein? Wir haben ja gar keine Eile, hören Sie! Wir fahren in die... wissen Sie, die Allee, die zur Reichsbrücke führt.«

»Auf die Reichsstraßen?«

»Ja, aber rasen Sie nicht so, das hat ja gar keinen Sinn.«

»Bitt schön, gnä' Herr, der Sturm, der macht die Rösser so wild.«

»Ah freilich, der Sturm.« Franz setzte sich wieder.

Der Kutscher wandte die Pferde. Sie fuhren zurück.

»Warum habe ich dich gestern nicht gesehen?« fragte sie.

»Wie hätt' ich denn können?«

»Ich dachte, du warst auch bei meiner Schwester eingeladen.«

»Ach so.«

»Warum warst du nicht dort?«

»Weil ich es nicht vertragen kann, mit dir unter anderen Leuten zusammen zu sein. Nein, nie wieder.«

Sie zuckte die Achseln.

»Wo sind wir denn?« fragte sie dann.

Sie fuhren unter der Eisenbahnbrücke in die Reichsstraße ein.

»Da geht's zur großen Donau«, sagte Franz, »wir sind auf dem Weg zur Reichsbrücke. Hier gibt es keine Bekannten!« setzte er spöttisch hinzu.

»Der Wagen schüttelt entsetzlich.«

»Ja, jetzt sind wir wieder auf Pflaster.«

»Warum fährt er so im Zickzack?«

»Es scheint dir so.«

Aber er fand selbst, daß der Wagen sie heftiger als nötig hin und her warf. Er wollte nichts davon sagen, um sie nicht noch ängstlicher zu machen.

»Ich habe heute viel und ernst mit dir zu reden, Emma.«

»Da mußt du bald anfangen, denn um neun muß ich zu Hause sein.«

»In zwei Worten kann alles entschieden sein.«

»Gott, was ist denn das?«... schrie sie auf. Der Wagen war in ein Pferdebahngeleise geraten und machte jetzt, als der Kutscher herauswenden wollte, eine so scharfe Biegung, daß er fast zu stürzen drohte. Franz packte den Kutscher beim Mantel. »Halten Sie«, rief er ihm zu. »Sie sind ja betrunken.«

Der Kutscher brachte die Pferde mühsam zum Stehen. »Aber gnä' Herr...«

»Komm, Emma, steigen wir hier aus.«

»Wo sind wir?«

»Schon an der Brücke. Es ist auch jetzt nicht mehr gar so stürmisch. Gehen wir ein Stückchen. Man kann während des Fahrens nicht ordentlich reden.«

Emma zog den Schleier herunter und folgte.

»Nicht stürmisch nennst du das?« rief sie aus, als ihr gleich beim Aussteigen ein Windstoß entgegenfuhr.

Er nahm ihren Arm. »Nachfahren«, rief er dem Kutscher zu.

Sie spazierten vorwärts. So lang die Brücke allmählich anstieg, sprachen sie nichts; und als sie beide das Wasser unter sich rauschen hörten, blieben sie eine Weile stehen. Tiefes Dunkel war um sie. Der breite Strom dehnte sich grau und in unbestimmten Grenzen hin, in der Ferne sahen sie rote Lichter, die über dem Wasser zu schweben schienen und sich darin spiegelten. Von dem Ufer her, das die beiden eben verlassen hatten, senkten sich zitternde Lichtstreifen ins Wasser; jenseits war es, als verlöre sich der Strom in die schwarzen Auen. Jetzt schien ein ferneres Donnern zu ertönen, das immer näher kam; unwillkürlich sahen sie beide nach der Stelle, wo die roten Lichter schimmerten; Bahnzüge mit hellen Fenstern rollten zwischen eisernen Bogen hin, die plötzlich aus der Nacht hervorzuwachsen und gleich wieder zu versinken schienen. Der Donner verlor sich allmählich, es wurde still; nur der Wind kam in plötzlichen Stößen.

Nach langem Schweigen sagte Franz: »Wir sollten fort.«

»Freilich«, erwiderte Emma leise.

»Wir sollten fort«, sagte Franz lebhaft, »ganz fort, mein’ ich...«

»Es geht ja nicht.«

»Weil wir feig sind, Emma; darum geht es nicht.«

»Und mein Kind?«

»Er würde es dir lassen, ich bin fest überzeugt.«

»Und wie?« fragte sie leise... »Davonlaufen bei Nacht und Nebel?«

»Nein, durchaus nicht. Du hast nichts zu tun, als ihm einfach zu sagen, daß du nicht länger bei ihm leben kannst, weil du einem andern gehörst.«

»Bist du bei Sinnen, Franz?«

»Wenn du willst, erspar’ ich dir auch das, – ich sag’ es ihm selber.«

»Das wirst du nicht tun, Franz.«

Er versuchte, sie anzusehen; aber in der Dunkelheit konnte er nicht mehr bemerken, als daß sie den Kopf erhoben und zu ihm gewandt hatte.

Er schwieg eine Weile. Dann sagte er ruhig: »Hab’ keine Angst, ich werde es nicht tun.«

Sie näherten sich dem anderen Ufer.

»Hörst du nichts?« sagte sie. »Was ist das?«

»Es kommt von drüben«, sagte er.

Langsam rasselte es aus dem Dunkel hervor; ein kleines rotes Licht schwebte ihnen entgegen; bald sahen sie, daß es von einer kleinen Laterne kam, die an der vorderen Deichsel eines Landwagens befestigt war; aber sie konnten nicht sehen, ob der Wagen beladen war und ob Menschen mitfuhren. Gleich dahinter kamen noch zwei gleiche Wagen. Auf dem letzten konnten sie einen Mann in Bauerntracht gewahren, der eben seine Pfeife anzündete. Die Wagen fuhren vorbei. Dann hörten sie wieder nichts als das dumpfe Geräusch des Fiakers, der zwanzig Schritte hinter ihnen langsam weiter rollte. Jetzt senkte sich die Brücke leicht gegen das andere Ufer. Sie sahen, wie die Straße vor ihnen zwischen Bäumen ins Finstere weiter lief. Rechts und links von ihnen lagen in der Tiefe die Auen; sie sahen wie in Abgründe hinein.

Nach langem Schweigen sagte Franz plötzlich: »Also das letztemal . . .«

»Was?« fragte Emma in besorgtem Ton.

»– Daß wir zusammen sind. Bleib' bei ihm. Ich sag' dir Adieu.«

»Sprichst du im Ernst?«

»Vollkommen.«

»Siehst du, daß du es bist, der uns immer die paar Stunden verdirbt, die wir haben; nicht ich!«

»Ja, ja, du hast recht«, sagte Franz. »Komm, fahren wir zurück.«

Sie nahm seinen Arm fester. »Nein«, sagte sie zärtlich, »jetzt will ich nicht. Ich laß' mich nicht so fortschicken.«

Sie zog ihn zu sich herab und küßte ihn lang. »Wohin kämen wir«, fragte sie dann, »wenn wir hier immer weiter führen?«

»Da geht's direkt nach Prag, mein Kind.«

»So weit nicht«, sagte sie lächelnd, »aber noch ein bißchen weiter da hinaus, wenn du willst.« Sie wies ins Dunkle.

»He, Kutscher!« rief Franz. Der hörte nichts.

Franz schrie: »Halten Sie doch!«

Der Wagen fuhr immer weiter. Franz lief ihm nach. Jetzt sah er, daß der Kutscher schlief. Durch heftiges Anschreien weckte ihn

Franz auf. »Wir fahren noch ein kleines Stück weiter – die gerade Straße – verstehen Sie mich?«

»Is' schon gut, gnä' Herr...«

Emma stieg ein; nach ihr Franz. Der Kutscher hieb mit der Peitsche drein; wie rasend flogen die Pferde über die aufgeweichte Straße hin. Aber die beiden im Wagen hielten einander fest umarmt, während der Wagen sie hin- und herwarf.

»Ist das nicht auch ganz schön«, flüsterte Emma ganz nahe an seinem Munde.

In diesem Augenblick war ihr, als flöge der Wagen plötzlich in die Höhe – sie fühlte sich fortgeschleudert, wollte sich an etwas klammern, griff ins Leere; es schien ihr, als drehe sie sich mit rasender Geschwindigkeit im Kreise herum, so daß sie die Augen schließen mußte – und plötzlich fühlte sie sich auf dem Boden liegen, und eine ungeheure schwere Stille brach herein, als wenn sie fern von aller Welt und völlig einsam wäre. Dann hörte sie verschiedenes durcheinander: Geräusch von Pferdehufen, die ganz in ihrer Nähe auf dem Boden schlugen, ein leises Wimmern; aber sehen konnte sie nichts. Jetzt faßte sie eine tolle Angst; sie schrie; ihre Angst ward noch größer, denn sie hörte ihr Schreien nicht. Sie wußte plötzlich ganz genau, was geschehen war: der Wagen war an irgend etwas gestoßen, wohl an einen der Meilensteine, hatte umgeworfen, und sie waren herausgestürzt. Wo ist *er*? war ihr nächster Gedanke. Sie rief seinen Namen. Und sie hörte sich rufen, ganz leise zwar, aber sie hörte sich. Es kam keine Antwort. Sie versuchte, sich zu erheben. Es gelang ihr soweit, daß sie auf den Boden zu sitzen kam, und als sie mit den Händen ausgriff, fühlte sie einen menschlichen Körper neben sich. Und nun konnte sie auch die Dunkelheit mit ihrem Auge durchdringen. Franz lag neben ihr, völlig regungslos. Sie berührte mit der ausgestreckten Hand sein Gesicht; sie fühlte etwas Feuchtes und Warmes darüber fließen. Ihr Atem stockte. Blut...? Was war da geschehen? Franz war verwundet und bewußtlos. Und der Kutscher – wo war er denn? Sie rief nach ihm. Keine Antwort. Noch immer saß sie auf dem Boden. Mir ist nichts geschehen, dachte sie, obwohl sie Schmerzen in allen Gliedern fühlte. Was tu' ich nur, was tu' ich nur... es ist doch nicht möglich, daß mir gar nichts geschehen ist. »Franz!« rief sie. Eine Stimme antwortete ganz in der Nähe: »Wo sind S' denn, gnä' Fräul'n, wo ist der gnä' Herr? Es ist doch nix g'schehn? Warten S', Fräulein, – i zünd' nur die Latern' an, daß wir was sehn; i weiß net, was die Krampen heut hab'n. Ich bin net Schuld, meiner Seel'... in ein' Schoderhaufen sein s' hinein, die verflixten Rösser.«

Emma hatte sich, trotzdem ihr alle Glieder weh taten, vollkommen aufgerichtet, und daß dem Kutscher nichts geschehen war, machte sie ein wenig ruhiger. Sie hörte, wie der Mann die Laternenklappe öffnete und Streichhölzchen anrieb. Angstvoll wartete sie auf das Licht. Sie wagte es nicht, Franz noch einmal zu berühren, der vor ihr auf dem Boden lag; sie dachte: wenn man nichts sieht, scheint alles furchtbarer; er hat gewiß die Augen offen... es wird nichts sein.

Ein Lichtschimmer kam von der Seite. Sie sah plötzlich den Wagen, der aber zu ihrer Verwunderung nicht auf dem Boden lag, sondern nur schief gegen den Straßengraben zu gestellt war, als wäre ein Rad gebrochen. Die Pferde standen vollkommen still. Das Licht näherte sich; sie sah den Schein allmählich über einen Meilenstein, über den Schotterhaufen in den Graben gleiten; dann kroch er auf die Füße Franzens, glitt über seinen Körper, beleuchtete sein Gesicht und blieb darauf ruhen. Der Kutscher hatte die Laterne auf den Boden gestellt; gerade neben den Kopf des Liegenden. Emma ließ sich auf die Knie nieder, und es war ihr, als hörte ihr Herz zu schlagen auf, wie sie das Gesicht erblickte. Es war blaß; die Augen halb offen, so daß sie nur das Weiße von ihnen sah. Von der rechten Schläfe rieselte langsam ein Streifen Blut über die Wange und verlor sich unter dem Kragen am Halse. In die Unterlippe waren die Zähne gebissen. »Es ist ja nicht möglich!« sagte Emma vor sich hin.

Auch der Kutscher war niedergekniet und starrte das Gesicht an. Dann packte er mit beiden Händen den Kopf und hob ihn in die Höhe. »Was machen Sie?« schrie Emma mit erstickter Stimme und erschrak vor diesem Kopf, der sich selbständig aufzurichten schien.

»Gnä' Fräul'n, mir scheint, da ist ein großes Malheur gescheh'n.«
»Es ist nicht wahr«, sagte Emma. »Es kann nicht sein. Ist denn Ihnen was geschehen? Und mir...«

Der Kutscher ließ den Kopf des Regungslosen wieder langsam sinken; – in den Schoß Emmas, die zitterte. »Wenn nur wer käm'... wenn nur die Bauersleut' eine Viertelstund' später daher'kommen wären...«

»Was sollen wir denn machen?« sagte Emma mit bebenden Lippen.

»Ja, Fräul'n, wenn der Wagen net brochen wär'... aber so, wie er jetzt zug'richt ist... Wir müssen halt waren, bis wer kommt.« Er redete noch weiter, ohne daß Emma seine Worte auffaßte; aber während dem war es ihr, als käme sie zur Besinnung, und sie wußte, was zu tun war.

»Wie weit ist's bis zu den nächsten Häusern?« fragte sie.

»Das ist nimmer weit, Fräul'n, da ist ja gleich das Franz Josefsland... Wir müßten die Häuser sehen, wenn's licht wär', in fünf Minuten müßte man dort sein.«

»Gehen Sie hin. Ich bleibe da, holen Sie Leute.«

»Ja, Fräul'n, ich glaub' schier, es ist g'scheiter, ich bleib mit Ihnen da – es kann ja nicht so lang dauern, bis wer kommt, es ist ja schließlich die Reichsstraße, und –«

»Da wird's zu spät, da kann's zu spät werden. Wir brauchen einen Doktor.«

Der Kutscher sah auf das Gesicht des Regungslosen, dann schaute er kopfschüttelnd Emma an.

»Das können Sie nicht wissen«, – rief Emma, »und ich auch nicht.«

»Ja, Fräul'n... aber wo find' i denn ein' Doktor im Franz Josefsland?«

»So soll von dort jemand in die Stadt und –«

»Fräul'n, wissen's was! I denk mir, die werden dort vielleicht ein Telephon haben. Da könnten wir um die Rettungsgesellschaft telephonieren.«

»Ja, das ist das Beste! Gehen Sie nur, laufen Sie, um Himmelswillen! Und Leute bringen Sie mit... Und... bitt' Sie, gehen Sie nur, was tun Sie denn noch da?«

Der Kutscher schaute in das blasse Gesicht, das nun auf Emmas Schoß ruhte. »Rettungsgesellschaft, Doktor, wird nimmer viel nützen.«

»Gehen Sie! Um Gotteswillen! Gehen Sie!«

»I geh' schon – daß S' nur nicht Angst kriegen, Fräul'n, da in der Finstern.« Und er eilte rasch über die Straße fort. »I kann nix dafür, meiner Seel«, murmelte er vor sich hin. »Ist auch eine Idee, mitten in der Nacht auf die Reichsstraßen...«

Emma war mit dem Regungslosen allein auf der dunklen Straße. »Was jetzt?« dachte sie. Es ist doch nicht möglich... das ging ihr immer wieder durch den Kopf... es ist ja nicht möglich. – Es war ihr plötzlich, als hörte sie neben sich atmen. Sie beugte sich herab zu den blassen Lippen. Nein, von da kam kein Hauch. Das Blut an Schläfe und Wangen schien getrocknet zu sein. Sie starrte die Augen an; die gebrochenen Augen, und bebte zusammen. Ja warum glaube ich es denn nicht – es ist ja gewiß... das ist der Tod! Und es durchschauerte sie. Sie fühlte nur mehr: ein Toter. Ich und ein Toter, der Tote auf meinem Schoß. Und mit zitternden Händen rückte sie den Kopf weg, so daß er wieder auf den Boden zu liegen kam. Und jetzt erst kam ein Gefühl entsetzlicher Verlassenheit über sie. Warum hatte sie den Kutscher weggeschickt? Was für ein Unsinn! Was soll sie denn da auf der Landstraße mit dem toten Manne allein anfangen? Wenn Leute kommen... Ja, was soll sie denn tun, wenn Leute kommen? Wie lang wird sie hier warten müssen? Und sie sah wieder den Toten an. Ich bin nicht allein mit ihm, fiel ihr ein. Das Licht ist ja da. Und es kam ihr vor, als wäre dieses Licht etwas Liebes und Freundliches, dem sie danken müßte. Es war mehr Leben in dieser kleinen Flamme als in der ganzen weiten Nacht um sie; ja, es war ihr fast, als sei ihr dieses Licht ein Schutz gegen den blassen fürchterlichen Mann, der neben ihr auf dem Boden lag... Und sie sah in das Licht so lang, bis ihr die Augen flimmerten, bis es zu tanzen begann. Und plötzlich hatte sie das Gefühl, als wenn sie erwachte. Sie sprang auf! Das geht ja nicht, das ist ja unmöglich, man darf mich doch nicht hier mit ihm finden... Es war ihr, als sähe sie sich jetzt selbst auf der Straße stehen, zu ihren Füßen den Toten und das Licht; und sie sah sich, als ragte sie in sonderbarer Größe in die Dunkelheit hinein. Worauf wart' ich, dachte sie, und ihre Gedanken jagten... Worauf wart' ich? Auf die Leute? – Was brauchen mich denn die? Die Leute werden kommen und fragen... und ich... was tu' ich denn hier? Alle werden fragen, wer ich bin.

Was soll ich ihnen antworten? Nichts. Kein Wort werd' ich reden, wenn sie kommen, schweigen werd' ich. Kein Wort... sie können mich ja nicht zwingen.

Stimmen kamen von weitem.

Schon? dachte sie. Sie lauschte angstvoll. Die Stimmen kamen von der Brücke her. Das konnten also nicht die Leute sein, die der Kutscher geholt hatte. Aber wer immer sie waren – jedenfalls werden sie das Licht bemerken – und das durfte nicht sein, dann war sie entdeckt.

Und sie stieß mit dem Fuß die Laterne um. Die verlöschte. Nun stand sie in tiefer Finsternis. Nichts sah sie. Auch ihn sah sie nicht mehr. Nur der weiße Schotterhaufen glänzte ein wenig. Die Stimmen kamen näher. Sie begann am ganzen Körper zu zittern. Nur hier nicht entdeckt werden. Um Himmelswillen, das ist ja das einzige Wichtige, nur auf das und auf gar nichts anderes kommt es an – sie ist ja verloren, wenn ein Mensch erfährt, daß sie die Geliebte von... Sie faltet die Hände krampfhaft. Sie betet, daß die Leute auf der anderen Seite der Straße vorüber gehen mögen, ohne sie zu bemerken. Sie lauscht. Ja von drüben... Was reden sie doch?... Es sind zwei Frauen oder drei. Sie haben den Wagen bemerkt, denn sie reden etwas davon, sie kann Worte unterscheiden. Ein Wagen... umgefallen... was sagen sie sonst? Sie kann es nicht verstehen. Sie gehen weiter... sie sind vorüber... Gott sei Dank! Und jetzt, was jetzt? Oh, warum ist sie nicht tot wie er? Er ist zu beneiden, für ihn ist alles vorüber... für ihn gibt es keine Gefahr mehr und keine Furcht. Sie aber zittert vor vielem. Sie fürchtet, daß man sie hier finden, daß man sie fragen wird: wer sind Sie?... Daß sie mit auf die Polizei muß, daß alle Menschen es erfahren werden, daß ihr Mann – daß ihr Kind –

Und sie begreift nicht, daß sie so lange schon dagestanden ist wie angewurzelt... Sie kann ja fort, sie nützt ja keinem hier, und sich selbst bringt sie ins Unglück. Und sie macht einen Schritt... Vorsichtig... sie muß durch den Straßengraben... hinüber... einen Schritt hinauf – oh, er ist so seicht! – und noch zwei Schritte, bis sie in der Mitte der Straße ist... und dann steht sie einen Augenblick still, sieht vor sich hin und kann den grauen Weg ins Dunkle hinein verfolgen. Dort – dort ist die Stadt. Sie kann nichts von ihr sehen...

aber die Richtung ist ihr klar. Noch einmal wendet sie sich um. Es ist ja gar nicht so dunkel. Sie kann den Wagen ganz gut sehn; auch die Pferde ... und wenn sie sich sehr anstrengt, merkt sie auch etwas wie die Umrisse eines menschlichen Körpers, der auf dem Boden liegt. Sie reißt die Augen weit auf, es ist ihr, als hielte sie etwas hier zurück ... der Tote ist es, der sie hier behalten will, und es graut sie vor seiner Macht ... Aber gewaltsam macht sie sich frei, und jetzt merkt sie: der Boden ist zu feucht; sie steht auf der glitschigen Straße, und der nasse Staub hat sie nicht fortgelassen. Nun aber geht sie ... geht rascher ... läuft ... und fort von da ... zurück ... in das Licht, in den Lärm, zu den Menschen! Die Straße läuft sie entlang, hält das Kleid hoch, um nicht zu fallen. Der Wind ist ihr im Rücken, es ist, als wenn er sie vorwärts triebe. Sie weiß nicht mehr recht, wovor sie flieht. Es ist ihr, als ob sie vor dem bleichen Manne fliehen müßte, der dort, weit hinter ihr, neben dem Straßengraben liegt ... dann fällt ihr ein, daß sie ja den Lebendigen entkommen will, die gleich dort sein und sie suchen werden. Was werden die denken? Wird man ihr nicht nach? Aber man kann sie nicht mehr einholen, sie ist ja gleich bei der Brücke, sie hat einen großen Vorsprung, und dann ist die Gefahr vorbei. Man kann ja nicht ahnen, wer sie ist, keine Seele kann ahnen, wer die Frau war, die mit jenem Mann über die Reichsstraße gefahren ist. Der Kutscher kennt sie nicht, er wird sie auch nicht erkennen, wenn er sie später einmal sieht. Man wird sich auch nicht darum kümmern, wer sie war. Wen geht es an? – Es ist sehr klug, daß sie nicht dort geblieben ist, es ist auch nicht gemein. Franz selbst hätte ihr recht gegeben. Sie muß ja nach Haus, sie hat ein Kind, sie hat einen Mann, sie wäre ja verloren, wenn man sie dort bei ihrem toten Geliebten gefunden hätte. Da ist die Brücke, die Straße scheint heller ... ja schon hört sie das Wasser rauschen wie früher; sie ist da, wo sie mit ihm Arm in Arm gegangen – wann – wann? Vor wieviel Stunden? Es kann noch nicht lange sein. Nicht lang? Vielleicht doch! Vielleicht war sie lange bewußtlos, vielleicht ist es längst Mitternacht, vielleicht ist der Morgen schon nahe, und sie wird daheim schon vermißt. Nein, nein, das ist ja nicht möglich, sie weiß, daß sie gar nicht bewußtlos war; sie erinnert sich jetzt genauer als im ersten Augenblick, wie sie aus dem Wagen gestürzt und gleich über alles im Klaren gewesen ist. Sie läuft über die Brücke und hört ihre Schritte hallen. Sie sieht nicht nach rechts und links. Jetzt bemerkt sie, wie eine Gestalt ihr entgegenkommt. Sie mäßigt ihre Schritte. Wer kann das sein, der ihr entgegenkommt? Es ist jemand in Uniform. Sie geht ganz langsam. Sie darf nicht auffallen. Sie glaubt zu merken, daß der Mann den Blick fest auf sie gerichtet hält. Wenn er sie fragt? Sie ist neben ihm, erkennt die Uniform; es ist ein Sicherheitswachmann; sie geht an ihm vorüber. Sie hört, daß er hinter ihr stehen geblieben ist. Mit Mühe hält sie sich davon zurück, wieder zu laufen; es wäre verdächtig. Sie geht noch immer so langsam wie früher. Sie hört das Geklingel der Pferdeeisenbahn. Es kann noch lang nicht Mitternacht sein. Jetzt geht sie wieder schneller; sie eilt der Stadt entgegen, deren Lichter sie schon unter dem Eisenbahnviadukt am Ausgang der Straße entgegenschimmern sieht, deren gedämpften Lärm sie schon zu vernehmen glaubt. Noch diese einsame Straße, und dann ist die Erlösung da. Jetzt hört sie von weitem schrille Pfiffe, immer schriller, immer näher; ein Wagen saust an ihr vorüber. Unwillkürlich bleibt sie stehen und sieht ihm nach. Es ist der Wagen der Rettungsgesellschaft. Sie weiß, wohin er fährt. Wie schnell! denkt sie... Es ist wie Zauberei. Einen Moment lang ist ihr, als müßte sie den Leuten nachrufen, als müßte sie mit, als müßte sie wieder dahin zurück, woher sie gekommen – einen Moment lang packt sie eine ungeheure Scham, wie sie sie nie empfunden; und sie weiß, daß sie feig und schlecht gewesen ist. Aber wie sie das Rollen und Pfeifen immer ferner verklingen hört, kommt eine wilde Freude über sie, und wie eine Gerettete eilt sie vorwärts. Leute kommen ihr entgegen; sie hat keine Angst mehr vor ihnen – das Schwerste ist überstanden. Der Lärm der Stadt wird deutlich, immer lichter wird es vor ihr; schon sieht sie die Häuserzeile der Praterstraße, und es ist ihr, als werde sie dort von einer Flut von Menschen erwartet, in der sie spurlos verschwinden darf. Wie sie jetzt zu einer Straßenlaterne kommt, hat sie schon die Ruhe, auf ihre Uhr zu sehen. Es ist zehn Minuten vor Neun. Sie hält die Uhr ans Ohr – sie ist nicht stehen geblieben. Und sie denkt: ich bin lebendig, gesund... sogar meine Uhr geht... und er... er... tot... Schicksal... Es ist ihr, als wäre ihr alles verziehen... als wäre nie irgendeine Schuld auf ihrer Seite gewesen. Es hat sich erwiesen, ja es hat sich erwiesen. Sie hört, wie sie diese Worte laut spricht. Und wenn es das Schicksal anders bestimmt hätte? – Und wenn sie jetzt dort im Graben läge und er am Leben geblieben wäre? Er wäre nicht geflohen, nein... er nicht. Nun ja, er ist ein Mann. Sie ist ein Weib – und sie hat ein Kind und einen Gatten. – Sie hat recht gehabt, – es ist ihre Pflicht – ja ihre Pflicht. Sie weiß ganz gut, daß sie nicht aus Pflichtgefühl so gehandelt... Aber sie hat doch das Rechte getan. Unwillkürlich... wie... gute Menschen immer. Jetzt wäre sie schon entdeckt. Jetzt würden die Ärzte sie fragen. Und Ihr Mann, gnädige Frau? O Gott!... Und die Zeitungen morgen – und die Familie – sie wäre für alle Zeit vernichtet gewesen und hätte ihn doch nicht zum Leben erwecken können. Ja, das war die Hauptsache; für nichts hätte sie sich zu Grunde gerichtet. – Sie ist unter der Eisenbahnbrücke. – Weiter... weiter... Hier ist die Tegetthoffsäule, wo die vielen Straßen ineinander laufen. Es sind heute, an dem regnerischen, windigen Herbstabend wenig Leute mehr im Freien, aber ihr ist es, als brause das Leben der Stadt mächtig um sie; denn woher sie kommt, dort war die fürchterlichste Stille. Sie hat Zeit. Sie weiß, daß ihr Mann heute erst gegen zehn nach Hause kommen wird – sie kann sich sogar noch umkleiden. Jetzt fällt es ihr ein, ihr Kleid zu betrachten. Mit Schrecken merkt sie, daß es über und über beschmutzt ist. Was wird sie dem Stubenmädchen sagen? Es fährt ihr durch den Kopf, daß morgen die Geschichte von dem Unglücksfall in allen Zeitungen zu lesen sein wird. Auch von einer Frau, die mit im Wagen war, und die dann nicht mehr zu finden war, wird überall zu lesen stehen, und bei diesem Gedanken bebt sie von neuem *eine* Unvorsichtigkeit, und all ihre Feigheit war umsonst. Aber sie hat den Wohnungsschlüssel bei sich; sie kann ja selbst aufsperren; – sie wird sich nicht hören lassen. Sie steigt rasch in einen Fiaker. Schon will sie ihm ihre Adresse angeben, da fällt ihr ein, daß das vielleicht unklug wäre, und sie ruft ihm irgendeinen Straßennamen zu, der ihr eben einfällt. Wie sie durch die Praterstraße fährt, möchte sie gern irgend etwas empfinden, aber sie kann es nicht; sie fühlt, daß sie nur einen Wunsch hat: zu Hause, in Sicherheit sein. Alles andere ist ihr gleichgültig. Im Augenblick, da sie sich entschlossen hat, den Toten allein auf der Straße liegen zu lassen, hat alles in ihr verstummen müssen, was um ihn klagen und jammern wollte. Sie kann jetzt nichts mehr empfinden als Sorge um sich. Sie ist ja nicht herzlos... oh nein!... sie weiß ganz gewiß, es werden Tage kommen, wo sie verzweifeln wird; vielleicht wird sie daran zu Grunde gehen; aber jetzt ist nichts in ihr als die Sehnsucht, mit trockenen Augen und ruhig zu Hause am selben Tisch mit ihrem Gatten und ihrem Kinde zu sitzen. Sie sieht durchs Fenster hinaus. Der Wagen fährt durch die innere Stadt; hier ist es hell erleuchtet, und ziemlich viele Menschen eilen vorbei. Da ist ihr plötzlich, als könne alles, was sie in den letzten Stunden durchlebt, gar nicht wahr sein. Wie ein böser Traum erscheint es ihr... unfaßbar als Wirkliches, Unabänderliches. In einer Seitengasse nach dem Ring läßt sie den Wagen halten, steigt aus, biegt rasch um die Ecke und nimmt dort einen anderen Wagen, dem sie ihre richtige Adresse angibt. Es kommt ihr vor, als wäre sie jetzt überhaupt nicht mehr fähig, einen Gedanken zu fassen. Wo ist er jetzt, fährt es ihr durch den Sinn. Sie schließt die Augen, und sie sieht ihn vor sich auf einer Bahre liegen, im Krankenwagen – und plötzlich ist ihr, als sitze sie neben ihm und fahre mit ihm. Und der Wagen beginnt zu schwanken, und sie hat Angst, daß sie herausgeschleudert werde, wie damals – und sie schreit auf. Da hält der Wagen. Sie fährt zusammen; sie ist vor ihrem Haustor. – Rasch steigt sie aus, eilt durch den Flur, mit leisen Schritten, so daß der Portier hinter seinem Fenster gar nicht aufschaut, die Treppen hinauf, sperrt leise die Tür auf, um nicht gehört zu werden... durchs Vorzimmer in ihr Zimmer – es ist gelungen! Sie macht Licht, wirft eilig ihre Kleider ab und verbirgt sie wohl im Schrank. Über Nacht sollen sie trocknen – morgen will sie sie selber bürsten und reinigen. Dann wäscht sie sich Gesicht und Hände und nimmt einen Schlafrock um.

Jetzt klingelt es draußen. Sie hört das Stubenmädchen an die Wohnungstür kommen und öffnen. Sie hört die Stimme ihres Mannes; sie hört, wie er den Stock hinstellt. Sie fühlt, daß sie jetzt stark sein müsse, sonst kann noch immer alles vergeblich gewesen sein. Sie eilt ins Speisezimmer, so daß sie im selben Augenblick eintritt wie ihr Gatte.

»Ah, du bist schon zu Hause?« sagte er.

»Gewiß«, antwortet sie, »schon lang.«

»Man hat dich offenbar nicht kommen gesehn.« Sie lächelt, ohne sich dazu zwingen zu müssen. Es macht sie nur sehr müde, daß sie auch lächeln muß. Er küßt sie auf die Stirn.

Der Kleine sitzt schon bei Tisch; er hat lang warten müssen, ist eingeschlafen. Auf dem Teller hat er sein Buch liegen, auf dem offenen Buch ruht sein Gesicht. Sie setzt sich neben ihn, der Gatte ihr gegenüber, nimmt eine Zeitung und wirft einen flüchtigen Blick hinein. Dann legt er sie weg und sagt: »Die anderen sitzen noch zusammen und beraten weiter.«

»Worüber?« fragt sie.

Und er beginnt zu erzählen, von der heutigen Sitzung, sehr lang, sehr viel. Emma tut, als höre sie zu, nickt zuweilen.

Aber sie hört nichts, sie weiß nicht, was er spricht, es ist ihr zu Mute wie einem, der furchtbaren Gefahren auf wunderbare Weise entronnen... sie fühlt nichts als: Ich bin gerettet, ich bin daheim. Und während ihr Mann immer weiter erzählt, rückt sie ihren Sessel näher zu ihrem Jungen, nimmt seinen Kopf und drückt ihn an ihre Brust. Eine unsägliche Müdigkeit überkommt sie – sie kann sich nicht beherrschen, sie fühlt, daß der Schlummer über sie kommt; sie schließt die Augen.

Plötzlich fährt ihr eine Möglichkeit durch den Sinn, an die sie seit dem Augenblick, da sie sich aus dem Graben erhoben hat, nicht mehr gedacht. Wenn er nicht tot wäre! Wenn er... Ach nein, es war kein Zweifel möglich... Diese Augen... dieser Mund – und dann... kein Hauch von seinen Lippen. – Aber es gibt ja den Scheintod. Es gibt Fälle, wo sich geübte Blicke irren. Und sie hat gewiß keinen geübten Blick. Wenn er lebt, wenn er schon wieder zu Bewußtsein gekommen ist, wenn er sich plötzlich mitten in der Nacht auf der Landstraße allein gefunden... wenn er nach ihr ruft... ihren Namen... wenn er am Ende fürchtet, sie sei verletzt... wenn er den Ärzten sagt, hier war eine Frau, sie muß weiter weggeschleudert worden sein. Und... und... ja, was dann? Man wird sie suchen. Der Kutscher wird zurückkommen vom Franz Josefsland mit Leuten... er wird erzählen... die Frau war ja da, wie ich fortgegangen bin – und Franz wird ahnen. Franz wird wissen... er kennt sie ja so gut... er wird wissen, daß sie davongelaufen ist, und ein gräßlicher Zorn wird ihn erfassen, und er wird ihren Namen nennen, um sich zu rächen. Denn er ist ja verloren... und es wird ihn so tief erschüttern, daß sie ihn in seiner letzten Stunde allein gelassen, daß er rücksichtslos sagen wird: Es war Frau Emma, meine Geliebte... feig und dumm zugleich, denn nicht wahr, meine Herren Ärzte, Sie hätten sie gewiß nicht um ihren Namen gefragt, wenn man Sie um Diskretion ersucht hätte. Sie hätten sie ruhig gehen lassen, und ich auch, o ja – nur hätte sie dableiben müssen, bis Sie gekommen sind. Aber da sie so schlecht gewesen ist, sag' ich Ihnen, wer sie ist... es ist... Ah!

»Was hast du?« sagt der Professor sehr ernst, indem er aufsteht.

»Was... wie?... Was ist?«

»Ja, was ist dir denn?«

»Nichts.« Sie drückte den Jungen fester an sich.

Der Professor sieht sie lang an. »Weißt du, daß du begonnen hast, einzuschlummern und –«

»Und?«

»Dann hast du plötzlich aufgeschrien.«

»... So?«

»Wie man im Traum schreit, wenn man Alpdrücken hat. Hast du geträumt?«

»Ich weiß nicht. Ich weiß gar nichts.«

Und sich selbst gegenüber im Wandspiegel sieht sie ein Gesicht, das lächelt, grausam, und mit verzerrten Zügen. Sie weiß, daß es ihr eigenes ist, und doch schaudert ihr davor... Und sie merkt, daß es starr wird, sie kann den Mund nicht bewegen, sie weiß es: dieses Lächeln wird, so lange sie lebt, um ihre Lippen spielen. Und sie versucht zu schreien. Da fühlt sie, wie sich zwei Hände auf ihre Schultern legen, und sie sieht, wie sich zwischen ihr eigenes Gesicht und das im Spiegel das Antlitz ihres Gatten drängt; seine Augen, fragend und drohend, senken sich in die ihren. Sie weiß: übersteht sie diese letzte Prüfung nicht, so ist alles verloren. Und sie fühlt, wie sie wieder stark wird, sie hat ihre Züge, ihre Glieder in der Gewalt; sie kann in diesem Augenblick mit ihnen anfangen, was sie will; aber sie muß ihn benützen, sonst ist es vorbei, und sie greift mit ihren beiden Händen nach denen ihres Gatten, die noch auf ihren Schultern liegen, zieht ihn zu sich; sieht ihn heiter und zärtlich an.

Und während sie die Lippen ihres Mannes auf ihrer Stirn fühlt, denkt sie: freilich... ein böser Traum. Er wird es niemandem sa-

gen, wird sich nie rächen, nie... er ist tot... er ist ganz gewiß tot...
und die Toten schweigen.

»Warum sagst du das?« hörte sie plötzlich die Stimme ihres Mannes. Sie erschrickt tief. »Was hab' ich denn gesagt?« Und es ist ihr, als habe sie plötzlich alles ganz laut erzählt... als habe sie die ganze Geschichte dieses Abends hier bei Tisch mitgeteilt... und noch einmal fragt sie, während sie vor seinem entsetzten Blick zusammenbricht: »Was hab' ich denn gesagt?«

»Die Toten schweigen«, wiederholte ihr Mann sehr langsam.

»Ja...«, sagt sie, »ja...«

Und in seinen Augen liest sie, daß sie ihm nichts mehr verbergen kann, und lange seh'n die beiden einander an. »Bring' den Buben zu Bett«, sagte er dann zu ihr; »ich glaube, du hast mir noch etwas zu erzählen...«

»Ja«, sagte sie.

Und sie weiß, daß sie diesem Manne, den sie durch Jahre betrogen hat, im nächsten Augenblick die ganze Wahrheit sagen wird.

Und während sie mit ihrem Jungen langsam durch die Tür schreitet, immer die Augen ihres Gatten auf sich gerichtet fühlend, kommt eine große Ruhe über sie, als würde vieles wieder gut...

Lucidor

Figuren zu einer ungeschriebenen Komödie

Frau von Murska bewohnte zu Ende der siebziger Jahre in einem Hotel der inneren Stadt ein kleines Appartement. Sie führte einen nicht sehr bekannten, aber auch nicht ganz obskuren Adelsnamen; aus ihren Angaben war zu entnehmen, daß ein Familiengut im russischen Teil Polens, das von Rechts wegen ihr und ihren Kindern gehörte, im Augenblick sequestriert oder sonst den rechtmäßigen Besitzern vorenthalten war. Ihre Lage schien geniert, aber wirklich nur für den Augenblick. Mit einer erwachsenen Tochter Arabella, einem halb erwachsenen Sohn Lucidor und einer alten Kammerfrau bewohnte sie drei Schlafzimmer und einen Salon, dessen Fenster nach der Kärntnerstraße gingen. Hier hatte sie einige Familienporträts, Kupfer und Miniaturen an den Wänden befestigt, auf einem Guéridon ein Stück alten Samts mit einem gestickten Wappen ausgebreitet und darauf ein paar silberne Kannen und Körbchen, gute französische Arbeit des achtzehnten Jahrhunderts, aufgestellt, und hier empfing sie. Sie hatte Briefe abgegeben, Besuche gemacht, und da sie eine unwahrscheinliche Menge von »Attachen« nach allen Richtungen hatte, so entstand ziemlich rasch eine Art von Salon. Es war einer jener etwas vagen Salons, die je nach der Strenge des Beurteilenden »möglich« oder »unmöglich« gefunden werden. Immerhin, Frau von Murska war alles, nur nicht vulgär und nicht langweilig, und die Tochter von einer noch viel ausgeprägteren Distinktion in Wesen und Haltung und außerordentlich schön. Wenn man zwischen vier und sechs hinkam, war man sicher, die Mutter zu finden, und fast nie ohne Gesellschaft; die Tochter sah man nicht immer, und den dreizehn- oder vierzehnjährigen Lucidor kannten nur die Intimen.

Frau von Murska war eine wirklich gebildete Frau, und ihre Bildung hatte nichts Banales. In der Wiener großen Welt, zu der sie sich vaguement rechnete, ohne mit ihr in andere als eine sehr peripherische Berührung zu kommen, hätte sie als »Blaustrumpf« einen schweren Stand gehabt. Aber in ihrem Kopf war ein solches Durcheinander von Erlebnissen, Kombinationen, Ahnungen, Irrtümern, Enthusiasmen, Erfahrungen, Apprehensionen, daß es nicht der Mühe wert war, sich bei dem aufzuhalten, was sie aus Büchern hatte. Ihr Gespräch galoppierte von einem Gegenstand zum andern und fand die unwahrscheinlichsten Übergänge; ihre Ruhelosigkeit konnte Mitleid erregen – wenn man sie reden hörte, wußte man, ohne daß sie es zu erwähnen brauchte, daß sie bis zum Wahnsinn an Schlaflosigkeit litt und sich in Sorgen, Kombinationen und fehlgeschlagenen Hoffnungen verzehrte – aber es war durchaus amüsant und wirklich merkwürdig, ihr zuzuhören, und ohne daß sie indiskret sein wollte, war sie es gelegentlich in der fürchterlichsten Weise. Kurz, sie war eine Närrin, aber von der angenehmeren Sorte. Sie war eine seelengute und im Grund eine scharmante und gar nicht gewöhnliche Frau. Aber ihr schwieriges Leben, dem sie nicht gewachsen war, hatte sie in einer Weise in Verwirrung gebracht, daß sie in ihrem zweiundvierzigsten Jahre bereits eine phantastische Figur geworden war. Die meisten ihrer Urteile, ihrer Begriffe waren eigenartig und von einer großen seelischen Feinheit; aber sie hatten so ziemlich immer den falschesten Bezug und paßten durchaus nicht auf den Menschen oder auf das Verhältnis, worauf es gerade ankam. Je näher ein Mensch ihr stand, desto weniger übersah sie ihn; und es wäre gegen alle Ordnung gewesen, wenn sie nicht von ihren beiden Kindern das verkehrteste Bild in sich getragen und blindlings danach gehandelt hätte. Arabella war in ihren Augen ein Engel, Lucidor ein hartes kleines Ding ohne viel Herz. Arabella war tausendmal zu gut für diese Welt, und Lucidor paßte ganz vorzüglich in diese Welt hinein. In Wirklichkeit war Arabella das Ebenbild ihres verstorbenen Vaters: eines stolzen, unzufriedenen und ungeduldigen, sehr schönen Menschen, der leicht verachtete, aber seine Verachtung in einer ausgezeichneten Form verhüllte, von Männern respektiert oder beneidet und von vielen Frauen geliebt wurde und eines trockenen Gemütes war. Der kleine Lucidor dagegen hatte nichts als Herz. Aber ich will lieber gleich an dieser Stelle sagen, daß Lucidor kein junger Herr, sondern ein Mädchen war und Lucile hieß. Der Einfall, die jüngere Tochter für die Zeit des Wiener Aufenthaltes als »travesti« auftreten zu lassen, war, wie alle Einfälle der Frau von Murska, blitzartig gekommen und hatte doch zugleich die kompliziertesten Hintergründe und Verkettungen. Hier war vor allem der Gedanke im Spiel, einen ganz merkwürdigen Schachzug gegen einen alten, mysteriösen, aber glücklicherweise wirklich vorhandenen Onkel zu führen, der in Wien lebte und um dessentwillen – alle diese Hoffnungen und Kombinationen waren äußerst vage – sie vielleicht im Grunde gerade diese Stadt zum Aufenthalt gewählt hatte. Zugleich hatte aber die Verkleidung auch noch andere, ganz reale, ganz im Vordergrund liegende Vorteile. Es lebte sich leichter mit *einer* Tochter als mit zweien von nicht ganz gleichem Alter; denn die Mädchen waren immerhin fast vier Jahre auseinander; man kam so mit einem kleineren Aufwand durch. Dann war es eine noch bessere, noch richtigere Position für Arabella, die einzige Tochter zu sein als die ältere; und der recht hübsche kleine »Bruder«, eine Art von Groom, gab dem schönen Wesen noch ein Relief.

Ein paar zufällige Umstände kamen zustatten: die Einfälle der Frau von Murska fußten nie ganz im Unrealen, sie verknüpften nur in sonderbarer Weise das Wirkliche, Gegebene mit dem, was ihrer Phantasie möglich oder erreichbar schien. Man hatte Lucile vor fünf Jahren – sie machte damals, als elfjähriges Kind, den Typhus durch – ihre schönen Haare kurz schneiden müssen. Ferner war es Luciles Vorliebe, im Herrensitz zu reiten; es war eine Gewohnheit von der Zeit her, wo sie mit den kleinrussischen Bauernbuben die Gutspferde ungesattelt in die Schwemme geritten hatte. Lucile nahm die Verkleidung hin, wie sie manches andere hingenommen hätte. Ihr Gemüt war geduldig, und auch das Absurdeste wird ganz leicht zur Gewohnheit. Zudem, da sie qualvoll schüchtern war, entzückte sie der Gedanke, niemals im Salon auftauchen und das heranwachsende Mädchen spielen zu müssen. Die alte Kammerfrau war als einzige im Geheimnis; den fremden Menschen fiel nichts auf. Niemand findet leicht als erster etwas Auffälliges; denn es ist den Menschen im allgemeinen nicht gegeben, zu sehen, was ist. Auch hatte Lucile wirklich knabenhaft schmale Hüften und auch sonst nichts, was zu sehr das Mädchen verraten hätte. In der Tat blieb die Sache unenthüllt, ja unverdächtigt, und als jene Wendung kam, die aus dem kleinen Lucidor eine Braut oder sogar noch etwas Weiblicheres machte, war alle Welt sehr erstaunt.

Natürlich blieb eine so schöne und in jedem Sinne gut aussehende junge Person wie Arabella nicht lange ohne einige mehr oder weniger erklärte Verehrer. Unter diesen war Wladimir weitaus der bedeutendste. Er sah vorzüglich aus, hatte ganz besonders schöne Hände. Er war mehr als wohlhabend und völlig unabhängig, ohne Eltern, ohne Geschwister. Sein Vater war ein bürgerlicher österreichischer Offizier gewesen, seine Mutter eine Gräfin aus einer sehr bekannten baltischen Familie. Er war unter allen, die sich mit Arabella beschäftigten, die einzige wirkliche »Partie«. Dazu kam dann noch ein ganz besonderer Umstand, der Frau von Murska wirklich bezauberte. Gerade er war durch irgendwelche Familienbeziehungen mit dem so schwer zu behandelnden, so unzugänglichen und so äußerst wichtigen Onkel liiert, jenem Onkel, um dessentwillen man eigentlich in Wien lebte und um dessentwillen Lucile Lucidor geworden war. Dieser Onkel, der ein ganzes Stockwerk des Buquoyschen Palais in der Wallnerstraße bewohnte und früher ein sehr vielbesprochener Herr gewesen war, hatte Frau von Murska sehr schlecht aufgenommen. Obwohl sie doch wirklich die Witwe seines Neffen (genauer: seines Vaters-Bruders-Enkel) war, hatte sie ihn doch erst bei ihrem dritten Besuch zu sehen bekommen und war darauf niemals auch nur zum Frühstück oder zu einer Tasse Tee eingeladen worden. Dagegen hatte er, ziemlich de mauvaise grâce, gestattet, daß man ihm Lucidor einmal schicke. Es war die Eigenart des interessanten alten Herrn, daß er Frauen nicht leiden konnte, weder alte noch junge. Dagegen bestand die unsichere Hoffnung, daß er sich für einen jungen Herrn, der immerhin sein Blutsverwandter war, wenn er auch nicht denselben Namen führte, irgendeinmal in ausgiebiger Weise interessieren könnte. Und selbst diese ganz unsichere Hoffnung war in einer höchst prekären Lage unendlich viel wert. Nun war Lucidor tatsächlich einmal auf Befehl der Mutter allein hingefahren, aber nicht angenommen worden, worüber Lucidor sehr glücklich war, die Mutter aber aus der Fassung kam, besonders als dann auch weiterhin nichts erfolgte und der kostbare Faden abgerissen schien. Diesen wieder anzuknüpfen, war nun Wladimir durch seine doppelte Beziehung wirklich der providentielle Mann. Um die Sache richtig in Gang zu bringen, wurde in unauffälliger Weise Lucidor manchmal zugezogen, wenn Wladimir Mutter und Tochter besuchte, und der Zufall fügte es ausgezeichnet, daß Wladimir an dem Burschen Gefallen fand und ihn schon bei der ersten Begegnung aufforderte, hie und da mit ihm auszureiten, was nach einem raschen, zwischen Arabella und der Mutter gewechselten Blick dankend angenommen wurde. Wladimirs Sympathie für den jüngeren Bruder einer Person, in die er recht sehr verliebt war, war nur selbstverständlich; auch gibt es kaum etwas Angenehmeres als den Blick unverhohlener Bewunderung aus den Augen eines netten vierzehnjährigen Burschen.

Frau von Murska war mehr und mehr auf den Knien vor Wladimir. Arabella machte das ungeduldig wie die meisten Haltungen ihrer Mutter, und fast unwillkürlich, obwohl sie Wladimir gern sah, fing sie an, mit einem seiner Rivalen zu kokettieren, dem Herrn von Imfanger, einem netten und ganz eleganten Tiroler, halb Bauer, halb Gentilhomme, der als Partie aber nicht einmal in Frage kam. Als die Mutter einmal schüchterne Vorwürfe wagte, daß Arabella gegen Wladimir sich nicht so betrage, wie er ein Recht hätte, es zu erwarten, gab Arabella eine abweisende Antwort, worin viel mehr Geringschätzung und Kälte gegen Wladimir pointiert war, als sie tatsächlich fühlte. Lucidor-Lucile war zufällig zugegen. Das Blut schoß ihr zum Herzen und verließ wieder jäh das Herz. Ein schneidendes Gefühl durchzuckte sie: sie fühlte Angst, Zorn und Schmerz in einem. Über die Schwester erstaunte sie dumpf. Arabella war ihr immer fremd. In diesem Augenblick erschien sie ihr fast grausig, und sie hätte nicht sagen können, ob sie sie bewunderte oder haßte. Dann löste sich alles in ein schrankenloses Leid. Sie ging hinaus und sperrte sich in ihr Zimmer. Wenn man ihr gesagt hätte, daß sie einfach Wladimir liebte, hätte sie es vielleicht nicht verstanden. Sie handelte, wie sie mußte, automatisch, indessen ihr Tränen herunterliefen, deren wahren Sinn sie nicht verstand. Sie setzte sich hin und schrieb einen glühenden Liebesbrief an Wladimir. Aber nicht für sich, für Arabella. Daß ihre Handschrift der Arabellas zum Verwechseln ähnlich war, hatte sie oft verdrossen. Gewaltsam hatte sie sich eine andere, recht häßliche Handschrift angewöhnt. Aber sie konnte sich der früheren, die ihrer Hand eigentlich gemäß war, jederzeit bedienen. Ja, im Grunde fiel es ihr leichter, so zu schreiben. Der Brief, war, wie er nur denen gelingt, die an nichts denken und eigentlich außer sich sind. Er desavouierte Arabellas ganze Natur: aber das war ja, was er wollte, was er sollte. Er war sehr unwahrscheinlich, aber ebendadurch wieder in gewisser Weise wahrscheinlich als der Ausdruck eines gewaltsamen innerlichen Umsturzes. Wenn Arabella tief und hingebend zu lieben vermocht hätte und sich dessen in einem jähen Durchbruch mit einem Schlage bewußt worden wäre, so hätte sie sich allenfalls so ausdrücken und mit dieser Kühnheit und glühenden Verachtung von sich selber, von der Arabella, die jedermann kannte, reden können. Der Brief war sonderbar, aber immerhin auch für einen kalten, gleichgültigen Leser nicht ganz unmöglich als ein Brief eines verborgenen leidenschaftlichen, schwer berechenbaren Mädchens. Für den, der verliebt ist, ist zudem die Frau, die er liebt, immer ein unberechenbares Wesen. Und schließlich war es der Brief, den zu empfangen ein Mann in seiner Lage im stillen immer wünschen und für möglich halten kann. Ich nehme hier vorweg, daß der Brief auch wirklich in Wladimirs Hände gelangte: dies erfolgte in der Tat schon am nächsten Nachmittag, auf der Treppe, unter leisem Nachschleichen, vorsichtigem Anrufen, Flüstern von Lucidor als dem aufgeregten, ungeschickten vermeintlichen Postillon d'amour seiner schönen Schwester. Ein Postskriptum war natürlich beigefügt: es enthielt die dringende, ja flehende Bitte, sich nicht zu erzürnen, wenn sich zunächst in Arabellas Betragen weder gegen den Geliebten noch gegen andere auch nur die leiseste Veränderung würde wahrnehmen lassen. Auch er werde hoch und teuer gebeten, sich durch kein Wort, nicht einmal durch einen Blick merken zu lassen, daß er sich zärtlich geliebt wisse.

Es vergehen ein paar Tage, in denen Wladimir mit Arabella nur kurze Begegnungen hat, und niemals unter vier Augen. Er begegnet ihr, wie sie es verlangt hat; sie begegnet ihm, wie sie es vorausgesagt hat. Er fühlt sich glücklich und unglücklich. Er weiß jetzt erst, wie gern er sie hat. Die Situation ist danach, ihn grenzenlos ungeduldig zu machen. Lucidor, mit dem er jetzt täglich reitet, in dessen Gesellschaft fast noch allein ihm wohl ist, merkt mit Entzükken und mit Schrecken die Veränderung im Wesen des Freundes, die wachsende heftige Ungeduld. Es folgt ein neuer Brief, fast noch zärtlicher als der erste, eine neue rührende Bitte, das vielfach bedrohte Glück der schwebenden Lage nicht zu stören, sich diese Geständnisse genügen zu lassen und höchstens schriftlich, durch Lucidors Hand, zu erwidern. Jeden zweiten, dritten Tag geht jetzt ein Brief hin oder her. Wladimir hat glückliche Tage und Lucidor auch. Der Ton zwischen den beiden ist verändert, sie haben ein unerschöpfliches Gesprächsthema. Wenn sie in irgendeinem Gehölz des Praters vom Pferd gestiegen sind und Lucidor seinen neuesten Brief übergeben hat, beobachtet er mit angstvoller Lust die Züge des Lesenden. Manchmal stellt er Fragen, die fast indiskret sind; aber die Erregung des Knaben, der in diese Liebessache verstrickt ist, und seine Klugheit, ein Etwas, das ihn täglich hübscher und zarter aussehen macht, amüsiert Wladimir, und er muß sich eingestehen, daß es ihm, der sonst verschlossen und hochmütig ist, hart ankäme, nicht mit Lucidor über Arabella zu sprechen. Lucidor posiert manchmal auch den Mädchenfeind, den kleinen, altklugen und in kindischer Weise zynischen Burschen. Was er da vorbringt, ist durchaus nicht banal; denn er weiß einiges von dem darunter zu mischen, was die Ärzte »introspektive Wahrheiten« nennen. Aber Wladimir, dem es nicht an Selbstgefühl mangelt, weiß ihn zu belehren, daß die Liebe, die er einflöße, und die er einem solchen Wesen wie Arabella einflöße, von ganz eigenartiger, mit nichts zu vergleichender Beschaffenheit sei. Lucidor findet Wladimir in solchen Augenblicken um so bewundernswerter und sich selbst klein und erbärmlich. Sie kommen aufs Heiraten, und dieses Thema ist Lucidor eine Qual, denn dann beschäftigt sich Wladimir fast ausschließlich mit der Arabella des Lebens anstatt mit der Arabella der Briefe. Auch fürchtet Lucidor wie den Tod jede Entscheidung, jede einschneidende Veränderung. Sein einziger Gedanke ist, die Situation so hinzuziehen. Es ist nicht zu sagen, was das arme Geschöpf aufbietet, um die äußerlich und innerlich so prekäre Lage durch Tage, durch Wochen – weiter zu denken, fehlt ihm die Kraft – in einem notdürftigen Gleichgewicht zu erhalten. Da ihm nun einmal die Mission zugefallen ist, bei dem Onkel etwas für die Familie auszurichten, so tut er sein mögliches. Manchmal geht Wladimir mit; der

Onkel ist ein sonderbarer alter Herr, den es offenbar amüsiert, sich vor jüngeren Leuten keinen Zwang anzutun, und seine Konversation ist derart, daß eine solche Stunde für Lucidor eine wahrhaft qualvolle kleine Prüfung bedeutet. Dabei scheint dem Alten kein Gedanke ferner zu liegen als der, irgend etwas für seine Anverwandten zu tun. Lucidor kann nicht lügen und möchte um alles seine Mutter beschwichtigen. Die Mutter, je tiefer ihre Hoffnungen, die sie auf den Onkel gesetzt hatte, sinken, sieht mit um so größerer Ungeduld, daß sich zwischen Arabella und Wladimir nichts der Entscheidung zu nähern scheint. Die unglückseligen Personen, von denen sie im Geldpunkt abhängig ist, fangen an, ihr die eine wie die andere dieser glänzenden Aussichten als Nonvaleur in Rechnung zu stellen. Ihre Angst, ihre mühsam verhohlene Ungeduld teilt sich allen mit, am meisten dem armen Lucidor, in dessen Kopf so unverträgliche Dinge durcheinander hingehen. Aber er soll in der seltsamen Schule des Lebens, in die er sich nun einmal begeben hat, einige noch subtilere und schärfere Lektionen empfangen.

Das Wort von einer Doppelnatur Arabellas war niemals ausdrücklich gefallen. Aber der Begriff ergab sich von selbst: die Arabella des Tages war ablehnend, kokett, präzis, selbstsicher, weltlich und trocken fast bis zum Exzeß, die Arabella der Nacht, die bei einer Kerze an den Geliebten schrieb, war hingebend, sehnsüchtig fast ohne Grenzen. Zufällig oder gemäß dem Schicksal entsprach dies einer ganz geheimen Spaltung auch in Wladimirs Wesen. Auch er hatte, wie jedes beseelte Wesen, mehr oder minder seine Tag- und Nachtseite. Einem etwas trockenen Hochmut, einem Ehrgeiz ohne Niedrigkeit und Streberei, der aber hochgespannt und ständig war, standen andere Regungen gegenüber, oder eigentlich: standen nicht gegenüber, sondern duckten sich ins Dunkel, suchten sich zu verbergen, waren immer bereit, unter die dämmernde Schwelle ins Kaumbewußte hinabzutauchen. Eine phantasievolle Sinnlichkeit, die sich etwa auch in ein Tier hineinträumen konnte, in einen Hund, in einen Schwan, hatte zu Zeiten seine Seele fast ganz in Besitz gehabt. Dieser Zeiten des Überganges vom Knaben zum Jüngling erinnerte er sich nicht gerne. Aber irgend etwas davon war immer in ihm, und diese verlassene, auch von keinem Gedanken überflogene, mit Willen verödete Nachtseite seines Wesens bestrich nun ein dunkles, geheimnisvolles Licht: die Liebe der unsichtbaren, anderen Arabella. Wäre die Arabella des Tages zufällig seine Frau gewesen oder seine Geliebte geworden, er wäre mit ihr immer ziemlich terre à terre geblieben und hätte sich selbst nie konzediert, den Phantasmen einer mit Willen unterdrückten Kinderzeit irgendwelchen Raum in seiner Existenz zu gönnen. An die im Dunklen Lebende dachte er in anderer Weise und schrieb ihr in anderer Weise. Was hätte Lucidor tun sollen, als der Freund begehrte, nur irgendein Mehr, ein lebendigeres Zeichen zu empfangen als diese Zeilen auf weißem Papier? Lucidor war allein mit seiner Bangigkeit, seiner Verworrenheit, seiner Liebe. Die Arabella des Tages half ihm nicht. Ja, es war, als spielte sie, von einem Dämon angetrieben, gerade gegen ihn. Je kälter, sprunghafter, weltlicher, koketter sie war, desto mehr erhoffte und erbat Wladimir von der anderen. Er bat so gut, daß Lucidor zu versagen nicht den Mut fand. Hätte er ihn gefunden, es hätte seiner zärtlichen Feder an der Wendung gefehlt, die Absage auszudrücken. Es kam eine Nacht, in der Wladimir denken durfte, von Arabella in Lucidors Zimmer empfangen, und wie empfangen, worden zu sein. Es war Lucidor irgendwie gelungen, das Fenster nach der Kärntnerstraße so völlig zu verdunkeln, daß man nicht die Hand vor den Augen sah. Daß man die Stimmen zum unhörbarsten abdämpfen mußte, war klar: nur eine einfache Tür trennte von der Kammerfrau. Wo Lucidor die Nacht verbrachte, blieb ungesagt: doch war er offenbar nicht im Geheimnis, sondern man hatte gegen ihn einen Vorwand gebraucht. Seltsam war, daß Arabella ihr schönes Haar in ein dichtes Tuch fest eingewunden trug und der Hand des Freundes sanft, aber bestimmt versagte, das Tuch zu lösen. Aber dies war fast das einzige, das sie versagte. Es gingen mehrere Nächte hin, die dieser Nacht nicht glichen, aber es folgte wieder eine, die ihr glich, und Wladimir war sehr glücklich. Vielleicht waren dies die glücklichsten Tage seines ganzen Lebens. Gegen Arabella, wenn er untertags mit ihr zusammen ist, gibt ihm die Sicherheit seines nächtlichen Glückes einen eigenen Ton. Er lernt eine besondere Lust daran finden, daß sie bei Tag so unbegreiflich anders ist; ihre Kraft über sich selber, daß sie niemals auch nur in einem Blick, einer Bewegung sich vergißt, hat etwas Bezauberndes. Er glaubt zu bemerken, daß sie von

Woche zu Woche um so kälter gegen ihn ist, je zärtlicher sie sich in den Nächten gezeigt hat. Er will jedenfalls nicht weniger geschickt, nicht weniger beherrscht erscheinen. Indem er diesem geheimnisvoll starken weiblichen Willen so unbedingt sich fügt, meint er, das Glück seiner Nächte einigermaßen zu verdienen. Er fängt an, gerade aus ihrem doppelten Wesen den stärksten Genuß zu ziehen. Daß ihm die gehörte, die ihm so gar nicht zu gehören scheint, daß die gleiche, welche sich grenzenlos zu verschenken versteht, in einer solchen unberührten, unberührbaren Gegenwart sich zu behaupten weiß, dies wirklich zu erleben ist schwindelnd, wie der wiederholte Trunk aus einem Zauberbecher. Er sieht ein, daß er dem Schicksal auf den Knien danken müsse, in einer so einzigartigen, dem Geheimnis seiner Natur abgelauschten Weise beglückt zu werden. Er spricht es überströmend aus, gegen sich selber, auch gegen Lucidor. Es gibt nichts, was den armen Lucidor im Innersten tödlicher erschrecken könnte.

Arabella indessen, die wirkliche, hat sich gerade in diesen Wochen von Wladimir so entschieden abgewandt, daß er es von Stunde zu Stunde bemerken müßte, hätte er nicht den seltsamen Antrieb, alles falsch zu deuten. Ohne daß er sich geradezu verrät, spürt sie zwischen sich und ihm ein Etwas, das früher nicht war. Sie hat sich immer mit ihm verstanden, sie versteht sich auch noch mit ihm; ihre Tagseiten sind einander homogen; sie könnten eine gute Vernunftehe führen. Mit Herrn von Imfanger versteht sie sich nicht, aber er gefällt ihr. Daß Wladimir ihr in diesem Sinne nicht gefällt, spürt sie nun stärker; jenes unerklärliche Etwas, das von ihm zu ihr zu vibrieren scheint, macht sie ungeduldig. Es ist nicht Werbung, auch nicht Schmeichelei; sie kann sich nicht klar werden, was es ist, aber sie goutiert es nicht. Imfanger muß sehr wohl wissen, daß er ihr gefällt. Wladimir glaubt seinerseits noch ganz andere Beweise dafür zu haben. Zwischen den beiden jungen Herren ergibt sich die sonderbarste Situation. Jeder meint, daß der andere doch alle Ursache habe, verstimmt zu sein oder einfach das Feld zu räumen. Jeder findet die Haltung, die ungestörte Laune des andern im Grunde einfach lächerlich. Keiner weiß, was er sich aus dem andern machen soll, und einer hält den andern für einen ausgemachten Geck und Narren.

Die Mutter ist in der qualvollsten Lage. Mehrere Auskunftsmittel versagen. Befreundete Personen lassen sie im Stich. Ein unter der Maske der Freundschaft angebotenes Darlehen wird rücksichtslos eingefordert. Die vehementen Entschlüsse liegen Frau von Murska immer sehr nahe. Sie wird den Haushalt in Wien von einem Tag auf den andern auflösen, sich bei der Bekanntschaft brieflich verabschieden, irgendwo ein Asyl suchen, und wäre es auf dem sequestrierten Gut im Haus der Verwaltersfamilie. Arabella nimmt eine solche Entschließung nicht angenehm auf, aber Verzweiflung liegt ihrer Natur ferne. Lucidor muß eine wahre, unbegrenzte Verzweiflung angstvoll in sich verschließen. Es waren mehrere Nächte vergangen, ohne daß sie den Freund gerufen hätte. Sie wollte ihn diese Nacht wieder rufen. Das Gespräch abends zwischen Arabella und der Mutter, der Entschluß zur Abreise, die Unmöglichkeit, die Abreise zu verhindern: dies alles trifft sie wie ein Keulenschlag. Und wollte sie zu einem verzweifelten Mittel greifen, alles hinter sich werfen, der Mutter alles gestehen, dem Freund vor allem offenbaren, wer die Arabella seiner Nächte gewesen ist, so durchfährt sie eisig die Furcht vor seiner Enttäuschung, seinem Zorn. Sie kommt sich wie eine Verbrecherin vor, aber gegen ihn, an die anderen denkt sie nicht. Sie kann ihn diese Nacht nicht sehen. Sie fühlt, daß sie vor Scham, vor Angst und Verwirrung vergehen würde. Statt ihn in den Armen zu halten, schreibt sie an ihn, zum letztenmal. Es ist der demütigste, rührendste Brief, und nichts paßt weniger zu ihm als der Name Arabella, womit sie ihn unterschreibt. Sie hat nie wirklich gehofft, seine Gattin zu werden. Auch kurze Jahre, ein Jahr als seine Geliebte mit ihm zu leben, wäre unendliches Glück. Aber auch das darf und kann nicht sein. Er soll nicht fragen, nicht in sie dringen, beschwört sie ihn. Soll morgen noch zu Besuch kommen, aber erst gegen Abend. Den übernächsten Tag dann – sind sie vielleicht schon abgereist. Später einmal wird er vielleicht erfahren, begreifen, sie möchte hinzufügen: verzeihen, aber das Wort scheint ihr in Arabellas Mund zu unbegreiflich, so schreibt sie es nicht. Sie schläft wenig, steht früh auf, schickt den Brief durch den Lohndiener des Hotels an Wladimir. Der Vormittag vergeht mit Packen. Nach Tisch, ohne etwas zu erwähnen, fährt sie zu dem Onkel. Nachts ist ihr der Gedanke gekommen. Sie würde die Worte, die

Argumente finden, den sonderbaren Mann zu erweichen. Das Wunder würde geschehen und dieser festverschnürte Geldbeutel sich öffnen. Sie denkt nicht an die Realität dieser Dinge, nur an die Mutter, an die Situation, an ihre Liebe. Mit dem Geld oder dem Brief in der Hand würde sie der Mutter zu Füßen fallen und als einzige Belohnung erbitten – was? – ihr übermüdeter, gequälter Kopf versagt beinahe – ja! nur das Selbstverständliche: daß man in Wien bliebe, daß alles bliebe, wie es ist. Sie findet den Onkel zu Hause. Die Details dieser Szene, die recht sonderbar verläuft, sollen hier nicht erzählt werden. Nur dies; sie erweicht ihn tatsächlich – er ist nahe daran, das Entscheidende zu tun, aber eine greisenhafte Grille wirft den Entschluß wieder um: er wird später etwas tun, wann, das bestimmt er nicht, und damit basta. Sie fährt nach Hause, schleicht die Treppe hinauf, und in ihrem Zimmer, zwischen Schachteln und Koffern, auf dem Boden hockend, gibt sie sich ganz der Verzweiflung hin. Da glaubt sie im Salon Wladimirs Stimme zu hören. Auf den Zehen schleicht sie hin und horcht. Es ist wirklich Wladimir – mit Arabella, die mit ziemlich erhobenen Stimmen im sonderbarsten Dialog begriffen sind.

Wladimir hat am Vormittag Arabellas geheimnisvollen Abschiedsbrief empfangen. Nie hat etwas sein Herz so getroffen. Er fühlt, daß zwischen ihm und ihr etwas Dunkles stehe, aber nicht zwischen Herz und Herz. Er fühlt die Liebe und die Kraft in sich, es zu erfahren, zu begreifen, zu verzeihen, sei es, was es sei. Er hat die unvergleichliche Geliebte seiner Nächte zu lieb, um ohne sie zu leben. Seltsamerweise denkt er gar nicht an die wirkliche Arabella, fast kommt es ihm sonderbar vor, daß sie es sein wird, der er gegenüberzutreten hat, um sie zu beschwichtigen, aufzurichten, sie ganz und für immer zu gewinnen. Er kommt hin, findet im Salon die Mutter allein. Sie ist aufgeregt, wirr und phantastisch wie nur je. Er ist anders, als sie ihn je gesehen hat. Er küßt ihr die Hände, er spricht, alles in einer gerührten, befangenen Weise. Er bittet sie, ihm ein Gespräch unter vier Augen mit Arabella zu gestatten. Frau von Murska ist entzückt und ohne Übergang in allen Himmeln. Das Unwahrscheinliche ist ihr Element. Sie eilt, Arabella zu holen, dringt in sie, dem edlen jungen Mann nun, wo alles sich so herrlich gewendet, ihr Ja nicht zu versagen. Arabella ist maßlos erstaunt.

»Ich stehe durchaus nicht so mit ihm«, sagt sie kühl. »Man ahnt nie, wie man mit Männern steht«, entgegnet ihr die Mutter und schickt sie in den Salon. Wladimir ist verlegen, ergriffen und glühend. Arabella findet mehr und mehr, daß Herr von Imfanger recht habe, Wladimir einen sonderbaren Herrn zu finden. Wladimir, durch ihre Kühle aus der Fassung, bittet sie, nun endlich die Maske fallen zu lassen. Arabella weiß durchaus nicht, was sie fallen lassen soll. Wladimir wird zugleich zärtlich und zornig, eine Mischung, die Arabella so wenig goutiert, daß sie schließlich aus dem Zimmer läuft und ihn allein stehen läßt. Wladimir in seiner maßlosen Verblüffung ist um so näher daran, sie für verrückt zu halten, als sie ihm soeben angedeutet hat, sie halte ihn dafür und sei mit einem Dritten über diesen Punkt ganz einer Meinung. Wladimir würde in diesem Augenblick einen sehr ratlosen Monolog halten, wenn nicht die andere Tür aufginge und die sonderbarste Erscheinung auf ihn zustürzte, ihn umschlänge, an ihm herunter zu Boden glitte. Es ist Lucidor, aber wieder nicht Lucidor, sondern Lucile, ein liebliches und in Tränen gebadetes Mädchen, in einem Morgenanzug Arabellas, das bubenhaft kurze Haar unter einem dichten Seidentuch verborgen. Es ist sein Freund und Vertrauter, und zugleich seine geheimnisvolle Freundin, seine Geliebte, seine Frau. Einen Dialog, wie der sich nun entwickelnde, kann das Leben hervorbringen und die Komödie nachzuahmen versuchen, aber niemals die Erzählung.

Ob Lucidor nachher wirklich Wladimirs Frau wurde oder bei Tag und in einem anderen Land das blieb, was sie in dunkler Nacht schon gewesen war, seine glückliche Geliebte, sei gleichfalls hier nicht aufgezeichnet.

Es könnte bezweifelt werden, ob Wladimir ein genug wertvoller Mensch war, um so viel Hingabe zu verdienen. Aber jedenfalls hätte sich die ganze Schönheit einer bedingungslos hingebenden Seele, wie Luciles, unter anderen als so seltsamen Umständen nicht enthüllen können.

Abdankung

Alle wollten Fußball spielen; Felix allein bestand auf einem Wettlauf.

»Wer ist hier der Herr?« schrie er, gerötet und bebend, mit einem Blick, daß der, den er traf, sich in einen Knäuel von Freunden verkroch.

»Wer ist hier der Herr!« – es war das erste Wort, das er, kaum in die Schule eingetreten, zu ihnen sprach. Sie sahen verdutzt einander an. Ein großer Rüpel musterte den schmächtigen Jungen und wollte lachen. Felix saß ihm plötzlich mit der Faust im Nacken und duckte ihn.

»Weiter kannst du wohl nichts?« ächzte der Gebändigte, das Gesicht am Boden.

»Laufe mit mir! Das soll entscheiden.«

»Ja, lauf!« riefen mehrere.

»Wer ist noch gegen das Laufen?« fragte Felix, aufgereckt und ein Bein vorgestellt.

»Mir ist es wurscht«, sagte faul der dicke Hans Butt.

Andere bestätigten: »Mir auch.«

Ein Geschiebe entstand, und einige traten auf Felix' Seite. Denen, die sich hinter seinen Gegner gereiht hatten, ward bange, so rachsüchtig maß er sie.

»Ich merke mir jeden!« rief er schrill.

Zwei gingen zu ihm über, dann noch zwei. Butt, der sich parteilos herumdrückte, ward von Felix vermittelst einer Ohrfeige den Seinen zugesellt.

Felix siegte mit Leichtigkeit. Der Wind, der ihm beim Dahinfliegen entgegenströmte, schien eine begeisternde Melodie zu enthalten; und wie Felix, den Rausch der Schnelligkeit im pochenden Blut, zurückkehrte, war er jedes künftigen Sieges gewiß. Dem Unterlegenen, der ihm Vergeltung beim Fußball verhieß, lächelte er achselzuckend in die Augen.

Als er aber das nächste Mal einen, der sich seinem Befehl widersetzte, niederwarf, war's nur Glück, und er wußte es. Schon war er verloren, da machte sich's, daß er loskam und dem anderen einen Tritt in den Bauch geben konnte, so daß er stürzte. Da lag der nun, wie selbstverständlich – und doch fühlte Felix, der auf ihn herabsah, noch den Schwindel der schwankenden Minute, als Ruf und Gewalt auf der Schneide standen. Dann ein tiefer Atemzug und ein inneres Aufjauchzen; aber schon murrte jemand: Bauchtritte gälten nicht. Jawohl, echote es, sie seien feige. Und von neuem mußte man der Menge entgegentreten und sich behaupten.

Bei den meisten zwar genügten feste Worte. Die zwei oder drei kannte Felix, mit denen er sich noch zu messen hatte; die anderen gehorchten schon. Zuweilen überkam ihn – nie in der Schule, denn hier war er immer gespannt von der Aufgabe des Herrschens –, aber daheim: ihn überkam Staunen, weil sie gehorchten. Sie waren doch stärker! Jeder einzelne war stärker! Wenn dem dicken Hans Butt eingefallen wäre, daß er Muskeln hatte! Aber das war auch so ein weicher Klumpen, aus dem sich alles machen ließ. Felix war allein; sein Geist prüfte, in unruhigen Sprüngen, alle die Entfernten; und seine erregten Hände kneteten an seinen Gesichten und stießen sie fort.

Dabei fand er für den und jenen geringschätzige Namen. Fast allen schon hatte er sie aufgenötigt, und als der neue Klassenlehrer fragte, wie sie hießen, hatte jeder den seinen angeben müssen: Klops, Lump, Pithekos. Ja: da stand der englisch gekleidete Weeke als Pithekos, und Graupel, dessen Vater der Bürgermeister war, schimpfte sich Lump: weil Felix es ihnen befohlen hatte. Felix aber trug einen gewendeten Anzug; und seit auf der letzten ihrer abenteuerlichen Fahrten sein Vater – er konnte nur ahnen, wie – ums Leben gekommen war, beherbergten seine Mutter und ihn drei dürftige Zimmer in dieser Stadt, – wo nun geschah, was er wollte.

Denn wie er den Kameraden die Spitznamen auferlegte, machte er die der Lehrer unmöglich. Niemand konnte sie mehr ohne Scham aussprechen. Dem Schreiblehrer, an dem solange der Feigste sein Mütchen gekühlt hatte, erzwang er eine achtungsvolle Behandlung. Durch Einschüchterung und Spott brachte er es in Mode, sich auf die Mathematikstunden nicht vorzubereiten. Als aber der Professor, dem jemand geklatscht haben mußte, die Klasse warnte, sich von einem Unbegabten zur Trägheit verführen zu lassen, erkämpfte Felix in acht Tagen die beste Note und erklärte es für Kinderspiel. In Wirklichkeit hatte er seinem Kopf Gewalt angetan und wußte nicht wohin vor Gereiztheit. Dem Professor, der ihn durch Auszeichnungen zu gewinnen suchte, begegnete er beflissen und unnahbar. Bis zur nächsten Stunde setzte er durch, daß das eiserne Lineal erhitzt werden sollte. Das geschah hinter der Turnhalle. Wie Felix die Zweifler überzeugen wollte, daß der Professor immer im Eifer der Demonstration plötzlich mit ganzer Hand nach dem Lineal fasse, tat unbedacht er selbst den Griff und schrak zurück. Es ward gelacht. »Wer anderen eine Grube gräbt«, hieß es, und: »Er kann es selbst nicht aushalten.«

Felix' Augen, die die Runde machten, wurden dunkel. Als das heiße Eisen zwischen Hölzern hineingetragen ward, ging er stumm hinterher. Alle saßen auf den Plätzen, der Schritt des Professors war zu hören; da nahm Felix das Lineal vom Pult und stieß es in sein aufgerissenes Hemd. Wie Rauschen ging's durch die Klasse. Was sie hätten, warum niemand aufmerke, fragte der Professor. Felix meldete sich und gab, mit weißen Lippen, die Antwort. Dann saß er wieder da und hatte, hinter seinem gekrampften, einsamen Lächeln, das eine, manchmal von den Schmerzen übertobte Bewußtsein, daß sie alle, die er nicht ansah, voll Grauen, in Unterworfenheit und mit Wallungen der Liebe durch die Finger zu ihm herschielten, und daß er hoch über ihnen schwelge und sie maßlos verachte.

»Feuer ist nichts für euch«, sagte er, als er nach drei Tagen wiederkam; »aber Wasser!«

Er öffnete den Brunnen.

»Butt! Unter die Pumpe!«

Butt gab faul seinen Kopf her.

»Weeke! Graupel!«

Sie kamen. Einer nach dem andern duckte sich unter den Strahl: albern lachend und knechtisch; weil auch der vorige es getan hatte; weil es ein Witz sein konnte; weil Felix zu widerstehen gegen Klugheit und Sitte ging.

Wie es von allen Schöpfen auf die Dielen tropfte und der erbitterte Ordinarius vergeblich nach dem Anstifter umherfragte, stand Felix auf.

»Ich habe sie alle getauft«, erklärte er gelassen und nahm sechs Stunden Karzer entgegen.

Er stand auch auf, weil einer »Kikeriki« gerufen hatte und niemand sich meldete. Nicht er war's gewesen. Das nächste Mal zog er sich einen Tadel im Klassenbuch zu dadurch, daß er seine Grammatik dem Hintermann zum Ablesen hinhielt. Wenn er sie tyrannisierte, fühlte er sich auch verantwortlich für ihre Sünden und für ihr Wohlergehen. Er konnte sie nur als Sklaven ertragen; aber wo nicht er selbst befahl, hielt er eifersüchtig auf ihre Würde. Ein kürzlich eingetroffener Landjunker überhob sich: Felix kam darüber zu, wie er in der Mitte eines neugierigen Kreises stand, seinen ausgestreckten Arm für den Radius erklärte und ihn plötzlich rundum über die Gesichter fegte.

»Von welchem Hundekerl laßt ihr euch da ohrfeigen?« schrie Felix glühend.

»Nimm dich in acht, guter Freund«, sagte der junge Graf, mit einem Blick von oben nach unten. Felix stieß, außer sich, die Arme in die Luft.

»Sprich so mit deinem Kuhjungen, nicht mit mir, nicht mit –«
Die Sprache versagte ihm.

»Du möchtest wohl Prügel?« fragte sein Feind. Der Kreis öffnete sich und wich zurück.

»Und du?« – vorspringend. Plötzlich bezwang er sich, schob die Hände in die Taschen.

»Prügel von mir sind zu gut für dich; aber ich *lasse* dich prügeln!«
Zu den andern:

»Verhaut ihn!... Nun? Er hat euch beleidigt. Macht euch das nichts? Er hat auch mich beleidigt. Ihr kennt mich. Nun?!« Von seinen Worten, seinen Blicken kamen sie ruckweise in Bewegung. Sie lugten einer nach dem andern aus, suchten mit den Ellenbogen Fühlung: da, alle auf einmal, warfen sie sich auf den Angreifer ihres Herrn. Er fiel um; ihr Erfolg machte sie wild. Felix lehnte an der Mauer und sah zu.

»Genug! Er blutet!«

»Jetzt vertragt euch wieder!«

Und der verblüffte Neuling ward in die Schar aufgenommen, lernte gehorchen mit der Schar.

Felix übte sie. Der, dem er zurief: »Er lebe wohl!« hatte in wahnsinniger Hast zu verschwinden; und auf die Frage: »Wie geht's Ihm?« war es Gesetz zu erwidern: »Mäßig«; worauf Felix, mit gekrümmter Lippe: »Es scheint so.« Irgendeiner mußte nach Dunkelwerden zur Stadt hinaus; mußte den Weg schweigend zurücklegen und an einem bestimmten Hause sein Bedürfnis verrichten. Es war nicht sicher, daß Felix von Verstößen gegen seine Gebote nicht auf mystischen Wegen Kenntnis erlangt haben würde; und je derber sie der Vernunft zuwiderliefen, desto fanatischer wurden sie ausgeführt. Der junge Graf brachte es dahin, daß er Punkt vier Uhr, allein in seinem Zimmer, einen Stock schwenkte und dreißigmal hurra schrie. Und nach jedem Hurra rief ein anderer, der vor dem Hause stand, hinauf: »Du Schaf!« Tägliche Pflicht des dicken Hans Butt war es, sich während der längsten Pause in die leere Klasse zu schleichen, sich auf den Boden zu legen und mit geschlossenen Augen zu harren, daß Felix ihn »entsündige«. Felix kam die Treppe herauf, zwischen vier Trabanten, die an der Tür stehen blieben und das, was vorging, nicht mit Augen schauen durften. Er umkreiste dreimal den ausgestreckten Butt; kein Atem ging in dem weiten Zimmer; und ließ sich rittlings auf den Bauch des Patienten fallen. Butt konnte aufstehen.

Wenn er Butts Fett unter sich zittern und weichen fühlte, war Felix versucht, sich darauf auszuruhen. Er hatte die Empfindung, daß Butts Sünden wirklich in sein eigenes Fleisch hinüberflössen; die tierische Apathie des andern versuchte ihn; eine Gemeinschaft entstand, die ihn selbst anwiderte.

Butt stammte aus einer Gärtnerei und war durchtränkt mit dem friedlichen Geruch erdiger Gemüse, nach dem es Felix immer wieder verlangte wie nach einem Gift, das verachtete Wonnen verspricht. Butts Schnaufen lockte ihn an; und Felix brauchte auf seinem brennenden Lauf nach einem Ziel, einer Tat nur in Butts Nähe zu kommen: Butt hing, hingewälzt, an der sonnigen Mauer: dann mußte Felix anhalten; Butts Dunst fing ihn ein. Er schob – und bekam nie genug davon – diesen willenlosen Kopf hin und her, der hängen blieb, wie man ihn hängte; hob diese trägen Gliedmaßen und ließ sie fallen; versenkte sich, mit einem erschlaffenden Grauen, in Butt wie in einen lauen Abgrund. Ein wütender Fußtritt bezeichnete den Augenblick, wo er wieder heraufkam.

Sein Schlaf ward unruhig; er erwachte manchmal mit Tränen bitterer Begierde und erinnerte sich schambestürzt, daß er im Traum Butts Körper betastet habe. Und er sann sich, mit Verachtung und Neid, in solch ein Wesen hinein, dessen Schwere nichts aufrüttelte, kein Ehrgeiz, kein Verantwortlichkeitssinn, weder die Not der selbstgeschaffenen Pflichten, noch die jener Seltsamkeiten, die sich nicht gestehen ließen. Wenn die Unterworfenen einen Blick hätten tun können in das, was ihr Beherrscher verbarg! Daß er ihre Antwort auf den rituellen Zuruf: »Wie geht's Ihm?« mit immer neuer Qual erwartete. Daß er das Ausbleiben dieses entsetzlichen »Mäßig« selbst während der Unterrichtsstunde nie ertragen haben würde und dem Zwang erlegen wäre, zur Erlangung seines Tributs dem Lehrer laut ins Wort zu fallen. Daß er die Schritte eines, den er zu sich beschied, zählen und abergläubische Schlüsse aus ihrer Summe ziehen mußte. Daß er – es ging nicht anders – jemanden, den er durch ein »Er lebe wohl!« zum jähen Verschwinden bestimmt hatte, in Angst und Eile von beiden Seiten, von vorn und nochmals von links ansah, als gälte es, ihn für immer auswendig zu lernen, und daß, hatte er dies nicht fertiggebracht, Stunden voll Pein kamen.

Wie leicht sie's eigentlich hatten, die, die sich ihm ergaben, ihn statt ihrer wollen ließen und nun ruhig schliefen. Ob man sich solch ein gemeines, stumpfsinniges Dasein wünschen sollte? Ach, manchmal wäre es eine Wohltat gewesen, jemand zu haben, der einem Befehle gäbe, einem alles abnähme. Felix stand in der Nacht auf, stellte sich mit der Kerze vor den Spiegel und ließ sich von seinem Gegenüber zurufen: »Streck die Zunge raus! Leg zwei Finger an die Stirn!«

»Nein, was für ein Unsinn! Das bin ich ja wieder selbst.«

Mit einem Blick des Überdrusses wandte er seinem Abbild den Rücken.

Dann rächte er sich an denen, die es so viel leichter hatten, machte die Probe, wie weit sich's wohl treiben ließ mit ihnen.

»Runge, spuck dem Butt ins Gesicht!... Jetzt spuckt Butt den Weeke! Und Weeke den Graupel. Und so weiter.«

Sie taten es! Es war fabelhaft.

»Wer den andern auf die Nase trifft, wird mein Trabant!«

Er dachte: »Merken sie denn gar nicht, was sie tun? Sie jubeln! Warum zwingen sie mich, sie so furchtbar zu verachten? Da stehe ich ganz allein. Mich spuckt keiner, darauf verfallen sie nicht. Ich hätte wirklich Lust; o, ich darf nicht; aber ich hätte Lust...« Er holte, erregten Gesichtes, Butt aus dem Gedränge und sagte ihm etwas ins Ohr. Butt sah ihn tief erschrocken an. »Wird's bald?« flüsterte Felix; und da Butt unschlüssig blieb, erhob er die Hand.

»Entweder oder!«

Da tappte Butt einen Schritt rückwärts, und vor aller Augen spie er Felix mitten auf die Stirn.

Entsetzte Stille brach ein. Felix lachte leichtsinnig.

»Jetzt kommt was Neues. Ich tue alles, was Butt sagt.«

Die Menge blickte auf Butt und jauchzte befreit.

»Nun, Butt? Sag mal was! Was soll ich tun? Weißt du nichts? Soll ich rechtsum machen?«

Butt blieb ratlos, und die Menge krümmte sich.

»Soll ich auf einem Bein hüpfen? Hast du denn gar keine Phantasie? Befehl mir doch dasselbe, was ich dir befohlen habe!«

Butt wagte mißtrauisch:

»Heb den Arm auf! Laß ihn wieder fallen!«

Felix tat es; und Butt wußte nicht weiter.

Aber in jeder Schulpause kam Felix auf das neue Spiel zurück. Er legte Butt nahe, was er ihm aufgeben solle.

»Du kannst alles von mir verlangen, was ich sonst von dir verlangt habe; hörst du: alles... Was mußtest du um diese Zeit immer tun?«

»Ich mußte mich entsündigen lassen«, sagte Butt und wollte schon hin.

»Nein, ich!«

Und Felix ging hinauf und streckte sich auf den Boden. Mit geschlossenen Augen: »Weiter, Butt!«

Einige stießen Butt vor; andere zerrten ihn wieder zurück.

»Weiter, Butt!«

Butt schwankte ins Zimmer hinein. Er machte die Runde um Felix: einmal, zweimal und das drittemal.

»Was kommt jetzt, Butt?«

Alles hielt den Atem an. Den Finger am Mundwinkel, stand Butt und glotzte auf Felix hinab.

»Nein, das geht nicht«; und er machte kehrt.

»Butt, du tust es!«

»Nein, das darf er nicht!« rief die Menge mit Entrüstung; – und so oft Felix hiervon wieder anfing, hinderte ihn derselbe dumpfe Widerstand. Er erfand ein anderes Mittel, Butt zu seinem Herrn zu machen.

»Butt, wo geht der Weg? Geradeaus oder um den Baum herum?«

Butt antwortete in zweifelndem Tom, Felix tat, was er vorschrieb, und alle lachten Beifall.

Es war die Zeit der Schulausflüge.

»Butt, wo geht der Weg? Über die Brücke oder durch den Bach?«

Und Butt, Mut fassend:

»Durch den Bach!«

Felix sprang hinein, ohne nur die Füße zu entkleiden.

Wenn es zur Stunde läutete, fragte er noch rasch:

»Butt, wo geht der Weg?«

»Die Treppe hinauf«; und Butt grunzte.

»Wenn er gesagt hätte: nach Hause«, dachte Felix, »ich hätte es tun müssen; ich hätte es unbedingt tun müssen.« Ein Versuch lockte ihn angstvoll.

»Der Weg kann auch mal unter den Tischen durchgehn«, erklärte er; und während der nächsten Stunde fragte er:

»Butt, wo geht der Weg?«

»Unter den Tischen durch«, sagte Butt und machte vor Schreck die Augen zu. Als er sie öffnete, war Felix fort.

»Was hat denn der dort unten zu suchen!« rief der Professor.

Blutrot, mit wirrem Blick kam Felix unter der letzten Bank hervor. O, die grausame Selbstvergewaltigung, die todverachtende Hingabe, mit der er sich hinabgestürzt hatte! Herrlicher fühlte dies sich an, als wenn sie auf seinen Befehl einander verprügelt hatten.

Er begegnete, voll eines entsetzlich süßen Stolzes, in den Augen, die ihn untersuchten, der beginnenden Schadenfreude.

Bis dahin hatte Felix keinen Freund gehabt, hatte außerhalb der Schule mit niemand verkehrt. Jetzt trennte er sich nicht mehr von Butt, brachte ihm die fertigen Arbeiten, blieb bei ihm sitzen und sah ihn inständig an.

»Butt, wo geht der Weg?«

»In die Ecke... Die Treppe siebenmal rauf und runter... Ins Hundehaus.« Damit war Butt erschöpft. Unvermutet aber fand er etwas Praktisches.

»Zum Bäcker, Apfelkuchen holen.«

Dies wiederholte er, solange Felix' Mutter noch Geld gab.

»Butt, wo geht der Weg?«

»Zum Kuckuck.«

Und Felix lief vors Tor hinaus, strich mit Herzklopfen durch die Büsche, horchte, errötend und erblassend, in den Wald hinein und atmete, wie der Kuckuck rief, leidenschaftlich auf, als sei ihm das Leben geschenkt.

In der Schule prahlte Butt mit seiner Macht über den, dem alle gehorchen. Aber er bekam von ihnen Püffe dafür. Felix versuchte zu lachen, schämte sich gleich darauf seiner Verstellung und erklärte:

»Butt ist mein Freund: was geht es euch an?«

Er ward mißbilligend und scheu betrachtet; in den Winkeln tuschelte es über ihn; freche Blicke wagten sich hervor; ein kleiner Naiver trat an ihn hinan.

»Ist Butt eigentlich mehr als du?« fragte er hell.

Felix senkte, rot überflogen, die Stirn. Niemand sprach.

Alles Glück, auf das Felix sann, sollten die Sommerferien bringen, wenn er mit Butt allein wäre. Er erreichte es, daß seine Mutter auch dem Gärtnerssohn den Aufenthalt am Ukleisee bezahlte. Das Bauernhaus stand halb im Wasser. Aus ihrem Fenster fischten sie. Durch das von waldigen Ufern schwarz beschattete Wasser schwankte ihr plumper Kahn. Felix schoß Stücke ins Wasser: das waren Torpedos; und verkündete Butt, seinem Kapitän, den Sieg. Butt ließ sich zu stolzen Kommandorufen hinreißen; aber als Felix ihm einen der Stöcke, den er aus dem Wasser zog, wegnahm und dabei behauptete, das sei ein Hai, er habe seinen Kapitän gerettet und dem Hai eine Stange durch den Rachen und den ganzen Leib getrieben, da kam Butt nicht mehr mit, erklärte alles für Unsinn und streckte sich ins Boot.

»Butt, wo geht der Weg?«

»Ins Wasser, das Boot schieben.«

Felix schwamm und schob. Er ermüdete.

»Butt, wo geht der Weg?«

Butt lag mit den Händen unter dem Kopf, blinzelte, schnaufte und genoß. Halbschlafend gedachte er der Zeit, als er für Felix umhergesprungen war, vor ihm gezittert hatte, sich von ihm hatte entsündigen lassen.

»Weiter«, brummte er. Eine Weile darauf mußte Felix gestehen: »Ich kann nicht mehr. Wo geht der Weg?«

Butt wußte etwas Neues.

»Zu den –«

Aber er unterbrach sich, gutmütig grunzend.

»Ins Boot zurück.«

»Was wolltest du sagen, Butt?«

Felix war außerstand, sich darüber zu beruhigen. Butt erlustigte sich an seiner Erregung. In der Nacht ward er wachgerüttelt. Felix stand im Hemd vor seinem Bett.

»Butt, wo geht der Weg?«

»Donnerwetter, jetzt hört's auf! Zu den Fischen hinunter geht er!«

Im nächsten Augenblick, mit Geschrei:

»Nein! Nicht zu den Fischen! Ins Bett!«

Felix stieg zögernd von der Fensterbank herab.

»Du hast es doch gesagt.«

»Es war nicht wahr. Laß mich in Ruhe.«

»Du hast es aber doch gesagt.«

Am Morgen, als erstes Wort nach fiebrigem Schlaf, und unermüdlich Tag für Tag:

»Geht der Weg wirklich nicht zu den Fischen hinunter?«

»Na also: ja«, machte Butt manchmal; aber dann rief er Felix zurück.

Die Schule fing wieder an. Felix betrat sie mit blassen, gehöhlten

Wangen und starrem Blick. Er hatte keinen Sinn für die Vorgänge bei den anderen, für das, was Butt ihnen erzählte, für ihr Gelächter, wenn er sich zeigte. Von Zeit zu Zeit kam einer auf ihn zu, versetzte ihm wortlos einen langsamen Stoß mit der Schulter; und nach dieser Absage an den einstigen Herrn ging er mit saurer, strenger Miene weiter. Die Lider gesenkt, schlich Felix nur immer Butt nach, flüsterte etwas; Butt stieß mit der Schulter, wie die anderen: »Wer weiß«; und Felix stammelte qualvoll:

»Du hast es aber gesagt.«

Eines Morgens war er nicht da. Am zweiten Tag erst fand Butt unter seinen Heften den Zettel, auf den Felix geschrieben hatte: »Der Weg ging *doch* zu den Fischen hinunter.«

Beim Propheten

Seltsame Orte gibt es, seltsame Gehirne, seltsame Regionen des Geistes, hoch und ärmlich. An den Peripherien der Großstädte, dort, wo die Laternen spärlicher werden und die Gendarmen zu zweien gehen, muß man in den Häusern emporsteigen, bis es nicht weiter geht, bis in schräge Dachkammern, wo junge, bleiche Genies, Verbrecher des Traumes, mit verschränkten Armen vor sich hinbrüten, bis in billig und bedeutungsvoll geschmückte Ateliers, wo einsame, empörte und von innen verzehrte Künstler, hungrig und stolz, im Zigarettenqualm mit letzten und wüsten Idealen ringen. Hier ist das Ende, das Eis, die Reinheit und das Nichts. Hier gilt kein Vertrag, kein Zugeständnis, keine Nachsicht, kein Maß und kein Wert. Hier ist die Luft so dünn und keusch, daß die Miasmen des Lebens nicht mehr gedeihen. Hier herrscht der Trotz, die äußerste Konsequenz, das verzweifelt thronende Ich, die Freiheit, der Wahnsinn und der Tod...

Es war Karfreitag, abends um acht. Mehrere von denen, die Daniel geladen hatte, kamen zu gleicher Zeit. Sie hatten Einladungen in Quartformat erhalten, auf denen ein Adler einen nackten Degen in seinen Fängen durch die Lüfte trug und die in eigenartiger Schrift die Aufforderung zeigten, an dem Konvent zur Verlesung von Daniels Proklamationen am Karfreitagabend teilzunehmen, und sie trafen nun zur bestimmten Stunde in der öden und halbdunklen Vorstadtstraße vor dem banalen Miethause zusammen, in welchem die leibliche Wohnstätte des Propheten gelegen war.

Einige kannte einander und tauschten Grüße. Es waren der polnische Maler und das schmale Mädchen, das mit ihm lebte, der Lyriker, ein langer, schwarzbärtiger Semit, mit seiner schweren, bleichen und in hängende Gewänder gekleideten Gattin, eine Persönlichkeit von zugleich martialischem und kränklichem Aussehen, Spiritist und Rittmeister außer Dienst, und ein junger Philosoph mit dem Äußern eines Känguruhs. Nur der Novellist, ein Herr mit steifem Hut und gepflegtem Schnurrbart, kannte niemanden. Er kam aus einer andern Sphäre, war nur zufällig hierher geraten. Er hatte ein gewisses Verhältnis zum Leben, und ein Buch von ihm wurde in bürgerlichen Kreisen gelesen. Er war entschlossen, sich streng bescheiden, dankbar und im ganzen wie ein Geduldeter zu benehmen. In einem kleinen Abstande folgte er den anderen ins Haus.

Sie stiegen die Treppe empor, eine nach der andern, gestützt auf das gußeiserne Geländer. Sie schwiegen, denn es waren Menschen, die den Wert des Wortes kannten und nicht unnütz zu reden pflegten. Im trüben Licht der kleinen Petroleumlampen, die an den Biegungen der Treppe auf den Fenstergesimsen standen, lasen sie im Vorübergehen die Namen an den Wohnungstüren. Sie stiegen an den Heim- und Sorgenstätten eines Versicherungsbeamten, einer Hebamme, einer Feinwäscherin, eines ›Agenten‹, eines Leichdornoperateurs vorüber, still, ohne Verachtung, aber fremd. Sie stiegen in dem engen Treppenhaus wie in einem halbdunklen Schacht empor, zuversichtlich und ohne Aufenthalt; denn von oben, von dort, wo es nicht weiter ging, winkte ihnen ein Schimmer, ein zarter und flüchtig bewegter Schein aus letzter Höhe.

Endlich standen sie am Ziel, unter dem Dach, im Lichte von sechs Kerzen, die in verschiedenen Leuchtern auf einem mit verblichenen Altardeckchen belegten Tischchen zu Häupten der Treppe brannten. An der Tür, welche bereits den Charakter eines Speichereinganges trug, war ein graues Pappschild befestigt, auf dem in römischen Lettern, mit schwarzer Kreide ausgeführt, der Name »Daniel« zu lesen war. Sie schellten...

Ein breitköpfiger, freundlich blickender Knabe in einem neuen blauen Anzug und mit blanken Schaftstiefeln öffnete ihnen, eine Kerze in der Hand, und leuchtete ihnen schräg über den kleinen, dunklen Korridor in einen untapezierten und mansardenartigen Raum, der bis auf einen hölzernen Garderobehalter durchaus leer war. Wortlos, mit einer Geste, die von einem lallenden Kehllaut begleitet war, forderte der Knabe zum Ablegen auf, und als der Novellist aus allgemeiner Teilnahme eine Frage an ihn richtete, erwies es sich vollends, daß das Kind stumm war. Es führte die Gäste mit seinem Licht über den Korridor zurück zu einer anderen Tür und ließ sie eintreten. Der Novellist folgte als letzter. Er trug Gehrock und Handschuhe, entschlossen, sich wie in der Kirche zu benehmen.

Eine feierlich schwankende und flimmernde Helligkeit, erzeugt von zwanzig oder fünfundzwanzig brennenden Kerzen, herrschte in dem mäßig großen Raum, den sie betraten. Ein junges Mädchen mit weißem Fallkragen und Manschetten über dem schlichten Kleid, Maria Josefa, Daniels Schwester, rein und töricht von Angesicht, stand dicht bei der Tür und reichte allen die Hand. Der Novellist kannte sie. Er war an einem literarischen Teetische mit ihr zusammengetroffen. Sie hatte aufrecht dagesessen, die Tasse in der Hand, und mit klarer und inniger Stimme von ihrem Bruder gesprochen. Sie betete Daniel an.

Der Novellist suchte ihn mit den Augen...

»Er ist nicht hier«, sagte Maria Josefa. »Er ist abwesend, ich weiß nicht, wo. Aber im Geiste wird er unter uns sein und die Proklamationen Satz für Satz verfolgen, während sie hier verlesen werden.«

»Wer wird sie verlesen?« fragte der Novellist gedämpft und ehrerbietig. Es war ihm ernst. Er war ein wohlmeinender und innerlich bescheidener Mensch, voller Ehrfurcht vor allen Erscheinungen der Welt, bereit, zu lernen und zu würdigen, was zu würdigen war.

»Ein Jünger meines Bruders«, antwortete Maria Josefa, »den wir aus der Schweiz erwarten. Er ist noch nicht da. Er wird im rechten Augenblick zur Stelle sein.«

Gegenüber der Tür, auf einem Tisch stehend und mit dem oberen Rande an die schräg abfallende Decke gelehnt, zeigte sich im Kerzenschein eine große, in heftigen Strichen ausgeführte Kreidezeichnung, die Napoleon darstellte, wie er in plumper und despotischer Haltung seine mit Kanonenstiefeln bekleideten Füße an einem Kamin wärmte. Zur Rechten des Einganges erhob sich ein altarartiger Schrein, auf welchem zwischen Kerzen, die in silbernen Armleuchtern brannten, eine bemalte Heiligenfigur mit aufwärts gerichteten Augen ihre Hände ausbreitete. Eine Betbank stand davor, und näherte man sich, so gewahrte man eine kleine, aufrecht an einem Fuße des Heiligen lehnende Amateurphotographie, die einen etwa

dreißigjährigen jungen Mann mit gewaltig hoher, bleich zurück-
springender Stirn und einem bartlosen, knochigen, raubvogelähn-
lichen Gesicht von konzentrierter Geistigkeit zeigte.

Der Novellist verweilte eine Weile vor Daniels Bildnis; dann
wagte er sich behutsam weiter ins Zimmer hinein. Hinter einem
großen Rundtisch, in dessen gelbpolierte Platte, von einem Lor-
beerkranz umrahmt, derselbe degentragende Adler eingebrannt
war, den man auf den Einladungen erblickt hatte, ragte zwischen
niedrigen Holzsesseln ein strenger, schmaler und steiler gotischer
Stuhl wie ein Thron und Hochsitz empor. Eine lange, schlicht ge-
zimmerte Bank, mit billigem Stoff überdeckt, erstreckte sich vor
der geräumigen, von Mauer und Dach gebildeten Nische, in der
das niedrige Fenster gelegen war. Es stand offen, vermutlich, weil
der untersetzt gebaute Kachelofen sich als überheizt erwiesen
hatte, und gewährte den Ausblick auf ein Stück blauer Nacht, in
deren Tiefe und Weite die unregelmäßig verteilten Gaslaternen als
gelblich glühende Punkte sich in immer größeren Abständen verloren.

Aber dem Fenster gegenüber verengerte sich der Raum zu einem
alkovenartigen Gelaß, das heller als der übrige Teil der Mansarde
erleuchtet war und halb als Kabinett, halb als Kapelle behandelt
erschien. In seiner Tiefe befand sich ein mit dünnem blassen Stoffe
bedeckter Diwan. Zur Rechten gewahrte man ein verhängtes Bü-
chergestell, auf dessen Höhe Kerzen in Armleuchtern und antik
geformten Öllampen brannten. Zur Linken war ein weiß gedeck-
ter Tisch aufgeschlagen, der ein Kruzifix, einen siebenarmigen
Leuchter, einen mit rotem Weine gefüllten Becher und ein Stück
Rosinenkuchen auf einem Teller trug. Im Vordergrunde des Al-
kovens jedoch erhob sich, von einem eisernen Kandelaber noch
überragt, auf einem flachen Podium eine vergoldete Gipssäule,
deren Kapitäl von einer blutrotseidenen Altardecke überhangen
wurde. Und darauf ruhte ein Stapel beschriebenen Papiers in
Folioformat: Daniels Proklamationen. Eine helle, mit kleinen
Empirekränzen bedruckte Tapete bedeckte die Mauer und die
schrägen Teile der Decke; Totenmasken, Rosenkränze, ein großes
rostiges Schwert hingen an den Wänden; und außer dem großen
Napoleonbildnis waren in verschiedenartiger Ausführung die Por-

träte von Luther, Nietzsche, Moltke, Alexander dem Sechsten, Robespierre und Savonarola im Raume verteilt...

»Dies alles ist erlebt«, sagte Maria Josefa, indem sie die Wirkung der Einrichtung in dem respektvoll verschlossenen Gesicht des Novellisten zu erforschen suchte. Aber unterdessen waren weitere Gäste gekommen, still und feierlich, und man fing an, sich in gemessener Haltung auf Bänken und Stühlen niederzulassen. Es saßen dort jetzt außer den zuerst Gekommenen ein phantastischer Zeichner mit greisenhaftem Kindergesicht, eine hinkende Dame, die sich als »Erotikerin« vorstellen zu lassen pflegte, eine unverheiratete junge Mutter von adeliger Herkunft, die von ihrer Familie verstoßen, aber ohne alle geistigen Ansprüche war und einzig und allein auf Grund ihrer Mutterschaft in diesen Kreisen Aufnahme gefunden hatte, eine ältere Schriftstellerin und ein verwachsener Musiker – im ganzen etwa zwölf Personen. Der Novellist hatte sich in die Fensternische zurückgezogen, und Maria Josefa saß dicht neben der Tür auf einem Stuhl, die Hände auf den Knien nebeneinander gelegt. So warteten sie auf den Jünger aus der Schweiz, der im rechten Augenblick zur Stelle sein würde.

Plötzlich kam noch die reiche Dame an, die aus Liebhaberei solche Veranstaltungen zu besuchen pflegte. Sie war in ihrem seidenen Coupé aus der Stadt, aus ihrem prachtvollen Hause mit den Gobelins und den Türumrahmungen aus Giallo antico hierhergekommen, war alle Treppen heraufgestiegen und kam zur Tür herein, schön, duftend, luxuriös, in einem blauen Tuchkleid mit gelber Stickerei, den Pariser Hut auf dem rotbraunen Haar, und lächelte mit ihren Tizian-Augen. Sie kam aus Neugier, aus Langerweile, aus Lust an Gegensätzen, aus gutem Willen zu allem, was ein bißchen außerordentlich war, aus liebenswürdiger Extravaganz, begrüßte Daniels Schwester und den Novellisten, der in ihrem Hause verkehrte, und setzte sich auf die Bank vor der Fensternische zwischen die Erotikerin und den Philosophen mit dem Äußern eines Känguruhs, als ob das in Ordnung wäre.

»Fast wäre ich zu spät gekommen«, sagte sie leise mit ihrem schönen, beweglichen Mund zu dem Novellisten, der hinter ihr saß. »Ich hatte Leute zum Tee; das hat sich hingezogen...«

Der Novellist war ganz ergriffen und dankte Gott, daß er in präsentabler Toilette war. Wie schön sie ist! dachte er. Sie ist wert, die Mutter dieser Tochter zu sein...

»Und Fräulein Sonja?« fragte er über ihre Schulter hinweg. »Sie haben Fräulein Sonja nicht mitgebracht?«

Sonja war die Tochter der reichen Dame und in des Novellisten Augen ein unglaubhafter Glücksfall von einem Geschöpf, ein Wunder an allseitiger Ausbildung, ein erreichtes Kulturideal. Er sagte ihren Namen zweimal, weil es ihm einen unbeschreiblichen Genuß bereitete, ihn auszusprechen.

»Sonja ist leidend«, sagte die reiche Dame. »Ja, denken Sie, sie hat einen schlimmen Fuß. Oh, nichts, eine Geschwulst, etwas wie eine kleine Entzündung oder Verfüllung. Es ist geschnitten worden. Vielleicht wäre es nicht nötig gewesen, aber sie wollte es selbst.«

»Sie wollte es selbst!« wiederholte der Novellist mit begeisterter Flüsterstimme. »Daran erkenn' ich sie! Aber wie in aller Welt kann man ihr seine Teilnahme kundgeben?«

»Nun, ich werde sie grüßen«, sagte die reiche Dame. Und da er schwieg: »Genügt Ihnen das nicht?«

»Nein, es genügt mir nicht«, sagte er ganz leise, und da sie seine Bücher schätzte, erwiderte sie lächelnd:

»So schicken Sie ihr ein Blümchen.«

»Danke!« sagte er. »Danke! Das will ich!« Und innerlich dachte er: ›Ein Blümchen? Ein Bukett! Einen ganzen Strauß! Ungefrühstückt fahre ich morgen in einer Droschke zum Blumenhändler –!‹ – Und er fühlte, daß er ein gewisses Verhältnis zum Leben habe.

Da ward draußen ein flüchtiges Geräusch laut, die Tür öffnete und schloß sich kurz und ruckhaft, und vor den Gästen stand im Kerzenschein ein untersetzter und stämmiger junger Mann in dunklem Jackenanzug: Der Jünger aus der Schweiz. Er überflog das Gemach mit einem drohenden Blick, ging mit heftigen Schritten zu der Gipssäule vorm Alkoven, stellte sich hinter sie auf das flache Podium mit einem Nachdruck, als wollte er dort einwurzeln, ergriff den zuoberst liegenden Bogen der Handschrift und begann sofort zu lesen.

Er war etwa achtundzwanzigjährig, kurzhalsig und häßlich. Sein geschorenes Haar wuchs in Form eines spitzen Winkels sonderbar weit in die ohnedies niedrige und gefurchte Stirn hinein. Sein Gesicht, bartlos, mürrisch und plump, zeigte eine Doggennase, grobe Backenknochen, eine eingefallene Wangenpartie und wulstig hervorspringende Lippen, die nur schwer, widerwillig und gleichsam mit einem schlaffen Zorn die Wörter zu bilden schienen. Dies Gesicht war roh und dennoch bleich. Er las mit einer wilden und überlauten Stimme, die aber gleichwohl im Innersten bebte, wankte und von Kurzluftigkeit beeinträchtigt war. Die Hand, in der er den beschriebenen Bogen hielt, war breit und rot, und dennoch zitterte sie. Er stellte ein unheimliches Gemisch von Brutalität und Schwäche dar, und was er las, stimmte auf seltsame Art damit überein.

Es waren Predigten, Gleichnisse, Thesen, Gesetze, Visionen, Prophezeiungen und tagesbefehlartige Aufrufe, die in einem Stilgemisch aus Psalter- und Offenbarungston mit militärisch-strategischen sowie philosophisch-kritischen Fachausdrücken in bunter und unabsehbarer Reihe einander folgten. Ein fieberhaftes und furchtbar gereiztes Ich reckte sich im einsamen Größenwahn empor und bedrohte die Welt mit einem Schwall von gewaltsamen Worten. Christus imperator maximus war sein Name, und er warb todbereite Truppen zur Unterwerfung des Erdballs, erließ Botschaften, stellte seine unerbittlichen Bedingungen, Armut und Keuschheit verlangte er, und wiederholte in grenzenlosem Aufruhr mit einer Art widernatürlicher Wollust immer wieder das Gebot des unbedingten Gehorsams. Buddha, Alexander, Napoleon und Jesus wurden als seine demütigen Vorläufer genannt, nicht wert, dem geistlichen Kaiser die Schuhriemen zu lösen...

Der Jünger las eine Stunde; dann trank er zitternd einen Schluck aus dem Becher mit rotem Wein und griff nach neuen Proklamationen. Schweiß perlte auf seiner niedrigen Stirn, seine wulstigen Lippen bebten, und zwischen den Worten stieß er beständig mit einem kurz fauchenden Geräusch die Luft durch die Nase aus, erschöpft und brüllend. Das einsame Ich sang, raste und kommandierte. Es verlor sich in irre Bilder, ging in einem Wirbel von Unlogik unter und tauchte plötzlich an gänzlich unerwarteter Stelle gräßlich wieder empor. Lästerungen und Hosianna – Weihrauch und Qualm von Blut vermischten sich. In donnernden Schlachten ward die Welt erobert und erlöst...

Es wäre schwer gewesen, die Wirkung von Daniels Proklamatio-

nen auf die Zuhörer festzustellen. Einige blickten, weit zurückge-
lehnten Hauptes, mit erloschenen Augen zur Decke empor; andere
hielten, tief über ihre Knie gebeugt, das Gesicht in den Händen vergraben. Die Augen der Erotikerin verschleierten sich jedesmal auf
seltsame Art, wenn das Wort »Keuschheit« ertönte, und der Philosoph mit dem Äußern eines Känguruhs schrieb dann und wann
etwas Ungewisses mit seinem langen und krummen Zeigefinger in
die Luft. Der Novellist suchte seit längerer Zeit vergebens nach
einer passenden Haltung für seinen schmerzenden Rücken. Um
zehn Uhr kam ihm die Vision einer Schinkensemmel, aber er verscheuchte sie mannhaft.

Gegen halb elf Uhr sah man, daß der Jünger das letzte Folioblatt in
seiner roten und zitternden Rechten hielt. Er war zu Ende. »Solda-
ten!« schloß er, am äußersten Rande seiner Kraft, mit versagender
Donnerstimme, »ich überliefere euch zur Plünderung – *die Welt*!«
Dann trat er vom Podium herunter, sah alle mit einem drohenden
Blick an und ging heftig, wie er gekommen war, zur Tür hinaus.

Die Zuhörer verharrten noch eine Minute lang unbeweglich in der
Stellung, die sie zuletzt innegehabt hatten. Dann standen sie wie mit
einem gemeinsamen Entschlusse auf und gingen unverzüglich,
nachdem jeder mit einem leisen Wort Maria Josefas Hand gedrückt
hatte, die wieder mit ihrem weißen Fallkragen, still und rein, dicht
an der Tür stand.

Der stumme Knabe war draußen zur Stelle. Er leuchtete den Gästen
in den Garderobenraum, war ihnen beim Anlegen der Überkleider
behilflich und führte sie durch das enge Stiegenhaus, in welches aus
höchster Höhe, aus Daniels Reich, der bewegte Schein der Kerzen
fiel, hinunter zur Haustür, die er aufschloß. Einer nach dem andern
traten die Gäste auf die öde Vorstadtstraße hinaus.

Das Coupé der reichen Dame hielt vorm Hause; man sah, wie der
Kutscher auf dem Bock zwischen den beiden hellstrahlenden Laternen die Hand mit dem Peitschenstiel zum Hute führte. Der Novellist geleitete die reiche Dame zum Schlage.

»Wie befinden Sie sich?« fragte er.

»Ich äußere mich ungern über solche Dinge«, antwortete sie. »Vielleicht ist er wirklich ein Genie oder doch etwas Ähnliches...«

»Ja, was ist das Genie?« sagte er nachdenklich. »Bei diesem Daniel sind alle Vorbedingungen vorhanden: die Einsamkeit, die Freiheit, die geistige Leidenschaft, die großartige Optik, der Glaube an sich selbst, sogar die Nähe von Verbrechen und Wahnsinn. Was fehlt? Vielleicht das Menschliche? Ein wenig Gefühl, Sehnsucht, Liebe? Aber das ist eine vollständig improvisierte Hypothese...

Grüßen Sie Sonja«, sagte er, als sie ihm vom Sitze aus zum Abschied die Hand reichte, und dabei las er mit Spannung in ihrer Miene, wie sie es aufnehmen werde, daß er einfach von »Sonja«, nicht von »Fräulein Sonja« oder von »Fräulein Tochter« sprach.

Sie schätzte seine Bücher, und so duldete sie es lächelnd.

»Ich werde es ausrichten.«

»Danke!« sagte er, und ein Rausch von Hoffnung verwirrte ihn.

»Nun will ich zu Abend essen wie ein Wolf!«

Er hatte ein gewisses Verhältnis zum Leben.

Der Tänzer

Ich sah einst im Theater einen Tänzer, der mir und vielen anderen Leuten, die ihn ebenfalls sahen, einen tiefen Eindruck machte. Er verspottete den Boden mit seinen Beinen, so wenig Schwere kannte er, und so leicht schritt er dahin. Eine graziöse Musik spielte zu seinem Tanz, und wir alle, die im Theater saßen, dachten darüber nach, was wohl schöner und süßer könne genannt werden, die leichtfertigen lieblichen Töne oder das Spiel von des lieben, schönen Tänzers Beinen. Er hüpfte daher wie ein artiges sprungfertiges, wohlerzogenes Hündchen, welches, indem es übermütig umherspringt, Rührung und Sympathie erweckt. Gleich dem Wiesel im Walde lief er über die Bühne, und wie der ausgelassene Wind tauchte er auf und verschwand er. – Solcherlei Lustigkeit schien keiner von allen denen, die im Theater saßen, je gesehen oder für möglich gehalten zu haben. Der Tanz wirkte wie ein Märchen aus unschuldigen, alten Zeiten, wo die Menschen, mit Kraft und Gesundheit ausgestattet, Kinder waren, die miteinander in königlicher Freiheit spielten. Der Tänzer selber wirkte wie ein Wunderkind aus wunderbaren Sphären. Wie ein Engel flog er durch die Luft, die er mit seiner Schönheit zu versilbern, zu vergolden und zu verherrlichen schien. Es war, als liebe die Luft ihren Liebling, den göttlichen Tänzer. Wenn er aus der Luft niederschwebte, so war es weniger ein Fallen als ein Fliegen, ähnlich wie ein großer Vogel fliegt, der nicht fallen kann, und wenn er den Boden wieder mit seinen leichten Füßen berührte, so setzte er auch sogleich wieder zu neuen kühnen Schritten und Sprüngen an, als sei es ihm unmöglich, je mit Tanzen und Schweben aufzuhören, als wolle, als solle und als müsse er unaufhörlich weitertanzen. Indem er tanzte, machte er den schönsten Eindruck, den ein junger Tänzer zu machen vermag, nämlich den, daß er glücklich sei im Tanze. Er war selig durch die Ausübung seines Berufes. Hier machte einmal die gewohnte tägliche Arbeit einen Menschen selig – aber es war ja nicht Arbeit, oder aber er bewältigte sie spielend, gleich, als scherze und tändele er mit den Schwierigkeiten, und so, als küsse er die Hindernisse, derart, daß sie ihn lieb gewinnen und ihn wieder küssen mußten. Einem heiteren, über und über in Anmut getauchten Königssohne aus dem goldenen Zeitalter glich er, und alle Sorgen und Bekümmernisse, alle unschönen Gedanken schwanden denen dahin, die ihn anschauten. Ihn anschauen hieß ihn gleich auch schon lieben und verehren und bewundern. Ihn seine Kunst ausüben sehen, hieß für ihn schwärmen. Wer ihn gesehen hatte, träumte und phantasierte noch lang nachher von ihm.

FRANZ KAFKA

Auf der Galerie

Wenn irgendeine hinfällige, lungensüchtige Kunstreiterin in der Manege auf schwankendem Pferd vor einem unermüdlichen Publikum vom peitschenschwingenden erbarmungslosen Chef monatelang ohne Unterbrechung im Kreise rundum getrieben würde, auf dem Pferde schwirrend, Küsse werfend, in der Taille sich wiegend, und wenn dieses Spiel unter dem nichtaussetzenden Brausen des Orchesters und der Ventilatoren in die immerfort weiter sich öffnende graue Zukunft sich fortsetzte, begleitet vom vergehenden und neu anschwellenden Beifallsklatschen der Hände, die eigentlich Dampfhämmer sind – vielleicht eilte dann ein junger Galeriebesucher die lange Treppe durch alle Ränge hinab, stürzte in die Manege, rief das: Halt! durch die Fanfaren des immer sich anpassenden Orchesters.

Da es aber nicht so ist; eine schöne Dame, weiß und rot, hereinfliegt, zwischen den Vorhängen, welche die stolzen Livrierten vor ihr öffnen; der Direktor, hingebungsvoll ihre Augen suchend, in Tierhaltung ihr entgegenatmet; vorsorglich sie auf den Apfelschimmel hebt, als wäre sie seine über alles geliebte Enkelin, die sich auf gefährliche Fahrt begibt; sich nicht entschließen kann, das Peitschenzeichen zu geben; schließlich in Selbstüberwindung es knallend gibt; neben dem Pferde mit offenem Munde einherläuft; die Sprünge der Reiterin scharfen Blickes verfolgt; ihre Kunstfertigkeit kaum begreifen kann; mit englischen Ausrufen zu warnen versucht; die reifenhaltenden Reitknechte wütend zu peinlichster Achtsamkeit ermahnt; vor dem großen Salto mortale das Orchester mit aufgehobenen Händen beschwört, es möge schweigen; schließlich die Kleine vom zitternden Pferde hebt, auf beide Bakken küßt und keine Huldigung des Publikums für genügend erachtet; während sie selbst, von ihm gestützt, hoch auf den Fußspitzen, vom Staub umweht, mit ausgebreiteten Armen, zurückgelehntem Köpfchen ihr Glück mit dem ganzen Zirkus teilen will

– da dies so ist, legt der Galeriebesucher das Gesicht auf die Brüstung und, im Schlußmarsch wie in einem schweren Traum versinkend, weint er, ohne es zu wissen.

Der Jäger Gracchus

Zwei Knaben saßen auf der Quaimauer und spielten Würfel. Ein
Mann las eine Zeitung auf den Stufen eines Denkmals im Schatten
des säbelschwingenden Helden. Ein Mädchen am Brunnen füllte
Wasser in ihre Bütte. Ein Obstverkäufer lag neben seiner Ware und
blickte auf den See hinaus. In der Tiefe einer Kneipe sah man durch
die leeren Tür- und Fensterlöcher zwei Männer beim Wein. Der
Wirt saß vorn an einem Tisch und schlummerte. Eine Barke
schwebte leise, als werde sie über dem Wasser getragen, in den kleinen Hafen. Ein Mann in blauem Kittel stieg ans Land und zog die
Seile durch die Ringe. Zwei andere Männer in dunklen Röcken mit
Silberknöpfen trugen hinter dem Bootsmann eine Bahre, auf der
unter einem großen blumengemusterten, gefransten Seidentuch offenbar ein Mensch lag.

Auf dem Quai kümmerte sich niemand um die Ankömmlinge,
selbst als sie die Bahre niederstellten, um auf den Bootsführer zu
warten, der noch an den Seilen arbeitete, trat niemand heran, niemand richtete eine Frage an sie, niemand sah sie genauer an.

Der Führer wurde noch ein wenig aufgehalten durch eine Frau, die,
ein Kind an der Brust, mit aufgelösten Haaren sich jetzt auf Deck
zeigte. Dann kam er, wies auf ein gelbliches, zweistöckiges Haus,
das sich links nahe beim Wasser geradlinig erhob, die Träger nahmen die Last auf und trugen sie durch das niedrige, aber von schlan-
ken Säulen gebildete Tor. Ein kleiner Junge öffnete ein Fenster,
bemerkte noch gerade, wie der Trupp im Haus verschwand, und
schloß wieder eilig das Fenster. Auch das Tor wurde nun geschlossen, es war aus schwarzem Eichenholz sorgfältig gefügt. Ein Tau-
benschwarm, der bisher den Glockenturm umflogen hatte, ließ sich
jetzt vor dem Hause nieder. Als werde im Hause ihre Nahrung auf-
bewahrt, sammelten sich die Tauben vor dem Tor. Eine flog bis
zum ersten Stock auf und pickte an die Fensterscheibe. Es waren
hellfarbige wohlgepflegte, lebhafte Tiere. In großem Schwung

warf ihnen die Frau aus der Barke Körner hin, die sammelten sie auf und flogen dann zu der Frau hinüber.

Ein Mann im Zylinderhut mit Trauerband kam eines der schmalen, stark abfallenden Gäßchen, die zum Hafen führten, herab. Er blickte aufmerksam umher, alles bekümmerte ihn, der Anblick von Unrat in einem Winkel ließ ihn das Gesicht verzerren. Auf den Stufen des Denkmals lagen Obstschalen, er schob sie im Vorbeigehen mit seinem Stock hinunter. An der Stubentür klopfte er an, gleichzeitig nahm er den Zylinderhut in seine schwarzbehandschuhte Rechte. Gleich wurde geöffnet, wohl fünfzig kleine Knaben bildeten ein Spalier im langen Flurgang und verbeugten sich.

Der Bootsführer kam die Treppe herab, begrüßte den Herrn, führte ihn hinauf, im ersten Stockwerk umging er mit ihm den von leicht gebauten, zierlichen Loggien umgebenen Hof und beide traten, während die Knaben in respektvoller Entfernung nachdrängten, in einen kühlen, großen Raum an der Hinterseite des Hauses, dem gegenüber kein Haus mehr, sondern nur eine kahle, grauschwarze Felsenwand zu sehen war. Die Träger waren damit beschäftigt, zu Häupten der Bahre einige lange Kerzen aufzustellen und anzuzünden, aber Licht entstand dadurch nicht, es wurden förmlich nur die früher ruhenden Schatten aufgescheucht und flackerten über die Wände. Von der Bahre war das Tuch zurückgeschlagen. Es lag dort ein Mann mit wild durcheinandergewachsenem Haar und Bart, gebräunter Haut, etwa einem Jäger gleichend. Er lag bewegungslos, scheinbar atemlos mit geschlossenen Augen da, trotzdem deutete nur die Umgebung an, daß es vielleicht ein Toter war.

Der Herr trat zur Bahre, legte eine Hand dem Daliegenden auf die Stirn, kniete dann nieder und betete. Der Bootsführer winkte den Trägern, das Zimmer zu verlassen, sie gingen hinaus, vertrieben die Knaben, die sich draußen angesammelt hatten, und schlossen die Tür. Dem Herrn schien aber auch diese Stille noch nicht zu genügen, er sah den Bootsführer an, dieser verstand und ging durch eine Seitentür ins Nebenzimmer. Sofort schlug der Mann auf der Bahre die Augen auf, wandte schmerzlich lächelnd das Gesicht dem Herrn zu und sagte: »Wer bist du?« – Der Herr erhob sich ohne weiteres Staunen aus seiner knieenden Stellung und antwortete: »Der Bürgermeister von Riva.«

Der Mann auf der Bahre nickte, zeigte mit schwach ausgestrecktem Arm auf einen Sessel und sagte, nachdem der Bürgermeister seiner Einladung gefolgt war: »Ich wußte es ja, Herr Bürgermeister, aber im ersten Augenblick habe ich immer alles vergessen, alles geht mir in der Runde, und es ist besser, ich frage, auch wenn ich alles weiß. Auch Sie wissen wahrscheinlich, daß ich der Jäger Gracchus bin.«

»Gewiß«, sagte der Bürgermeister. »Sie wurden mir heute in der Nacht angekündigt. Wir schliefen längst. Da rief gegen Mitternacht meine Frau: ›Salvatore‹ – so heiße ich – ›sieh die Taube am Fenster!‹ Es war wirklich eine Taube, aber groß wie ein Hahn. Sie flog zu meinem Ohr und sagte: ›Morgen kommt der tote Jäger Gracchus, empfange ihn im Namen der Stadt.‹«

Der Jäger nickte und zog die Zungenspitze zwischen den Lippen durch: »Ja, die Tauben fliegen vor mir her. Glauben Sie aber, Herr Bürgermeister, daß ich in Riva bleiben soll?«

»Das kann ich noch nicht sagen«, antwortete der Bürgermeister. »Sind Sie tot?«

»Ja«, sagte der Jäger, »wie Sie sehen. Vor vielen Jahren, es müssen aber ungemein viel Jahre sein, stürzte ich im Schwarzwald – das ist in Deutschland – von einem Felsen, als ich eine Gemse verfolgte. Seitdem bin ich tot.«

»Aber Sie leben doch auch«, sagte der Bürgermeister.

»Gewissermaßen«, sagte der Jäger, »gewissermaßen lebe ich auch. Mein Todeskahn verfehlte die Fahrt, eine falsche Drehung des Steuers, ein Augenblick der Unaufmerksamkeit des Führers, eine Ablenkung durch meine wunderschöne Heimat, ich weiß nicht, was es war, nur das weiß ich, daß ich auf der Erde blieb und daß mein Kahn seither die irdischen Gewässer befährt. So reise ich, der nur in seinen Bergen leben wollte, nach meinem Tode durch alle Länder der Erde.«

»Und Sie haben keinen Teil am Jenseits?« fragte der Bürgermeister mit gerunzelter Stirne.

»Ich bin«, antwortete der Jäger, »immer auf der großen Treppe, die hinaufführt. Auf dieser unendlich weiten Freitreppe treibe ich mich

78

herum, bald oben, bald unten, bald rechts, bald links, immer in Bewegung. Aus dem Jäger ist ein Schmetterling geworden. Lachen Sie nicht.«

»Ich lache nicht«, verwahrte sich der Bürgermeister.

»Sehr einsichtig«, sagte der Jäger. »Immer bin ich in Bewegung. Nehme ich aber den größten Aufschwung und leuchtet mir schon oben das Tor, erwache ich auf meinem alten, in irgendeinem irdischen Gewässer öde steckenden Kahn. Der Grundfehler meines einstmaligen Sterbens umgrinst mich in meiner Kajüte. Julia, die Frau des Bootsführers, klopft und bringt mir zu meiner Bahre das Morgengetränk des Landes, dessen Küste wir gerade befahren. Ich liege auf einer Holzpritsche, habe – es ist kein Vergnügen, mich zu betrachten – ein schmutziges Totenhemd an, Haar und Bart, grau und schwarz, geht unentwirrbar durcheinander, meine Beine sind mit einem großen, seidenen, blumengemusterten, langgefransten Frauentuch bedeckt. Zu meinen Häupten steht eine Kirchenkerze und leuchtet mir. An der Wand mir gegenüber ist ein kleines Bild, ein Buschmann offenbar, der mit einem Speer nach mir zielt und hinter einem großartig bemalten Schild sich möglichst deckt. Man begegnet auf Schiffen manchen dummen Darstellungen, diese ist aber eine der dümmsten. Sonst ist mein Holzkäfig ganz leer. Durch eine Luke der Seitenwand kommt die warme Luft der südlichen Nacht und ich höre das Wasser an die alte Barke schlagen.

Hier liege ich seit damals, als ich, noch lebendiger Jäger Gracchus, zu Hause im Schwarzwald eine Gemse verfolgte und abstürzte. Alles ging der Ordnung nach. Ich verfolgte, stürzte ab, verblutete in einer Schlucht, war tot und diese Barke sollte mich ins Jenseits tragen. Ich erinnere mich noch, wie fröhlich ich mich hier auf der Pritsche ausstreckte zum erstenmal. Niemals haben die Berge solchen Gesang von mir gehört wie diese vier damals noch dämmerigen Wände.

Ich hatte gern gelebt und war gern gestorben, glücklich warf ich, ehe ich den Bord betrat, das Lumpenpack der Büchse, der Tasche, des Jagdgewehrs vor mir hinunter, das ich immer stolz getragen hatte, und in das Totenhemd schlüpfte ich wie ein Mädchen ins Hochzeitskleid. Hier lag ich und wartete. Dann geschah das Unglück.«

»Ein schlimmes Schicksal«, sagte der Bürgermeister mit abwehrend erhobener Hand. »Und Sie tragen gar keine Schuld daran?«

»Keine«, sagte der Jäger, »ich war Jäger, ist das etwa eine Schuld? Aufgestellt war ich als Jäger im Schwarzwald, wo es damals noch Wölfe gab. Ich lauerte auf, schoß, traf, zog das Fell ab, ist das eine Schuld? Meine Arbeit wurde gesegnet. ›Der große Jäger vom Schwarzwald‹ hieß ich. Ist das eine Schuld?«

»Ich bin nicht berufen, das zu entscheiden«, sagte der Bürgermeister, »doch scheint auch mir keine Schuld darin zu liegen. Aber wer trägt denn die Schuld?«

»Der Bootsmann«, sagte der Jäger. »Niemand wird lesen, was ich hier schreibe, niemand wird kommen, mir zu helfen; wäre als Aufgabe gesetzt mir zu helfen, so blieben alle Türen aller Häuser geschlossen, alle Fenster geschlossen, alle liegen in den Betten, die Decken über den Kopf geschlagen, eine nächtliche Herberge die ganze Erde. Das hat guten Sinn, denn niemand weiß von mir, und wüßte er von mir, so wüßte er meinen Aufenthalt nicht, und wüßte er meinen Aufenthalt, so wüßte er mich dort nicht festzuhalten, so wüßte er nicht, wie mir zu helfen. Der Gedanke, mir helfen zu wollen, ist eine Krankheit und muß im Bett geheilt werden.

Das weiß ich und schreie also nicht, um Hilfe herbeizurufen, selbst wenn ich in Augenblicken – unbeherrscht wie ich bin, zum Beispiel gerade jetzt – sehr stark daran denke. Aber es genügt wohl zum Austreiben solcher Gedanken, wenn ich umherblicke und mir vergegenwärtige, wo ich bin und – das darf ich wohl behaupten – seit Jahrhunderten wohne.«

»Außerordentlich«, sagte der Bürgermeister, »außerordentlich. – Und nun gedenken Sie bei uns in Riva zu bleiben?«

»Ich gedenke nicht«, sagte der Jäger lächelnd und legte, um den Spott gutzumachen, die Hand auf das Knie des Bürgermeisters. »Ich bin hier, mehr weiß ich nicht, mehr kann ich nicht tun. Mein Kahn ist ohne Steuer, er fährt mit dem Wind, der in den untersten Regionen des Todes bläst.«

Die Amsel

Die beiden Männer, deren ich erwähnen muß – um drei kleine Geschichten zu erzählen, bei denen es darauf ankommt, wer sie berich-
tet –, waren Jugendfreunde; nennen wir sie Aeins und Azwei. Denn
im Grunde ist Jugendfreundschaft um so sonderbarer, je älter man
wird. Man ändert sich im Laufe solcher Jahre vom Scheitel bis zur
Sohle und von den Härchen der Haut bis ins Herz, aber das Verhältnis zueinander bleibt merkwürdigerweise das gleiche und ändert
sich sowenig wie die Beziehungen, die jeder einzelne Mensch zu
den verschiedenen Herren pflegt, die er der Reihe nach mit Ich an-
spricht. Es kommt ja nicht darauf an, ob man so empfindet wie der
kleine Knabe mit dickem Kopf und blondem Haar, der einst photo-
graphiert worden ist; nein, man kann im Grunde nicht einmal sagen, daß man dieses kleine, alberne, ichige Scheusal gern hat. Und
so ist man auch mit seinen besten Freunden weder einverstanden
noch zufrieden; ja, viele Freunde mögen sich nicht einmal leiden. In
gewissem Sinn sind das sogar die tiefsten und besten Freundschaf-
ten und enthalten das unbegreifliche Element ohne alle Beimengun-
gen.
Die Jugend, welche die beiden Freunde Aeins und Azwei verband,
war nichts weniger als eine religiöse gewesen. Sie waren zwar beide
in einem Institut erzogen worden, wo man sich schmeichelte, den
religiösen Grundsätzen gebührenden Nachdruck zu geben; aber
seine Zöglinge setzten ihren ganzen Ehrgeiz darein, nichts davon zu
halten. Die Kirche dieses Instituts zum Beispiel war eine schöne,
richtige, große Kirche, mit einem steinernen Turm, und nur für
den Gebrauch der Schule bestimmt. So konnten, da niemals ein
Fremder eintrat, immer einzelne Gruppen der Schüler, indes der
Rest, je nachdem es die heilige Sitte forderte, vorn in den Bänken
bald kniete, bald aufstand, hinten bei den Beichtstühlen Karten
spielen, auf der Orgeltreppe Zigaretten rauchen oder sich auf den
Turm verziehen, der unter dem spitzen Dach wie einen Kerzentel-

ler einen steinernen Balkon trug, auf dessen Geländer in schwindelnder Höhe Kunststücke ausgeführt wurden, die selbst weniger sündenbeladene Knaben den Hals kosten konnten.

Eine dieser Herausforderungen Gottes bestand darin, sich auf dem Turmgeländer, mit dem Blick nach unten, durch langsamen Druck der Muskeln in die Höhe zu heben und schwankend auf den Händen stehenzubleiben; jeder, der dieses Akrobatenkunststück zu ebener Erde ausgeführt hat, wird wissen, wieviel Selbstvertrauen, Kühnheit und Glück dazu gehören, es auf einem fußbreiten Steinstreifen in Turmhöhe zu wiederholen. Es muß auch gesagt werden, daß viele wilde und geschickte Burschen sich dessen nicht unterfingen, obgleich sie zu ebener Erde auf ihren Händen geradezu lustwandeln konnten. Zum Beispiel Aeins tat es nicht. Dagegen war Azwei, und das mag gut zu seiner Einführung als Erzähler dienen, in seiner Knabenzeit der Erfinder dieser Gesinnungsprobe gewesen. Es war schwer, einen Körper zu finden wie den seinen. Er trug nicht die Muskeln des Sports wie die Körper vieler, sondern schien einfach und mühelos von Natur aus Muskeln geflochten zu sein. Ein schmaler, ziemlich kleiner Kopf saß darauf, mit Augen, die in Samt gewickelte Blitze waren, und mit Zähnen, die es eher zuließen, an die Blankheit eines jagenden Tigers zu denken, als die Sanftmut der Mystik zu erwarten.

Später, in ihrer Studienzeit, schwärmten die beiden Freunde für eine materialistische Lebenserklärung, die ohne Seele und Gott den Menschen als physiologische oder wirtschaftliche Maschine ansieht, was er ja vielleicht auch wirklich ist, worauf es ihnen aber gar nicht ankam, weil der Reiz solcher Philosophie nicht in ihrer Wahrheit liegt, sondern in ihrem dämonischen, pessimistischen, schaurig-intellektuellen Charakter. Damals war ihr Verhältnis zueinander bereits eine Jugendfreundschaft. Denn Azwei studierte Waldwirtschaft und sprach davon, als Forstingenieur weit fortzugehen, nach Rußland oder Asien, sobald seine Studien vollendet wären; während sein Freund, statt solcher jungenhaften, schon eine solidere Schwärmerei gewählt hatte und sich zu dieser Zeit in der aufstrebenden Arbeiterbewegung umtat. Als sie dann kurz vor dem großen Krieg wieder zusammentrafen, hatte Azwei seine russischen Unternehmungen bereits hinter sich; er erzählte wenig von ihnen, war in den

Bureaus irgendeiner großen Gesellschaft angestellt und schien beträchtliche Fehlschläge erlitten zu haben, wenn es ihm auch bürgerlich auskömmlich ging. Sein Jugendfreund aber war inzwischen aus einem Klassenkämpfer der Herausgeber einer Zeitung geworden, die viel vom sozialen Frieden schrieb und einem Börsenmann gehörte. Sie verachteten sich seither gegenseitig und untrennbar, verloren einander aber wieder aus den Augen; und als sie endlich für kurze Zeit abermals zusammengeführt wurden, erzählte Azwei das nun Folgende, in der Art, wie man vor einem Freund einen Sack mit Erinnerungen ausschüttet, um mit der leeren Leinwand weiterzugehen. Es kam unter diesen Umständen wenig darauf an, was dieser erwiderte, und es kann ihre Unterredung fast wie ein Selbstgespräch erzählt werden. Wichtiger wäre es, wenn man genau zu beschreiben vermöchte, wie Azwei damals aussah, weil dieser unmittelbare Eindruck für die Bedeutung seiner Worte nicht ganz zu entbehren ist. Aber das ist schwer. Am ehesten könnte man sagen, er erinnerte an eine scharfe, nervige, schlanke Reitgerte, die, auf ihre weiche Spitze gestellt, an einer Wand lehnt; in so einer halb aufgerichteten und halb zusammengesunkenen Lage schien er sich wohl zu fühlen.

Zu den sonderbarsten Orten der Welt – sagte Azwei – gehören jene Berliner Höfe, wo zwei, drei oder vier Höfe einander den Hintern zeigen, Köchinnen sitzen mitten in den Wänden, in viereckigen Löchern, und singen. Man sieht es dem roten Kupfergeschirr auf den Borden an, wie laut es klappert. Tief unten grölt eine Männerstimme Scheltworte zu einem der Mädchen empor, oder es gehen schwere Holzschuhe auf dem klinkernden Pflaster hin und her. Langsam. Hart. Ruhelos. Sinnlos. Immer. Ist es so oder nicht?

Da hinaus und hinab sehen nun die Küchen und die Schlafzimmer; nahe beieinander liegen sie, wie Liebe und Verdauung am menschlichen Körper. Etagenweise sind die Ehebetten übereinander geschichtet; denn alle Schlafzimmer haben im Haus die gleiche Lage, und Fensterwand, Badezimmerwand, Schrankwand bestimmen den Platz des Bettes fast auf den halben Meter genau. Ebenso etagenweise türmen sich die Speisezimmer übereinander, das Bad mit den weißen Kacheln und der Balkon mit dem roten Lampenschirm. Liebe, Schlaf, Geburt, Verdauung, unerwartete Wiedersehen, sorgenvolle und gesellige Nächte liegen in diesen Häusern übereinander wie die Säulen der Brötchen in einem Automatenbüfett. Das persönliche Schicksal ist in solchen Mittelstandswohnungen schon vorgerichtet, wenn man einzieht. Du wirst zugeben, daß die menschliche Freiheit hauptsächlich darin liegt, wo und wann man etwas tut, denn was die Menschen tun, ist fast immer das gleiche: da hat es eine verdammte Bedeutung, wenn man auch noch den Grundriß von allem gleich macht. Ich bin einmal auf einen Schrank geklettert, nur um die Vertikale auszunutzen, und kann sagen, daß das unangenehme Gespräch, das ich zu führen hatte, von da ganz anders aussah.

Azwei lachte über seine Erinnerung und schenkte sich ein; Aeins dachte daran, daß sie auf einem Balkon mit einem roten Lampenschirm säßen, der zu seiner Wohnung gehörte, aber er schwieg, denn er wußte zu genau, was er hätte einwenden können.

Ich gebe übrigens noch heute zu, daß etwas Gewaltiges in dieser Regelmäßigkeit liegt – räumte Azwei von selbst ein –, und damals glaubte ich, in diesem Geist der Massenhaftigkeit und Öde etwas wie eine Wüste oder ein Meer zu sehen; ein Schlachthaus in Chikago, obgleich mir die Vorstellung den Magen umdreht, ist doch eine ganz andere Sache als ein Blumentöpfchen! Das Merkwürdige war aber, daß ich gerade in der Zeit, wo ich diese Wohnung besaß, ungewöhnlich oft an meine Eltern dachte. Du erinnerst dich, daß ich so gut wie jede Beziehung zu ihnen verloren hatte; aber da gab es nun mit einem Male in meinem Kopf den Satz: Sie haben dir das Leben geschenkt; und dieser komische Satz kehrte von Zeit zu Zeit wieder wie eine Fliege, die sich nicht verscheuchen läßt. Es ist über diese scheinheilige Redensart, die man uns in der Kindheit einprägt, weiter nichts zu bemerken. Aber wenn ich meine Wohnung betrachtete, sagte ich nun ebenso: Siehst du, jetzt hast du dein Leben gekauft; für soundsoviel Mark jährlicher Miete. Vielleicht sagte ich auch manchmal: Nun hast du ein Leben aus eigener Kraft geschaffen. Es lag so in der Mitte zwischen Warenhaus, Versicherung auf Ableben und Stolz. Und da erschien es mir doch überaus merkwürdig, ja, geradezu als ein Geheimnis, daß es etwas gab, das mir geschenkt worden war, ob ich wollte oder nicht, und noch dazu das Grundlegende von allem übrigen. Ich glaube, dieser Satz barg einen Schatz von Unregelmäßigkeit und Unberechenbarkeit, den ich vergraben hatte. Und dann kam eben die Geschichte mit der Nachtigall.

Sie begann mit einem Abend wie viele andere. Ich war zu Hause geblieben und hatte mich, nachdem meine Frau zu Bett gegangen war, ins Herrenzimmer gesetzt; der einzige Unterschied von ähnlichen Abenden bestand vielleicht darin, daß ich kein Buch und nichts anrührte; aber auch das war schon vorgekommen. Nach ein Uhr fängt die Straße an ruhiger zu werden; Gespräche beginnen als Seltenheit zu wirken; es ist hübsch, mit dem Ohr dem Vorschreiten der Nacht zuzufolgen. Um zwei Uhr ist Lärmen und Lachen unten schon deutlich Trunkenheit und Späte. Mir wurde bewußt, daß ich auf etwas wartete, aber ich ahne nicht, worauf. Gegen drei Uhr, es war im Mai, fing der Himmel an, lichter zu werden; ich tastete mich durch die dunkle Wohnung bis ans Schlafzimmer und legte mich geräuschlos nieder. Ich erwartete nun nichts mehr als den Schlaf und am nächsten Morgen einen Tag wie den abgelaufenen. Ich wußte bald nicht mehr, ob ich wachte oder schlief. Zwischen den Vorhängen und den Spalten der Rolläden quoll dunkles Grün auf, dünne Bänder weißen Morgenschaums schlangen sich hindurch. Es kann mein letzter wacher Eindruck gewesen sein oder ein ruhendes Traumgesicht. Da wurde ich durch etwas Näherkommendes erweckt; Töne kamen näher. Ein-, zweimal stellte ich das schlaftrunken fest. Dann saßen sie auf dem First des Nachbarhauses und sprangen dort in die Luft wie Delphine. Ich hätte auch sagen können, wie Leuchtkugeln beim Feuerwerk; denn der Eindruck von Leuchtkugeln blieb; im Herabfallen zerplatzten sie sanft an den Fensterscheiben und sanken wie große Silbersterne in die Tiefe. Ich empfand jetzt einen zauberhaften Zustand; ich lag in meinem Bett wie eine Figur auf ihrer Grabplatte und wachte, aber ich wachte anders als bei Tage. Es ist sehr schwer zu beschreiben, aber wenn ich daran denke, ist mir, als ob mich etwas umgestülpt hätte; ich war keine Plastik mehr, sondern etwas Eingesenktes. Und das Zimmer war nicht hohl, sondern bestand aus einem Stoff, den es unter den Stoffen des Tages nicht gibt, einem schwarz durchsichtigen und schwarz zu durchfühlenden Stoff, aus dem auch ich bestand. Die Zeit rann in fieberkleinen schnellen Pulsschlägen. Weshalb sollte nicht jetzt geschehen, was sonst nie geschieht? – Es ist eine Nachtigall, was da singt! – sagte ich mir halblaut vor.

Nun gibt es ja in Berlin vielleicht mehr Nachtigallen – fuhr Azwei fort –, als ich dachte. Ich glaubte damals, es gäbe in diesem steinernen Gebirge keine, und diese sei weither zu mir geflohen. Zu mir! – fühlte ich und richtete mich lächelnd auf. – Ein Himmelsvogel! Das gibt es also wirklich! – In einem solchen Augenblick, siehst du, ist man auf die natürlichste Weise bereit, an das Übernatürliche zu glauben; es ist, als ob man seine Kindheit in einer Zauberwelt verbracht hätte. Ich dachte unverzüglich: Ich werde der Nachtigall folgen. Leb wohl, Geliebte! – dachte ich – Lebt wohl, Geliebte, Haus, Stadt...! Aber ehe ich noch von meinem Lager gestiegen war, und ehe ich mir klargemacht hatte, ob ich denn zu der Nachtigall auf die Dächer steigen oder ob ich ihr unten in den Straßen folgen wolle, war der Vogel verstummt und offenbar weitergeflogen.

Nun sang er auf einem andern Dach für einen andern Schlafenden. – Azwei dachte nach. – Du wirst annehmen, daß die Geschichte damit zu Ende ist? – Erst jetzt fing sie an, und ich weiß nicht, welches Ende sie finden soll!

Ich war verwaist und von schwerem Mißmut bedrückt zurückgeblieben. Es war gar keine Nachtigall, es war eine Amsel, sagte ich mir, genau so, wie du es sagen möchtest. Solche Amseln machen, das weiß man, andere Vögel nach. Ich war nun völlig wach, und die Stille langweilte mich. Ich zündete eine Kerze an und betrachtete die Frau, die neben mir lag. Ihr Körper sah blaß ziegelfarben aus. Über der Haut lag der weiße Rand der Bettdecke wie ein Schneestreifen. Breite Schattenlinien krümmten sich um den Körper, deren Herkunft nicht recht zu begreifen war, obgleich sie natürlich mit der Kerze und der Haltung meines Arms zusammenhängen mußten. Was tut es, – dachte ich dabei – wenn es wirklich nur eine Amsel war! Oh, im Gegenteil; gerade daß es bloß eine ganz gewöhnliche Amsel gewesen ist, was mich so verrückt machen konnte: das bedeutet noch viel mehr! Du weißt doch, man weint nur bei einer einfachen Enttäuschung, bei einer doppelten bringt man schon wieder ein Lächeln zuwege. Und ich sah dazwischen immer wieder meine Frau an. Das alles hing ganz von selbst zusammen, aber ich weiß nicht wie. Seit Jahren habe ich dich geliebt – dachte ich – wie nichts auf dieser Welt, und nun liegst du da wie eine ausgebrannte Hülse der Liebe. Nun bist du mir ganz fremd geworden, nun bin ich herausgekommen am anderen Ende der Liebe. War das Überdruß? Ich erinnere mich nicht, je Überdruß empfunden zu haben. Und ich schildere es dir so, als ob ein Gefühl ein Herz durchbohren könnte wie einen Berg, auf dessen anderer Seite eine andere Welt mit dem gleichen Tal, den gleichen Häusern und kleinen Brücken liegt. Aber ich wußte ganz einfach nicht, was es war. Ich weiß das auch heute nicht. Vielleicht habe ich unrecht, dir diese Geschichte im Zusammenhang mit zwei anderen zu erzählen, die darauf gefolgt sind. Ich kann dir nur sagen, wofür ich es hielt, als ich es erlebte: Es hatte mich von irgendwo ein Signal getroffen – das war mein Eindruck davon.

Ich legte meinen Kopf neben ihren Körper, die ahnungslos und ohne Teilnahme schlief. Da schien sich ihre Brust in Übermaßen zu heben und zu senken, und die Wände des Zimmers tauchten an diesem schlafenden Leib auf und ab wie hohe See um ein Schiff, das schon weit im Fahren ist. Ich hätte es wahrscheinlich nie über mich gebracht, Abschied zu nehmen; aber wenn ich mich jetzt fortstehle, kam mir vor, bleibe ich das kleine verlassene Boot in der Einsamkeit, und ein großes, sicheres Schiff ist achtlos über mich hinausgefahren. Ich küßte die Schlafende, sie fühlte es nicht. Ich flüsterte ihr etwas ins Ohr, und vielleicht tat ich es so vorsichtig, daß sie es nicht hörte. Da machte ich mich über mich lustig und spottete über die Nachtigall; aber ich zog mich heimlich an. Ich glaube, daß ich geschluchzt habe, aber ich ging wirklich fort. Mir war taumelnd leicht, obgleich ich mir zu sagen versuchte, daß kein anständiger Mensch so handeln dürfe; ich erinnere mich, ich war wie ein Betrunkener, der mit der Straße schilt, auf der er geht, um sich seiner Nüchternheit zu versichern.

Ich habe natürlich oft daran gedacht zurückzukehren; manchmal hätte ich durch die halbe Welt zurückkehren mögen; aber ich habe es nicht getan. Sie war unberührbar für mich geworden; kurz gesagt; ich weiß nicht, ob du mich verstehst: Wer ein Unrecht sehr tief empfindet, der ändert es nicht mehr. Ich will übrigens nicht deine Lossprechung. Ich will dir meine Geschichten erzählen, um zu erfahren, ob sie wahr sind; ich habe mich jahrelang mit keinem

Menschen aussprechen können, und wenn ich mich darüber laut mit mir selbst sprechen hörte, wäre ich mir, offen gestanden, unheimlich.

Halte also daran fest, daß meine Vernunft deiner Aufgeklärtheit nichts nachgeben will.

Aber zwei Jahre später befand ich mich in einem Sack, dem toten Winkel einer Kampflinie in Südtirol, die sich von den blutigen Gräben der Cima di Vezzena an den Caldonazzo-See zurückbog. Dort lief sie tief im Tal wie eine sonnige Welle über zwei Hügel mit schönen Namen und stieg auf der andern Seite des Tals wieder empor, um sich in einem stillen Gebirge zu verlieren. Es war im Oktober; die schwach besetzten Kampfgräben versanken in Laub, der See brannte lautlos in Blau, die Hügel lagen wie große welke Kränze da; wie Grabkränze, dachte ich oft, ohne mich vor ihnen zu fürchten. Zögernd und verteilt floß das Tal um sie; aber jenseits des Striches, den wir besetzt hielten, entfloh es solcher süßen Zerstreutheit und fuhr wie ein Posaunenstoß, braun, breit und heroisch, in die feindliche Weite.

In der Nacht bezogen wir mitten darin eine vorgeschobene Stellung. Sie lag so offen im Tal, daß man uns von oben mit Steinwürfen erschlagen konnte; aber man röstete uns bloß an langsamem Artilleriefeuer. Immerhin, am Morgen nach so einer Nacht hatten alle einen sonderbaren Ausdruck, der sich erst nach einigen Stunden verlor: die Augen waren vergrößert, und die Köpfe auf den vielen Schultern richteten sich unregelmäßig auf wie ein niedergetretener Rasen. Trotzdem habe ich in jeder solchen Nacht oftmals den Kopf über den Grabenrand gehoben und ihn vorsichtig über die Schulter zurückgedreht wie ein Verliebter: da sah ich dann die Brentagruppe hell himmelblau, wie aus Glas steif gefältelt, in der Nacht stehen. Und gerade in diesen Nächten waren die Sterne groß und wie aus Goldpapier gestanzt und flimmerten fett wie aus Teig gebacken, und der Himmel war noch in der Nacht blau, und die dünne, mädchenhafte Mondsichel, ganz silbern oder ganz golden, lag auf dem Rücken mitten darin und schwamm in Entzücken. Du mußt trachten, dir vorzustellen, wie schön das war; so schön ist nichts im sichersten Leben. Dann hielt ich es manchmal nicht aus und kroch vor Glück und Sehnsucht in der Nacht spazieren; bis zu den gold-grünen schwarzen Bäumen, zwischen denen ich mich aufrichtete wie eine kleine braungrüne Feder im Gefieder des ruhig sitzenden, scharfschnäbeligen Vogels Tod, der so zauberisch bunt und schwarz ist, wie du es nicht gesehen hast.

Tagsüber, in der Hauptstellung, konnt man dagegen geradezu spazierenreiten. Auf solchen Plätzen, wo man Zeit zum Nachdenken wie zum Erschrecken hat, lernt man die Gefahr erst kennen. Jeden Tag holt sie sich ihre Opfer, einen festen Wochendurchschnitt, soundsoviel vom Hundert, und schon die Generalstabsoffiziere der Division rechnen so unpersönlich damit wie eine Versicherungsgesellschaft. Übrigens man selbst auch. Man kennt instinktiv seine Chance und fühlt sich versichert, wenn auch nicht gerade unter günstigen Bedingungen. Das ist jene merkwürdige Ruhe, die man empfindet, wenn man dauernd im Feuerbereich lebt. Das muß ich vorausschicken, damit du dir nicht falsche Vorstellungen von meinem Zustand machst. Freilich kommt es vor, daß man sich plötzlich getrieben fühlt, nach einem bestimmten bekannten Gesicht zu suchen, das man noch vor einigen Tagen gesehen hat; aber es ist nicht mehr da. So ein Gesicht kann dann mehr erschüttern, als vernünftig ist, und lang in der Luft hängen wie ein Kerzenschimmer. Man hat also weniger Todesfurcht als sonst, aber ist allerhand Erregungen zugänglicher. Es ist so, als ob die Angst vor dem Ende, die offenbar immer wie ein Stein auf dem Menschen liegt, weggewälzt worden wäre, und nun blüht in der unbestimmten Nähe des Todes eine sonderbare innere Freiheit.

Über unsere ruhige Stellung kam einmal mitten in der Zeit ein feindlicher Flieger. Das geschah nicht oft, weil das Gebirge mit seinen schmalen Luftrinnen zwischen befestigten Kuppen hoch überflogen werden mußte. Wir standen gerade auf einem der Grabkränze, und im Nu war der Himmel mit den weißen Schrapnellwölkchen der Batterien betupft wie von einer behenden Puderquaste. Das sah lustig aus und fast lieblich. Dazu schien die Sonne durch die dreifarbigen Tragflächen des Flugzeugs, gerade als es hoch über unseren Köpfen fuhr, wie durch ein Kirchenfenster oder buntes Seidenpapier, und es hätte zu diesem Augenblick nur noch einer Musik von Mozart bedurft. Mir ging zwar der Gedanke durch den Kopf, daß wir wie eine Gruppe von Rennbesuchern beisammenstanden und ein gutes Ziel abgaben. Auch sagte einer von uns: Ihr solltet euch lieber decken! Aber es hatte offenbar keiner Lust, wie eine Feldmaus in ein Erdloch zu fahren. In diesem Augenblick hörte ich ein leises Klingen, das sich meinem hingerissen emporstarrenden Gesicht näherte. Natürlich kann es auch umgekehrt zugegangen sein, so daß ich zuerst das Klingen hörte und dann erst das Nahen einer Gefahr begriff; aber im gleichen Augenblick wußte ich auch schon: es ist ein Fliegerpfeil! Das waren spitze Eisenstäbe, nicht dicker als ein Zimmermannsblei, welche damals die Flugzeuge aus der Höhe abwarfen; und trafen sie den Schädel, so kamen sie wohl erst bei den Fußsohlen wieder heraus, aber sie trafen eben nicht oft, und man hat sie bald wieder aufgegeben. Darum war das mein erster Fliegerpfeil; aber Bomben und Maschinengewehrschüsse hört man ganz anders, und ich wußte sofort, womit ich es zu tun hatte. Ich war gespannt, und im nächsten Augenblick hatte ich auch schon das sonderbare, nicht im Wahrscheinlichen begründete Empfinden: er trifft!

Und weißt du, wie das war? Nicht wie eine schreckende Ahnung, sondern wie ein noch nie erwartetes Glück! Ich wunderte mich zuerst darüber, daß bloß ich das Klingen hören sollte. Dann dachte ich, daß der Laut wieder verschwinden werde. Aber er verschwand nicht. Er näherte sich mir, wenn auch sehr fern, und wurde perspektivisch größer. Ich sah vorsichtig die Gesichter an, aber niemand nahm ihn wahr. Und in diesem Augenblick, wo ich inne wurde, daß ich allein diesen feinen Gesang hörte, stieg ihm etwas aus mir entgegen: ein Lebensstrahl; ebenso unendlich wie der von oben kommende des Todes. Ich erfinde das nicht, ich suche es so einfach wie möglich zu beschreiben; ich habe die Überzeugung, daß ich mich physikalisch nüchtern ausgedrückt habe; freilich weiß ich, daß das bis zu einem Grad wie im Traum ist, wo man ganz klar zu sprechen wähnt, während die Worte außen wirr sind.

Das dauerte eine lange Zeit, während deren nur ich das Geschehen näher kommen hörte. Es war ein dünner, singender, einfacher hoher Laut, wie wenn der Rand eines Glases zum Tönen gebracht wird; aber es war etwas Unwirkliches daran; das hast du noch nie gehört, sagte ich mir. Und dieser Laut war auf mich gerichtet; ich war in Verbindung mit diesem Laut und zweifelte nicht im geringsten daran, daß etwas Entscheidendes mit mir vor sich gehen wolle. Kein einziger Gedanke in mir war von der Art, die sich in den Augenblicken des Lebensabschiedes einstellen soll, sondern alles, was ich empfand, war in die Zukunft gerichtet; und ich muß einfach sagen, ich war sicher, in der nächsten Minute Gottes Nähe in der Nähe meines Körpers zu fühlen. Das ist immerhin nicht wenig bei einem Menschen, der seit seinem achten Jahr nicht an Gott geglaubt hat.

Inzwischen war der Laut von oben körperlicher geworden, er schwoll an und drohte. Ich hatte mich einigemal gefragt, ob ich warnen solle; aber mochte ich oder ein anderer getroffen werden, ich wollte es nicht tun! Vielleicht steckte eine verdammte Eitelkeit in dieser Einbildung, daß da, hoch oben über einem Kampffeld, eine Stimme für mich singe. Vielleicht ist Gott überhaupt nichts, als daß wir armen Schnorrer in der Enge unseres Daseins uns eitel brüsten, einen reichen Verwandten im Himmel zu haben. Ich weiß es nicht. Aber ohne Zweifel hatte nun die Luft auch für die anderen zu klingen begonnen; ich bemerkte, daß Flecken von Unruhe über ihre Gesichter huschten, und siehst du – auch keiner von ihnen ließ sich ein Wort entschlüpfen! Ich sah noch einmal diese Gesichter an; Burschen, denen nichts ferner lag als solche Gedanken, standen, ohne es zu wissen, wie eine Gruppe von Jüngern da, die eine Botschaft erwarten. Und plötzlich war das Singen zu einem irdischen Ton geworden, zehn Fuß, hundert Fuß über uns, und erstarb. Er, es war da. Mitten zwischen uns, aber mir zunächst, war etwas verstummt und von der Erde verschluckt worden, war zu einer unwirklichen Lautlosigkeit zerplatzt. Mein Herz schlug breit und ruhig; ich kann auch nicht den Bruchteil einer Sekunde erschrocken gewesen sein; es fehlte nicht das kleinste Zeitteilchen in meinem Leben. Aber das erste, was ich wieder wahrnahm, war, daß mich alle ansahen. Ich stand am gleichen Fleck, mein Leib aber war wild zur Seite gerissen worden und hatte eine tiefe, halbkreisförmige Verbeugung ausgeführt. Ich fühlte, daß ich aus einem Rausch erwachte, und wußte nicht, wie lange ich fort gewesen war. Niemand sprach mich an; endlich sagte einer: ein Fliegerpfeil! und alle wollten ihn suchen, aber er stak metertief in der Erde. In diesem Augenblick überströmte mich ein heißes Dankgefühl, und ich glaube, daß ich am ganzen Körper errötete. Wenn einer da gesagt hätte, Gott sei in meinen Leib gefahren, ich hätte nicht gelacht. Ich hätte es aber auch nicht geglaubt. Nicht einmal, daß ich einen Splitter von ihm davontrug, hätte ich geglaubt. Und trotzdem, jedesmal, wenn ich mich daran erinnere, möchte ich etwas von dieser Art noch einmal deutlicher erleben!

Ich habe es übrigens noch einmal erlebt, aber nicht deutlicher – begann Azwei seine letzte Geschichte. Er schien unsicherer geworden zu sein, aber man konnte ihm anmerken, daß er gerade deshalb darauf brannte, sich diese Geschichte erzählen zu hören.
Sie handelte von seiner Mutter, die nicht viel von Azweis Liebe besessen hatte; aber er behauptete, das sei nicht so gewesen. – Wir haben oberflächlich schlecht zueinander gepaßt, – sagte er – und das ist schließlich nur natürlich, wenn eine alte Frau seit Jahrzehnten in der gleichen Kleinstadt lebt, und ein Sohn es nach ihren Begriffen in der weiten Welt zu nichts gebracht hat. Sie machte mich so unruhig wie das Beisammensein mit einem Spiegel, der das Bild unmerklich in die Breite zieht; und ich kränkte sie, indem ich jahrelang nicht nach Hause kam. Aber sie schrieb mir alle Monate einen besorgten Brief mit vielen Fragen, und wenn ich den auch gewöhnlich nicht beantwortete, so war doch etwas sehr Sonderbares dabei, und ich hing trotz allem tief mit ihr zusammen, wie sich schließlich gezeigt hat.
Vielleicht hatte sich ihr vor Jahrzehnten das Bild eines kleinen Knaben leidenschaftlich eingeprägt, in den sie weiß Gott welche Hoffnungen gesetzt haben mochte, die durch nichts ausgelöscht werden konnten; und da ich dieser längst verschwundene Knabe war, hing ihre Liebe an mir, wie wenn alle seither untergegangenen Sonnen noch irgendwo zwischen Licht und Finsternis schwebten. Da hättest du wieder diese geheimnisvolle Eitelkeit, die keine ist. Denn ich kann wohl sagen, ich verweile nicht gern bei mir, und was so viele Menschen tun, daß sie sich behaglich Photographien ansehen, die sie in früheren Zeiten darstellen, oder sich gern erinnern, was sie da und dann getan haben, dieses Ich-Sparkassen-System ist mir völlig unbegreiflich. Ich bin weder besonders launenhaft, noch lebe ich nur für den Augenblick; aber wenn etwas vorbei ist, dann bin ich

auch an mir vorbei, und wenn ich mich in einer Straße erinnere, ehemals oft diesen Weg gegangen zu sein, oder wenn ich mein früheres Haus sehe, so empfinde ich ohne alle Gedanken einfach wie einen Schmerz eine heftige Abneigung gegen mich, als ob ich an eine Schändlichkeit erinnert würde. Das Gewesene entfließt, wenn man sich ändert; und mir scheint, wie immer man sich ändere, man täte es ja nicht, wenn der, den man verläßt, gar so einwandfrei wäre. Aber gerade weil ich gewöhnlich so fühle, war es wunderbar, als ich bemerkte, daß da ein Mensch, solang ich lebe, ein Bild von mir festgehalten hat; wahrscheinlich ein Bild, dem ich nie entsprach, das jedoch in gewissem Sinn mein Schöpfungsbefehl und meine Urkunde war. Verstehst du mich, wenn ich sage, daß meine Mutter in diesem bildlichen Sinn eine Löwennatur war, in das wirkliche Dasein einer mannigfach beschränkten Frau gebannt? Sie war nicht klug nach unseren Begriffen, sie konnte von nichts absehen und nichts weit herholen; sie war, wenn ich mich an meine Kindheit erinnere, auch nicht gut zu nennen, denn sie war heftig und von ihren Nerven abhängig; und du magst dir vorstellen, was aus der Verbindung von Leidenschaft mit engen Gesichtsgrenzen manchmal hervorgeht: Aber ich möchte behaupten, daß es eine Größe, einen Charakter gibt, die sich mit der Verkörperung, in der sich ein Mensch für unsere gewöhnliche Erfahrung darstellt, heute noch so unbegreiflich vereinen, wie in den Märchenzeiten Götter die Gestalt von Schlangen und Fischen angenommen haben.

Ich bin bald nach der Geschichte mit dem Fliegerpfeil bei einem Gefecht in Rußland in Gefangenschaft geraten, machte später dort die große Umwandlung mit und kehrte nicht so rasch zurück, denn das neue Leben hat mir lange Zeit gefallen. Ich bewundere es heute noch; aber eines Tages entdeckte ich, daß ich einige für unentbehrlich geltende Glaubenssätze nicht mehr aussprechen konnte, ohne zu gähnen, und entzog mich der damit verbundenen Lebensgefahr, indem ich mich nach Deutschland rettete, wo der Individualismus gerade in der Inflationsblüte stand. Ich machte allerhand zweifelhafte Geschäfte, teils aus Not, teils nur aus Freude darüber, wieder in einem alten Land zu sein, wo man unrecht tun kann, ohne sich schämen zu müssen. Es ist mir dabei nicht sehr gut gegangen, und manchmal war ich ungemein übel dran. Auch meinen Eltern ging es nicht gerade gut. Da schrieb meine Mutter einigemal: Wir können dir nicht helfen; aber wenn ich dir mit dem wenigen helfen könnte, was du einst erben wirst, würde ich mir zu sterben wünschen. Das schrieb sie, obgleich ich sie seit Jahren nicht besucht oder ihr irgendein Zeichen der Neigung gegeben hatte. Ich muß gestehen, daß ich es nur für eine etwas übertriebene Redensart gehalten habe, der ich keine Bedeutung beimaß, wenn ich auch an der Echtheit des Gefühls, das sich sentimental ausdrückte, nicht zweifelte. Aber nun geschah eben das durchaus Sonderbare: meine Mutter erkrankte wirklich, und man könnte glauben, daß sie dann auch meinen Vater, der ihr sehr ergeben war, mitgenommen hat.

Azwei überlegte. – Sie starb an einer Krankheit, die sie in sich getragen haben mußte, ohne daß ein Mensch es ahnte. Man könnte dem Zusammentreffen vielerlei natürliche Erklärungen geben, und ich fürchte, du wirst es mir verübeln, wenn ich es nicht tue. Aber das Merkwürdige waren wieder die Nebenumstände. Sie wollte keineswegs sterben; ich weiß, daß sie sich gegen den frühen Tod gewehrt und heftig geklagt hat. Ihr Lebenswillen, ihre Entschlüsse und Wünsche waren gegen das Ereignis gerichtet. Man kann auch nicht sagen, daß sich gegen ihren Augenblickswillen eine Charakterentscheidung vollzog; denn sonst hätte sie ja schon früher an Selbstmord oder freiwillige Armut denken können, was sie nicht im geringsten getan hat. Sie war selbst ganz und gar ein Opfer. Aber hast du nie bemerkt, daß dein Körper auch noch einen anderen Willen hat als den deinen? Ich glaube, daß alles, was uns als Wille oder als unsere Gefühle, Empfindungen und Gedanken vorkommt und scheinbar die Herrschaft über uns hat, das nur im Namen einer begrenzten Vollmacht darf, und daß es in schweren Krankheiten und Genesungen, in unsicheren Kämpfen und an allen Wendepunkten des Schicksals eine Art Urentscheidung des ganzen Körpers gibt, bei der die letzte Macht und Wahrheit ist. Aber möge dem sein wie immer; sicher war, daß ich von der Erkrankung meiner Mutter sofort den Eindruck von etwas ganz und gar Freiwilligem hatte; und wenn du alles für Einbildung hieltest, so bliebe es bestehen, daß ich in dem Augenblick, wo ich die Nachricht von der Erkrankung meiner Mutter erhielt, obgleich gar kein Grund zur Besorgnis darin lag, in einer auffallenden Weise und völlig verändert worden bin:

eine Härte, die mich umgeben hatte, schmolz augenblicklich weg, und ich kann nicht mehr sagen, als daß der Zustand, in dem ich mich von da an befand, viel Ähnlichkeit mit dem Erwachen in jener Nacht hatte, wo ich mein Haus verließ, und mit der Erwartung des singenden Pfeils aus der Höhe. Ich wollte gleich zu meiner Mutter reisen, aber sie hielt mich mit allerhand Vorwänden fern. Zuerst hieß es, sie freue sich, mich zu sehen, aber ich möge die bedeutungslose Erkrankung abwarten, damit sie mich gesund empfange; später ließ sie mir mitteilen, mein Besuch könnte sie im Augenblick zu sehr aufregen; zuletzt, als ich drängte: die entscheidende Wendung zum Guten stünde bevor, und ich möge mich nur noch etwas gedulden. Es sieht so aus, als ob sie gefürchtet hätte, durch ein Wiedersehen unsicher gemacht zu werden; und dann entschied sich alles so rasch, daß ich gerade noch zum Begräbnis zurecht kam.

Ich fand auch meinen Vater krank vor, und wie ich dir sagte, ich konnte ihm bald nur noch sterben helfen. Er war früher ein guter Mann gewesen, aber in diesen Wochen war er wunderlich eigensinnig und voll Launen, als ob er mir vieles nachtrüge und sich durch meine Anwesenheit geärgert fühlte. Nach seinem Begräbnis mußte ich den Haushalt auflösen, und das dauerte auch einige Wochen; ich hatte keine Eile. Die Leute aus der kleinen Stadt kamen hie und da zu mir aus alter Gewohnheit und erzählten mir, auf welchem Platz im Wohnzimmer mein Vater gesessen habe und wo meine Mutter und wo sie. Sie sahen sich alles genau an und erboten sich, mir dieses oder jenes Stück abzukaufen. Sie sind so gründlich, diese Menschen in der Provinz, und einmal sagte einer zu mir, nachdem er alles eingehend untersucht hatte: Es ist doch schrecklich, wenn binnen wenigen Wochen eine ganze Familie ausgerottet wird! – mich selbst rechnete keiner hinzu. Wenn ich allein war, saß ich still und las Kinderbücher; ich hatte auf dem Dachboden eine große Kiste voll von ihnen gefunden. Sie waren verstaubt, verrußt, teils vertrocknet, teils von Feuchtigkeit beschlagen, und wenn man sie klopfte, schieden sie immerzu Wolken von sanfter Schwärze aus; von den Pappbänden war das gemaserte Papier geschwunden und hatte nur Gruppen von zackigen Inseln zurückgelassen. Aber wenn ich in die Seiten eindrang, eroberte ich den Inhalt wie ein Seefahrer zwischen diesen Fährnissen, und einmal machte ich eine seltsame

Entdeckung. Ich bemerkte, daß die Schwärze oben, wo man die Blätter wendet, und unten am Rand in einer leise deutlichen Weise doch anders war, als der Moder sie verleiht, und dann fand ich allerhand unbezeichenbare Flecken und schließlich wilde, verblaßte Bleistiftspuren auf den Titelblättern; und mit einemmal überwältigte es mich, daß ich erkannte, diese leidenschaftliche Abgegriffenheit, diese Bleistiftritzer und eilig hinterlassenen Flecken seien die Spuren von Kinderfingern, meiner Kinderfinger, dreißig und mehr Jahre in einer Kiste unter dem Dach aufgehoben und wohl von aller Welt vergessen! – Nun, ich sagte dir, für andere Menschen mag es nichts Besonderes sein, wenn sie sich an sich selbst erinnern, aber für mich war es, als ob das Unterste zuoberst gekehrt würde. Ich hatte auch ein Zimmer wiedergefunden, das vor dreißig und mehr Jahren mein Kinderzimmer war; es diente später für Wäscheschränke und dergleichen, aber im Grunde hatte man es gelassen, wie es gewesen war, als ich dort am Fichtentisch unter der Petroleumlampe saß, deren Ketten drei Delphine im Maul trugen. Dort saß ich nun wieder viele Stunden des Tages und las wie ein Kind, das mit den Beinen nicht bis zur Erde reicht. Denn siehst du, daß unser Kopf haltlos ist oder in nichts ragt, daran sind wir gewöhnt, denn wir haben unter den Füßen etwas Festes; aber Kindheit, das heißt, an beiden Enden nicht ganz gesichert sein und statt der Greifzangen von später noch die weichen Flanellhände haben und vor einem Buch sitzen, als ob man auf einem kleinen Blatt über Abkürzungen durch den Raum segelte. Ich sage dir, ich reichte wirklich nicht mehr unter dem Tisch zur Erde.

Ich hatte mir auch ein Bett in dieses Zimmer gestellt und schlief dort. Und da kam dann die Amsel wieder. Einmal nach Mitternacht weckte mich ein wunderbarer, herrlicher Gesang. Ich wachte nicht gleich auf, sondern hörte erst lange im Schlaf zu. Es war der Gesang einer Nachtigall; aber sie saß nicht in den Büschen des Gartens, sondern auf dem Dach eines Nebenhauses. Ich begann mit offenen Augen zu schlafen. Hier gibt es keine Nachtigallen – dachte ich dabei –, es ist eine Amsel.

Du brauchst aber nicht zu glauben, daß ich das heute schon einmal habe! Sondern wie ich dachte: Hier gibt es keine Nachtigallen, es ist eine Amsel, erwachte ich; es war vier Uhr morgens, der Tag kehrte in meine Augen ein, der Schlaf versank so rasch, wie die Spur einer Welle in trockenem Ufersand aufgesaugt wird, und da saß vor dem Licht, das wie ein zartes weißes Wolltuch war, ein schwarzer Vogel im offenen Fenster! Er saß dort, so wahr ich hier sitze.

Ich bin deine Amsel – sagte er –, kennst du mich nicht?

Ich habe mich wirklich nicht gleich erinnert, aber ich fühlte mich überaus glücklich, wenn der Vogel zu mir sprach.

Auf diesem Fensterbrett bin ich schon einmal gesessen, erinnerst du dich nicht? – fuhr er fort, und nun erwiderte ich: Ja, eines Tags bist du dort gesessen, wo du jetzt sitzt, und ich habe rasch das Fenster geschlossen.

Ich bin deine Mutter – sagte sie.

Siehst du, das mag ich ja geträumt haben. Aber den Vogel habe ich nicht geträumt; er saß da, flog ins Zimmer herein, und ich schloß rasch das Fenster. Ich ging auf den Dachboden und suchte einen großen Holzkäfig, an den ich mich erinnerte, weil die Amsel schon einmal bei mir gewesen war; in meiner Kindheit, genauso, wie ich es eben sagte. Sie war auf dem Fenster gesessen und dann ins Zimmer geflogen, und ich hatte einen Käfig gebraucht, aber sie wurde bald zahm, und ich habe sie nicht gefangengehalten, sie lebte frei in meinem Zimmer und flog aus und ein. Und eines Tags war sie nicht mehr wiedergekommen, und jetzt war sie also wieder da. Ich hatte keine Lust, mir Schwierigkeiten zu machen und nachzudenken, ob es die gleiche Amsel sei; ich fand den Käfig und eine neue Kiste Bücher dazu, und ich kann dir nur sagen, ich bin nie im Leben ein so guter Mensch gewesen wie von dem Tag an, wo ich die Amsel besaß; aber ich kann dir wahrscheinlich nicht beschreiben, was ein guter Mensch ist.

Hat sie noch oft gesprochen? – fragte Aeins listig.

Nein, – erwiderte Azwei – gesprochen hat sie nicht. Aber ich habe ihr Amselfutter beschaffen müssen und Würmer. Sieh wohl, das ist schon eine kleine Schwierigkeit, daß sie Würmer fraß, und ich sollte sie wie meine Mutter halten –; aber es geht, sage ich dir, das ist nur Gewohnheit, und woran muß man sich nicht auch bei alltäglicheren Dingen gewöhnen! Ich habe sie seither nicht mehr von mir gelassen, und mehr kann ich dir nicht sagen; das ist die dritte Geschichte, wie sie enden wird, weiß ich nicht.

Aber du deutest doch an, – suchte sich Aeins vorsichtig zu verge-
wissern – daß dies alles einen Sinn gemeinsam hat?

Du lieber Himmel, – widersprach Azwei – es hat sich eben alles so
ereignet; und wenn ich den Sinn wüßte, so brauchte ich dir wohl
nicht erst zu erzählen. Aber es ist, wie wenn du flüstern hörst oder
bloß rauschen, ohne das unterscheiden zu können!

Gehirne

*»Wer glaubt, daß man mit Worten lügen könne,
könnte meinen, daß es hier geschähe.«*

Rönne, ein junger Arzt, der früher viel seziert hatte, fuhr durch
Süddeutschland dem Norden zu. Er hatte die letzten Monate tatenlos
verbracht; er war zwei Jahre lang an einem pathologischen Institut
angestellt gewesen, das bedeutet, es waren ungefähr zweitausend
Leichen ohne Besinnen durch seine Hände gegangen, und das hatte
ihn in einer merkwürdigen und ungeklärten Weise erschöpft.

Jetzt saß er auf einem Eckplatz und sah in die Fahrt: es geht also durch
Weinland, besprach er sich, ziemlich flaches, vorbei an Scharlachfel-
dern, die rauchen von Mohn. Es ist nicht allzu heiß; ein Blau flutet
durch den Himmel, feucht und aufgeweht von Ufern; an Rosen ist
jedes Haus gelehnt, und manches ganz versunken. Ich will mir ein
Buch kaufen und einen Stift; ich will mir jetzt möglichst vieles auf-
schreiben, damit nicht alles so herunterfließt. So viele Jahre lebte ich,
und alles ist versunken. Als ich anfing, blieb es bei mir? Ich weiß es
nicht mehr.

Dann lagen in vielen Tunneln die Augen auf dem Sprung, das Licht
wieder aufzufangen; Männer arbeiteten im Heu; Brücken aus Holz,
Brücken aus Stein; eine Stadt und ein Wagen über Berge vor ein
Haus.

Veranden, Hallen und Remisen, auf der Höhe eines Gebirges, in
einen Wald gebaut – hier wollte Rönne den Chefarzt ein paar Wochen vertreten. Das Leben ist so allmächtig, dachte er, diese Hand
wird es nicht unterwühlen können, und sah seine Rechte an.

Im Gelände war niemand außer Angestellten und Kranken; die Anstalt lag hoch; Rönne war feierlich zu Mute; umleuchtet von seiner
Einsamkeit besprach er mit den Schwestern die dienstlichen Ange-
legenheiten fern und kühl.

Er überließ ihnen alles zu tun: das Herumdrehen der Hebel, das

Befestigen der Lampen, den Antrieb der Motore, mit einem Spiegel dies und jenes zu beleuchten – es tat ihm wohl, die Wissenschaft in eine Reihe von Handgriffen aufgelöst zu sehen, die gröberen eines Schmiedes, die feineren eines Uhrmachers wert. Dann nahm er selber seine Hände, führte sie über die Röntgenröhre, verschob das Quecksilber der Quarzlampe, erweiterte oder verengte einen Spalt, durch den Licht auf einen Rücken fiel, schob einen Trichter in ein Ohr, nahm Watte und ließ sie im Gehörgang liegen und vertiefte sich in die Folgen dieser Verrichtung bei dem Inhaber des Ohrs: wie sich Vorstellungen bildeten von Helfer, Heilung, guter Arzt, von allgemeinem Zutrauen und Weltfreude, und wie sich die Entfernung von Flüssigkeiten in das Seelische verwob. Dann kam ein Unfall und er nahm ein Holzbrettchen, mit Watte gepolstert, schob es unter den verletzten Finger, wickelte eine Stärkebinde herum und überdachte, wie dieser Finger durch den Sprung über einen Graben oder eine übersehene Wurzel, durch einen Übermut oder einen Leichtsinn, kurz, in wie tiefem Zusammenhange mit dem Lauf und dem Schicksal dieses Lebens er gebrochen schien, während er ihn jetzt versorgen mußte wie einen Fernen und Entlaufenen, und er horchte in die Tiefe, wie in dem Augenblick, wo der Schmerz einsetzte, eine fernere Stimme sich vernehmen ließe. Es war in der Anstalt üblich, die Aussichtslosen unter Verschleierung dieses Tatbestandes in ihre Familien zu entlassen wegen der Schreibereien und des Schmutzes, den der Tod mit sich bringt. Auf einen solchen trat Rönne zu, besah ihn sich: die künstliche Öffnung auf der Vorderseite, den durchgelegenen Rücken, dazwischen etwas mürbes Fleisch; beglückwünschte ihn zu der gelungenen Kur und sah ihm nach, wie er von dannen trottete. Er wird nun nach Hause gehen, dachte Rönne, die Schmerzen als eine lästige Begleiterscheinung der Genesung empfinden, unter den Begriff der Erneuerung treten, den Sohn anweisen, die Tochter heranbilden, den Bürger hochhalten, die Allgemeinvorstellung des Nachbars auf sich nehmen, bis die Nacht kommt mit dem Blut im Hals. Wer glaubt, daß man mit Worten lügen könne, könnte meinen, daß es hier geschähe. Aber wenn ich mit Worten lügen könnte, wäre ich wohl nicht hier. Überall wohin ich sehe, bedarf es eines Wortes, um zu leben. Hätte ich doch gelogen, als ich zu diesem sagte:

Glück auf!

Erschüttert saß er eines Morgens vor seinem Frühstückstisch; er fühlte so tief: der Chefarzt würde verreisen, ein Vertreter würde kommen, in dieser Stunde aus dem Bette steigen und das Brötchen nehmen: man denkt, man ißt, und das Frühstück arbeitet an einem herum. Trotzdem verrichtete er weiter, was an Fragen und Befehlen zu verrichten war; klopfte mit einem Finger der rechten Hand auf einen der linken, dann stand eine Lunge darunter; trat an Betten: guten Morgen, was macht Ihr Leib? Aber es konnte jetzt hin und wieder vorkommen, daß er durch die Hallen ging, ohne jeden einzelnen ordnungsgemäß zu befragen, sei es nach der Zahl seiner Hustenstöße, sei es nach der Wärme seines Darms. Wenn ich durch die Liegehallen gehe – dies beschäftigte ihn zu tief – in je zwei Augen falle ich, werde wahrgenommen und bedacht. Mit freundlichen und ernsten Gegenständen werde ich verbunden; vielleicht nimmt ein Haus mich auf, in das sie sich sehnen, vielleicht ein Stück Gerbholz, das sie einmal schmeckten. Und ich hatte auch einmal zwei Augen, die liefen rückwärts mit ihren Blicken; jawohl, ich war vorhanden: fraglos und gesammelt. Wo bin ich hingekommen? Wo bin ich? Ein kleines Flattern, ein Verwehn.

Er sann nach, wann es begonnen hätte, aber er wußte es nicht mehr: ich gehe durch eine Straße und sehe ein Haus und erinnere mich eines Schlosses, das ähnlich war in Florenz, aber sie streifen sich nur mit einem Schein und sind erloschen.

Es schwächt mich etwas von oben. Ich habe keinen Halt mehr hinter den Augen. Der Raum wogt so endlos; einst floß er doch auf eine Stelle. Zerfallen ist die Rinde, die mich trug.

Oft, wenn er von solchen Gängen in sein Zimmer zurückgekehrt war, drehte er seine Hände hin und her und sah sie an. Und einmal beobachtete eine Schwester, wie er sie beroch oder vielmehr, wie er über sie hinging, als prüfe er ihre Luft, und wie er dann die leicht gebeugten Handflächen, nach oben offen, an den kleinen Fingern zusammenlegte, um sie dann einander zu und ab zu bewegen, als bräche er eine große, weiche Frucht auf oder als böge er etwas auseinander. Sie erzählte es den andern Schwestern; aber niemand wußte, was es zu bedeuten habe. Bis es sich ereignete, daß in der Anstalt ein größeres Tier geschlachtet wurde. Rönne kam scheinbar zufällig herbei, als der Kopf aufgeschlagen wurde, nahm den Inhalt in die Hände und bog die beiden Hälften auseinander. Da durchfuhr es die Schwester, daß dies die Bewegung gewesen sei, die sie auf dem Gang beobachtet hatte. Aber sie wußte keinen Zusammenhang herzustellen und vergaß es bald.

Rönne aber ging durch die Gärten. Es war Sommer; Otternzungen schaukelten das Himmelsblau, die Rosen blühten, süß geköpft. Er spürte den Drang der Erde: bis vor seine Sohlen, und das Schwellen der Gewalten: nicht mehr durch sein Blut. Vornehmlich aber ging er Wege, die im Schatten lagen und solche mit vielen Bänken; häufig mußte er ruhen vor der Hemmungslosigkeit des Lichtes, und preisgegeben fühlte er sich einem atemlosen Himmel.

Allmählich fing er an, seinen Dienst nur noch unregelmäßig zu versehen; namentlich aber, wenn er sich gesprächsweise zu dem Verwalter oder der Oberin über irgendeinen Gegenstand äußern sollte, wenn er fühlte, jetzt sei es daran, eine Äußerung seinerseits dem in Frage stehenden Gegenstand zukommen zu lassen, brach er förmlich zusammen. Was solle man denn zu einem Geschehen sagen? Geschähe es nicht so, geschähe es ein wenig anders. Leer würde die Stelle nicht bleiben. Er aber möchte nur leise vor sich hinsehn und in seinem Zimmer ruhn.

Wenn er aber lag, lag er nicht wie einer, der erst vor ein paar Wochen gekommen war, von einem See und über die Berge; sondern als wäre er mit der Stelle, auf der sein Leib jetzt lag, emporgewachsen und von den langen Jahren geschwächt; und etwas Steifes und Wächsernes war an ihm lang, wie abgenommen von den Leibern, die sein Umgang gewesen waren.

Auch in der Folgezeit beschäftigte er sich viel mit seinen Händen. Die Schwester, die ihn bediente, liebte ihn sehr; er sprach immer so flehentlich mit ihr, obschon sie nicht recht wußte, um was es ging. Oft fing er etwas höhnisch an: er kenne diese fremden Gebilde, seine Hände hätten sie gehalten. Aber gleich verfiel er wieder: sie lebten in Gesetzen, die nicht von uns seien, und ihr Schicksal sei uns so fremd wie das eines Flusses, auf dem wir fahren. Und dann ganz erloschen, den Blick schon in einer Nacht: um zwölf chemische Einheiten handele es sich, die zusammengetreten wären nicht auf sein Geheiß, und die sich trennen würden, ohne ihn zu fragen. Wohin solle man sich dann sagen? Es wehe nur über sie hin.

Er sei keinem Ding mehr gegenüber; er habe keine Macht mehr über den Raum, äußerte er einmal; lag fast ununterbrochen und rührte sich kaum.

Er schloß sein Zimmer hinter sich ab, damit niemand auf ihn einstürmen könne; er wollte öffnen und gefaßt gegenüberstehen.

Anstaltswagen, ordnete er an, möchten auf der Landstraße hin und her fahren; er hatte beobachtet, es tat ihm wohl, Wagenrollen zu hören: das war so fern, das war wie früher, das ging in eine fremde Stadt.

Er lag immer in einer Stellung: steif auf dem Rücken. Er lag auf dem Rücken, in einem langen Stuhl, der Stuhl stand in einem geraden Zimmer, das Zimmer stand im Haus und das Haus auf einem Hügel. Außer ein paar Vögeln war er das höchste Tier. So trug ihn die Erde leise durch den Äther und ohne Erschüttern an allen Sternen vorbei.

Eines Abends ging er hinunter zu den Liegehallen; er blickte die Liegestühle entlang, wie sie alle still unter ihren Decken die Genesung erwarteten; er sah sie an, wie sie dalagen: alle aus Heimaten, aus Schlaf voll Traum, aus Abendheimkehr, aus Gesängen von Vater zu Sohn, zwischen Glück und Tod – er sah die Halle entlang und ging zurück.

Der Chefarzt wurde zurückgerufen, er war ein freundlicher Mann, er sagte, eine seiner Töchter sei erkrankt, Rönne aber sagte: sehen Sie, in diesen meinen Händen hielt ich sie, hundert oder auch tausend Stück; manche waren weich, manche waren hart, alle sehr zerfließlich; Männer, Weiber, mürbe und voll Blut. Nun halte ich immer mein eigenes in meinen Händen und muß immer darnach forschen, was mit mir möglich sei. Wenn die Geburtszange hier ein bißchen tiefer in die Schläfe gedrückt hätte...? Wenn man mich immer über eine bestimmte Stelle des Kopfes geschlagen hätte...? Was ist es denn mit den Gehirnen? Ich wollte immer auffliegen wie ein Vogel aus der Schlucht; nun lebe ich außen im Kristall. Aber nun geben Sie mir bitte den Weg frei, ich schwinge wieder – ich war so müde – auf Flügeln geht dieser Gang – mit meinem blauen Anemonenschwert –

in Mittagsturz des Lichts – in Trümmern des Südens – in zerfallendem Gewölk – Zerstäubungen der Stirne – Entschweifungen der Schläfe.

Die Hoteltreppe

Der Liftboy machte verzweifelte Augen, aber der Fahrstuhl war komplett. Viel lieber hätte er die junge Dame befördert als eine trockene Last von vier Engländern, die ernst des Emporschwebens harrten.

Francine hielt den wichtigen Brief in der Hand, den sie, vom Speisesaal zurückkehrend, empfangen und kaum noch durchflogen hatte. Sie wußte nicht, was in dem Briefe stand, keine Worte, keine Einzelheiten, aber sie wußte, daß er ihr Philipps Herz ungetrübt entgegenbrachte, und dies gerade in dem Augenblick, da sie die Sicherheit hatte, von Guido frei zu sein.

Das junge Mädchen verwunderte sich, daß dieser rettende Augenblick, den sie während der letzten sieben Nächte so heiß herbeigebetet hatte, nun, da er ihr gewährt war, keine größere Empfindung, kein krampfhafteres Glück in ihr wecke. Vielleicht ist es dieser Verwunderung und dem Wunsche nach deutlicheren Gefühlen zuzuschreiben, daß Francine die Rückkunft des Fahrstuhles nicht abwartete, sondern sich der breiten, rot und dickbelegten Treppe zuwandte, die den riesigen Schacht des Prunkhotels in sanft ansteigenden Rechtecken hoheitsvoll umzirkte.

Eine Befreiung war zu feiern, wie man sie größer nicht denken kann. Noch heute – nachdem am Ende der Woche die Grenze der Ungewißheit fast erreicht war – schien jede Hoffnung verwirkt, und in Francinens klarem und wohlgeordnetem Geiste drängten sich unerbittlich die Vorkehrungen, Lügen und widerlichen Folgen, die notwendig sein sollten.

Sie hatte alles wohl überlegt. An Härte gegen sich selbst fehlte es ihr nicht. Philipp? Nun, Philipps Rechte bedrückten sie am wenigsten. Hatte er denn Rechte an sie? Rechte, durch welche Vorzüge und Leistungen erworben?

Aber ihre Eltern belügen zu müssen, niederträchtige Ausreden und

Hintergehungen zu erfinden, und dies alles mit freier Stirn und gespielter Heiterkeit, wie hätte sie das fertigbringen sollen! Ihre Eltern waren sehr alt und von der ahnungslosen Sittenstrenge längst verschollener Zeitalter erfüllt. Nicht daß sie, Francine, gegen solche Sittenstrenge auch nur in einem Winkel ihres Herzens rebelliert hätte. Sie war durchaus einverstanden mit ihr, wie mit jeder Festlegung und Erschwerung des Lebens.

Obgleich sie von solchen Dingen keine starre Meinung hatte, fand sie es doch entzückend von Papa, dem ehemalig kaiserlich-königlichen Minister, daß er die Gegenwart ignorierte, daß er immer am Geburtstage seines langverstorbenen, sagenhaften Monarchen am häuslichen Tische in feierlicher Kleidung erschien und – wenn auch der Anlaß mit keinem Wort erwähnt wurde – ein stilles Gedenkfest zelebrierte. Sie war viel zu jung, um wider die Gegenwart irgendwelche Erbitterungen aus verletztem Standeshochmut zu hegen, dennoch empfand sie einen Abscheu vor aller Verbilligung des Lebens und hatte sich so auf ihre Weise gegen die Zeit gestellt, indem sie ihr blondes Haar nicht kurzgeschnitten trug. Und doch, auch die konservative Länge ihres Haares hatte ihr keinen Schutz geboten...

Nun aber war die Erlösung da! Das Kaum-mehr-Erhoffte hatte ihr Gott geschenkt. Allein so schnell verzog sich der braune Nebel, der sie sieben Tage lang umlastet hatte, so selbstverständlich blieb jetzt alles beim Alten, so rasch war aus ihrem Erlebnis ein widerwärtiger Traum geworden, und nicht einmal ein Traum, daß sie die Flinkheit ihres Vergessens wie eine Unzucht empfand.

Francine stand am Fuße der Treppe. Sie sah, daß man in der Halle schon die Tische für die Abendmusik und den Tanz rückte. Es war höchste Zeit zur Flucht. Sie hob den Kopf und maß den Abstand, der sie von ihrem Zimmer im letzten Stockwerk trennte. Der kathedralenhohe Raum wuchs schwindelnd über ihr. Und in der Höhe des Abgrunds hing der gewaltige Kronenlüster mit seinen mattblitzenden, leiseklirrenden Prismen und schien in einem geheimnisvollen Luftzug zu schwanken.

Sie dachte an den Wallfahrtsort, wohin die Mutter sie einmal, noch als Kind, mitgenommen hatte. Hundert und mehr Stufen führten zur hohen, felsumpanzerten Kirche. Und die Mutter war all die hundert Stufen in Leistung einer Buße, zerknirscht, auf den Knien emporgerutscht.

Wie nichtig mochte die Sünde der armen, immer schweigsamen Mutter gewesen sein, für die sie also andächtig Buße tat. Die Zeiten haben sich verändert und den Glauben geschwächt. Sie, Francine, würde nicht die hundert Stufen zu einer hohen Kirche hinanknien, aber immerhin den bequemen Fahrstuhl verschmähen und die teppichrote Treppe dieses Prunkhotels – in ihrem besten Abendkleid allerdings, mit bloßen Schultern und Armen – bußfertig emporwandern.

Langsam setzte sie den Fuß auf die erste Stufe.

Der Weg, der vor ihr lag, kam ihr weit und beschwerlich vor wie eine einsame Bergbesteigung, denn in dieser Minute war in dem mächtigen Treppenraum des Hotels kein Mensch zu sehen, und ganz verlassen fühlte sich Francine in diesem Raum, den zu überwinden sie sich auferlegt hatte. Aber nicht allein den Raum zu überwinden galt es.

Als Kind schon hatte sie gelernt, ohne Schwindel und Schwäche sich selber Rechenschaft zu legen. Sie hatte gelernt, daß alle Träumerei, die Flut undeutlicher Gefühle Sünde sei, und die Religion eine ständige Gewissensforschung gebiete. Nun war mit einem Schlage die unübersehbare Verwirrung behoben. Im selben Augenblick war das Unerwartete geschehen, Gott selber hatte sich erbarmt und Gnade vor Recht ergehen lassen.

So war es denn ihre Pflicht, ehe sie Guido für ewig in den Abgrund warf, ehe alles für immer ungeschehen blieb, ja nun hatte sie die harte Pflicht, das Gesicht des Mannes noch einmal zurückzurufen. Aber wie strenge sie auch die Brauen kräuselte und ihre Stirn in Falten legte, Guido hatte kein Gesicht!

Francine sah angestrengt auf die Stufen nieder, um sein Bild aus dem Teppich zu locken. Doch nichts anderes erblickte sie als ihre schmalen und schwachbeschuhten Füße, die – und das hatte etwas Rührendes – gleichmäßig vor ihr einhertraten. Jenes Menschen aber konnte sie in sich nicht habhaft werden. Nichts von ihm war gegenwärtig, kein Zug, kein Wort, nur sein Flüstern während jenes gefährlichen langsamen Bostons, den sie leider mit ihm getanzt hatte.

Dieses Flüstern hatte keinen Inhalt; keiner Schmeichelrede, keines Liebeswerbens entsann sie sich. Nichts anderes war es als ›Flüstern‹, wie Wind nichts anderes ist als Wind, und wie Wind hatte das Flüstern mit lustig-spitzer Zunge ihre Ohrmuschel geküßt.

Francine machte eine neue Anstrengung, mehr von Guido zu bannen als jenes kitzelnde Flüstern. Aber – wenn sie auch vor Willensanspannung die Zähne zusammenbiß – nichts anderes vermochte sie zu beschwören als eine tadellose Gliederpuppe im Smoking, die dieser und jener sein konnte, alle, nur Philipp nicht, der etwas dicker und kleiner war als Guido oder dieser und jener hier im Hause.

Durchaus lächerlich erschien die tadellose Gliederpuppe, wenn sie ohne Rock im schwarzseidenen, überscharf in die Taille geschnittenen Gilet dasaß. Überdies saß sie in ihrem, Francinens, eigenen Zimmer, das zum Unglück die Nummer 517 trug. Sie saß im ersten empörenden Morgengrauen am Toilettetisch und rieb sich mit Francinens Cold-Creme die weiß-ovale und selbstüberzeugte Scheibe ein, die sie an Stelle eines Gesichtes trug. Francine konnte vom Bette her, in dem sie schamlos lag, der Gliederpuppe eitel-ausführliche Anstalten beobachten, als wäre das Ganze nichts als selbstverständlich.

Aufrichtig fand sie es auch nicht grauenhaft und nicht zum Weinen, sondern nur gleichgültig.

Dies also war die Liebe!

Und warum sollte die Liebe etwas anderes sein? Ein kitzelndes Flüstern im Ohr! Ein verlegener Rausch! Ein Gesicht, das nur eine eitle Scheibe ist, vor die man alle möglichen Physiognomien schieben kann!

Doch etwas anderes war in der Liebe noch enthalten, etwas sehr Ernstes und Unerbittliches, das nichts mit Smoking, Boston, Gliederpuppen, Flüsterwind, Cold-Creme und leeren Gesichtsscheiben zu tun hatte. In all diesen Tagen des unsicheren Bangens hatte Francine nur eine wirkliche Schmach erlebt. Das war die Szene in der Apotheke.

Fünfzehn Minuten lang hatte sie es nicht gewagt, in den Laden einzutreten. Sie setzte die Worte der fremden Sprache, die sie sprechen sollte, immer wieder zusammen und nahm sie verzweifelt immer wieder auseinander in ihrem Sinn. Vor allem aber hoffte sie, daß sie in dem Magazin einen weißbärtigen, uralten Apotheker vorfinden werde, einen gütigen Greis, dem sich anzuvertrauen kein Ding der Unmöglichkeit sein würde.

Sie stand dann zwar vor keinem jungen, aber auch keineswegs vor einem alten Apotheker, sondern – wie die Schwäche in ihren Knien es zeigte – vor einem Mann in den ekelhaftesten Jahren. Kein Wort brachte sie vorerst heraus, wurde rot und röter und diente den zynischen Augen des Drogisten zur Weide, der sich wohl hütete, ihre Verzweiflung und seinen Genuß abzukürzen. Nach einer Weile dröhnenden Schweigens platzte sie endlich mit dem ungehörigsten aller Worte heraus und war einer Ohnmacht nahe.

Der Apotheker entschlossen, den Reiz der Szene bis auf die Neige zu kosten, stellte mit der hochnäsigen Miene ärztlicher Sachlichkeit unverschämte Fragen, riet, warnte und verlor sich immer tiefer in üppige Verfänglichkeiten. Als ihm nichts anderes mehr übrig blieb, verabfolgte er ein Fläschchen mit roten Pillen, deren Wirkung er jedoch grausam-lüstern in Zweifel zog, und reichte Francinen endlich die Adresse einer sicheren weisen Frau, wobei er zärtlich ihren Arm abtastete.

Wenn sie eine Sünde begangen hatte, dort im Apothekerladen war sie gebüßt für alle Zeiten. Der Himmel selbst schien mit dieser Buße zufrieden zu sein, denn heute hatte sich das Präparat des widerlichen Menschen gegen seinen eigenen Zweifel als wirksam erwiesen. Nun mußte sich Francine nichts mehr vorwerfen. Guido war ein tadelloser Smoking mit einem unvorstellbaren Gesicht über dem Kragen, er war ein fader, langsamer Boston, dessen gummiartige Melodie man ebenso schnell vergißt wie jenes raffinierte Flüstern. Gestern hatte sie dem Menschen seinen zweiten Brief uneröffnet zurückgesandt. Ein dritter und vierter Brief wird wohl noch kommen. Natürlich! Soviel ist sie wohl wert! Aber nach dem siebenten oder neunten vergeblichen Versuch wird der Herr seine schriftlichen Zudringlichkeiten unterlassen. Nach Rückkehr der Eltern dürfte sie es kaum mehr nötig haben, die Post zu beaufsichtigen.

Während Francine über den teppichdumpfen Treppenabsatz des ersten Stockwerks hinschritt, war es beschlossene Sache, daß nun, nie und in alle Ewigkeit nicht, Guido gelebt hatte.

Mit leichten und heiteren Beinen begann sie jetzt die neuen Stufen zu ersteigen, während sich ihr Blick voll unbekannten Wohlwollens in Philipps Brief versenkte:

»Meine geliebte Francine«, – las sie – »endlich ist der große Wurf gelungen. Ich habe für uns beide die schönste Zukunft gezimmert. Mit Stolz kann ich sagen, daß ich nur meiner Tätigkeit und keiner Protektion den unerwarteten Erfolg verdanke. Das New-Yorker Haus schickt mich in leitender Stellung nach Genf, wo ich das europäische Zweigunternehmen errichten und führen soll. Wir werden, meine süße Geliebte, die ersten Jahre unserer Ehe am Genfer See zu Füßen des Mont Blanc verleben. Ist das nicht herrlich?...«

Das unbekannte Wohlwollen war weg. Der salbungsvolle Tonfall von Philipps Worten verfolgte die Schreitende.

»Großer Wurf gelungen!« ...»Ich habe uns beiden eine schöne Zukunft gezimmert!« ...»Tätigkeit!« ...»Unsere Ehe!« ...»Zu Füßen des Mont Blanc!«

Guido hatte kein Gesicht, aber Philipp hatte ein Gesicht, ganz und gar das Gesicht, welches sein Briefstil ihr aus Amerika herübertrug. Scharf sah die Zornige es vor sich. Sie sah die blonden Härchen einer werdenden Glatze im Winde spielen. Philipps blaue Augen (das Schönste an ihm übrigens) reichten ihr gerade bis zum Mund. Ohne den Kopf zu bewegen, hatte sie manchmal seine Augen geküßt, aber nur aus Mitleid, weil sie so groß war und er so klein. Hatte ein Mann, dessen Augen ihr gerade bis zum Mund reichten, der in Amerika Geschäfte machte und über diese ›Tätigkeit‹ pathetische Schriftrede führte, als wären's Rittertaten, hatte solch ein Mann das Recht, ihrer so sicher zu sein?! Wer war er denn? Hatte er Papas feine und resignierte Miene bei seiner Werbung nicht verstanden?

Francine konnte nicht weiterlesen und ertappte sich dabei, daß sie vor Ärger – als hätte sie sich selber gar nichts vorzuwerfen – zwei Stufen auf einmal nahm.

Plötzlich schrak sie zusammen und verlangsamte ihre Bewegung.

Ein großer, glänzend aufgerichteter Herr im Frack mit Umhang kam ihr entgegen, die Treppe hinab. Ehe sie den Blick gleichgültig zur Seite schweifen ließ, nahm sie ein hartes, knochiges Modegesicht wahr, wie sie's trotz allem liebte, und grauleuchtende Schläfen. Der Herr seinerseits bereitete ein ausführliches und eindrucksvolles Vorübergehen vor.

Der für Francine höchst unangenehme Augenblick der Begegnung schien ihr endlos. Sie konnte sich, während sie Glieder und Blicke einzog, als wären sie Atem, die merkwürdige Frage stellen, ob zwei Schiffe, die draußen auf einsamer See Bord an Bord aneinander vorüberstreichen, ein ähnlich peinvoll-benommenes Gefühl haben, wie sie jetzt. Der Herr war hinter ihr verschwunden! Sie spürte aber genau und hingebungsvoll, daß er stehenblieb, kehrt machte und ihr nachsah. Da verwandelte sich Francine und verlor alle Gedanken. Wie ein Pferd ging sie gleichmäßig im Gespann des Männerblicks, der sie kräftig von hinten zügelte. Sie senkte tief den Kopf, als schritte sie gegen den sanften Widerstand eines erfahren gelenkten Geschirrs vorwärts. Heimliche Scheuklappen blendeten rechts und links ihre Augen ab, die doch kein Schreckbild und nichts anderes hätten sehen können als den falschen Marmor der Hotelwände. Langsam setzte sie Bein vor Bein mit der vorsichtigen Zierlichkeit eines Maultiers. Sie ging mit ganz engen Gliedern. Ihre Knie rieben sich oft aneinander, als müßten sie den Schritt mahlen wie ein unsichtbares Getreide.

Francine konnte es vor sich selbst nicht ableugnen, daß ihr der aufgezwungene Gleichtakt und die umwölkte Gedankenlosigkeit wohltaten, daß sie ihr den Weg erleichterten. Als des Herrn Tritt unter ihr, von neuem hallend, sich entfernte, bedauerte sie es fast, ohne Fesseln und sich selber überlassen weitergehn zu müssen. Noch immer unendlich hoch hing der Kronleuchter von der Kuppel herab. Sie fühlte die Versuchung, müde wie sie war, nach dem Lift zu schellen und sich in den fünften Stock und in ihr Zimmer bringen zu lassen, dessen Ziffernsumme, wie sie es abergläubisch längst berechnet hatte, Dreizehn ergab. Aber sogleich stand sie von dieser feigen Verirrung ab. Es war nicht ihre Art, Entschlüsse so leicht aufzugeben, die kleine Selbstbestrafung und ihren Willen der Bequemlichkeit aufzuopfern, wenn sie ihn auch – aus welchen

Gründen immer – einem Menschen aufgeopfert hatte, von dessen Gesicht sie nichts mehr zurückrufen konnte, als eine leere weiße Scheibe.

Im Weitersteigen begann sie Philipps Brief neuerdings zu lesen. Ihr Unmut war verschwunden: nur daß sie die Seite, die sie geärgert hatte, überschlug. Da fiel ihr Blick auf einen Satz, der sie so stark ergriff, daß sie mitten auf der Treppe stehen blieb:

»Ich verdiene Dich nicht, meine hohe königliche Francine! Du stehst über mir in jedem Sinne als Leib und Blut, als Mensch und Geist. Was dürfte ich von Dir anderes verlangen, als daß Du mir erlaubst, Dir zu dienen und Dich zu verstehen, solange ich Leben habe. – Alles was Du tust, wird für mich ewig wohlgetan sein, und wäre es Schädigung, Verrat, ja Vernichtung meiner eigenen Person! Von Dir habe ich nichts zu fordern. Dir aber gebe ich die Macht über mein Leben und meinen Tod.«

Francine küßte, ohne sich zu bewegen, Philipps gute Augen. Das erstemal küßte sie diese blauen Augen (als trennte sie beide das Meer nicht) mit stillem Überschwang. Wie hatte sie ihm vorhin unrecht getan! Oh, Philipp verstand mit wahrem Edelmut seine Stellung! Er war der Zarte und Feste, er war die einzig zuverlässige Seele, von der sie immer geliebt werden würde. In seiner wunderbaren Zärtlichkeit hatte er dort drüben *alles* empfunden. Er ahnte alles und maßte sich nichts an. Sie war überzeugt davon, daß er den Zwischenfall auf geheimnisvolle Weise vorverspürt hatte und daß sein Brief die Antwort auf ihr Erlebnis sei. Wie märchenhafte Nerven besaß Philipp doch trotz seiner ›Tätigkeit‹! Er weiß alles, ohne etwas zu wissen, und sie wird es ewig verschweigen dürfen, ohne eine Lügnerin zu sein.

Francine schluckte glücklich an ein wenig Tränen. Das erstemal seit so vielen Tagen löste sich die Lethargie von ihrer Stirn. Jetzt erst empfand sie mit ganzer Kraft die Fülle der Gnade, die ihr zuteil geworden. Sie sah mit offenen Augen, welchen Erniedrigungen und Häßlichkeiten sie entgangen war, in die sie sich fast schon gefunden hatte! Und Philipps Brief riß die feinsten Wurzeln ihrer Verwirrung aus der Wirklichkeit, ein starkes Gelöbnis erst löste die letzten Schatten Guidos von ihrem Schicksal. Jetzt lag die tadellose Gliederpuppe wahrhaft im tiefsten Abgrund, und ein dichtes Grab wälzte sich über sie. Nichts war geschehn. Francine aber war frei. Francine war wieder Francine.

Klopfenden Herzens sprang sie die nächsten Stufen empor. In einem wahren Rausch gehetzter Innigkeit entwarf sie jetzt nichts anderes als das Bild der Wohnung, die sie mit ihrem Verlobten bald beziehen würde. Im Fluge teilte sie die Zimmer ein und nahm auf Wärme, Ruhe, Wohlbehagen ihres künftigen Gatten zärtlichen Bedacht. Sie kannte Genf nicht, aber es war klar, daß ihre Wohnung in keiner schlechteren Gegend liegen dürfe als am Quai Mont Blanc, mit allen Fenstern auf den See hinaus. Sie versuchte auch zu glauben, daß ihre Gleichgültigkeit gegen Kinder eine heilbare Eigenschaft sei, Philipps wegen. – Wie gut war alles abgelaufen! In ihrer Zukunft klaffte kein Riß mehr. Für den Beginn des nächsten Monats kündigte Philipp seine Rückkehr nach Europa an. Sie war fest entschlossen, ihm bis Hamburg entgegenzureisen und ihn niemals mehr zu verlassen. Sie hielt es nicht nur für Zufall, daß er sich heute vielleicht schon in New York eingeschifft hatte.

Francine faltete mit heißen Händen den Brief zusammen. Da bemerkte sie, daß vor ihr auf der Treppe eine uneröffnete Depesche lag. Zugleich mit Philipps Schreiben war sie ihr im Augenblick der Schicksalswende übergeben worden. Sie hatte sie, ohne es zu wissen, die ganze Zeit über festgehalten. Sofort wußte sie: Die Eltern! Vater und Mutter hatten sich eine Reise nach Sizilien gegönnt. Sie selbst, der trüben Gesellschaft und des sorgenden Dienstes an den Alten müde, war auf eigenen Wunsch zurückgeblieben. Allerdings die Gewährung dieses Wunsches hatte harte Kämpfe gekostet. Papa wollte es auf keinen Fall dulden, daß sie frei und ohne jede Behütung die Zeit hier verbringe. Erst den stillen Künsten Mamas, gewissen kränkenden Anspielungen auf die veränderten Verhältnisse und Sitten, auf die allgemeine Emanzipation und auf Francinens baldige Ehe war es gelungen, den Vater zum Verzicht auf sein Interdikt zu bewegen. Empfindsamer Verzicht, ja, das war Papas Lebenselement! Aber wie recht hatte er diesmal gehabt mit seiner veralteten Angst!

Francine erwartete eine Nachricht aus Palermo. Sie riß das Telegramm auf. Es war von Neapel datiert, woher ihr die Eltern mitteilten, daß sie schon morgen vor Mittag sie zur Heimreise abholen würden.

Fast hätte Francine aufgeschrien. In dieser Depesche erblickte sie das letzte Himmelsgeschenk. Sie spürte es körperlich, wie die Lieben von allen Seiten aufbrachen, sie zu entsetzen wie eine Belagerte. Sie spürte das sekundliche Näherkommen des Rettungswerkes. Die Gnade Gottes war vollkommen. Nur eine Nacht noch mußte sie in diesem verfluchten Zimmer überstehen, nur eine Nacht noch in dem verfluchten Bette schlafen! Mit ihrer ganzen Last fiel sie in die Wirklichkeit zurück. Vor dem morgenfrischen Bilde der Abreise wich der letzte Rest des schmutziggrauen Traumbannes.

»Sofort die Koffer packen!«

Und sie stürmte die zehnte Stufenreihe empor.

Hochaufatmend stand sie oben. Aber sie hatte ihrem Herzen zu viel zugemutet. Und auch ihre Augen konnten jetzt die Linien und Farben der Dinge nicht aufrechthalten. Alles schob sich ineinander. Einen Augenblick mußte sie stehn bleiben, ruhen, ehe sie den Weg in ihr Zimmer fortsetzte, das letzte kleine Stück über den Gang, das ihr jetzt so weit und mühsam erschien.

Hingegen hing der ungeheure Lüster in ihrer Augenhöhe, das mattblitzende, leisklirrende Märchengeschöpf, das Francinens Blick seit dem ersten Tage mit kindhaften Phantasien angezogen hatte. Er schwankte wirklich in einem leichten, zauberhaften Ausschlagswinkel oder beschrieb, wenn man schärfer hinsah, einen kleinen, kaum merklichen Flugkreis. Francine trat an das Geländer des Treppenabsatzes, denn sie fühlte plötzlich das Bedürfnis, diesem strahlenden Riesenvogel, der mit ausgebreiteten Schwingen über dem Abgrund schwebte, näher zu sein.

Das Geländer, das den Korridor von der fürchterlichen Tiefe trennte, war nicht hoch. Francine konnte sich mit freiem Oberkörper weit vornüber beugen. Und sie sah jetzt – ihr Herz hatte sich wieder beruhigt – ohne jeden Schwindel hinab, sah, wie sich die Halle mit vielen verzeichneten Menschen füllte, und hörte das Stimmen der Instrumente.

Gestern um dieselbe Stunde hatte sie denselben Blick in die Tiefe getan. Und da war ihr – gestern – ganz leise die Lockung ins Blut geschlichen:

»Wie wär' es, wenn ich mich jetzt noch weiter vorbeuge und das Gleichgewicht verliere...«

Sogleich aber hatte sie scharf diese Versuchung von sich gewiesen. Es war die Tiefe, der Abgrund, der leere Raum und seine Anziehungskraft auf die Seele, die sie wohl kannte, nicht aber der Wunsch, ihrem Leben ein Ende zu machen. Dessen war sie sich so klar bewußt, daß sie noch eine Weile lang trotzig dem Abgrund die Stirne geboten hatte, ehe sie das Geländer verließ, ... gestern...

Und gestern war doch ein Grund da zum Verzweifeln. Heute aber und jetzt war doch nur Grund da zur Freude und zu Dankgebeten. Francine suchte hastig die Dankbarkeit in sich, sie suchte das Erlösungs- und Glücksgefühl, das wenige Minuten vorher noch bei Philipps Geständnis in ihr gepulst hatte. Aber sie fand nur eine *große Öde*, die ihr in den Ohren rauschte wie gottloses Wasser. Immer scheußlicher wuchs das Tönen dieser Öde in ihrem Gehör. Aber es machte nicht bewußtlos, nein, es stachelte bösen Scharfsinn auf. Erkenntnisse rauschten:

»*Gestern* habe ich etwas besessen. Ängste, Konflikte, Entschlüsse! Ich war reich. Die Erlösung hat mich leer gemacht. Mir ist, als hätte ich heute einen großen Verlust erlitten. Das Glück grinst. Und was ich gewesen bin, werde ich doch nie wieder sein...«

Francine wußte genau, wie gefährlich es war, diesen Gedanken der Öde weiterzuspinnen. Sie hoffte, irgend eine Tür werde sich öffnen, ein Gast aus dem Zimmer treten, ein Stubenmädchen, ein Diener jetzt vorüberkommen. Sie lauschte krampfhaft nach Schritten. Schritte allein hätten genügt, sie vom Geländer zu lösen und sanft in ihr Zimmer zu führen.

Doch nichts rührte sich.

In der Tiefe des strahlenden Schachtes aber brach die Jazzband los. Das Jammern der Saxophone, das gepreßte Keuchen des Blechs, das Teppichklopfen des Schlagwerks versammelte sich hier oben zu seinem eigenen Echo wie eine schaurige Menagerie. Um den schwankenden Lüster aber schwirrte das tückische Flüstern unsichtbarer Insekten. Und unten begann das betäubende Phlegma des Tanzes.

Francine erzitterte. Unter den äffisch kletternden Klängen glaubte sie jetzt den faden Boston zu entdecken, der nichts anderes war als die Melodie der großen Öde, die sie beherrschte, die alles beherrschte. Noch einmal machte sie einen kleinen Versuch, vom Geländer loszukommen, aber schon war jeder Finger mit eigenen kitzelnden Ketten festgeschmiedet. Und nur der Weg nach Vor blieb frei. Da ergab sie sich.

Aber sofort entwuchs dem gottlosen Phlegma, der Öde, ein tödlicher Übermut. Und dieser Übermut hielt die Luft für ein dichtes Element wie Wasser und den Abgrund für tragfähig. Mit zwei Schwimmtempi mußte der goldene Leuchter zu erreichen sein...

Warum trat kein Gast aus seiner Tür? Warum ging kein Mensch vorbei? Warum erbarmte sich in den weiten Gängen des Hotels auch nicht ein Schritt mit menschlichem Hall?

Der große Dampfer der Hamburg-Amerika-Linie arbeitete sich mit hohlen Hilferufen der Sirenen durch den Nebel.

Der Zug hatte Rom verlassen und durchkeuchte wie wahnsinnig die Nacht.

Aber nichts mehr konnte Francinen retten.

HANS HENNY JAHNN

Ein Knabe weint

Zum 17. Mai war auf den freien Plätzen in der Nähe der Holmen-
kollenbahn – Endstation Majorstuen in Oslo eine lustige Zeltstadt
aufgeschlagen worden. Buden, in denen Tand verkauft wurde. Pla-
kate mit aufgedruckten Reichsfahnen und dem Spruch: Ja vi elsker
dette landet. Fliegende Kaffeestuben. Recht im Mittelpunkt der
vergänglichen Schönheit stand ein Prachtbau, eine Art Wunder-
werk der Ingenieurkunst: ein großer schiefer Kreisel oder Schirm.
Ein Rad konnte man es auch nennen. Über und über besät mit elektrischen Glühlampen. Am äußeren Rande des drehbaren, halb
umgekippten Karusselldaches hingen an Drahtseilen bootförmige
Gondeln, mit Plätzen für Fahrgäste, allseitig offen, aber doch not-
dürftig überdacht, mit kümmerlich ausladenden Lappen an den
Flanken. Offenbar eine abgekürzte Formel für die Tragflächen von
Flugzeugen. Beim Drehen wurden die Gondeln wegen der Stellung
des Kreisels einseitig haushoch geschleudert, kulminierten, sanken
mit unnatürlicher Hast zutal, der Gegenseite zu, um wieder empor-
geschleudert zu werden. Auf der Vorderseite, dargestellt durch ein
wellenförmiges, hügelhohes, auf Kreisgrundfläche errichtetes Podium, das dazu diente, den Fahrgästen beim Stillstehen des Karus-
sells das Besteigen der erhöht hängenden Gondeln zu ermöglichen,
stand ein Orchestrion, eine mechanische Orgel von auffallender
Größe. Sie füllte die Höhlung des hölzernen Berges eigentlich aus.
Sie tönte. War verpackt in einem eigens für ihre Ausmaße zuge-
schnittenen geschlossenen Wagen, von dem man eine Längswand
fortgenommen, auf daß man das Werk sehen und hören könne.
Die Abenddämmerung kam nur langsam und widerwillig. Zu
einem gewissen Zeitpunkt war es soweit, daß ohne Beleidigung
gegen den noch farbigen Himmel die elektrischen Glühlampen
konnten zum Entflammen gebracht werden. Mit zunehmender
Dunkelheit entschleierte sich die unnatürliche Pracht einer sinnvol-
len, aber im Rationalen zwecklosen Helligkeit. Die Art der Besu-

cher des Vergnügungsplatzes, Bewohner der heiligen Stadt Oslo, wurde gegen die Mitternacht hin allmählich umgeschichtet. Die frommen Familien wurden mehr und mehr durch frivole Burschen und Mädchen verdrängt. Der Lärm und die Lustigkeit wuchsen. Die glaubensstarken Brüder der Heilsarmee und der Pfingstgemeinden, die vom Hause Elim und vom Hause Zoar konnten ihre Gesänge und Predigten zorniger ertönen lassen. Ihre Gerechtigkeit wuchs an auf dem Hintergrund soviel sündiger Freude.

Wie nun die Frömmigkeit und die sündige Freude, der Eifer und die Frivolität, das Licht und der Lärm, der Gesang und das Trompeten, der Duft von Schmalzkuchen und der von Bratwürsten, das Zeitliche und das Ewige in rechter Proportion zueinander standen und auf die rechte Weise dazu beitrugen, daß das Gleichgewicht im Geschehen erhalten wurde, die Menschen also nicht, in einer Anwandlung von Übereifer, etwa gemeinsam, in den Himmel fuhren, und auch nicht, der glaubensstarken Brüder wegen, ein Sündenpfuhl an der Stätte sich auftat, gekennzeichnet durch drastische Attituden des Teufels oder gar, viehischerer Art, durch solche der Geschlechtlichkeit oder des Alkohols – stand vor dem hölzernen Berg des schiefen Kreiselkarussells, genauer gesagt, vor der automatischen Orgel, ein Knabe im Alter zwischen zwölf und dreizehn Jahren. Obgleich auf den breiten Wegen sich drängend die Menschen hin- und herfluteten, verharrte er, wenige Schritte von ihnen entfernt, unberührt, recht allein.

Und er sah:

Daß ein Mechanismus von sinnverwirrender Kompliziertheit kraft unbegreiflicher Mittel sich zu gewissen Betätigungen und Verrichtungen herbeiließ, die dazu angetan waren, höchste Bewunderung, darüber hinaus ergreifende Gedanken zu erwecken.

Er sah nicht:

Welcher Gestalt der (verborgene) Automat war, noch erkannte er, in welcher Weise und durch welche Formen vom Herz des Instrumentes aus eine Verbindung mit den sichtbaren oder den hörbaren Funktionsträgern hergestellt war. Er war versucht, an Maschinen, ausgesuchte Meisterwerke der Feinmechanik, zu glauben, etwa von der Beschaffenheit und dem glänzenden Gelb kleiner Taschenuhrwerke, versehen mit ineinandergreifenden Zahnrädern, mit Fe-

dern, deren man 1 Kilogramm mit 2000 Kronen bezahlen mußte, oder der metallenen Taster, wie er sie zufällig auf einem Telephonamt für automatische Bedienung gesehen hatte, auf- und abfahrend, doch ohne die Kraft, die sie trieb, noch die Wirkung und den Erfolg ihres (offenbar willkürlichen) Zieles zu begreifen. Auch nicht konnte und durfte er wagen, auf den verwegenen und doch zugleich einfachen Gedanken zu verfallen, daß die Luft, die er selber (war er nicht vielleicht gleichfalls so ein Meisterwerk?) einatmete, mit im Spiele sei als ein Körper gewisser Dichte, der zwar unsichtbar, aber darum nicht minder konkret. Er würde also, das stand ihm bevor, eines Tages beschämt werden durch die Überlegenheit eines Fachmannes, eines Orgelbauers, eines Spezialisten auf dem Gebiet der Pneumatik, der aus Erfahrung, vielleicht aus Überlegung, wußte, daß diese Luft, der unbegreifliche Himmel, ein Ding, ein Körper, verdünnt aus sich und mit sich und durch sich selber, was man Gas nannte, Aggregatzustand (fest, flüssig, gasförmig), und somit wie Wasser, zwar viel behender als dieses, durch Rohre geleitet werden konnte, um an vorbezeichneten Stellen, durch Bälge nämlich, eine Arbeit zu verrichten, darüber hinaus durch einen immerhin unbegreiflichen Vorgang mittels eigentlicher Musikinstrumente (Pfeifen) Töne, um nicht zu sagen Musik zu erzeugen.
Er sah:
Diese Bälge, weiß, offenbar ledern, wie sie sich hin und wieder bewegten. Dann nämlich, wenn die Trommelstöcke (es gab dieser Instrumente eines auf der rechten Seite des Orchestrions) in Bewegung gesetzt wurden zu einem kurzen, rhythmisierenden, stakkatoähnlichen Anschlag oder auch zu einem Wirbel von solcher Dauer, wie er für die Stelle des gerade gespielten Musikstückes erforderlich oder doch dienlich war.
Er sah:
Sehr viele Äußerungen des (wie er meinte) verborgenen und rätselvollen Herzens (Uhrwerk, Telephontaster, Lokomotive, Kolbenmaschine auf Dampfern, Hochspannungsaggregat), das, wenn auch nur sehr ungefähr, trotz der mehr mechanischen, nicht fleischlichen Struktur, eine Ähnlichkeit (durch die Erhabenheit seiner Mission) mit dem seinen, dem fleischlichen (wie er wußte, und

weshalb er sich zuweilen fürchtete) haben mußte. Er trennte diese Äußerungen in offenbare und geheime und sichtete sie von einer anderen Warte aus in drei Klassen; von denen die eine mehr ein Attribut als eine Leistung des Herzens, also die beigegebene Form war, ein Ausdruck, wie man meinen konnte, der Seele, der recht ohne Kontrolle neben der Funktion stand; so öffnete sich in der Mitte das weißliche Gehäuse der Orgel zu einer großen, ovalen, tiefen Öffnung, in der man frei, nach zwei Seiten ansteigend, lackierte Pfeifen aus eben gemasertem Tannenholz sah, was sich sehr eindrucksvoll, mehr noch, geheimnisvoll ausnahm, obgleich diese unwahrscheinliche Offenheit nicht eine Funktion des Instrumentes, sondern eine Beigabe, eben die Form war, die in diesem Fall, wegen ihrer Rätselhaftigkeit, so tief anrührte – und die zweite Klasse, die nicht mehr Attribut, sondern direkte Tätigkeit war, mit tieferer Bedeutung erfüllte. Sie griff, das hätte beinahe übersehen werden können, weiter als augenscheinlich, hinein in die erste Kategorie. Über dem Staunen aus der Ursache des Instrumentes als Ganzes hatte er Teile übersehen, jene, um derentwillen er seine schwankende Betrachtung abermals in einen anderen Zusammenhang setzte, der, wenn er auch nichts Wesentliches verrückte, so doch den Reichtum des Eindrucks vermehrte, auch eine neue Art Strömung in ihn hineintrieb, die seine Wangen ein wenig rötete. Es standen nämlich an der Vorderseite des barockweißgoldenen Gehäuses auf Konsolen, die schwer mit geschweiftem Blattwerk ausluden, fünf menschliche Figuren, die nicht allein zur Kategorie der Attribute gezählt werden konnten, einmal, weil sie Instrumente in Händen hielten, die klingend waren (Glocken nämlich), und auch bedienten, daß sie klangen, zum andern, und gerade deshalb hatte er die Puppen selbst so lange Zeit gänzlich übersehen, befanden sich hinter jeder zwei oder drei Bälge, Funktionsträger, die sich bewegten, wenn ihr Augenblick da war, und die offenbar den Figuren ihre Bewegung mitteilten, den Befehl nämlich, sich zu rühren (den Kopf, die Arme) und ihre Glocken ertönen zu lassen. Die Aufgabe der dem Menschen nachgebildeten Statuen, die bekleidet waren, und deren Anzug sehr realistisch, wenn auch reich, bunt und golden, durch Farbe dargestellt war (die Form durch geschnitztes Holz), war im wesentlichen, daß sie sich bewegten und somit, wiewohl hölzern, den Eindruck lebenden Fleisches erweckten. Erschüttert wurde er, als er die Form des dargestellten Fleisches mit seinen Augen näher abtastete. In der Mitte, also als dritte Puppe von rechts und links, stand ein Kapellmeister (ohne Musikinstrument) mit einem Taktstock in der rechten Hand, den er sehr temperamentvoll bewegte, offenbar um anzudeuten, daß er willens zu behaupten, die jeweils erklingende Musik sei seinem Hirn entsprungen. Er war gekleidet etwa wie die großen deutschen Kantoren Buxtehude und Bach, die zur Zeit des verebbenden Barock lebten – oder wie der Dichter Holberg, nämlich mit Schnallenschuhen, weiß- oder gelbseidenen Strümpfen, mit kurzer dunkler seidener Kniehose und einem farbigen, leicht betreßten Mantel, dazu eine Halskrause aus Spitzen und ebensolche Manschetten. Es war eine anmutige Kleidung.

Er sah:

Mit Erschrecken, mit völliger Verwirrung, daß der Kapellmeister sehr erhabene, runde, zwei Brüste besaß, wie er wußte, daß nur Frauen sie hatten, daß jener ganz schmal, wie geschnürt oberhalb der Hüften, und diese selbst breit und ausladend. Er irrte betäubt mit seinen Blicken zu den vier anderen Figuren, den Glockenschlägern und erkannte, daß sie Frauen (Glockenschlägerinnen), auch frauenhaft gekleidet waren, doch angetan mit seidenen Kniehosen wie der (die) Kapellmeister(in). Er verglich die Brüste, die Schenkel, die Taille der fünfe und fand sie übereinstimmend. Fünf Frauen also. Es bedrängte ihn; er hatte noch niemals von einer Kapellmeisterin reden hören.

Er sah:

Daß als symmetrischer Gegenpol der Trommel, die auf der rechten Seite des ausladenden Gehäuses, auf der linken eine Pauke aufgestellt war, die nur sehr selten, offenbar wegen der Artung der gespielten Musikstücke, ertönte.

Er versuchte zu sehen:

Die geheimen Äußerungen (des Herzens nämlich), die dritte Kategorie, die er sich, von richtigen Schlüssen geleitet, als eine Bewegung vorstellte, wenngleich sie ihm offenbar wurde durch seine Ohren. Aber er entdeckte nur, daß seitlich ein graugrünes, mit Löchern versehenes Papp- oder Lederband angehoben wurde, im Gehäuse der Orgel verschwand und auf der Gegenseite wieder erschien, um, sorgfältig gefaltet, sich in einem Holzkasten selbsttätig abzulagern. Er erahnte, daß eine unmittelbare Beziehung bestand zwischen den gestanzten Löchern in dem laufenden Band und dem Klavier aus Stahlstäben, das ganz vorn, zu Füßen des (der) Kapellmeisters (-meisterin) aufgestellt war und nahezu unablässig gespielt wurde mittels auf Federn montierter eiserner Hämmer, deren zweites Hebelende durch einen starken Draht gefaßt wurde, der wiederum durch ein schwarzes Loch im Gehäuse verschwand – wo nicht das Herz selbst sich befand, aber eine seiner Absichten sich verwirklichen mußte.

Er sah:

Daß ein Kranz von Glühbirnen sich bemühte, alles offen antag zu bringen, was ihnen doch nur unvollkommen gelang.

Er sah:

Ganz am Boden des Instruments eine geheimnisvolle Inschrift auf weißem Grund mit roten Buchstaben: Gebrüder Bruder, Waldkirch, renovierten das Werk.

Er begriff:

Daß er tiefer, als er bisher getan, auf sein Ohr vertrauen müsse, um den Äußerungen näher zu kommen, deren Ehrgeiz es offenbar war, im Verborgenen zu beharren. Er richtete die Augen auf die hölzernen Pfeifen, die rechts und links ansteigend in der Öffnung des tiefen Ovales aufgestellt waren, und gab sich den Vorgängen des Klanges hin.

Und er hörte:

Zuerst, daß er nicht auffassen konnte, welche Beziehung die augenblicklichen Töne zu einem Ganzen (dem Musikstück) hatten, weil er auf die voraufgegangenen (des perforierten Pappbandes wegen) nicht aufmerksam gewesen war, und die in den weiteren Augenblicken folgenden, weil ihr Zustand erst in der Zukunft lag (liegen würde), nicht von ihm gewußt werden konnten. Dieser ungewisse Zustand der Spannung hatte den Vorteil, daß er, nicht ergriffen durch die Begeisterung einer sequenzhaft vermittelten Vorausahnung des Musikstückes, mit gewisserer Deutlichkeit die Klangfarbe der Töne zu erwägen vermochte, also tiefer ihre Sinnlichkeit erfahren konnte, wozu ihm sein Alter an und für sich erhöhte Bereitschaft gab.

So hörte er:

Schneidende, einer Violine nicht unähnliche Flötentöne, die vielleicht jeder Schönheit bar, vergleichbar dem menschlichen Knochengerüst ohne Fleisch darüber, wenn nicht ihnen beigesellt ähnliche Töne anderer Lagen gewesen wären, die noch zudem eine, wenn auch unaussprechbare, Verwandtschaft oder Beziehung mit den streichenden unterhielten, die ihnen, wenn auch nicht das mangelnde Fleisch, so doch einen Überwurf verliehen, der sie recht körperhaft erscheinen ließ. Ihre Tugend konnte darin bestehend angenommen werden, daß sie sich in Bewegungen aufwärts und abwärts ohne Bruch aneinander reihen ließen; keine Lücke entstand, kein Übergreifen eines Tones in den anderen. Dann waren sie starr. Von gläserner Stärke. Man konnte es sagen, mit dem deutlichen Wissen im Hintergrund, daß Glas spröde und brüchig ist. Ein Glas konnte man zudem durch Anschlagen zum Ertönen bringen wie eine Glocke. Alle diese nicht bildhaften, sondern singenden Eigenschaften lagen in den Tönen und konnten wahrgenommen werden. Einen Zustand hatten sie, der ohne Vergleich ihnen allein eigen sein mußte, daß sie saugend waren. Wie die Fangarme eines Kraken. Sehr unbegreiflich, weil sie doch mehr frech als bescheiden. Es war das Wunderbare. Er fühlte deutlich, daß ein schluchzendes Wirbeln von seinem Herzen verlangt wurde.

Er hörte:

Ein wenig auffälliges, vielmehr leises Knacken, das auf mancherlei Weise gedeutet werden konnte. Es war so kurz und so regelmäßig gewesen, daß der erste Verdacht eines plötzlich entstandenen inneren Schadens aufgegeben wurde. Eine ständig vorhanden gewesene Nachlässigkeit in der Konstruktion schon war wahrscheinlicher. Oder eine Alterserscheinung, was sich möglicherweise in dem für ihn halbverständlichen Wort »renoviert« andeutete.

Er hörte:

Wenige Augenblicke nach dem Auftreten des Geräusches, daß es der hörbare Begleitumstand einer Bewegung (verborgen) gewesen sein mußte (wozu er Parallelen an seinem eigenen Körper fand), die etwas bewirkt hatte, was hinterher durch die Pfeifen hörbar wurde (werden würde) mittels veränderter Tonlagen, die veränderte Sinnlichkeit bedeuteten, wofür er empfänglich.

(Hörbar) wurde:

Was ausdrückt, daß er die Gegenwart der voraufgegangenen Funktion in ihrer Übersetzung durch die Töne, hervorgerufen durch das perforierte Pappband, bedingt durch Mittel (den Wind, was er nicht wußte), angestellt durch das Innerste (Herz), gegründet auf etwas noch Höheres (Geist des Menschen, des Erfinders), angetrieben durch ein Weltgesetz (das neidlos in Gott gesucht werden konnte), hörte (hört).

Er hörte:

Daß aus dem tiefsten Innern des erleuchteten Ovales, von rechts und links, stark seitlich, lokalisiert etwa da, wo verhältnismäßig dicke, seltsam geformte, prismatische und konische, gekröpfte und gedeckte Pfeifen (Tannenholz lackiert) standen, sehr tiefe, runde, kräftige und wohllautende Klänge kamen. Unähnlich den voraufgegangenen violinartigen. (Durch Zungen erzeugt, was er nicht wissen konnte.) Sie spielten offenbar die ergreifende und tragische Stelle einer Komposition, die sich nur der Bässe bediente. Es war Überfließen an Klang; aber die Übersattheit wurde zerstreut durch einen abwechselnd gleichtaktigen und synkopierten Rhythmus. Wie er in tiefer Ergriffenheit jetzt hineingetrieben wurde in den Ablauf der Komposition, gebannt durch die vollkommene Kugelform der Bässe, setzten die hohen Flöten, die violinartigen, singend ein, und sie erschienen nicht frech, sondern zagend. In das Zagen gellte das Stahlklavier hinein; aber es war mehr metallisch als schrill. Mit leisem Knacken kündete sich eine neue Veränderung an; ein aufsteigender Gesang, vergleichbar einem Zwiegesang zwischen Jüngling und Mann, der die Bässe, das Stahlklavier, die Violinflöten durchdrang.

Er begann zu weinen:

Langsam füllten sich seine Augen mit Wasser. Allmählich lösten die kugelförmigen Glühbirnen sich in Strahlenbündel auf, die vom Himmel bis zur Erde fuhren, nicht unähnlich gewissen kometenartigen Sternen. In seinen Nasengängen häufte sich Schleim. Er kämpfte noch gegen die Triebe seines Herzens, sträubte sich, mit seinem Taschentuch das Wasser fortzuwischen. Ihm wurde bewußt, daß über seinem Kopfe menschengefüllte Gondeln durch einen schiefen Kreisel auf kreisförmigem Grundriß (Ellipse) herumgeschleudert wurden, daß auf den Wegen Tausende sich drängend stießen, daß er nicht allein war und jeder, wenn er nur aufmerksam, ihn hier in seinem Zustand würde sehen können. So drängte er sich näher an den Wagen mit dem tönenden Instrument heran. Seine Tränen konnte er nicht mehr dämmen. Sie liefen die Wangen entlang. Salziger, heller Rotz mischte sich mit ihnen auf seinen Lippen. Allmählich begann es in seiner gespannten Brust (Sitz des Herzens) zu schüttern, seine Schultern wurden aufgeworfen, abwechselnd spannte und entspannte sich seine Bauchhaut. Er schluchzte. Und das Schluchzen war ein Laut. Und die, die vorübergingen, wurden aufmerksam. Ein Kunstgelehrter, der auf dem Markte anwesend war, und gerade an den Ort kam, dachte an den Jeremias des Michelangelo und daß jemand geschrieben, er säße, gemalt, in der Sixtinischen Kapelle da, in Erinnerung an das Wort: »Euch sage ich allen, die ihr vorübergehet: Schauet doch und sehet, ob irgendein Schmerz sei wie mein Schmerz, der mich getroffen hat.« Er dachte es nur, er gab es nicht aus seinem Munde, denn seine Braut war bei ihm, und sie waren ausgegangen, um fröhlich zu sein. Deshalb gingen diese Tränen sie nichts an (und es war richtig in jedem Sinne). Ein Herr zwischen 40 und 50 Jahren machte sich frei aus dem Strom der Menschen, tat die wenigen Schritte zu dem Weinenden und fragte die wortgewordene Frage der vielen, die stumm vorübergeglitten waren, nur sich selber fragend: »Worüber weinst du?« Und er antwortete, aufgelöst durch die verlorenen Tränen und den abgesonderten Schleim, mit durch Seufzer beschwertem Atem, unter einem erneuten Strom aus seinen Augen, vor Scham, Ärgernis erregt zu haben, vor Angst, trotzdem keine Besserung erfahren zu können: »Ich weiß es nicht.«

Der sehr geehrte Herr Sörensen, Probst an der Hauptpfarre von Vor Frelsers Kjirke, der mit seinen beiden Zwillingstöchtern, die zum Herbst Studenten werden sollten, vorüberging, wußte es auch nicht.

Hochwürden Rasmussen, Vikar und in naher Freundschaft mit Seiner Eminenz, dem weltklugen, weisen, doch darum nicht minder gütigen Bischof, der, um unterrichtet zu sein über die Dinge des täglichen Lebens, ihn (Hochwürden Rasmussen) auf den

Markt entsandt, und der just vorüberging (recht eigentlich vermummt), wußte es auch nicht.

Der jüdische Herr Hjort, erster kristlicher Prediger der Presbyterianischen Gemeinde (Hinterhaus der Jens Bjelkes Gate), der mit seiner jüdischen Frau vorüberging, wußte es auch nicht.

Sein gleichnamiger Vetter (den er nicht zu kennen vorgab), seine Gütigkeit, der Unterrabbiner der jüdischen Synagogengemeinde (mit leicht melankolisch-zionistischem Zug), der mit seiner kristlichen Frau (welche, wie sich versteht, um seinetwillen eigenen Glauben und eigene Rasse verleugnet, weshalb er sie heiratete) vorüberging, wußte es auch nicht.

Herr Pieter Hendrik Cuipers (er war Holländer), Konsul, Kaufmann, Tyrann und Pfarrer der Mennonitengemeinde, die, bescheiden an Zahl, aber geldreich, in der Nähe des Schlosses einen Betsaal unterhielt (Stätte des Zornes), wußte es auch nicht.

Herr Büttner, Doktor zweier Fakultäten, Ehrendoktor einer dritten, der theologischen, der privatim mit Teertauen und rohem Hanf handelte, gewissermaßen ein guter Familienvater, mit Rücksicht auf seinen demnächst erwachsenen Sohn Heinrich, Hauptprediger der unerbittlichen reformierten Protestanten, der an der Seite seines obenerwähnten reichlich halbwüchsigen Sohnes (die Gattin war gestorben) vorüberging, wußte es auch nicht.

Prediger Ole Ellingsen, gemeinhin Johannes genannt, wegen seines mächtigen Vollbartes, von der Baptistengemeinde Kapelle Grünerlökken, der mit seiner Frau und seiner Dienstmagd vorüberging, wußte es auch nicht.

Prediger Emanuel Juul, von der Methodistengemeinde, Betsaal in Gemeinschaft mit Pieter Hendrik Cuipers, umschichtig, wußte es auch nicht.

Laienprediger Erling Haugastöl, der neu-apostolischen Kirche, wußte es auch nicht.

Ellend Dyrskar, einer der Heiligen der letzten Tage, wußte es auch nicht.

Frau Ragna Sokna, durchtriebene Bibelauslegerin und Entdeckerin des Kometen Melchisedekus, 2331 Jahre before Christ, 11 h. 55 min. abends am Himmel sichtbar, ihrer Überzeugung nach Anhängerin der Christian Science, wußte es auch nicht.

Die Brüder Nils und Adle, vom Hause Zoar, wußten es auch nicht.

Die Brüder Kaare und Einar, vom Hause Elim, wußten es auch nicht.

Die von der Heilsarmee Sergeantin Haabjörg Vossevang und die Soldaten Leif Raeder und Daniel Mellemsund wußten es auch nicht.

Doch der Gehirnspezialist Dr. Martell(us) redete mit lauten Worten zu einer jungen Dame, deren Schwester (verheiratetete Frau mit vier Kindern) vor drei Wochen auf seinem Operationstisch gestorben war, über das, was er nicht wußte: »Ich würde sagen, es handelt sich um eine Pubertätserscheinung bei diesem öffentlichen Plärren, aber der Junge ist zu kräftig.« Und weil sie alle es nicht wußten, begannen sie sich daran zu erinnern, daß man mit Hilfe von pädagogisch richtig gestellten Fragen die Ursache würde antag bringen können. Und sie schlossen doch, was verständlich, von einer großen Wirkung auf einen nicht unbeträchtlichen Anlaß (worin sie nicht irrten, denn der Junge war kräftig und groß gewachsen). Wie heißest du? Wo wohnst du? Hast du dich verirrt? Bist du deinen Eltern abhanden gekommen? Weißt du nicht nach Hause zu finden? Hast du etwas verloren? Hat dir jemand etwas fortgenommen? Hast du dir etwas getan? Hast du Schmerzen?

Diese teils klugen, teils hilfsbereiten, teils forschenden Fragen, die sich entluden und noch nicht erschöpft waren, weil der Knabe nicht aufgehört hatte zu weinen, und nur ein unter Schluchzen geborenes »auf St. Hanshaugen« (eine ungefähre Angabe über seinen Wohnort) gezeitigt hatten, wurden auf sehr unliebsame und ungehörige Weise durch eines Rüpels Dazwischenruf unterbrochen, der in seiner ganzen Lästigkeit besagte: »Er hat sich vergessen und in die Hosen geschissen.« Diese gewiß unerwartete Wendung erzeugte gleichzeitig einiges Lachen und die erregte Entgegnung einer Dame mit der Feststellung: »Man würde es riechen.« Diese Rechtfertigung, die ziemlich unwidersprochen hingenommen wurde, hinderte indessen nicht, daß viele Augen sich auf die Hose (welche eine kurze blaue Kniehose war, die ziemlich stramm um des Knaben Schenkel saß) richteten. Angetrieben durch einen unkontrollierbaren Instinkt, wandte er den verdächtigten Körperteil von den Umstehenden ab, der Orgel zu, so daß sein rot gewordenes Gesicht der Betrachtung freistand, weshalb er es, das verweinte, mit beiden Armen, kreuzweis übereinander gelegt, verdeckte. Die einmal gesenkten Augen der Zuschauer blieben dabei, seine Hose zu betrachten, zwar von vorne jetzt, wo sie weder unappetitlicher noch einladender war als hinten. Die Würde des Augenblicks wurde dadurch wiederhergestellt, daß die Fragen erneut in Fluß gerieten, eindringlicher als vordem, aufgereizt, ins Ethische verdrängt durch des Rüpels ungehörige Rede.

Man wird dir nicht helfen können, wenn du schweigst. Ein halsstarriger Junge hat kein Anrecht auf das Mitleid der Fremden. Wer weint, hat dazu eine Ursache. Hast du dir den Magen übernommen mit Schmalzkuchen oder Würsten? Hat man dir Geld anvertraut, und du hast, etwas leichtsinnig, mehr vertan als sich gebührt oder dir zugestanden war? Haben deine Kameraden dich verlassen? Wer hat dich hierher geführt? Oder bist du allein gekommen? Hast du dich in der Zeit vergessen und ist es so spät geworden, daß du heimzugehen dich fürchtest? Was gedenkst du zu tun? Willst du heimwärts gehen oder – fahren? Oder hast du es dir noch nicht überlegt? Soll man dir Ratschläge geben für irgend etwas?

»Er hat eine beträchtliche Traube in seiner Hose hängen«, sagte ein jemand. – »Dorsch«, sagte der andere, »halt's Maul.«

Da auf alle Fragen keine Antwort kam, zerbröckelte das Interesse an dem Kind. Man wandte sich enttäuscht ab. Man war sogar bereit zu verletzenden Redewendungen. In dieser allseitig lästigen Situation trat ein Mann vor, zog eine zierliche Geldbörse, entnahm ihr ein Zweikronenstück und drückte es in die eine Hand des Knaben. Dabei fühlte er, daß sie schweißig und fettig und kalt war. Ein Ekel wollte in ihm aufsteigen vor so naher Berührung mit der Absonderung eines ihm unbekannten Menschen; aber er überwand ihn und dachte daran, daß es geschehen könnte, ein Dritter empfände vor ihm (dem Geber) bei einem verwandten Umstand auch Abscheu. Das bekehrte ihn. Er brachte sich darauf, daß Knaben oft unsauber und unflätig, aber den Zauber einer Jugendlichkeit besäßen, der das Abstoßende aufhöbe. Er vermied es, was er beabsichtigt hatte, sich die Hand an seinem Taschentuch abzuwischen, und führte sie ohne Widerwillen an den Mund, teils verlegen, teils befriedigt, teils neugierig, den Schweiß des Fremden zu riechen, halb Tier, das sehnsüchtig, halb Intelligenz, die lächelt.

Ganz unbehelligt, ganz unbeachtet schlich der Junge an den Menschen vorüber, krampfhaft ein Zweikronenstück in schweißiger Hand haltend, nach St. Hanshaugen, Ullevaalsvein 14.

Methodisch konstruiert

Jedes Kunstwerk muß exemplifizierenden Gehalt besitzen, muß in seiner Einmaligkeit die Einheit und Universalität des Gesamtgeschehens aufweisen: so gilt es in der Musik, in ihr vor allem, und so müßte, ihr gleichend, auch ein erzählendes Kunstwerk in bewußter Konstruktion und Kontrapunktik aufgebaut werden können.

Annehmend, daß Begriffe mittlerer Allgemeinheit eine allseitige Fruchtbarkeit zeitigen, sei der Held im Mittelstand einer mittelgroßen Provinzstadt, also etwa einer der ehemaligen deutschen Kleinresidenzen – Zeit 1913 – lokalisiert, sagen wir in der Person eines Gymnasialsupplenten. Es kann ferner vorausgesetzt werden, daß derselbe, unterrichte er Mathematik und Physik, kraft einer kleinen Begabung für exakte Betätigungen an diesen Beruf geraten war, und daß er sohin mit schöner Hingabe, roten Ohren und einem netten Glücksgefühl im klopfenden Herzen seinem Studium obgelegen haben dürfte, freilich ohne die höheren Aufgaben und Prinzipien der gewählten Wissenschaft zu bedenken oder anzustreben, vielmehr überzeugt, mit der Ablegung der Lehramtsprüfung nicht nur eine bürgerliche, sondern auch eine geistige Höchstgrenze in seinem Fach erreicht zu haben. Denn ein aus Mittelmäßigkeiten konstruierter Charakter macht sich über die Fiktivität der Dinge und Erkenntnisse wenig Gedanken, ja, sie erscheinen ihm bloß schrullenhaft, er kennt bloß Operationsprobleme, Probleme der Einteilung und der Kombination, niemals solche der Existenz, und gleichgültig, ob es sich hierbei um Formen des Lebens oder um Formeln der Algebra handelt, ist er immer nur darauf erpicht, daß es »genau ausgehe«; die Mathematik besteht ihm aus »Aufgaben«, die er oder seine Schüler zu lösen haben, und ebensolche Aufgaben sind ihm die Fragen des Stundenplans oder die seiner Geldsorgen: sogar die sogenannte Lebensfreude ist ihm Aufgabe und eine teils vom Herkommen, teils von den Kollegen vorgezeichnete Gegebenheit. Völlig determiniert von den Dingen einer ebenen Außen-

welt, in der kleinbürgerlicher Hausrat und Maxwellsche Theorie
einträchtig und paritätisch durcheinanderstehen, arbeitet ein solcher Mensch im Laboratorium, arbeitet in der Schule, gibt Nach-
hilfestunden, fährt mit der Straßenbahn, trinkt abends manchmal
Bier, besucht nachher das öffentliche Haus, hat Wege zum Spezial-
arzt, sitzt in den Ferien an Mutters Tisch; schwarzgeränderte Nägel
zieren seine Hände, rötlichblonde Haare seinen Kopf, von Ekel
weiß er wenig, doch Linoleum dünkt ihn ein günstiger Boden-
belag.

Kann ein solches Minimum an Persönlichkeit, kann ein solches
Non-Ich zum Gegenstand menschlichen Interesses gemacht werden? Könnte man nicht ebensowohl die Geschichte irgendeines toten Dinges – beispielsweise einer Schaufel – entwickeln? Was kann
nach dem großen Ereignis eines solchen Lebens, nämlich der abge-
legten Lehramtsprüfung, noch Wesentliches geschehen? Welche
Gedanken können im Kopfe des Helden – Namen tun nichts zur
Sache, er heiße also Zacharias – noch entstehen, jetzt, da nun auch
die kleine Denkbegabung zur Mathematik langsam zu erstarren beginnt? Was denkt er jetzt? Was dachte er? Reichte es je über die
mathematischen Prüfungsaufgaben hinaus und bis in menschliche
Bereiche? Nun wohl: zur Zeit der bestandenen Examina verdich-
tete sich dieses Denken immerhin zu gewissen Zukunftshoffnun-
gen; da sah er sich zum Beispiel im eigenen Heim, sah, wenn auch
ein wenig schwankend, das künftige Speisezimmer, aus dessen
abendlichem Dunkel die Konturen eines schön geschnitzten An-
richteschrankes und der grünliche Schimmer des wohlgemusterten
Linoleumfußbodens deutlicher sich abhoben, und es ließ sich im
futurum exactum dieser Formungen ahnen, daß zu jener Wohnung
eine Hausfrau erheiratet worden sein würde, was jedoch alles, wie
gesagt, schemenhaft blieb. Das Vorhandensein einer Frau war ihm,
im Grunde genommen, eine unvorstellbare Angelegenheit; wenn
ihm auch beim Bilde der zukünftigen Hausfrau gewisse erotische
Schwaden durchs Gehirn zogen und etwas in ihm meckerte, daß er
deren Unterkleidung mit allen Fleckchen und Löchern so genau
kennen werde wie seine eigene, wenn ihm also jenes Weib einmal
als Mieder, einmal als Strumpfband angedeutet wurde – eine Il-
lustrationsaufgabe für den damals sich entfaltenden Expressionis-

mus –, so war es ihm andererseits undenkbar, daß ein konkretes Mädchen oder Weib, mit dem man normale Dinge in normaler Syntax besprechen könnte, irgend eine sexuelle Sphäre hätte. Frauen, die sich mit derlei beschäftigten, standen völlig abseits, keinesfalls niedriger als jene, aber in einer völlig andern Welt, in einer, die mit der, in der man lebte, sprach und aß, nichts gemein hatte: sie waren einfach anders, sie waren Lebewesen fremdester Konstitution, die für ihn eine stumme oder zumindest unbekannteste und irrationale Sprache redeten. Denn, wenn man zu diesen Frauen gelangte, so vollzog sich das Restliche mit sehr zielbewußter Fixheit, und niemals wäre es ihnen beigefallen, sich etwa über Staubtücher – wie seine Mutter – oder über diophantische Gleichungen – wie die Kolleginnen – zu unterhalten. Es erschien ihm daher unerklärlich, daß es je einen Übergang geben könne von diesen rein objektiven Themen zu den subjektiveren der Erotik; war ihm dies ein Hiatus, dessen Entweder-Oder (ein Urquell allen Sexualmoralismus) überall auftritt, wo erotische Unsicherheit herrscht und demgemäß auch als der Anlaß zur künstlerischen Libertinage der Epoche genommen werden darf, nicht zuletzt als der zu dem spezifischen Hetärismus, in dem ein großer Teil ihrer Literatur exzellierte.

In der sonst so ungebrochenen Weltgegebenheit des Zacharias klaffte hier ein Riß, der also unter Umständen den sonstigen Automatismus seines Handelns in eine Art menschliche Entscheidungspflicht verwandeln könnte.

Vorderhand geschah natürlich nichts dergleichen. Bald nach dem Examen erhielt Zacharias eine Supplentenstelle zwecks pädagogischer Wirksamkeit zugewiesen, und er begann das nunmehr abgeschlossene, säuberlich abgeschnürte und handliche Paket seines Wissens in kleine Paketchen zu zerlegen, die er an die Schüler weitergab, auf daß er sie von diesen in Gestalt von Prüfungsergebnissen zurückverlangen könne. Wußte der Schüler nichts zu antworten, so bildete sich in Zacharias die, wenn auch nicht klare, Meinung, jener wolle ihm sein Leihgut vorenthalten, schalt ihn als verstockt und fühlte sich benachteiligt. Auf diese Weise wurde ihm jedes Klassenzimmer, in dem er unterrichtete, zum Aufbewahrungsort für ein Stück seines Ichs, gleichwie der Schrank in seiner kleinen Mietskammer, der seine Kleider beherbergte, denn auch diese Kleider hatten als Teile selbigen Ichs zu gelten. Fand er in der Tertia seine Wahrscheinlichkeitsrechnung vor, zu Hause im Waschtisch seine Schuhe, so fühlte er sich unzweideutig der Umwelt gegeben und verknüpft.

Da aber solches Leben nun schon einige Jahre währte, war es an der Zeit, daß die bereits angedeutete erotische Erschütterung eintrat. Und es wäre eine gezwungene und unnatürliche Konstruktion, wenn sich dem Zacharias ein anderes als ein ganz naheliegendes Komplement, nämlich seiner Hauswirtin Töchterlein – Philippine sei sie genannt – beigesellt hätte.

Es entsprach der Weibauffassung des Zacharias, jahrelang ohne irgend einen Wunschgedanken neben einem Mädchen einherleben zu können, und wenn dieses Negativum den Wünschen des Mädchens vielleicht auch nicht entsprochen hätte, er wäre sicherlich nicht der Mensch gewesen, bürgerlich-mädchenhaftes Seufzen zu verstehen. Sohin kann ohne weiteres angenommen werden, daß Philippinens Phantasie, wie immer sie sich auch mit dem Zacharias befaßt hätte oder nicht, nunmehr auf auswärtige Objekte gerichtet war, und man wird nicht fehlgehen, ihr romantischen Charakter zuzusprechen. Es ist zum Beispiel in kleineren Städten üblich, täglich den Bahnhof zu besuchen, um die durchfahrenden Schnellzüge anzustaunen, eine Sitte, der Philippine gerne folgte. Wie leicht ist es da möglich, daß ein junger Herr, am Fenster des abrollenden Zuges stehend, dem nicht unhübschen Ding zugerufen hätte: »Komm doch mit!« eine Begebenheit, die Philippinen fürs erste in einen blöde lächelnden Pfahl verwandelt hätte, und zwar in einen Pfahl, der nur mit schweren Füßen nach Hause gelangte, der aber auch eine neue Art von Träumen heimbrachte: nachtnächtlich muß sie fortan mit müden, ach, so müden Beinen enteilenden Zügen nachlaufen, die, auf Griffweite erreichbar, in ein Nichts versinken und nichts hinter sich lassen als ein erschreckendes Erwachen. Doch auch tagsüber, wenn man von der Näherei aufblickt und eine Zeitlang den aufreizend unvollkommenen Zickzackflug der Fliegen um die Stubenlampe verfolgt hat, da entsteht immer wieder jene Bahnhofsszene, schärfer und reicher als im Traum, reicher auch als die entschwundene Wirklichkeit, und Philippinen wird es zauberisch klar, wie sie auf den abfahrenden Zug noch hätte aufspringen können, sie sieht ihre große Lebensgefahr, sie sieht, nein, sie spürt die rührende Verletzung, die bei diesem kühnen Sprunge unvermeidlich gewesen wäre, und sie sieht sich sodann gebettet auf den weichen Polstern der I. Klasse, handgehalten von ihm und in die dunkle Nacht hinausfahrend; das sieht Philippine, und sie läßt den Schaffner, der Buße für die fehlende Fahrkarte samt reichlichem Trinkgeld erhalten hat, in Unterwürfigkeit verschwinden, so daß nur noch zu wählen ist, ob im entscheidenden Augenblick die Notbremse ihrer Ehre erreichbar sein wird oder nicht, denn beides ist atembeklemmend.

In solcher Sphäre lebend, hatte sie kaum mehr Augen für den Zacharias, nicht etwa seiner graugestrickten Socken wegen, die sie ausbesserte – auch den Schnellzugsgeliebten würde sie nicht anders als grausockig präzisiert haben –, wohl aber wegen der IV. Klasse, in der Zacharias seine Sonntagsausflüge mit Rucksack und Gamsbart besorgte; sie bemerkte kaum mehr seine Anwesenheit, und selbst der Hinweis auf seine Pensionsfähigkeit hätte nicht vermocht, ihr Blut rascher fließen zu lassen.

Wahrlich, nur raumzeitliche Zufälligkeit ermöglichte es, daß diese beiden Menschen aneinander gerieten; in grobmaterialer Dunkelheit und aus wirklichem Zufall begegneten sich ihre Hände, und das Begehren, das da jäh zwischen Männer- und Frauenhand emporflammte, es tat's zu ihrem eigensten Erstaunen. Philippine sprach die reinste Wahrheit, als sie, an seinem Hals hängend, wiederholte: »Ich wußte ja nicht, daß ich dich so liebhabe«, denn das hatte sie tatsächlich vorher nicht gewußt.

Zacharias fühlte sich durch den neuen Sachverhalt einigermaßen beunruhigt. Er hatte nun den Mund stets voller Küsse, und stets sah er die Türwinkel ihrer Umarmungen, die Bodenstiege ihrer raschen Zusammenkünfte vor sich. Schläfrige Pausen erlebte er am Katheder, er kam mit dem Lehrstoff nur ruckweise vorwärts, hörte den Prüflingen nur zerstreut zu und schrieb indessen »Philippine« oder »Ich habe dich lieb« aufs Löschblatt, dies jedoch niemals in normaler Buchstabenfolge, sondern er verteilte, damit des Herzens Geheimnis sich nicht verrate, die Buchstaben nach willkürlich erklügeltem Schlüssel über das ganze Löschblatt, wobei die nachträgliche Wiederzusammensetzung der magischen Worte ein zweites Vergnügen an ihnen ergab.

Die Philippine, der er dabei über alle Maßen gedachte, war freilich nur die ihrer flüchtigen Geschlechtsbereitschaft: hinter den Türen Geliebte, hingegen in der Öffentlichkeit normale Gesprächspartnerin, mit der man vom Essen und der Häuslichkeit redete, war ihm das Mädchen doppeltes Lebewesen geworden, und während er des einen Namen sehnend aufs Löschpapier malte, war ihm das andere gleichgültig wie ein Möbelstück. Kann ein solches Verhalten von irgendeiner Frau unbemerkt hingenommen werden? Nein: selbst wenn sie ihrerseits ähnlich veranlagt wäre, wäre es unmöglich. Auch Philippine konnte es nicht; sie mußte es bemerken. Und so geschah es, daß sie eines Tages ihre frauliche Erkenntnis in die glücklich gefundenen, glücklich gewählten Worte »Du liebst nur meinen Körper« zusammenfaßte: zwar hätte sie nicht zu sagen vermocht, was sonst Liebenswertes an ihr zu finden gewesen wäre, und wahrscheinlich hätte sie sich sogar wohl jede andere Art von Liebe verwundert verbeten, aber das war weder ihr noch ihm bekannt, und sie empfanden die aufgeworfene Tatsache als Kränkung.

Zacharias nahm sichs zu Herzen. Hatte ihr Liebesspiel bishin erst nachmittags begonnen, wenn er aus der Schule heimkehrte und die Mutter ausgegangen war, während stiller Übereinkunft gemäß die Morgenstunden relative Ungewaschenheit von dieser ästhetischeren amourösen Tätigkeit ausgeschlossen geblieben war, so bemühte er sich nunmehr, die Universalität seines Liebens durch dessen Ausdehnung auf sämtliche Tagesstunden zu beweisen. Den ihm knapp vor dem Schulgang gebrachten Kaffee rasch schlürfend, verabsäumte er nun nie, ihr einige innige und leidenschaftliche Worte zuzuraunen, und die Zusammenkünfte auf der Dachbodenstiege, früher bloß ein eilendes und ununterbrochenes Finden von Mund zu Mund, wurden nun vielfach zu einem sinnigen stummen Aneinanderpressen und Handverschränken verwendet. Waren sie aber abends allein zu Hause – die häufige Abwesenheit der Mutter wäre immerhin mit Hinblick auf seine Pensionsfähigkeit zu erklären –, so wurde diese Zeit nun oftmals nicht mehr in tollen Umarmungen vertan, sondern Philippine nötigte ihn, beim Korrigieren

seiner Hefte zu bleiben, einer Arbeit, die er unter der Petroleumlampe am Speisezimmertisch ausführte; da ging sie auf Zehenspit-
zen, räumte beim schöngeschnitzten Anrichteschrank und kam nur
selten zu ihm hin, seinen blonden, unter die Lampe gebeugten
Scheitel ungeachtet etlicher Haarschuppen zu küssen oder mit
manchmal auf seiner Schulter, manchmal auf seinem Schenkel ru-
hender Hand still und traulich neben ihm zu sitzen.

Allein: diese geistigeren Gefilde, in denen ihre Liebe jetzt strecken-
weise wandelte, sie vermochten nicht das Unbehagen zu bannen,
das unweigerlich mit jeder unlösbaren Aufgabe verbunden ist. Es
war sogar mehr als Unbehagen, denn Zacharias war nahe daran, an
seiner steten Aufgabe zur Gefühlssteigerung glattweg zu verzweifeln: war jenes »Ich-hab-dich-lieb« beim ersten Kuß zwar erstaunlich, aber immerhin einfach ins Wort getreten, so fühlte er sich jetzt
unfähig, es mit einem unaufhörlich anzusteigernden Pathos zu erfüllen, dessen Arsenal keineswegs einfach zu handhaben war, und
wenn er auch dieses »Ich-hab-dich-lieb« und Philippinens Namen
nach wie vor auf die Löschblätter malte, so geschah es jetzt doch
ohne eigentliche Teilnahme, und er war auch nicht mehr fähig, die
Worte aus ihrer kunstreichen Zersplitterung wieder zusammenzu-
setzen, sondern verfolgte statt dessen mit gereizter Aufmerksamkeit die Schüler, die weniger wußten denn je. Die unablässige
Anspannung seiner Gefühle hatte in ihm den Begriff des Seienden
verschoben: war dieses Sein früher in seinem kleinen mathematischen Wissen eingebettet gewesen, in dem kleinen Wissen, das er
mit den Schülern tauschte, in den Kleidern, die er nach bestimmten
guten Regeln anlegte, in der pflichtgemäßen Rangordnung, in der
er mit Vorgesetzten und Gleichgestellten verkehrte, so hatten diese
unzweifelhaft berechtigten Belange nunmehr unliebsamerweise in
seinem Ich keinen Platz mehr –, Philippinens Aufgabe, die er eben,
voll wie jede andere, voll auf sich genommen hatte, ging über die
Unlösbarkeit sogar hinaus, sie war eine unendliche Aufgabe, denn
mehr als ihren Körper lieben, hieß nach einem unendlich fernen
Punkt streben, und mögen auch alle Kräfte der armen erdgebunde-
nen Seele dazu aufgeboten werden, mag diese Seele für solches Ziel
auch alles aufgeben, was ihr die wirkliche Welt bedeutet hatte, also
ihr ganzes aufgebreitetes metaphysisches Werterlebnis, sie wird vor

dem Unerreichbaren verzweifeln und wird sowohl sich selbst als auch das ganze wunderbare Phänomen ihres bewußten Seinsbestandes entwerten und negieren müssen.

Alles Unendliche ist einmalig und einzig. Und da des Zacharias Liebe sich bis ins Unendliche projizierte, wollte sie auch einzig und einmalig sein. Dem aber stand die Bedingtheit ihres Werdens gegenüber. Nicht nur, daß er zufällig an das Gymnasium dieser Residenzstadt versetzt worden war, nicht nur, daß er zufällig gerade bei Philippinens Mutter sich als Zimmerherr eingemietet hatte: es war die wahllose Zufälligkeit des so plötzlich perfektionierten Liebesbeginns, die er nunmehr als Ungeheuerlichkeit empfand, und es war die Erkenntnis, daß das Begehren, das aus ihren Händen seit damals so erstaunlich emporschoß, sich kaum von jenem unterschied, das er in den Armen jener Frauen erlebt hatte, die er heute als Huren beschimpfte. Freilich hätte er sich über diesen Mangel an Einmaligkeit, soweit er sich nur auf seine eigene Person allein bezog, schließlich hinweggesetzt, aber folgerichtigerweise mußte er ihn auch bei Philippinen hypostasieren, und da wurde der Gedanke schlechthin überschmerzlich. Denn in seiner Sucht nach Unendlichkeit kann sich der Mensch vielleicht zu eigenerlebter einmaliger Universalität emporsteigern, indes zuviel wäre es verlangt, daß er auch seinen Partner zu gleicher Größe erweitere: hier mußte die ins Unendliche strebende Kraft des Zacharias versagen, er konnte Philippinens Liebe nicht als einmalige und unendliche empfinden; unablässig sah er die Flamme des Begehrens, richtungslos und wahllos, um Philippinens Hände lohen, und obwohl ihrer Treue sicher, litt er an der bloßen Möglichkeit ihrer Untreue tiefer, als er in jedem materiellen Fall zu leiden vermocht hätte.

So wurde er nicht nur in der Schule unerträglich, sondern auch dem Mädchen gegenüber. Setzte sie sich, ihrer Gartenlaubenhabitüde folgend, traulich zu ihm, so riß er sie manchmal an sich, biß ihr die Lippen wund, um sie ein andermal wieder rüde wegzustoßen; kurz, er äußerte seine Eifersucht in der rüpelhaftesten Form. Philippine, keiner Schuld sich bewußt, ertrug die Krise mit Verständnislosigkeit und fand kein Mittel zur Abhilfe. Wenn sie einstens ihre letzte Gunst, wie sie es nannte, was in Ansehung des von allem Anfang an als selbstverständlich Gewährten eher als eine symbolische Besitzergreifung zu bezeichnen gewesen wäre, wenn sie diese letzte Gunst auch lange hintangehalten und sich eigentlich erst gegeben hatte, als er, um ihr eben zu beweisen, wie seelisch er liebe, keinerlei diesbezügliche Wünsche und Gesten mehr äußerte, so lag es auf dem Wege ihrer gradlinigen Phantasie, daß sie jetzt die Heilung in der verpönten körperlichen Liebe suchte, ihm eifrig das entgegenbringend, was sie sonst, schelmisch erhobenen Fingers, ihm so gerne verzögerte. Die Arme, sie wußte nicht, daß sie damit Öl ins Feuer goß. Denn ob auch Zacharias die sogenannte Gunst nicht verschmähte, so war es nachher um so ärger, denn um so klarsichtiger erkannte er, daß das ihm Geschenkte ebensowohl und mit gleicher Leidenschaft jedem anderen zuteil hätte werden können, jedem einzelnen all dieser jungen und eleganten Männer, die er – der früher nie dergleichen bemerkt hatte – nun plötzlich durch die frühsommerlichen Straßen sich bewegen sah.

Er begann herumzuirren. Lächelten sie nicht alle über ihn, über ihn, den Unendlichkeits-Süchtigen, den Übersich-ausholenden? Lächelten sie nicht, diese Passanten, die, in Leichtigkeit und im Meßbaren bleibend, nicht nur Philippinens, nein aller Frauen Liebe genießen durften?! Lächelten sie nicht über ihn, weil ihm die Frauen bisher unberührbar erschienen waren, während sie stets gewußt hatten, daß die allesamt nichts anderes sind als schlechte Weiber? Sogar die Schüler der oberen Klassen begann er mißtrauisch zu beobachten. Kehrte er dann zu Philippine zurück, so würgte er sie am Halse mit der Motivierung, niemand, hörst du, niemand könne und werde sie je so lieben wie er, und die Tränen des entsetzt geschmeichelten Mädchens flossen mit den seinen zusammen, beschließend, daß nur der Tod von solcher Qual erlösen könne.

Philippinens romantischer Sinn, vom Wort des Sterbens gefangen, wandelte die Vorzüge der verschiedenen Todesarten ab. Die ungestümen Formen ihrer Liebe forderten ein ungestümes Ende. Da jedoch nichts geschah, weder die Erde zu erwünschtem Beben sich öffnete, noch der Hügel vor der Stadt Lava zu speien anfing, vielmehr Zacharias trotz schmerzverzerrter Miene täglich zur Schule wandelte und sie, Philippine, bereits voller blauer Flecke an Hals und Armen war, vermochte sie ihn, ein Ende zu bereiten, daß er einen Revolver erstünde. Er fühlte, und auch wir, die wir es herbeiführen, fühlen es, daß damit die Würfel gefallen sind. Mit trockenem Mund und feuchten Händen betrat er das Waffengeschäft, stotternd das Gewünschte bezeichnend und gleich sich entschuldigend, daß er es zu seiner Verteidigung auf einsamen Wanderungen benötigte. Mehrere Tage hielt er seinen Kauf verborgen, und erst als Philippine eines Morgens, den Kaffee bringend, zurückgeworfenen Kopfes ihm zuflüsterte: »Sage mir, daß du mich liebst«, da legte er ihr zum Beweis die Waffe auf den Tisch, schüchtern und gebieterisch und leidend zugleich.

Nun entwickelte sich das Weitere in großer Geschwindigkeit. Schon am nächsten Sonntag trafen sie sich, sie, wie so oft, den Besuch bei einer Freundin vorschützend, im gewohnten Nachbarorte, als handle es sich um den üblichen gemeinsamen Spaziergang. Doch ein letztes Mal einander in den Armen zu ruhen, hatten sie einen verschwiegenen Waldplatz mit schöner Fernsicht auf Berg und Tal gewählt, und dem strebten sie nun zu. Allein, der Blick, dessen Weite sie sonst als schön empfanden und bezeichneten, sagte ihnen in ihrer Beklommenheit nichts mehr. Sie durchstreiften bis in die Nachmittagsstunden ziellos den Wald, hungrig, da das Essen nicht zum Sterben paßte, vermieden das Försterhaus, obwohl oder gerade weil man dort Milch, Butter, Schwarzbrot, Honig hätte erstehen können, vermieden das herrschaftliche Alte Jagdhaus, das mit gelbem Gemäuer und grünen Fensterläden freundlich aus dem besonnten Laubwerk zu ihnen herlugte, sie wurden hungriger und hungriger und ruhten endlich, wahllos und erschöpft, zwischen den Büschen. »Es muß sein«, meinte Philippine, und Zacharias zog die Waffe hervor, lud sie behutsam, legte sie vorsichtig neben sich nieder. »Tu's rasch«, befahl sie und schloß in letztem Kuß die Arme um seinen Hals.

Über ihnen rauschten die Bäume, Licht brach in kleinen Flecken durch leichtbewegte Buchenblätter, und weniges sah man vom wolkenlosen Himmel. Der Hand erreichbar lag der Tod, man mußte ihn bloß aufnehmen, jetzt oder in zwei Minuten oder in fünf, man war völlig frei, und der Sommertag ist zur Neige, ehe ihn die Sonne verblaßte. In einer einzigen Handbewegung konnte man die Vielheit der Welt erledigen, und Zacharias empfand, daß sich eine neue und wesentliche Spannung zwischen ihm und jenem Komplex auftat: der Freiheit eines einigen und einfachen Entschlusses gegenüber wurde auch dessen Willensobjekt zur Einheit, es wurde rund, es schloß seine Spalten und schloß sich in sich; handlich in seiner Totalität, wurde es problemlos und ein Wissen der Ganzheit, wartend, daß er es aufnehme oder wegstelle. Eine Struktur absolut ausgehender Ordnung, gelöster Klarheit, höchster Realität ergab sich, und es ward sehr licht in ihm. Fernab rückte die Sichtbarkeit der Welt, und mit ihr versank das Gesicht des Mädchens unter ihm, doch verschwand weder das eine noch das andere zur Gänze, vielmehr fühlte er sich jener Weltlichkeit und dem Weibe intensiver denn je gegeben und verknüpft, erkannte sie weit über jede Lust hinaus. Sterne kreisten über dem Erleben, und durch den Fixsternhimmel hindurch sah er Welten neuer Zentralsonnen im Gesetz seines Wissens kreisen. Sein Wissen war nicht mehr im Denken des Kopfes, erst glaubte er die Erleuchtung im Herzen zu fühlen, aber das Leuchten, sein Ich entweitend, dehnte sich über die Grenzen seines Körpers, floß zu den Sternen und wieder zurück, erglühte in ihm und kühlte ihn mit sehr wundersamer Milde, es öffnete sich und wurde zu unendlichem Kusse, empfangen von den Lippen der Frau, die er als Teil seiner selbst und doch schwebend in maßloser Entfernung erfaßte und erkannte: Ziel des Eros, daß das Absolute sei, das unerreichbare, dennoch zu erreichende Ziel, wenn das Ich seine brückenlose, hoffnungslose Einsamkeit und Idealität durchbricht, wenn es, über sich und seine Erdgebundenheit hinauswachsend, sich abscheidet und, Zeit und Raum hinter sich lassend, im Ewigen die Freiheit an sich erwirbt. Im Unendlichen sich treffend, gleich der Geraden, die zu ewigem Kreise sich schließt, vereinigte sich die Erkenntnis des Zacharias: »Ich bin das All«, mit der des Weibes »Ich gehe im All auf«, zu einem letzten Lebenssinn. Denn für Philippinen, im Moose ruhend, erhob sich das Antlitz des Mannes zu immer weiteren Himmeln, und es drang dennoch immer tiefer in ihre Seele, verschmolz mit dem Rauschen des Waldes und dem Knistern des Holzes, mit dem Summen der Mücken und dem Pfiff der fernen Lokomotive zu einem rührenden und beseligenden Schmerz jener vollkommenen Geheimnisenthüllung, die im empfangenden und gebärenden Wissen des Lebens ist. Und während sie die Grenzenlosigkeit ihres wachsenden und erkennenden Fühlens entzückte, war ihre letzte Angst, solches nicht festhalten zu können: geschlossenen Auges sah sie das Haupt des Zacharias vor sich, sah es vom Rauschen und von Sternen umgeben, und ihn lächelnd von sich haltend, traf sie sein Herz, dessen Blut sich mit dem ihrer Schläfe vermählte.

Ja, so war dieses Geheimnis denkbar, so war es konstruierbar, so ist es rekonstruierbar, doch es hätte auch anders sein können. Denn es ist der anmaßende Irrtum der Naturalisten, daß sie den Menschen aus Milieu, Stimmung, Psychologie und ähnlichen Ingredienzen eindeutig determinieren zu können vermeinen, vergessend, daß niemals alle Motive zu erfassen sind. Wir haben uns hier mit der materialistischen Beschränktheit nicht auseinanderzusetzen, sondern bloß anzumerken, daß der Weg Philippinens und Zacharias' wohl zu der außerordentlichen Ekstase des Liebestodes hätte führen können, um in ihm den unendlich fernen Punkt eines außerhalb der Leiblichkeit liegenden und doch in ihr eingeschlossenen Zieles der Vereinigung zu finden, daß aber dieser Weg vom Schäbigen ins Ewige für den Durchschnittsmenschen einen Ausnahmefall, ja einen »unnatürlichen« Ausnahmefall darstellt, und daher zumeist vorzeitig oder, wie man da zu sagen pflegt, »rechtzeitig« abgebrochen wird. Gewiß, allein schon die gemeinsame Todesbereitschaft ist ein ethischer Befreiungsakt, und er kann so stark sein, daß er für manche Liebende ein ganzes Leben lang vorhält, ihnen für ein ganzes Leben lang die Stärke einer Wertwirklichkeit verleiht, zu der sie nimmer sonst fähig gewesen wären. Indes das Leben ist lang, und die Ehe macht vergeßlich. Und so ist fürs erste bloß anzunehmen, daß sich in diesem Fall die Dinge zwischen den Gebüschen eben bloß in gewohnt plumper Ungelenkheit vollzogen hatten, um sodann dem ihnen angemessenen natürlichen, freilich nicht unbedingt glücklichen Ende zuzueilen. Spät abends hätten dann Zacharias und Philippine den letzten Zug erreicht, und einem Brautpaar schon gleich – zur Feier des Tages in einem Wagen I. Klasse – wären sie Hand in Hand in die Heimat zurückgekehrt. Würden Hand in Hand vor die ängstlich harrende und erschrockene Mutter hintreten, und pathetischen Gestus des Nachmittags beibehaltend, kniet der Pensionsfähige auf dem grünlich schimmernden Linoleumfußboden nieder, den mütterlichen Segen zu empfangen. Und im

Walde draußen ist ein Baum zurückgeblieben, in dessen Rinde nun, von Zacharias mit scharfem Messer eingeritzt, schön herzumrahmt die Initialen Z und P sich verschlingen. Alle Wahrscheinlichkeit spricht dafür, daß es sich so verhalten hat.

Jedes Kunstwerk muß exemplifizierenden Gehalt haben, muß in seiner Einmaligkeit die Einheit und Universalität des Gesamtgeschehens aufweisen können, aber es sei auch nicht vergessen, daß solche Einmaligkeit noch keineswegs eine strikte Eindeutigkeit in sich zu schließen braucht: kann ja sogar behauptet werden, daß selbst das musikalische Kunstwerk immer nur eine, und vielleicht nur zufällige Lösung aus der Fülle der zu Gebote stehenden Lösungsmöglichkeiten darstellt!

Im Himmel · Der Erzengel Gabriel

»Die Mutter donnerte mit Händen und Füßen gegen die Kirchentür und schlug ihre Thesen an.

Und als es Nacht wurde, krachte die Tür auf, und grelles weißes Licht flutete über sie.

Sie sank zu Boden.

Denn als der Kriegslärm zum Himmel scholl, hörte ihn zu guter Letzt auch der, dessen Amt es war, ihn zu hören und auf solchen Lärm zu achten, Sankt Michael, dessen Name bedeutet: Wer ist gleich Gott?

Er war, vertrauend auf die Güte und Allmacht, die hinter ihm stand, auf den Stufen des himmlischen Throns eingeschlafen. Da lag er, lang und großmächtig wie er war, auf dem Rücken, in voller Rüstung, das Schwert am Boden neben seiner geöffneten linken Hand. Der Helm mit dem furchtbaren Federbusch, dessen bloßer Anblick töten kann, war nach rückwärts gesunken, war die Stufen heruntergerollt und schaukelte da, mit der riesigen Öffnung nach oben. Er schaukelte und hielt nicht still, denn auf seinen Rand hatten sich Engelchen gesetzt und trieben ihr Spielchen. Am Grunde des Helms aber lagen zwei, die waren selig eingeschlafen zur Musik der Jubelchöre.

In diese Idylle drangen die Patrouillen, die Botschafter Sankt Michaels, unruhig, ängstlich, weil der Krieg auf Erden nicht endete und so schreckliche Formen annahm. Sie sahen ihren Herrn liegen und glaubten (was man angesichts der dringlichen Situation begreift), Bericht erstatten zu müssen. Sie sprachen leise. Sie sprachen laut. Sie sprachen einzeln und im Chor. Er schlief. Sankt Michael schlief wie ein Säugling, jedenfalls wie einer, der satt und befriedigt ist, und er war es ja, gesättigt vom Vertrauen auf die ewige Allmacht.

Die Patrouille, einfache Gemüter, hatten großen Respekt vor ihm. Sie respektierten auch seinen Schlaf, denn sie wußten, was Michael schon geleistet hatte, beginnend von seiner Tat im Paradies, wo er das sündige Urelternpaar auswies, und von seinem gewaltigen Kampf eine Zeit später mit dem Satan um den Leib des Moses. Denn Satan wollte den Leib dieses Propheten davonschleppen und in ein Grab tun, um zu verhüten, daß die Menschen in Götzendienst verfielen und das Grab anbeteten. Sankt Michael entriß dem Satan den Leichnam nach einem grausigen Kampf und trug ihn davon, niemand weiß wohin (was die Menschen freilich nicht abhielt, sich andere Götzen zu machen).

Weil nun ihr großer General, der Recke Michael, schlief, konnten seine Kundschafter von der Erde nichts weiter tun, nachdem sie sich heiser geschrien hatten, als um das himmlische Tor herumstrolchen und abwarten, wie lange Michael wohl schlafen würde. Sie verjagten zunächst die Engelchen, die auf dem Helm Michaels schaukelten. Das Engelchen am Boden zogen sie, ohne sich um sein Zetergeschrei zu kümmern, an den Beinen heraus und setzten es an die frische Luft. Sie polterten und rumorten dann so lange um den unverdrossenen Schläfer herum, bis die anderen Großengel an den Stufen des Thrones aufmerksam wurden und sie zur Rede stellten.

Das kam den Kundschaftern zupaß, und sie fingen aufgeregt und mit Lärm zu erzählen an, wie es jetzt auf Erden zuginge. Es hätte mit den Nazis angefangen. Die wären von der Sorte des Königs Nebukadnezar, der schließlich Gras fraß. Diese hätten sich mit anderen zusammengetan und seien kolossal vorwärtsgekommen, dann wäre aber in England ein gewisser Churchill gekommen und in Amerika ein Franklin Delano Roosevelt, und die Russen hätten standgehalten. Und einige Kundschafter schrien von Stalingrad, von Petrograd und von Moskau, und andere schrien von Tobruk und von General Monty, Montgomery, so daß sich die Großengel die Ohren zuhielten und die Hände erst herunternahmen, als sie merkten, diese Kerle, die Kundschafter, sagten nichts mehr. Sie selber begriffen: dieser Krieg war ein kolossaler Krieg. Sie fragten die Kundschafter, da sie sich persönlich nicht mit Kriegen befaßten, was da zu machen sei.

Die Kundschafter: Sie wüßten es auch nicht, aber unter allen Umständen müßte man Sankt Michael aufwecken. Der Auffassung waren die Großengel auch. Denn er war der Spezialist dafür. Blieb die schwere Frage, wie ihn aufwecken.

Sankt Gabriel und Sankt Raphael berieten – Sankt Gabriel lateinisch: fortitudo Dei, er hatte die Fleischwerdung Gottes verkündet, Sankt Raphael, milde, groß –, sie sahen nachdenklich auf ihren Bruder Michael und konnten sich weder entschließen, ihn aufzuwecken, noch, ihn nicht aufzuwecken. Denn beides konnte schlimm auslaufen. Und da war es gut, daß es nicht nur diese beiden Erzengel außer dem schlafenden Michael gab, sondern noch einige andere, weniger bekannte, aber von gleicher Würde, wie den Uriel und Raguel, den Sariel und Jeramiel. Die zogen die beiden erstgenannten großen Unschlüssigen ins Vertrauen, und von diesen vier rieten zwei sofort, man solle abstimmen, denn man sei sieben und das gäbe ein glattes Resultat. Zwei andere aber (Sariel und Jeramiel) hatten die Idee, die allen einleuchtete: was man auch immer unternehmen würde, man solle dem Michael vorher das Schwert wegnehmen. Denn was auch immer geschähe, er würde wütend sein, wütend, weil man ihn nicht aufgeweckt hätte, während auf Erden alles drunter und drüber ging, oder wütend, weil man ihn aufgeweckt hätte, was bei ihm immer zu Zwischenfällen Anlaß gäbe.

So faßten sie sechs Erzengel den Entschluß, die gesamte weitere Prozedur in der Schwebe zu lassen und zunächst bloß Michael das Schwert wegzunehmen. Sie begaben sich sofort ans Werk, mit vereinten Kräften. Furchtbar arbeiteten sie, hebelten, stemmten und drückten mit »Hott« und »Hüh«. Und einer, der stämmige Uriel, hatte sich schon vorgespannt und sich die obere Partie des Schwertes auf den Rücken legen lassen und ruckte daran, die Arme auf dem Buckel, als dem Unglückseligen der Knauf aus den Händen glitt und das ganze riesige Stück abrutschte und dem schlafenden Michael auf den Fuß schlug.

Momentan richtete sich dieser stärkste aller Erzengel auf. Die Verschwörer wollten in panischem Schrecken an ihren üblichen Platz flüchten, um zu tun, als wäre nichts geschehen. Aber es war zu spät.

»Was ist los?« brüllte es hinter ihnen her. Michael faßte nach seinem Schwert. Er nahm an, es sei einer in den Himmel eingedrungen und sie rückten vor dem Feind aus.

»Nichts. Gar nichts«, flüsterte Raphael, der sich ihm als erster wieder näherte, und schmunzelte vertraulich und rieb sich die Hände, »o nichts, bester Sankt Michael. Wir machten uns etwas Bewegung, etwas Bewegung, das ist alles. Es scheint, du hast geschlafen. Gut geschlafen, Sankt Michael?«

Der blickte unsicher von einem zum anderen. Sie stellten sich jetzt alle hintereinander ein und lächelten ihn heuchlerisch zart an:

»Schön geschlafen, Sankt Michael?«

Aber mit einmal konnten sie sich nicht halten und brachen in ein Gelächter, in ein mächtiges Gelächter aus. Das machte Michael natürlich stutzig.

»Was ist los? Wollt ihr's endlich sagen?«

Sankt Gabriel brachte es doch nicht mehr über sich, Komödie zu spielen, und er meinte:

»Michael, du sollst es genau wissen: es geht drunter und drüber auf der Erde.«

»Drunter und drüber auf der Erde? Darum schlafe ich noch lange weiter.«

Und er packte sein Schwert, das ihm im Wege lag, und wollte es, um sich hinzulegen, zurückschieben. Da bemerkte er, übel gelaunt wie er war, daß ein Ornament am Knauf – Erinnerung an seinen Wachdienst vor dem Paradies – plattgequetscht war und herabhing. Er tastete die Partie ab und blickte mißtrauisch auf seine Kollegen.

»Hier hat einer daran herumgearbeitet.«

»Oh«, erkundigte sich Gabriel, »an deinem Schwert ist etwas nicht in Ordnung? Tut uns leid. Tut uns aufrichtig leid.«

Raphael: »Aufrichtig leid. Der Schaden wird sich hoffentlich leicht reparieren lassen.«

Jetzt packte Michael der Zorn. Hier war doch etwas im Gang. Man wollte ihn hinters Licht führen. Man hatte an seinem Schwert gearbeitet, darum waren sie vorhin weggelaufen. Er hatte sie überrascht, als sie ihm seine Ehrenplakette abreißen wollten.

Man muß nun in Parenthese wissen, es herrschte keine Einstimmigkeit im Himmel über Michaels wirkliches Verhalten im Paradies. Einige waren der Ansicht und machten gelegentlich derartige Anspielungen: es wäre gar nicht sein Amt gewesen, die Menschen aus dem Paradies zu vertreiben. Er sei vielmehr beauftragt gewesen, sie im Garten festzuhalten und nicht herauszulassen. Der Satan wollte sie nämlich herauslocken, und er hätte sie schließlich wirklich herausgelockt, auf die Erde, und nachher stellte sich Michael völlig überflüssigerweise noch vor die Paradiestore und paradierte da stolz auf und ab, ohne zu merken, daß er düpiert war, ja er verhinderte noch die Rückkehr der Menschen. Das war eine Version. Man erzählte sich, daß die allerhöchste Stelle deswegen Michael den ganzen späteren Ärger mit den Menschen zur Last legte, der sich im Paradies nie und nimmer hätte ereignen können, weil die Menschen ja da unter scharfer Aufsicht standen, und dies sei auch der Grund gewesen, weshalb später gerade dem Michael zur Strafe die ganze Plackerei mit den Menschen und den Kriegen aufgehalst wurde. Er freilich ließ sich eine kostbare Plakette anfertigen, die an seinen rühmlichen Dienst vor dem leeren Paradies erinnerte.

An diese Vorfälle durch das Getuschel erinnert, sprang also Michael jetzt wild auf und stand mächtig und alle überragend da. Seine Freunde bewegten sich nicht. Würde er es wagen, auf sie loszugehen?

Aber Gabriel, der die süßeste Stimme besaß, näherte sich, Furcht im Herzen, und sprach:

»Bruder, wir bewundern deine Stärke. Du bist der Mächtigste von uns und bist so stark, daß wir manchmal denken, es könnte dir ergehen wie dem heidnischen Herkules: du legst einem von uns in aller Freundlichkeit deine Hand auf den Kopf und drückst ihm dabei den Schädel ein.«

Das gefiel Michael. Immerhin fragte er: »Also heraus mit der Wahrheit! Wer wollte mir mein Ornament abreißen?«

Gabriel: »Niemand, Bruder, niemand. Wer von uns sollte auf den Gedanken kommen, einem verdienten Krieger wie dir, einem Veteran, seine wohlerworbenen Ehrenzeichen wegzunehmen? Niemand. Die Sache liegt völlig anders. Du sollst es erfahren.«

Und Gabriel winkte die Kundschafter und Patrouillen heran, die sich scheu im Hintergrund drückten. Sie kamen erst an, als Michael selbst sie bemerkte, sie verblüfft bemerkte und herbeipfiff. Er brüllte:

»Was? Die hier? Die Bande? Was haben die Kerle hier zu suchen?«

Sie zitterten und sagten nichts.

Er: »Wer hat euch herbefohlen?«

»Ruhe, Michael«, mischte sich Raphael ein. »Sie sind von selbst gekommen. Sie treiben sich hier schon eine ganze Weile herum und wollten dir eine Meldung erstatten. Du schliefst aber.«

Michael streckte seine gewaltigen Arme waagerecht aus: »Sie sollen mich mit ihren dämlichen Meldungen zufriedenlassen. Ich habe genug von der Erde. Ich werde mich um einen anderen Planeten bewerben. Also erstens hat sich dieses krumme Pack ohne Erlaubnis vom Dienst entfernt, dann wanzt es hier herum, wo es gar nichts zu suchen hat, und drittens wollten sie mir meine Abzeichen stehlen!«

»Es ist nicht so, Michael, Bruder Michael«, Raphael, Gabriel, Uriel, Sariel und Jeramiel sprachen jetzt gleichzeitig, »sie haben nichts mit der Plakette zu tun. Wir wollten dich aufwecken, und dabei ist es passiert. Hör uns an: Sie haben dir etwas Hochwichtiges zu melden. Du bist dringend nötig.«

»Wo?«

»Auf der Erde.«

Er rang entsetzt die Hände. Er faßte sich an die Stirn: »Laßt mich mit der Erde zufrieden!«

Sie fuhren fort:

»Lieber Bruder, der zweite Weltkrieg ist ausgebrochen. Er ist in vollem Gange. Er geht auf hohen Touren. Man kann es nicht so gehenlassen. Und du bist unser einziger Experte in Erdangelegenheiten.«

»Herrschaften, was habe ich mir da eingebrockt«, jammerte Michael.

»Und weil wir eine gefährliche Reaktion deinerseits fürchteten, wenn wir dir wieder damit kämen, beschlossen wir, dir im Schlaf dein Schwert – keineswegs wegzunehmen, sondern es nur in einige Entfernung von dir zu bringen, damit du dich nicht daran stößt. Aber es ist so schwer, Bruder Michael! Oh, ist dein Schwert schwer, Bruder Michael! Du kannst sicher sein, keiner wird es dir rauben. Wir haben uns furchtbar damit abgemüht, fünf zusammen, wie wir vor dir stehen, ich – Gabriel –, Raphael und Uriel, Sariel und Jeramiel. Wir konnten es nicht schaffen. Uriel, dieser Stämmigste von uns allen, hatte es schon auf dem Buckel. Da – rutschte es ab und fiel auf deinen Fuß.«

Michael schüttelte den Kopf: »Auf meinen Fuß? Ich habe nichts bemerkt.«

Es machte dem gutmütigen Krieger Spaß, daß sie solche Mühe mit seinem Schwert gehabt hatten. Und sofort mußte er ihnen zeigen, wie leicht es war, damit umzugehen. Er ließ es waagerecht durch die Luft sausen, von einer Hand zur andern springen. Sie standen ehrfurchtsvoll in Entfernung. Während er arbeitete, erkundigte er sich:

»Wer ist jener heidnische Herkules, der die Schädel eindrückt?«

Sie sagten: »Ein schrecklich starker Mann, der in der Antike lebte, ein hochberühmter Held.«

»Wer hat ihn umgebracht?«

»Oh, das ist lange her«, meinte Raphael leichthin; man wollte doch zur Sache kommen, zum Krieg auf der Erde. Aber Michaels sportliches Interesse war geweckt.

»Wer ist Herkules? Wer weiß etwas von Herkules?« wiederholte Michael, während er unermüdlich und anscheinend um sich zu trainieren mit seinem Schwert arbeitete. Die Kundschafter im Hintergrund, die nicht sahen, wie sie ihre Botschaft anbringen sollten, hoben verzweifelt die Hände zum Himmel, übrigens völlig gedankenlos, denn sie waren ja im Himmel. In solchem Augenblick aber von Herkules zu sprechen!

Es erwies sich, daß der bescheidene Jeramiel etwas wußte. Er war eine weiche, träumerische Natur. Er fand an allem, was geschaffen war, etwas Gutes und liebte es, in schwierigen Zeiten und zur Zerstreuung sich und seinen Gefährten vergangene Situationen vorzuhalten. Er war eine lebende Kartothek. Die andern wußten auch, daß Jeramiel, wenn er zu reden anfing, nicht aufhörte, und suchten ihn zum Schweigen zu bringen, indem sie ihn auf die unglücklichen Athletenkunststücke aufmerksam machten, die Sankt Michael zum besten gab.

Michael hatte aber bemerkt, daß Jeramiel den Mund öffnete. Er rief ihn an:

»Also, wer ist Herkules, Jeramiel? Wer ist stärker als ich?«

»Stärker als du? Keiner, Michael. Wen hatte Herkules auch hinter sich? Einen gewissen Jupiter oder Zeus, eine Eintagsfliege, und lauter Gelegenheitsgötter.«

»Du mußt nicht immer mit neuen Namen kommen, Jeramiel. Ich stehe noch bei Herkules. Was hat er geleistet?«

»Herkules – er hat zwei Schlangen als Säugling in der Wiege erwürgt.«

»Zwei Schlangen?« Michael warf sein Schwert begeistert in die Luft: »Was soll mit zwei Schlangen sein? Das soll eine Heldentat sein?«

»Es gibt noch mehr. Dann war da der lernäische Löwe, ein Monstrum von Löwe, ein Rudel von Löwen in einer Person. Alle warnten Herkules, sich an das Monstrum zu machen. Er ging los, in den Wald. Er zog die Bestie aus ihrer Höhle, packte sie bei der Brust und erwürgte sie in demselben eleganten Stil, mit dem er als Säugling die beiden Schlangen erwürgt hatte.«

Das alles versetzte Michael in heitere Stimmung. Er hängte sich sein Schwert um und befragte die andern, die pflichtgemäß mitlachten:

»Hört euch das an: Beispiele von der Stärke des Herrn Kules!«

»Er heißt Herkules.«

»Er war aber ein Mann, ein Herr?«

Jeramiel: »Natürlich, aber man sagte damals einfach Herkules.«

Michael räusperte sich, er nickte, er verstand es nicht: »Also weiter im Text.«

Jeramiel: »Eine siebenköpfige Schlange hauste damals in den Sümpfen von Lerna. Herkules nahm sein Schwert und schlug ihr alle sieben ab – worauf die Köpfe prompt alle wieder wuchsen. Darauf nahm er einen Feuerbrand und brannte die Wunden aus, wonach keine neuen Köpfe wuchsen.«

»Wunderbar«, höhnte Michael, »der Kerl hatte es immer mit den Schlangen. Immerhin, nicht schlecht, das mit dem Feuer.«

»Damals erschien auch, um ihn bei der Arbeit zu stören, eine Riesenkrabbe, die war so groß wie eine Kuh und kniff ihn in den Fuß. Er zertrampelte ihre Scheren, eine nach der andern. Er hätte ihr beinah den Garaus gemacht; da flüchtete sie an den Himmel und versteckte sich vor ihm unter den Sternen und steht heute noch da als Sternbild des Krebses.«

Die anderen brachen in Gelächter aus. Michael wußte nicht, ob das Ganze Ernst oder Spaß war, und lachte auch mit. Nun krochen langsam die verschüchterten Kundschafter hervor.

»Was weiter?« drängte Michael. Der gelehrte Jeramiel dachte nach:

»Weiter gab's den Augiasstall. Ein gewisser Augias, ein König, hatte ungeheuer viel Vieh, Ochsen, Kühe, Kälber, Schweine, Hühner, Fasanen, Tauben, alles, was sich denken läßt.«

Michael: »Also ein Viehzüchter.«

Jeramiel: »König.«

Michael: »Merkwürdiger König, regierte über Rindvieh und Schweine.«

»Nun, das bloß nebenbei. Ihm fehlten aber Leute, die ihm die Ställe säuberten, daher waren die Ställe in solch unglaublichen Zustand geraten. Das Vieh vermehrte sich phantastisch und entsprechend der Mist.«

»Halt«, schrie Michael, der etwas merkte, »und das machte dann nachher Herkules.«

»Richtig.«

»Was, mit einem solchen Kloakenreiniger vergleichst du mich?«

»Michael, Kloake hin, Kloake her, es ist kolossal; stell dir vor: einen Berg von Mist, zehn Meilen lang, zehn Meilen breit und meterhoch – den wegschaffen!«

»Den will ich gar nicht wegschaffen.«

»Michael, es war damals das Problem. Wir würden es heutzutage natürlich überhaupt nicht dazu kommen lassen.«

Raphael: »Heutzutage würde man den Dung verwerten und die Masse schubweise abfahren lassen.«

So unterhielten sich die Erzengel, während die Kundschafter in der Nähe gespannt lauschten.

Michael hatte den Faden verloren und fragte mit einmal: »Was geht mich das eigentlich an?«

Jeramiel bescheiden: »Ich dachte, es würde dich interessieren. Es hing mit der Frage nach Herkules zusammen.«

Aber Michael hatte plötzlich wieder seine Patrouillen entdeckt und brüllte:

»Was machen die hier? Ich habe schon einmal gefragt. «

Gabriel: »Sie wollten dir etwas von der Erde melden. Sie sind schon lange hier. Du schliefst. Wie wir im Begriff waren, dich zu wecken, fiel dein Schwert hin, und die Plakette löste sich. «

Jetzt endlich war Michael bei den Patrouillen:

»Bürschlein, kommt einmal her, noch dichter, ganz dicht. So, wird's bald? Wie konntet ihr wagen, ohne Befehl, ohne besondere Erlaubnis euern Posten zu verlassen! Wißt ihr, was Fahnenflucht ist, ihr Deserteure? «

Sie warfen sich hin und flehten um Gnade. Und während die andern Erzengel den wilden Sankt Michael beruhigten, begannen die Kundschafter mit dem Gesicht nach unten (infolgedessen er manches nur halb verstand und sie alles wiederholen mußten), die ganze unglückliche Geschichte von der Erde zu erzählen.

Er beruhigte sich nach und nach. Er setzte sich auf eine Stufe und begann, sie sachlich auszufragen. Sofort schnatterten sie los, durcheinander. Er mußte von Zeit zu Zeit Ruhe gebieten, um das Ganze zu verdauen. Der eine erzählte von Danzig und Polen, der andere von Dänemark und Norwegen, der dritte von Belgien, Holland, Frankreich, der vierte von England. Es war ungeheuer. Der fünfte erzählte sogar von Japan und den Selbstmordbombern. Flieger stürzten sich im Pazifischen Ozean auf Kriegsschiffe und explodierten mit ihnen.

Da mußten die Botschafter eine lange Pause einschalten. Michael brauchte immer viel Zeit, um sich in die Dinge hineinzudenken: Menschen, die sich auf Kriegsschiffe mit Bomben fallen lassen, senkrecht aus der Luft, und explodieren: das interessierte ihn technisch.

Man saß und stand eine Weile stumm.

Endlich hob Michael den Kopf, sein Gesicht trübe, die Stirn gefurcht, melancholisch: »Und während all der Zeit habe ich geschlafen? Was hat mich in Schlaf versenkt? «

Er erhob sich, reckte sich. Sein Schwert stellte er vor sich. Er träumte noch.

Um ihn aus seinem Traum zu ziehen, sprachen die Erzengel ihm zu.

Raphael fragte, ob er nicht das Krachen des Blitzbombardements über London gehört hätte.

Er lachte stolz: »Nein.«

In diesem Augenblick bewegte sich der Himmel. Eine Stimme: »Michael!«

Alles veränderte sich.

Die Erzengel wandten die Gesichter dem Thron zu.

Nichts war zu vernehmen.

Wie das Lied der Engel wieder rauschte, stand Michael strahlend da, donnerdunkel sein Gesicht, seine Löwenmähne schaukelte. Er bückte sich, stülpte sich den Helm auf und befestigte ihn. Er stieß sein nacktes Schwert senkrecht in die Höhe.

Auf sein schwarzes Schlachtroß warf er sich. Den Heerscharen voran riß er sich aus dem Himmel los. Er blitzte auf die Erde hinunter.

Sein Name, Michael: »Wer ist gleich Gott«; sein Amt, den Menschen zu zeigen: Gott lebt.

Wo er erschien, warf er sein Schwert in die Waagschale. Er verwirrte, wo er wollte. Er schuf die schlimmen und die guten Zufälle.

Die Schlachten rollten zu Ende.

Eine Frau steht vor der Kirchentür und schlägt ihre Thesen an, mit Händen und mit Füßen.

Da – krachte die Tür auf.

Der Engel, der heraustrat, zu Fuß, sein müdes Roß hinter sich am Zügel, war Michael. Wer = ist = gleich = Gott.

Das Licht, das von seinem Schwert ausging, konnte töten. Es ließ Kraft in sie fließen. Sie war umgefallen, sie konnte aufstehen.

Sie fühlte sich so stark, daß sie fast Sankt Michael um sein Pferd und seine Waffen gebeten hätte, um selber zu reiten und sich ihr Recht zu holen.

Aber er gab der Mutter weder Pferd noch Schwert. Denn an dem Schwert hatten sich ja, wie wir wissen, schon andere ohne Erfolg versucht.«

Herrn K.'s Lieblingstier

Als Herr K. gefragt wurde, welches Tier er vor allen schätze, nannte er den Elefanten und begründete dies so: Der Elefant vereint List mit Stärke. Das ist nicht die kümmerliche List, die ausreicht, einer Nachstellung zu entgehen oder ein Essen zu ergattern, indem man nicht auffällt, sondern die List, welcher die Stärke für große Unternehmungen zur Verfügung steht. Wo dieses Tier war, führt eine breite Spur. Dennoch ist es gutmütig, es versteht Spaß. Es ist ein guter Freund, wie es ein guter Feind ist. Sehr groß und schwer, ist es doch auch sehr schnell. Sein Rüssel führt einem enormen Körper auch die kleinsten Speisen zu, auch Nüsse. Seine Ohren sind verstellbar: er hört nur, was ihm paßt. Er wird auch sehr alt. Er ist auch gesellig, und dies nicht nur zu Elefanten. Überall ist er sowohl beliebt als auch gefürchtet. Eine gewisse Komik macht es möglich, daß er sogar verehrt werden kann. Er hat eine dicke Haut, darin zerbrechen die Messer; aber sein Gemüt ist zart. Er kann traurig werden. Er kann zornig werden. Er tanzt gern. Er stirbt im Dikkicht. Er liebt Kinder und andere kleine Tiere. Er ist grau und fällt nur durch seine Masse auf. Er ist nicht eßbar. Er kann gut arbeiten. Er trinkt gern und wird fröhlich. Er tut etwas für die Kunst: er liefert Elfenbein.

Maßnahmen gegen die Gewalt

Als Herr Keuner, der Denkende, sich in einem Saale vor vielen gegen die Gewalt aussprach, merkte er, wie die Leute vor ihm zurückwichen und weggingen. Er blickte sich um und sah hinter sich stehen – die Gewalt.

»Was sagtest du?« fragte ihn die Gewalt.

»Ich sprach mich für die Gewalt aus«, antwortete Herr Keuner.

Als Herr Keuner weggegangen war, fragten ihn seine Schüler nach seinem Rückgrat. Herr Keuner antwortete: »Ich habe kein Rückgrat zum Zerschlagen. Gerade ich muß länger leben als die Gewalt.«

Und Herr Keuner erzählte folgende Geschichte:

In die Wohnung des Herrn Egge, der gelernt hatte, nein zu sagen, kam eines Tages in der Zeit der Illegalität ein Agent, der zeigte einen Schein vor, welcher ausgestellt war im Namen derer, die die Stadt beherrschten, und auf dem stand, daß ihm gehören solle jede Wohnung, in die er seinen Fuß setze; ebenso sollte ihm auch jedes Essen gehören, das er verlange; ebenso sollte ihm auch jeder Mann dienen, den er sähe.

Der Agent setzte sich in einen Stuhl, verlangte Essen, wusch sich, legte sich nieder und fragte mit dem Gesicht zur Wand vor dem Einschlafen: »Wirst du mir dienen?«

Herr Egge deckte ihn mit einer Decke zu, vertrieb die Fliegen, bewachte seinen Schlaf, und wie an diesem Tage gehorchte er ihm sieben Jahre lang. Aber was immer er für ihn tat, eines zu tun hütete er sich wohl: das war, ein Wort zu sagen. Als nun die sieben Jahre herum waren und der Agent dick geworden war vom vielen Essen, Schlafen und Befehlen, starb der Agent. Da wickelte ihn Herr Egge in die verdorbene Decke, schleifte ihn aus dem Haus, wusch das Lager, tünchte die Wände, atmete auf und antwortete: »Nein.«

Märchen vom Korbstuhl

Ein junger Mensch saß in seiner einsamen Mansarde. Er hatte Lust, ein Maler zu werden; aber da war manches recht Schwierige zu überwinden, und fürs erste wohnte er ruhig in seiner Mansarde, wurde etwas älter und hatte sich daran gewöhnt, stundenlang vor einem kleinen Spiegel zu sitzen und versuchsweise sein Selbstbildnis zu zeichnen. Er hatte schon ein ganzes Heft mit solchen Zeichnungen angefüllt, und einige von diesen Zeichnungen hatten ihn sehr befriedigt.

»Dafür, daß ich noch völlig ohne Schulung bin«, sagte er zu sich selbst, »ist dieses Blatt doch eigentlich recht gut gelungen. Und was für eine interessante Falte da neben der Nase. Man sieht, ich habe etwas vom Denker an mir, oder doch so etwas Ähnliches. Ich brauche nur die Mundwinkel ein klein wenig herunterzuziehen, dann gibt es einen so eigenen Ausdruck, direkt schwermütig. «

Nur wenn er die Zeichnungen dann einige Zeit später wieder betrachtete, gefielen sie ihm meistens gar nicht mehr. Das war unangenehm, aber er schloß daraus, daß er Fortschritte mache und immer größere Forderungen an sich selbst stelle.

Mit seiner Mansarde und mit den Sachen, die er in seiner Mansarde stehen und liegen hatte, lebte dieser junge Mann nicht ganz im wünschenswertesten und innigsten Verhältnis, doch immerhin auch nicht in einem schlechten. Er tat ihnen nicht mehr und nicht weniger Unrecht an, als die meisten Leute tun, er sah sie kaum und kannte sie schlecht.

Wenn ihm wieder ein Selbstbildnis nicht recht gelungen war, dann las er zuweilen in Büchern, aus welchen er erfuhr, wie es anderen Leuten ergangen war, welche gleich ihm als bescheidene und gänzlich unbekannte junge Leute angefangen hatten und dann sehr berühmt geworden waren. Gern las er solche Bücher, und las in ihnen seine eigene Zukunft.

So saß er eines Tages wieder etwas mißmutig und bedrückt zu

Hause und las über einen sehr berühmten holländischen Maler. Er las, daß dieser Maler von einer wahren Leidenschaft, ja Raserei besessen gewesen sei, ganz und gar beherrscht von dem einen Drang, ein guter Maler zu werden. Der junge Mann fand, daß er mit diesem holländischen Maler manche Ähnlichkeit habe. Im Weiterlesen entdeckte er alsdann mancherlei, was auf ihn selbst weniger paßte. Unter anderem las er, wie jener Holländer bei schlechtem Wetter, wenn man draußen nicht malen konnte, unentwegt und voll Leidenschaft alles, auch das geringste, abgemalt habe, was ihm unter die Augen gekommen sei. So habe er einmal ein altes Paar Holzschuhe gemalt, und ein andermal einen alten, schiefen Stuhl, einen groben, rohen Küchen- und Bauernstuhl aus gewöhnlichem Holz, mit einem aus Stroh geflochtenen, ziemlich zerschlissenen Sitz. Diesen Stuhl, welchen gewiß sonst niemals ein Mensch eines Blickes gewürdigt hätte, habe nun der Maler mit so viel Liebe und Treue, mit soviel Leidenschaft und Hingabe gemalt, daß das eines seiner schönsten Bilder geworden sei. Viele schöne und geradezu rührende Worte fand der Schriftsteller über diesen gemalten Strohstuhl zu sagen.

Hier hielt der Lesende inne und besann sich. Da war etwas Neues, was er versuchen mußte. Er beschloß, sofort – denn er war ein junger Mann von äußerst raschen Entschlüssen – das Beispiel dieses großen Meisters nachzuahmen und einmal diesen Weg zur Größe zu probieren.

Nun blickte er in seiner Dachstube umher und merkte, daß er die Sachen, zwischen denen er wohnte, eigentlich noch recht wenig angesehen habe. Einen krummen Stuhl mit einem aus Stroh geflochtenen Sitz fand er nirgends, auch keine Holzschuhe standen da, er war darum einen Augenblick betrübt und mutlos, und es ging ihm beinahe wie schon so oft, wenn er über dem Lesen vom Leben großer Männer den Mut verloren hatte: er fand dann, daß gerade alle die Kleinigkeiten und Fingerzeige und wunderlichen Fügungen, welche im Leben jener anderen eine so schöne Rolle spielten, bei ihm ausblieben und vergebens auf sich warten ließen. Doch raffte er sich bald wieder auf und sah ein, daß es jetzt erst recht seine Aufgabe sei, hartnäckig seinen schweren Weg zum Ruhm zu verfolgen. Er musterte alle Gegenstände in seinem Stübchen und entdeckte einen Korbstuhl, der ihm recht wohl als Modell dienen könnte.

Er zog den Stuhl mit dem Fuß ein wenig näher zu sich, spitzte seinen Künstlerbleistift, nahm das Skizzenbuch auf die Knie und fing an zu zeichnen. Ein paar leise erste Striche schienen ihm die Form genügend anzudeuten, und nun zog er rasch und kräftig aus und hieb mit ein paar Strichen dick die Umrisse hin. Ein tiefer, dreieckiger Schatten in einer Ecke lockte ihn, er gab ihn kraftvoll an, und so fuhr er fort, bis irgend etwas ihn zu stören begann.

Er machte noch eine kleine Weile weiter, dann hielt er das Heft von sich weg und sah seine Zeichnung prüfend an. Da sah er, daß der Korbstuhl stark verzeichnet war.

Zornig riß er eine neue Linie hinein und heftete dann den Blick grimmig auf den Stuhl. Es stimmte nicht. Das machte ihn böse.

»Du Satan von einem Korbstuhl«, rief er heftig, »so ein launisches Vieh habe ich doch noch nie gesehen!«

Der Stuhl knackte ein wenig und sagte gleichmütig: »Ja, sieh mich nur an! Ich bin, wie ich bin, und werde mich nicht mehr ändern.«

Der Maler stieß ihn mit der Fußspitze an. Da wich der Stuhl zurück und sah jetzt wieder ganz anders aus.

»Dummer Kerl von einem Stuhl«, rief der Jüngling, »an dir ist ja alles krumm und schief.« – Der Korbstuhl lächelte ein wenig und sagte sanft: »Das nennt man Perspektive, junger Mann.«

Da sprang der Jüngling auf. »Perspektive!« schrie er wütend. »Jetzt kommt dieser Bengel von einem Stuhl und will den Schulmeister spielen! Die Perspektive ist meine Angelegenheit, nicht deine, merke dir das!«

Da sagte der Stuhl nichts mehr. Der Maler ging einige Male heftig auf und ab, bis von unten her mit einem Stock zornig gegen seinen Fußboden geklopft wurde. Dort unten wohnte ein älterer Mann, ein Gelehrter, der keinen Lärm vertrug.

Er setzte sich und nahm sein letztes Selbstbildnis wieder vor. Aber es gefiel ihm nicht. Er fand, daß er in Wirklichkeit hübscher und interessanter aussehe, und das war die Wahrheit.

Nun wollte er in seinem Buch weiterlesen. Aber da stand noch mehr von jenem holländischen Strohsessel, und das ärgerte ihn. Er fand, daß man von jenem Sessel doch wirklich reichlich viel Lärm mache, und überhaupt...

Der junge Mann suchte seinen Künstlerhut und beschloß, ein wenig auszugehen. Er erinnerte sich, daß ihm schon vor längerer Zeit einmal das Unbefriedigende der Malerei aufgefallen war. Man hatte da nichts als Plage und Enttäuschungen, und schließlich konnte ja auch der beste Maler der Welt bloß die simple Oberfläche der Dinge darstellen. Für einen Menschen, der das Tiefe liebte, war das am Ende kein Beruf. Und er faßte wieder, wie schon mehrmals, ernstlich den Gedanken ins Auge, doch noch einer früheren Neigung zu folgen und lieber Schriftsteller zu werden. Der Korbstuhl blieb allein in der Mansarde zurück. Es tat ihm leid, daß sein junger Herr schon gegangen war. Er hatte gehofft, es werde sich nun endlich einmal ein ordentliches Verhältnis zwischen ihnen anspinnen. Er hätte recht gern zuweilen ein Wort gesprochen, und er wußte, daß er einen jungen Menschen wohl manches Wertvolle zu lehren haben würde. Aber es wurde nun leider nichts daraus.

Chamfort erzählt seinen Tod

Es ist nun beinahe sieben Wochen her, daß ich versucht habe, mein Leben zu beenden, ein Versuch, der mißglückt ist, sonst könnte ich ja nicht von ihm berichten, aber doch nicht völlig mißglückt.

Damals, Mitte November, erschien in meiner Dienstwohnung, Rue Neuve des Petits-Champs Nummer 18, derselben, in der ich jetzt schreibe, ein Kommissar der republikanischen Polizei mit seinen Leuten und wies den Befehl vor, mich, Sébastien-Roch Nicolas, genannt Chamfort, Schriftsteller und Direktor der Nationalbibliothek, ins Gefängnis zu führen.

Es war nicht meine erste Verhaftung. Aber dieser neuen gedachte ich nicht zu folgen. Unter dem Vorwand, meine Habseligkeiten zu packen, begab ich mich in ein entferntes Kabinett und legte hier Hand an mich, durchaus entschlossen und sogar hartnäckig. Allein ich war ungeschickt. Ich wurde in hilflosem Zustand entdeckt, man rief Ärzte, die alles taten, um eine Existenz, die ich hatte loswerden wollen, kunstgerecht zu bewahren. Seitdem besuchen mich diese Gelehrten, die Doktoren Brasdin und Beaudouin, täglich, auch der hochangesehene Chirurg Dr. Dessault beehrt mich, aus reinem Interesse an der Erhaltung eines bedeutenden Autors, wie er mich wissen läßt, und jedenfalls ohne einer Bezahlung zu gedenken. Diese Herren sind entzückt von den Fortschritten, die ihre Kunst bereits an mir erzielt hat, und ich hüte mich höflicherweise, ihnen die Illusion vorzeitig zu nehmen.

Aber ich weiß es besser als sie. Es ist mein letztes Jahr, das beginnt.

Denn ich schreibe in der Silvesternacht, auf der Schwelle zum Jahre 1794. Aus meinem Arbeitszimmer im ersten Stockwerk blicke ich in die Rue Neuve des Petits-Champs hinaus. Der Tisch, an dem ich schreibe – in gezwungener und komplizierter Haltung, denn meine beschädigten Gliedmaßen schmerzen beinahe in jeder, steht zwischen den beiden Fenstern, von denen die blauen Ripsvorhänge zurückgezogen sind. Draußen hängt in der Höhe meines Gesichts, an einem Strick, der quer über die Straße gespannt ist, eine Öllaterne, die in der windigen Nacht, von leichten Schneeflocken umstöbert, fortwährend leise schwankt. Auf diese Weise erkenne ich ihr Licht nur als einen mondig milchigen Schimmer, was überhaupt kein Wunder ist, da ich nur noch ein Auge besitze.

Auf meinem Schreibtisch, einem hübschen, geschweiften Stück, das wie beinahe mein gesamtes Mobiliar zum Eigentum der Nationalbibliothek gehört und aus der frühen Zeit des vorletzten Königs stammen muß, brennen drei Kerzen. Aber sie genügen unter den Umständen kaum, das Blatt vor mir befriedigend zu erhellen. Ich bemerke soeben, daß ich diese letzte Zeile hier über die vorletzte geschrieben habe, so daß ein schwer leserliches Gesudele entstanden ist, und ich besser beide kopiere. Ich habe schon einen ganz hübschen Vorgeschmack von der Dunkelheit, die mich, meinen zuversichtlichen Ärzten zum Trotz, in der Nähe erwartet.

Auch von der Stille, die nach so viel Gerede, Gelächter und Deklamation mich umgeben wird, gibt diese Neujahrsnacht einen Vorgenuß. Wiewohl das Gehör zu jenen Funktionen meines Leibes zählt, die intakt geblieben sind, vernehme ich nichts. Unten auf der Straße im Flockenfall scheint sich kein Mensch zu bewegen. Und hinter meinem Rücken weiß ich die weiten, tiefen Räume der Bibliothek, wo im Dunkel die Hunderttausende von Bänden auf ihren Regalen gereiht stehen, Meile um Meile davon, das zu Milliarden Lettern schwarzgeronnene Herzblut derer, die ihre gierig wimmelnden, stolpernden Menschengenossen haben aufhorchen machen, zur Besinnung bringen und anleiten wollen.

Der Wurm wandelt dort bohrend von einem ledernen Einbanddeckel zum andern, der Buch-Skorpion, Chiridium Museorum, langsam wie der menschliche Fortschritt, und erliegt mitten auf seiner unwissenden Wanderung, im dritten Jahr des ›Peloponnesischen Kriegs‹ oder vorm Eintritt in das Paradiso des Dante. Lärmte das Nagen und Raspeln dieser Würmer zusammen in eins, es müßte kreischen wie das Geräusch einer Säge. Aber sie sind weit voneinander entfernt, jeder bohrt ganz allein. So höre ich nichts.

Etwas anderes vermag ich zu hören, wenn ich meinen Atem anhalte: ein zartes Schnaufen, ein diskretes Schnarchen genau gesagt, aus jenem abgelegenen Kabinett, darin ich vor sieben Wochen meine hartnäckigen Versuche angestellt habe. Ich ahne es eigentlich mehr, als daß ich es höre. Aber ich ahne es gern.

Der da so verhalten schnarcht, ist der Gendarm Louis Le Courcheux, ein mir von Gerichts wegen in die Wohnung gelegter Aufseher, den ich bis zum Betrag von drei Franken täglich selbst zu erhalten habe. Es könnte überflüssig erscheinen, daß man einem Mann, der kaum mehr sieht und dessen Glieder ihm vielfach den Dienst versagen, einen ständigen Aufpasser beigibt. Aber ich bin weit entfernt, mich in meinem Fall zu beklagen. Denn der Gendarm Le Courcheux ist mir, statt eines Büttels, vielmehr ein dienender Gefährte und Helfer geworden.

Er ist ein Mann um die Vierzig, appetitlich in seiner Person und stets delikat rasiert, der in seiner Kleidung so wenig Amtliches zeigt, wie ihm nur irgend erlaubt scheint. Sein Betragen ist still und sanft, von nie durchbrochener, sogar etwas umständlicher Höflichkeit, und erinnert an nichts so sehr als an einen vertrauten Kammerdiener in einem verschwundenen Adelshause. Er steht jetzt im Dienst der Republik und profitiert zu seinem bescheidenen Teil von den veränderten Umständen. Aber ich muß es ihm öfters verweisen, daß er mich durchaus nicht ›Bürger‹, nach der herrschenden Vorschrift, sondern unter Anwendung der dritten Person ›Monsieur‹ und mit Vorliebe ›Monsieur de Chamfort‹ nennt. Ich verweise ihm das, nicht weil ich durchaus ›Bürger‹ geheißen sein möchte, sondern weil mir das Adelsprädikat nicht zukommt, mir auch nie zugekommen ist, und weil meine Empfindlichkeit, sogar in solch untergeordneten Dingen, gegen jede Art von blauem Dunst und Mogelei mechanisch reagiert. Reine Sache der Nerven. Als ob es nicht vor der Tür zum Nichts dreifach gleichgültig wäre, ob jemand mit Vicomte, Marquis, Bürger oder Schweinehund angeredet wird.

Jedenfalls, ich könnte mir keinen angenehmeren Lebens- oder Ablebensgefährten wünschen als Louis Le Courcheux. Ob er Befugnis dazu besitzt, weiß ich nicht; aber er hat sich erboten, mich auf Ausgängen durch Paris zu begleiten. Miete ich unten an der Ecke der Rue de Richelieu eine der altersmorschen Sänften, die da noch bereitstehen, so wandert er neben den tragenden Savoyarden her und macht sie auf Unebenheiten des Pflasters aufmerksam. Und so erscheine ich, tappend und brüchig, mitunter im Zirkel der Freunde, die mir geblieben sind, und verbringe eine belebte Abendstunde mit verständigen Männern, ein Vergnügen, das ich seit jeher geliebt habe, und eines der wenigen, die ich mit meinem bevorstehenden Eintritt in das endgültige Schweigen ungern aufgebe.

Mein Gendarm ist verheiratet. Auf einem unserer Gänge durch Paris gelangten wir, ob durch Zufall oder auch nicht, in die unmittelbare Nähe seiner Wohnung, Rue Jean de l'Eglise, und er bat mich um die Ehre, bei ihm einzutreten. Ich hatte den Eindruck, daß wir erwartet wurden. Seine Frau, eine hübsche, füllige Pikardin, von dem halbspanischen Typus, der in jener Nordprovinz auffallenderweise angetroffen wird, hielt einen Imbiß bereit. Er wurde uns von seiner Nichte aufgetragen, einem reizenden, sechzehnjährigen Geschöpf von zugleich engelhaftem und aufgewecktem Wesen.

Diese Nichte, Denise geheißen, Bruderstochter meines Gendarmen und Waise, hatte ihre Erziehung bei den ›Dames de La Congrégation‹ im Faubourg Saint-Marcel genossen und war erst kürzlich, nach Aufhebung der Klöster, zu ihren Verwandten zurückgekehrt. Ihr Onkel veranlaßte sie, mir ihre Schulhefte vorzuweisen, was sie auch sogleich mit anmutig bemänteltem Stolz tat. Ich sah die klarste und rundeste Handschrift der Welt, Kennzeichen eines natürlichen Geschmacks und einer ebenmäßig entwickelten Intelligenz. Unter liebevollem Kopfnicken gegen das Mädchen hin bemerkte mein Gendarm, daß die Äbtissin oder Vorsteherin jener Erziehungsanstalt alle ihre Berichte und Memoranden an die geistlichen Oberen der jungen Denise in die Feder diktiert habe, gewiß nicht nur in Würdigung ihrer Kalligraphie, sondern auch im Vertrauen auf ihre Verschwiegenheit.

Dem allem lag eine Absicht zu Grunde. Le Courcheux mußte bemerkt haben, wie sehr schon beim Abfassen kurzer Briefe mich mein Körperzustand behinderte, und er bot mir seine schönschreibende Nichte als Amanuensis an, ausdrücklich ohne Entgelt. Aus der Manier, in der er dies tat, sprach ein so hoher Respekt vor der Literatur als Beruf, daß ich schmerzhaft, ja wie von Reue berührt wurde. Denn mir selbst war dieser Respekt in meiner Laufbahn völlig abhanden gekommen. Oder wenigstens glaubte ich das.

Ich dankte ihm höflich. Ich dachte durchaus nicht daran, den Versuchen meines fünfzigjährigen Daseins während meiner kurzen Zusatzfrist noch neue hinzuzufügen. Und am wenigsten kam es mir in den Sinn, über dies Dasein selbst, das ich als wertlos und fruchtlos ansah, als verschwendet, verzettelt, verwirkt und vertan, Aufzeichnungen zu hinterlassen. Ich hatte mich abgefunden damit, achselzuckend es mir bescheinigt, daß nicht ein Vers von mir, keine Seite, nicht einmal die zwei Silben meines Berufsnamens meinen verurteilten Leib überdauern würden. Mit dem Stolz des von sich selber Enttäuschten, der wenigstens dartun will, daß keine Illusion ihn betrügt, hatte ich es sogar immer abgelehnt, die Erzeugnisse meiner literarischen Tätigkeit vom Buchhandel vereinigen zu lassen. Dort hinten in den tiefen Räumen der französischen Nationalbibliothek gibt es auf keinem der meilenlangen Regale eine Gesamtausgabe der Werke Chamforts.

Aber in diesen Wochen, sehr bald schon nach jenem Abstecher in die Wohnung meines Gendarmen, bin ich wankend geworden. Jemand hat mich wankend gemacht. Jemand ist aufgetreten, ein Freund, hat in das vor mir liegende Dunkel hinausgedeutet und mir in der Ferne ein kleines Licht gewiesen. Nicht völlig werde meine Spur vergehen, versichert der Freund und wiederholt es, höherem Nachdruck zuliebe, noch auf lateinisch. Einem ganz bestimmten Teil des von mir Erzeugten, den ich selber am geringsten geachtet, unpubliziert im Winkel abgelegt und da beinahe vergessen hatte, gerade dem spricht seine biedere Stimme ›Unvergänglichkeit‹ zu.

Er ist nicht der erste beste, dieser Freund. Er ist kein Schwärmer, kein Plauderer, und seinem Urteil wird Gewicht zuerkannt. Ist er aber auch nur ein wenig im Recht – und ganz erstaunt nahm ich wahr, wie willig die höhnische Resigniertheit meines Herzens seinem Spruch und Zuspruch sich öffnete – wenn ich wirklich ›non omnis moriar‹, wenn es in einer entfernteren Zukunft Menschen geben wird, die mit den Silben meines Namens einen Begriff verbinden und seinem abgeschiedenen Träger einige Blitze der Erkenntnis und bittern Erheiterung danken, so verlangt es diese Ungeborenen auch vielleicht, etwas über die brüchige Existenz zu erfahren, aus der diese kurzen Blitze einst gezuckt sind.

Drei oder vier Monate Frist würden zur Abrundung eines gedrängten Lebensberichts wohl genügen. Reißt aber der Faden vorzeitig ab, bricht ein Blutgefäß ein oder rührt sich die Bleikugel, die irgendwo in meinem Kopf steckt, so bleibt eben von einer durchaus fragmentarischen Existenz ein Fragment mehr zurück und mag sich verlieren. Beispielmäßiges verlöre ich nicht damit: mein Dasein ist nicht von der Art gewesen, auf die man die Schuljugend mit erhobenem Finger hinweist.

Ich werde also morgen meinen Gendarmen bitten, seine schlanke Nichte herzubestellen. Ich werde diktierend im Zimmer umherhinken oder dort seitlich in dem kühlen, schwarzen Ledersessel darauf warten, was für Fische aus dem tiefen Teich meiner Vergangenheit aufschnellen, um Luft zu schnappen. Die junge Denise wird hier am Tisch zwischen den Fernstern sitzen, ich werde auf ihren weißen, gebogenen Nacken schauen, auf das schimmernde Haar darüber, das die Farbe dunkleren Honigs hat, und ein Hauch unschuldiger Jugend wird zu mir herwehen. Es ist köstlich, mit einem unschuldigen weiblichen Wesen die Atemluft zu teilen. Für solche Freuden habe ich in den Jahren meines eigentlichen Lebens nicht den rechten Sinn gehabt. Es gibt Vorgänge darin, die sich wenig eignen, von einem zarten Geschöpf, das noch kürzlich bei den Dames de La Congrégation zu Hause war, vernommen und aufgezeichnet zu werden. Darum werde ich vor gewissen Strecken meiner Erzählung Denise bitten müssen, die Feder niederzulegen, und werde mich selber zur Niederschrift bequemen trotz Gliederweh und versagendem Auge.

Beides macht mir eben jetzt wieder zu schaffen. Ich muß an diesen wenigen Seiten eine ganze Weile gekritzelt haben. Der Wind draußen und das Schneetreiben um die sechseckige Laterne haben aufgehört. Ich nehme an, daß wir schon eine Stunde weit in meinem letzten Lebensjahr sind.

Der Übertritt hat sich unmerklich vollzogen. Es gab kein Glockenläuten um Mitternacht, erstens weil jetzt ganz allgemein die Glocken wenig geläutet werden, und sodann weil nach unserer neuen Zeitrechnung diese Nacht überhaupt keine Wende bedeutet.

Ich werfe einen Blick auf den vergleichenden Kalender, der zur Bequemlichkeit Lernstutziger gedruckt worden ist, und stelle fest, daß wir den elften Tag im Monat Nivôse schreiben, dem ›Schnee-mond‹, dem ein ›Reifmond‹ vorausging und ein ›Regenmond‹ folgt. Wir befinden uns im zweiten Jahr dieser Ära, die mit der Einführung der Republik begonnen.

Solch eine Neuordnung zeugt von historischem Selbstgefühl und von Tatsachensinn. Aber ich persönlich fühle mich der Mühe über-hoben, mich genauer mit ihr vertraut zu machen, ebenso wie mit den veränderten Gewichten und Maßen, die in der Tat viel prakti-scher sein sollen als die alten. Denn wie ich auf dieser wirbelnden Kugel nicht mehr viel zu messen und zu wägen habe, so kann es mir auch gleichgültig sein, von welchem Ereignis her dies letzte Jahr meines Daseins gezählt wird, ob vom legendären Erscheinen des sanften Helden, der für die Menschen am Kreuz geblutet, oder von dem sicherlich verbürgteren Ende des schwerfälligen Fürsten, der, ohne von der Sache viel zu begreifen, die Sünden seiner Vorgänger auf dem Block gebüßt hat.

Ich war Zeuge großer Veränderungen, ein von bitteren Leiden-schaften bewegter Zeuge, wiewohl nicht von Heldenstatur. Der heftigste Erdriß und Erdrutsch neuerer Geschichte verschlingt mich bei wachem Bewußtsein. Und so, zwischen Sterben und Tod, im offenen Grab sitzend gewissermaßen, erstatte ich meinen Be-richt.

Seine k. und k. apostolische Majestät

Für Stefan Zweig

Es war einmal ein Kaiser. Ein großer Teil meiner Kindheit und meiner Jugend vollzog sich in dem oft unbarmherzigen Glanz seiner Majestät, von der ich heute zu erzählen das Recht habe, weil ich mich damals gegen sie so heftig empörte. Von uns beiden, dem Kaiser und mir, habe ich recht behalten – was noch nicht heißen soll, daß ich recht hatte. Er liegt begraben in der Kapuzinergruft und unter den Ruinen seiner Krone, und ich irre lebendig unter ihnen herum. Vor der Majestät des Todes und seiner Tragik – nicht vor seiner eigenen – schweigt meine politische Überzeugung und nur die Erinnerung ist wach. Kein äußerer Anlaß hat sie geweckt. Vielleicht nur einer jener verborgenen, inneren und privaten, die manchmal einen Schriftsteller reden heißen, ohne daß er sich darum kümmerte, ob ihm jemand zuhört.

Als er begraben wurde, stand ich, einer seiner vielen Soldaten der Wiener Garnison, in der neuen feldgrauen Uniform, in der wir ein paar Wochen später ins Feld gehen sollten, ein Glied in einer langen Kette, welche die Straßen säumte. Der Erschütterung, die aus der Erkenntnis kam, daß ein historischer Tag eben verging, begegnete die zwiespältige Trauer über den Untergang eines Vaterlandes, das selbst zur Opposition seine Söhne erzogen hatte. Und während ich es noch verurteilte, begann ich schon, es zu beklagen. Und während ich die Nähe des Todes, dem mich noch der tote Kaiser entgegenschickte, erbittert maß, ergriff mich die Zeremonie, mit der die Majestät (und das war: Österreich-Ungarn) zu Grabe getragen wurde. Die Sinnlosigkeit seiner letzten Jahre erkannte ich klar, aber nicht zu leugnen war, daß eben diese Sinnlosigkeit ein Stück meiner Kindheit bedeutete. Die kalte Sonne der Habsburger erlosch, aber es war eine Sonne gewesen.

An dem Abend, an dem wir in Doppelreihen in die Kaserne zurückmarschierten, in den Hauptstraßen noch Parademarsch, dachte ich an die Tage, an denen mich eine kindische Pietät in die körperliche Nähe des Kaisers geführt hatte, und ich beklagte zwar nicht den Verlust jener Pietät, aber den jener Tage. Und weil der Tod des Kaisers meiner Kindheit genauso wie dem Vaterland ein Ende gemacht hatte, betrauerte ich den Kaiser und das Vaterland wie meine Kindheit. Seit jenem Abend denke ich oft an die Sommermorgen, an denen ich um sechs Uhr früh nach Schönbrunn hinausfuhr, um den Kaiser nach Ischl abreisen zu sehen. Der Krieg, die Revolution und meine Gesinnung, die ihr recht gab, konnten die sommerlichen Morgen nicht entstellen und nicht vergessen machen. Ich glaube, daß ich jenen Morgen einen stark empfindlichen Sinn für die Zeremonie und die Repräsentation verdanke, die Fähigkeit zur Andacht vor der religiösen Manifestation und vor der Parade des neunten November auf dem Roten Platz im Kreml, vor jedem Augenblick der menschlichen Geschichte, dessen Schönheit seiner Größe entspricht, und vor jeder Tradition, die ja zumindest eine Vergangenheit beweist.

An jenen Sommermorgen regnete es grundsätzlich nicht und oft leiteten sie einen Sonntag ein. Die Straßenbahnen hatten einen Sonderdienst eingerichtet. Viele Menschen fuhren hinaus, zu dem höchst naiven Zweck der Spalierbildung. Auf eine sonderbare Weise vermischte sich ein sehr hohes, sehr fernes und sehr reiches Trillern der Lerchen mit den eilenden Schritten Hunderter Menschen. Sie liefen im Schatten, die Sonne erreichte erst die zweiten Stockwerke der Häuser und die Kronen der höchsten Bäume. Von der Erde und von den Steinen kam noch nasse Kühle, aber über den Köpfen begann schon die sommerliche Luft, so daß man gleichzeitig eine Art Frühling und den Sommer fühlte, zwei Jahreszeiten, die übereinander lagen, statt aufeinander zu folgen. Der Tau glänzte noch und verdunstete schon und von den Gärten kam der Flieder mit der frischen Vehemenz eines süßen Windes. Hellblau und straff gespannt war der Himmel. Von der Turmuhr schlug es sieben.

Da ging ein Tor auf und ein offener Wagen rollte langsam heraus, weiße Pferde mit zierlichem Schritte und gesenkten Köpfen, ein regloser Kutscher auf einem sehr hohen Bock, in einer graugelben Livree, die Zügel so locker in der Hand, daß sie eine sanfte Mulde über den Rücken der Pferde bildeten und daß es unverständlich blieb, warum die Tiere so straff gingen, da sie doch offensichtlich Freiheit genug hatten, ein ihnen natürliches Tempo anzuschlagen. Auch die Peitsche rührte sich nicht, kein Instrument der Züchtigung, nicht einmal eins der Mahnung. Ich begann zu ahnen, daß der Kutscher ganz andere Kräfte hatte als die seiner Fäuste und andere Mittel als Zügel und Peitsche. Seine Hände waren übrigens zwei blendende weiße Flecke mitten im schattigen Grün der Allee. Die hohen und großen, aber zarten Räder des Wagens, deren dünne Speichen an glänzende Dirigentenstäbe erinnerten, an ein Kinderspiel und eine Zeichnung in einem Lesebuch – diese Räder vollendeten ein paar sanfte Drehungen auf dem Kies, der lautlos blieb, als wäre er ein feingemahlener Sand. Dann stand der Wagen still. Kein Pferd bewegte den Fuß. Kaum, daß eines ein Ohr zurücklegte – und schon diese Bewegung empfand der Kutscher als ungeziemend. Nicht, daß er sich gerührt hätte! Aber ein ferner Schatten eines fernen Schattens zog über sein Angesicht, so daß ich überzeugt war, sein Unmut käme nicht aus ihm selbst, sondern aus der Atmosphäre und über ihn. Alles blieb still. Nur Mücken tanzten um die Bäume, und die Sonne wurde immer wärmer.

Polizisten in Uniform, die bis jetzt Dienst gemacht hatten, verschwanden plötzlich und lautlos. Es gehörte zu den kalt berechneten Anordnungen des alten Kaisers, daß kein sichtbar Bewaffneter ihn und seine Nähe bewachen durfte. Die Polizeispitzel trugen graue Hütchen statt der grünen, um nicht erkannt zu werden. Komiteemänner in Zylindern, mit schwarz-gelben Binden, erhielten die Ordnung aufrecht und die Liebe des Volkes in den gebührenden Grenzen. Es wagte nicht, die Füße zu bewegen. Manchmal hörte man sein gedämpftes Gemurmel, es war, als flüsterte es eine Ehrenbezeigung im Chor. Es fühlte sich dennoch intim und gleichsam im kleinen Kreis eingeladen. Denn der Kaiser war gewohnt, im Sommer ohne Pomp abzureisen, in einer Morgenstunde, die von allen Stunden des Tages und der Nacht gewissermaßen die menschlichste eines Kaisers ist, jene, in der er das Bett, das Bad und die Toilette verläßt. Deshalb hatte der Kutscher die heimische Livree, dieselbe fast, die der Kutscher eines reichen Mannes trägt. Deshalb war der Wagen offen und hatte hinten keinen Sitz. Deshalb befand sich niemand neben dem Kutscher auf dem Bock, solange der Wagen nicht fuhr. Es war nicht das spanische Zeremoniell der Habsburger, das Zeremoniell der spanischen Mittagssonne. Es war das kleine österreichische Zeremoniell einer Schönbrunner Morgenstunde.

Aber gerade deshalb war der Glanz besser wahrzunehmen, und er schien mehr vom Kaiser auszugehen als von den Gesetzen, die ihn umgaben. Das Licht war besänftigt und also sichtbar und nicht blendend. Man konnte gleichsam seinen Kern sehen. Ein Kaiser am Morgen, auf einer Erholungsreise, im offenen Wagen und ohne Gesinde: ein privater Kaiser. Eine menschliche Majestät. Er fuhr von seinen Regierungsgeschäften weg, in Urlaub fuhr der Kaiser. Jeder Schuster durfte sich einbilden, daß er dem Kaiser den Urlaub gestattet hatte. Und weil Untertanen sich am tiefsten beugen, wenn sie einmal glauben dürfen, sie hätten dem Herrn etwas zu gewähren, waren an diesem Morgen die Menschen am untertänigsten. Und weil der Kaiser nicht durch ein Zeremoniell von ihnen getrennt wurde, errichteten sie selbst, jeder für sich, ein Zeremoniell, in das jeder den Kaiser und sich selbst einbezog. Sie waren nicht zu Hof geladen. Deshalb lud jeder den Kaiser zu Hof.

Von Zeit zu Zeit fühlte man, wie sich ein scheues und fernes Gerücht erhob, das gleichsam nicht den Mut hatte, laut zu werden, sondern nur gerade noch die Möglichkeit, »ruchbar« zu sein. Es schien plötzlich, daß der Kaiser schon das Schloß verlassen hatte, man glaubte zu fühlen, wie er im Hof das Gedicht eines deklamierenden Kindes entgegennahm, und wie man von einem herannahenden großen Gewitter zuerst den Wind verspürt, so roch man hier von dem herannahenden Kaiser zuerst die Huld, die vor den Majestäten einherweht. Von ihr getrieben, liefen ein paar Komiteeherren durcheinander, und an ihrer Aufregung las man wie an einem Thermometer die Temperatur, den Stand der Dinge ab, die sich im Innern zutrugen.

Endlich entblößten sich langsam die Köpfe der vorne Stehenden, und die rückwärts standen, wurden plötzlich unruhig. Wie? Hatten sie etwa den Respekt verloren?! Oh, keineswegs! Nur ihre Andacht war neugierig geworden und suchte heftig ihren Gegenstand. Jetzt scharrten sie mit den Füßen, sogar die disziplinierten Pferde legten beide Ohren zurück, und es geschah das Unglaublichste: der Kutscher selbst spitzte die Lippen wie ein Kind, das an einem Bonbon lutscht, und gab dermaßen den Pferden zu verstehen, daß sie sich nicht so benehmen dürfen wie das Volk.

Und es war wirklich der Kaiser. Da kam er nun, alt und gebeugt, müde von den Gedichten und schon am frühen Morgen verwirrt von der Treue seiner Untertanen, vielleicht auch ein wenig vom Reisefieber geplagt, in jenem Zustand, der dann im Zeitungsbericht »die jugendliche Frische des Monarchen« hieß, und mit jenem langsamen Greisenschritt, der »elastisch« genannt wurde, trippelnd fast und mit sachte klirrenden Sporen, eine alte schwarze und etwas verstaubte Offiziersmütze auf dem Kopf, wie man sie noch zu Radetzkys Zeiten getragen hatte, nicht höher als vier Mannesfinger. Die jungen Leutnants verachteten diese Mützenform. Der Kaiser war der einzige Angehörige der Armee, der sich so streng an die Vorschriften hielt. Denn er *war* ein Kaiser.

Ein alter Mantel, innen verblaßtes Rot, hüllte ihn ein. Der Säbel schepperte ein wenig an der Seite. Seine stark gewichsten, glatten Zugstiefel leuchteten wie dunkle Spiegel, und man sah seine schmalen, schwarzen Hosen mit den breiten roten Generalsstreifen, ungebügelte Hosen, die nach alter Manier rund waren, wie Röllchen. Immer wieder hob der Kaiser seine Hand salutierend an das Dach seiner Mütze. Dabei nickte er lächelnd. Er hatte den Blick, der nichts zu sehen scheint und von dem sich jeder getroffen fühlt. Sein Auge vollzog einen Halbkreis wie die Sonne und verstreute Strahlen der Gnade an jedermann.

An seiner Seite ging der Adjutant, fast ebenso alt, aber nicht so müde, immer einen halben Schritt hinter der Majestät, ungeduldiger als diese und wahrscheinlich sehr furchtsam, von dem innigen Wunsch getrieben, der Kaiser möchte schon im Wagen sitzen und die Treue der Untertanen ein vorschriftsmäßiges Ende haben. Und als ginge der Kaiser nicht selbst zum Wagen, sondern als wäre er imstande, sich irgendwo im Gewimmel zu verlieren, wenn der Adjutant nicht da wäre, machte dieser fortwährend winzige, unhörbare Bemerkungen an dem Ohr des Kaisers, der sich wirklich nach jedem Flüstern des Adjutanten in eine andere Richtung, fast unmerklich, wandte. Schließlich hatten beide den Wagen erreicht. Der Kaiser saß und grüßte noch lächelnd im Halbkreis. Der Adjutant lief hinten um den Wagen herum und setzte sich. Aber ehe er sich noch gesetzt hatte, machte er eine Bewegung, als wollte er nicht an der Seite des Kaisers, sondern ihm gegenüber Platz nehmen, und man konnte deutlich sehen, wie der Kaiser etwas rückte, um den Adjutanten aufzumuntern. In diesem Augenblick stand auch schon ein Diener mit einer Decke vor den beiden, die sich langsam über die Beine der beiden Alten senkte. Der Diener machte eine scharfe Wendung und sprang, wie von einem Gummi gezogen, auf den Bock, neben den Kutscher. Es war des Kaisers Leibdiener. Er war fast so alt wie der Kaiser, aber gelenkig wie ein Jüngling; denn das Dienen hatte ihn jung erhalten, wie das Regieren seinen Herrn alt gemacht hatte.

Schon zogen die Pferde an, und man erhaschte noch einen silbernen Glanz vom weißen Backenbart des Kaisers. Vivat! und Hoch! schrie die Menge. In diesem Augenblick stürzte eine Frau vor, und ein weißes Papier flog in den Wagen, ein erschrockener Vogel. Ein Gnadengesuch! Man ergriff die Frau, der Wagen hielt, und während Zivilpolizisten sie an den Schultern griffen, lächelte ihr der Kaiser zu, wie um den Schmerz zu lindern, den ihr die Polizei zufügte. Und jeder war überzeugt, der Kaiser wisse nicht, daß man jetzt die Frau einsperren würde. Sie aber wurde in die Wachstube geführt, verhört und entlassen. Ihr Gesuch sollte schon seine Wirkung haben. Der Kaiser war es sich selbst schuldig.

Fort war der Wagen. Das gleichmäßige Getrappel der Pferde ging unter im Geschrei der Menge. Die Sonne war heiß und drückend geworden. Ein schwerer Sommertag brach an. Vom Turm schlug es acht. Der Himmel wurde tiefblau. Die Straßenbahnen klingelten. Die Geräusche der Welt erwachten.

RENÉ SCHICKELE

Das gelbe Haus

»Hio–o–hi!«
Den Berg herauf, melodisch wie ein Vogelruf...
»Hio–o–hi!« Viel lauter als vorher.
Erstaunt, beunruhigt hob er den Kopf.
Aber diesmal war es nur das Echo in seinen Gedanken – ein hundertfaches Echo.
Er blickte an der Staffelei vorbei auf den Pfad, der in kleinen, verwegenen Sprüngen den Steilhang hinabsetzte, und schüttelte den Kopf. Das Echo wollte nicht zur Ruhe kommen, es war im Ohr, es lärmte wie eine Glocke, unter der man steht, und in der großen Schlagader saß der Klöppel...
Dort, wo der Steig mit blitzenden Kieseln zwischen den Ölbäumen verschwand, blieb sein Auge haften. Wer aus der Welt zu ihm kam, tauchte an jener Stelle auf, gleichsam aus der Bläue von Meer und Himmel, in einem Strudel von Sonnenkringeln, das Antlitz gepudert vom seidigen, spiegelnden Licht der Oliven.
Es wirkte um so wunderbarer, als es nur noch selten geschah, und selbst die Erscheinung des Beamten, der die Gasrechnung brachte, war schwer von Feierlichkeit und sinnbildlicher Bedeutung.
Aber keiner der Boten aus dem ›Geschäftsviertel‹ (so nannte er die Marktplätze des bürgerlichen Umtriebs) meldete sich mit einem Ruf an, dazu waren sie viel zu sparsam, auch ihre Stimme gaben sie nicht umsonst. Und was das ›Hio–o–hi‹ betraf, so war es vor vier Jahren ausgestorben, so wie in der Fauna oder Flora plötzlich eine Art für immer verschwindet.
Das Meer lag tief unten, und doch grieselte es jetzt dicht vor seinen Füßen, er spürte die flimmernde Unruhe in Zehen und Sohle. Er blickte nicht hin, aber es war da, wie es immer da war um diese Stunde. Auch der Leuchtturm auf der Spitze der Halbinsel war da, blendend weiß, ein rechter Rivieraleuchtturm, von Kinderhänden

aus dem Baukasten genommen und sorgfältig auf die Spitze der Landzunge gesetzt.

Früher, vor Jahren, hatte es hundertmal heraufgerufen: »Hio-o-hi«, melodisch wie ein Vogelruf. »Hio-o-hi«, hatte er mit seiner tiefen Stimme geantwortet, von der Terrasse, aus dem Haus, von irgendwo her, wo er sich gerade befand, »Hio-o-hi« mit seiner tiefen Stimme. »Hio-o-hi« – so würde eine Eule einer Amsel antworten, sagten sie lachend, und schmal und biegsam, weiß gekleidet, die Hand, einem flatternden Vögelchen gleich, hoch in der Luft, war sie aus dem Schatten getreten, dort, wo der Steig mit blitzenden Kieseln zwischen den Ölbäumchen hervorkam…

Plötzlich zwinkerte er mit den Augen. In der Ferne hatte ein Querschläger der Sonne den Leuchtturm getroffen. Seine Laterne, ein weißglühendes Stück Metall, stach aus dem Flimmern hervor, der Lichtregen, der ringsum ins Meer tropfte, wurde heftiger.

Von der See griff die Unruhe auf die Küste und die ansteigenden Hügel. Der graue, zart durchblaute Schleier der Ölbäume kam in Bewegung. Die Sonne, emsig beschäftigt, das feine Gewebe dichter zu spinnen, zog die Fäden teils aus dem Meere, teils aus dem eigenen Feuer. Aber seltsamerweise bewirkte ihre Arbeit eine herzbewegende Stille – dem Zustand vergleichbar, worin wir uns befinden, wenn uns auf der Schwelle des Schlafes, kaum daß wir sie betreten, ein Traumbild begegnet… Das Meer, dunstig blau jenseits des Flimmerns, undeutlich in den weißlichen Himmel übergehend am Horizont, und die Küste bis hinauf zu den Felsgebirgen lagen in frommer Reglosigkeit versunken.

Das Gesicht des Mannes, knochig und sonnverbrannt, zeigte einen angestrengten, ja schmerzlichen Ausdruck, gemischt aus Verwunderung und Angst. Die Lippen zitterten und schlossen sich fest zusammen. Der Ruf wiederholte sich nicht.

Vielleicht bedeutete sein panisches Staunen weiter nichts, als daß er durch den Ruf aus dem schöpferischen Schlaf, den er mit seiner Umgebung teilte, aufgeschreckt worden war?

Er ruckte mit dem Kopf, als ob er eine Brummfliege verscheuchte, und kehrte zu dem Bilde zurück, das vor ihm auf der Staffelei stand. Aber indes er scheinbar bedächtig weitermalte, verriet der breite, schmale Mund noch immer die Anstrengung, die sein überraschter Geist gemacht hatte, um gewappnet zu sein – wogegen?

War es große Freude, die gedroht hatte, oder großes Leid?...

Dann stand sie vor ihm, ganz weiß von den Sandalen bis zum Schleier, der ihr Haar festhielt, weder groß noch klein, genau so, wie sie sein mußte, schmal und hoch, ein schwankes Rohr im Winde, wie er früher sagte (sie konnte nicht stillhalten, war stets von einem Seelenwindchen bewegt), mit der einen, großen, licht-blonden Locke an der Schläfe, die ihr Monogramm war, ihren Augen, deren Farbe er nie anders hatte bestimmen können, als daß er sie tagfarben nannte, weil sie so ungewiß blau waren wie ein Sommertag zwischen den Ölbäumchen und wie dieser in fortwähren-dem Wandel begriffen. Auch waren sie, und das war das erste, was ihm jetzt wieder einfiel, viel zu groß für eine Frau allein und deshalb ein wenig beängstigend... Aber genau so verhielt es sich mit dem Sommer zwischen den Ölbäumen... Es war immer beängstigend, mit dem Glück allein zu sein...

»Also doch«, sagte er und bückte sich langsam, um die Palette ab-zulegen.

Als er sich aufgerichtet hatte, blieb er sitzen, die Hände auf den Schenkeln, und sah zu Boden, mit einem Lächeln, von dem er nichts zu wissen schien, so arglos blühte es auf dem streng geschlos-senen Mund.

»Du träumst nicht, ich bin's leibhaftig!« sagte sie endlich. Doch sie selbst sprach unwillkürlich leise, und sie hatte das peinliche Gefühl, als nähme sie damit Platz in dem Traum, den sie leugnete. Auch versuchte sie, sein Lächeln anzunehmen, es gelang ihr nicht. Sie empfand die Grimasse als eine häßliche Wunde im Gesicht und er-rötete wie über eine Ungehörigkeit. Sie blickte zur Seite und wagte nicht, sich zu rühren.

Und auch er rührte sich nicht, er hob nicht einmal den Kopf.

Bald aber schien das schwanke Rohr das Opfer eines Wirbels von einem Seelenwindchen zu werden, und während sie meinte, sie stehe da, steif bis zur Unerträglichkeit, geriet alles an ihr ins Zit-tern.

Das ging doch nicht! stellte sie für sich fest... Du lieber Gott!... Sie konnte doch nicht ewig stillhalten und warten, bis er aufwachte...

Und wenn er aufwachte – kannte sie diesen Menschen noch? Er hatte sich nicht verändert, und doch war er ihr fremder als das Bild auf der Staffelei – ein Ölbaum, weiter nichts. Vielleicht nur, weil er schwieg?... Weil er immer schwieg? Weil er gerade dann schwieg, wenn andere ganz von selbst zu musizieren begannen?... Oder doch wenigstens zu reden!... Hatte er sie so gründlich vergessen, daß er zu träumen glaubte, jetzt, da sie vor ihm stand? Oder wollte er sie nur wieder fortjagen mit seinem Schweigen? Sie schweigend weglächeln aus der Welt? Einsame Menschen verfallen auf solche Zauberei und üben sie mit Erfolg – soviel hatte sie immerhin bei ihm gelernt...

Sie trat einen Schritt zurück...

»Du brauchst dich nicht zu – Ich meine: wir können ruhig miteinander reden. Ich bin nicht allein hier, ich bin verheiratet, ich habe mich nur für den Nachmittag frei gemacht, um nach dem Haus zu sehen, weiter nichts.«

Sie schwieg bestürzt, weil eine innere Stimme ihr zurief, was er von ihrer Rede denken mußte: Sie hat noch immer nicht lügen gelernt, und das ist doch das erste, was man draußen lernt... Im Geschäftsviertel. Sie stolpert bereits, wenn sie ansetzt... Da hätte sie gerade so gut bei ihm bleiben können!

Ah, gut! Sie atmete auf... Wenn er *das* jetzt aussprechen wollte! Sie hätte gerade so gut bei ihm bleiben können – das und sonst nichts. Kein Sterbenswörtchen mehr als nur das!... Es ist so wahr, so unabsehbar richtig: ich habe nichts gelernt, nichts, nichts, was ich nicht schon hier gewußt hätte... Warum bin ich fortgelaufen wie eine gekränkte Pute?... Aber gesetzt, er spräche es aus, so würde es mir doch nicht helfen. Er würde es höhnisch sagen und aus weißen Lippen dazu lächeln... Er weiß viel und versteht nichts. Er gehört zu den unmöglichen Burschen, die sich vor jedem echten Gefühl fürchten wie vor einer Schlange – mit einem höhnischen Wort schlagen sie tot... Vielleicht haben sie die tiefsten Gefühle, aber sie wollen sie für sich behalten, die Geizkragen – dabei predigen sie selbst, daß nur gilt, was ausgedrückt wird, und keine noch so schöne Heimlichkeit – freilich reden sie dann von der Kunst, und von der reden sie überhaupt gern. Ich dagegen meine, es gilt für das eine wie für das andere, für die Kunst wie für die Liebe, oder für keins von beiden... Es ist heillos, er weiß viel und versteht nichts. Nichts. Nichts... So sind diese gescheiten Burschen. Eine Frau sollte sich nur einen Dummkopf zum Mann wünschen, einen echten, mit Hörnern, rundlich und vergnügt, den man überall mitnehmen kann, einen, der nichts weiß, aber alles versteht, das heißt alles, was seine nette Frau verstanden haben will – und der nie, nie im Leben einen Ölbaum abmalt... Es ist wahrhaftig noch der gleiche Ölbaum wie vor vier, nein, vor sechs Jahren. Vor sechs Jahren lernte ich ihn kennen, da malte er bereits mit Vorliebe Ölbäume. Er hat sich nicht verändert... Die Ölbäume auch nicht... Wahrscheinlich schreibt er auch noch immer Blätter voll. »Die Bedürfnislosigkeit des Menschen, der Weg zum Wohlleben.« Wenn ich recht verstanden habe, ist das der Sinn seiner »Soziologie des Glücks« in achtzehn Bänden. Leider sollen es zwanzig werden, und über den achtzehnten kommt er nicht hinaus – vermutlich weil die Ölbäume zuviel Zeit beanspruchen... Einen Dummkopf, ihr Schwestern, mit Hörnern und einem Herzchen von Gold! Alles andere ist Soziologie des Glücks in zwanzig Bänden – von denen zwei nie fertig werden...

»Ich hätte weniger neugierig sein sollen«, sagte sie mit bebender Stimme. »Ich wußte nicht, daß du noch hier wohnst, ich dachte, du wärst längst ein berühmter Mann und in Paris... Ich habe mal so etwas gelesen... Verzeihung, ich weiß, du willst nicht berühmt werden, und Paris ist ein einziger Auspufftopf... Ich will ja auch nicht geliebt werden und sehe in allen Männern Ziegenböcke. Also, bitte, versteh mich: ich wollte bloß das Haus wiedersehen, den gelben Vogelkäfig zwischen den Oliven. Und einen richtigen Berg, aus dem noch das Urgestein herausguckt. Und eine richtige provenzalische Terrasse, aus Ziegelsteinen und gestampfter Erde, mit Platanen, einem Maulbeerbaum. Und Ölbäume, die man weder schneidet noch erntet, weil die Leute in Marseille das Olivenöl ohne Oliven billiger herstellen – es schmeckt zwar nach denaturiertem Rizinus, aber das macht nichts. Und Gras, das nicht gemäht wird. Und –«

»Paß auf«, sagte er und hob den Kopf, »gleich kommst du wieder ins Stottern!«

»Mir steht der Mund offen«, rief sie. »Ich schwöre dir, und, bitte, ich stottere nicht: ich dachte schon, ich spräche zu einem Denkmal. Sonst hätte ich mich auch nicht so frei geäußert.«

Er stand auf, warf die Arme in die Luft und rief mit tiefer Stimme: »Hio-o-hi!«

Als er ihre Hand nahm, bemerkte er den Ehering.

»Aber, Röhrchen! Du hast dich ja in Unkosten gestürzt!«

Er drehte mit dem Daumen an dem Reif.

»Er sieht sogar echt aus.«

Lachend zeigte er mit dem Finger auf die Schläfenlocke:

»Aber du heißt noch immer – so!«

Sie nickte eifrig, nannte ihn bei dem Namen, den sie ihm gegeben:

»Gewitter... Gewitterchen.«

»Und, mir scheint, du bist gewachsen. Zumindest in den Augen... Jetzt sind sie aber wirklich zu groß für deine Figur. Sind sie dir nicht hinderlich – unter Menschen?«

»Im Gegenteil«, sagte sie, und hastig: »Du bist ja geschwätzig geworden, Gewitter. Bist du am Ende auch – verheiratet?«

»Wer weiß!« antwortete er, und da hatte sie das Unglück, sich dabei zu erwischen, wie sie unbedacht einen forschenden Blick auf das Haus warf. Die Tür stand offen. Ihr Blick prallte an der glühenden Wand ab und fiel in ein Loch, woraus Kühle strömte. Sie hatte heiß und kalt. Ihr jähes Erröten verwirrte sie vollends.

»Röhrchen im Abendschein«, bemerkte er und hielt noch immer ihre Hand. »Steht dir gut... Aber dort«, er zeigte mit einer Kopfbewegung nach dem Haus, »dort liegt niemand im Hinterhalt. Außer vielleicht Plisch.«

»Plisch?« rief sie begeistert. »Ja, haben denn Katzen ein so langes Leben?«

Das letzte sprach sie zögernd, jedes Wort ein wenig leiser... Er hatte ihre andre Hand ergriffen, stand vor ihr und sah sie an, und so verweilten sie, in der unvergänglichen Scham, die Liebende empfinden, wenn das Auge des andern ihr eigenes Begehren spiegelt...

»Sag, haben wir uns oft gezankt?« fragte sie leise, aber in einem so eindringlichen, so demütigen Ton, als bäte sie um Verzeihung.

Der Atem stockte ihm, die Schultern hoben sich krampfhaft. Vor ihm stand ein mißhandeltes Kind, das bei ihm Schutz suchte – und wer anders hatte sie mißhandelt, ausgeraubt, um das wenige betrogen, was sie glauben konnte, durch ihre Liebe verdient zu haben, wer anders als er?

»Sieben Mal – wenn ich recht gezählt habe«, sagte sie.

Er preßte die Lippen zusammen, bis sie weiß waren. Dann fragte er, und seine Stimme näherte sich zögernd wie ein Bettler:

»Hast du oft gezählt?«

»Ja – aber vielleicht habe ich eins vergessen.«

Warum fehlte ihm der Mut, vor ihr in die Knie zu sinken und zu ihr zu sprechen, wie er in den zahllosen Tagen und Nächten seiner Einsamkeit zu ihr gesprochen hatte?

»Nein, Röhrchen. Sogar nur sechs Mal. Ich meine, richtig gezankt. Nicht, was wir anstellten, wenn wir uns langweilten.«

»Du, wir haben uns nie gelangweilt. Ich bestimmt nicht.«

»Selten. Sagen wir: selten.«

»Nie.«

Es zuckte über sein Gesicht.

»Röhrchen... Weißt du – so denkt man über die Toten... Sie sind alle besser, als wir gedacht haben.«

Wie schön, wenn er jetzt über seine Toten weinen wollte, dachte sie. Eine einzige Träne... Was gibt es Schöneres als eine Träne des Geliebten!... Ich würde sie in Gold fassen und am Halse tragen...

Statt dessen verschwand der Schleier in seinen überhellen, grauen Augen, wie weggeblasen. Ach ja, auch er kannte das ›Seelenwindchen‹, das ihn umtrieb – streng genommen, war das ihre immer nur ein Hauch davon gewesen, ein Abfall, der Anspruch auf Selbständigkeit erhebt... Warum ließ sich nicht alles gutmachen mit einem Wort, ohne ein Wort, nur so, indem man sich ins Auge und in das Herz schaut – gibt es etwas Schlichteres als ein Herz, das von Liebe erfüllt ist?... Es hat nichts andres darin Platz – daher die schrecklichen, die unbegreiflichen Störungen, wenn Fremdes hinzukommt... Das ist es eben: schwer fällt es, Fremdes fernzuhalten, selbst in der Einsamkeit – ja, vielleicht gerade in der Einsamkeit...

Ich möchte ihm so gern abbitten, was ich ihm angetan habe mit meinem kleinen Eigensinn – jetzt weiß ich: der kleine Eigensinn ist ärger, ist viel, viel gefährlicher als der große. Mit dem großen kann man leben und kommt vorwärts, mit dem kleinen nicht, man wird selbst klein, durch und durch, und hält eigensinnig auf dem Fleck... Wie muß ich ihn gequält haben, den Armen! Ich sollte es ihm sagen, einfach, wie mir ums Herz ist. So sollte ich sprechen... Ja, wenn wir in Gesellschaft wären, sehr vergnügt, scheinbar ohne uns um einander zu kümmern, da könnte ich mich schnell zu seinem Ohr neigen und es ihm sagen... Aber hier, ganz allein zwischen Himmel und Erde, in der weiten, schwingenden Luft – es würde dröhnen wie Paukenschläge. Soviel Unanständigkeit ist nicht denkbar. Es geht nicht... Wäre ich nur nicht gekommen!

Langsam wandte sie den Kopf. Die Terrasse mit der Rampe aus Rundziegeln, die jeden Lufthauch durchließen... Die Geranien in den alten Ölkrügen, ein lebendiges Feuer... Die stillen Wogen der Bäume, die in die noch größere Stille des Meeres übergingen...

»So habe ich es mir vorgestellt. Alles. Genau so.«

Er ließ ihre Hände los, nahm ihren Arm, zog sie mit sich fort.

»Komm, ich will dir zeigen. Es gibt Neues.«

»Ja, aber nicht ins Haus. Lieber nicht ins Haus.«

Er lachte ›bärenmäßig sieghaft‹, wie in den besten Tagen, und was vor Minuten sie noch erfreut, ihr Mut gemacht hätte, nun ärgerte es sie.

»Du verstehst mich nicht.« Sie ging schnell weiter. »Es ist wegen des Hauses, nicht deshalb, was dort geschehen könnte. Übrigens würde *nichts* geschehen. Wie kann ein Maler so schlecht im Bilde sein!«

»Witze machst du – Witze!... Die schmecken aber verdächtig. Solltest du wirklich verheiratet sein?«

Da, nicht einmal ihren Humor ließ er mehr gelten!

»Woher kennst du so genau den Geschmack der Ehe?« fragte sie spitz.

»Ich weiß viel.«

»O ja«, rief sie erlöst, »du weißt viel und verstehst nichts.«

Der Garten lag weiter oben, und man gelangte am schnellsten dahin, wenn man im Haus eine Treppe hinaufstieg, von dort trat man zu ebener Erde unter die Blumen. So mußten sie das kleine Gebäude umgehen und den steilen Hang, an dem es gebaut war, hinaufklettern. Er wollte ihr behilflich sein. Sie sprang ihm davon, ein ›kleiner Eigensinn‹ von Kopf zu Fuß.

Die Blumen standen vollzählig und empfingen ihre einstige Herrin: die Rosen, eine unglaubliche Fülle von Rosen, frisch erblüht, die Levkojen, die Ringelblumen, der weiße Ginster, der in der Sonnenglut auf die Mondnacht wartete, für die er bestellt war, die Alpenveilchen unter den Zypressen... Er ließ ihr nicht die Zeit, sie alle einzeln zu begrüßen, er zog sie weiter und mit ausholender Gebärde:

»Mein Gemüse!« stellte er vor. »Was sagst du! Hast du je einen so braven Gemüsegarten gesehn? Heilige Ordnung! So muß die Welt sein, wenn Gott sie überschaut. Was meinst du?«

»Kann schon sein – auf die Entfernung.«

Was aber folgte, klang noch um einen Grad mißtrauischer:

»Machst du das alles allein?«

»Jawohl, Röhrchen! Ich habe die Ordnung entdeckt, ich, ganz allein. Die Musik der Sphären! Seitdem – ist mir wohl. Ich fühle mich sauber eingefügt in den Weltplan. Es kann mir nichts geschehn. Was ihr Frauen Ordnung nennt, ist Rechthaberei, sogar gegen die toten Dinge. Richtige, sinnvolle Ordnung bleibt Männersache.«

»Daran habe ich nie gezweifelt«, sagte sie mit verwegener Überzeugung. »Schade, daß die Entdeckung der Sphärenmusik nicht schon zu meiner Zeit geschah! Die sechs von dir zugegebenen Kräche hätten sich auf einen einzigen reduziert.«

Er schaute sie groß an.

»Ja, weißt du denn noch, *weshalb* wir Krach hatten?«

»Genau.«

»Genau?... Wie grausam!«

Er hob den Zeigefinger:

»Ein gutes Gedächtnis verrät einen schlechten Charakter.«

»Du meinst, von einem guten Gedächtnis bekommt der beste Mensch einen schlechten Charakter... Früher drücktest du dich sorgfältiger aus.«

»Früher! Früher hatte ich eine Frau, mit der ich üben konnte.«

»Aber der Salat schoß, und die Erbsen hatten Hosen.«

»Kommt nicht mehr vor.«

»Und das ist die Hauptsache.«

»Na, die Hauptsache?«

»Die Hauptsache. Unbedingt. Der Weltplan. Die Sphärenmusik... Die Soziologie des Glücks.«

»Dümmer bist du nicht geworden, aber herzloser.«

»Richtig. Hängt beides zusammen... Plisch! Da kommt Plisch!«

»Zum Glück! Sonst hätte es vielleicht Krach gesetzt. Den siebenten. Oder achten... Die ›Soziologie des Glücks‹ konnte ich nicht gut auf mir sitzen lassen.«

Als der Kater Plisch der beiden ansichtig wurde, machte er halt und musterte sie. »Plisch!« lockte sie. »Plisch, mein guter Plisch – was machen die Provenzalinnen? Jetzt muß doch gerade die neue Generation heraussein wie?... Schau, Gewitter, wie er mich entrüstet anguckt... Ein schwarzes Wetterwölkchen... Ach, nun habe ich's auch mit ihm verdorben.«

»Gesteh': schließlich bin ich noch immer das freundlichste von allen Gewittern.«

»Will nicht viel heißen. Ich habe von Kind an eine gräßliche Angst vor dem Unfug.«

»Darum habe ich ihn dir auch nur in Dosen verabreicht, wie man sie Kindern gibt.«

Als sie wieder hinsah, war Plisch weg.

»Vielleicht«, sagte sie. »Aber diese Kater donnern und blitzen nicht. Sie reden nicht einmal.«

»Darum wiederum«, betonte er, »war ich auch meistens schweigsam. Es geschieht das erste Mal, daß du mir Geschwätzigkeit vorwirfst... Versteh'! Die Freude, dich unvermutet wiederzusehen!
... Wenn du hierbleibst –«

»Du brauchst nicht weiterzusprechen. Gewitter weiß viel.«

Sie sagte es in so müdem Ton, daß er scherzhaft fragte:

»Soll ich einen Stuhl bringen?«

»Bitte! Ich habe gerade noch eine Viertelstunde Zeit. Auf die Terrasse, wenn es dir recht ist.«

Dort saßen sie im Schatten einer Pinie, die Viertelstunde verging, sie löste sich unmerklich in der Stille auf, die Stille bestand aus etwas Stofflichem, einer Luft, die langsam die Farbe wechselte, dünner und zugleich schwerer wurde, so daß die Rufe der beiden Rotkehlchen, die sich in der Nähe tummelten, zwar an Reinheit des Klanges gewannen, aber mühsamer bis zu ihnen gelangten. Die Frau saß zurückgelehnt in ihrem Strohsessel, der Mann aufrecht in dem seinen. Sie las seine Gedanken in den Augen, die über ihre Gestalt hingingen und, mit immer heftigeren Forderungen beladen, zu den ihren zurückkehrten, ohne an ihnen einen Halt zu finden. Wie hätten sie dort auch einen Halt finden können, da diese Lichter im blassen Gesicht ihr kaum zu eigen waren, sondern viel eher die Quelle, der die satte Klarheit der Stunde entströmte, und im selben Maße in die Ferne rückten wie der Gesang der Vögel...

Aus dem Haus schienen des öftern unterdrückte Geräusche zu kommen, und jedesmal vermied sie es gerade noch, zur offenen Tür zu blicken. Aber sie wußte, daß der finstere Eingang jetzt von einem Lebenshauch durchweht war, golden und süß wie Lindenblütenhonig – dem Atem des nahenden Abends... Einst hatte er sie auf die Arme genommen und hineingetragen, und unter der zum Triumphbogen gewordenen Tür hatte er sich unwillkürlich ein wenig gebückt... Wahrscheinlich lauerte doch eine Frau dahinter, gut gezogen oder menschenscheu, wie er sie liebte. Er hätte es sonst kaum beim Betrachten ihrer Wohlgestalt bewenden lassen, einer Betrachtung, die soviel Erinnerungen wachrief...

Sie wußte nicht, daß sie unaufhaltsam in den Abend einging, sie wähnte sich dem andern gefährlich nahe. Hätte sie anders mit soviel Schadenfreude an dem Einsiedler die Faunshörnchen hervortreten gesehen!... Und er seinerseits bedachte nicht, daß Frauen wie Kinder und Tiere für Augenblicke die heimliche Poesie der Welt verkörpern, am wahrsten, wenn sie es nicht ahnen.

Sie richtete sich auf, und um ihre Unbefangenheit zu beweisen, fragte sie:

»Wovon lebst du eigentlich?«

Auch er machte sich steif, langsam jedoch, betont umständlich, er ließ sich Zeit, bevor er mit spöttischem Lächeln antwortete:

»Wovon *wir* gelebt haben, Röhrchen... Ich male ein bißchen, ich schreibe ein bißchen – falls du es vergessen haben solltest. Manchmal verkaufe ich was, ich baue mein Gemüse, die Erbsen kommen zum Beispiel in vier Abständen, damit sie keine Hosen bekommen, und Artischocken esse ich so viel, daß es auf der weiten Welt keine gesündere Leber gibt als die meine. Zuweilen richte ich einem wohlhabenden Nachbar das Radio ein oder verstärke es, ich lege elektrische Leitungen, bringe alte Autos wieder in Gang, ich verkaufe sogar Blumen, und all die Ölbäume, die du da siehst, kennen nur einen, der von ihnen erntet, und das bin ich. Den Bauern käme das Pflücken viel zu teuer. Ich habe Zeit... Einmal durfte ich auch einem jungen Ehepaar die Wohnung einrichten – mir wird jetzt noch schlecht, wenn ich daran denke, so blähte sich der Komfort in den sieben Räumen. Sieben! – das Badezimmer und den Lift nicht mitgerechnet. Ich versichere dir: edelstes Geschäftsviertel, geschmackvoll zum Davonlaufen. Damit habe ich ein Vermögen verdient.«

»Aber, Gewitterchen, das war ja noch zu meiner Zeit.«

»So? Na, dann weißt du auch, wie lange es gereicht hat.«

»Vier Wochen.«

»Wirklich? Nur vier Wochen? Na, und – genügt dir das nicht? Hast du je länger vorgesorgt?«

»Damals waren bessere Zeiten.«

»Im Gegenteil. Die Zeiten werden immer besser! So wie ich werden bald alle leben. Als Dilettanten nämlich, jawohl, Röhrchen, als Dilettanten. Man arbeitet etwas für die Notdurft und betätigt sich im übrigen als Liebhaber des Schönen. Ich versichere dir, ich habe nicht eine Minute Not gelitten.«

»Für einen allein geht es wohl leichter?«

Er verzog keine Miene.

»Warum sagst du nicht: nein?« fuhr sie liebenswürdig fort. »Nein, es ging besser zu zweit. Es ging viel besser mit dir, gutes Röhrchen... Was würde dich das schon kosten! So unverbindlich... Ich bin ja auch nicht mehr frei... Ja, würde ich antworten, ich war nie so glücklich – und wir nähmen beide ein Geschenk mit, eine kleine Erinnerung an unser Wiedersehen.«

»Wie eigensinnig, Röhrchen! Es ist doch ohnehin so. Warum es aussprechen?«

»Nur das Ausgesprochene gilt«, beharrte sie trotzig.

»Ja, das ist es eben. Und leider stimmt es dann nie. Mit allem, was man ausspricht, sammelt man nur Zeugen, die einen Lügen strafen... und die Wahrheit, die du suchst, rückt immer weiter. Sie verschwindet unter den Nachahmungen. Man wird vorsichtig, Röhrchen, entsetzlich vorsichtig, weil man das schlechte Gewissen fürchtet. Denn wenn du das erst hast, ist es fertig mit dir.«

»Ach, du redest wieder von der Kunst! Ich meine das Leben.«

«Du willst nicht begreifen, daß beides eins und dasselbe ist. Daß man nicht hier so und dort anders sein kann... Früher hätte ich es dir verständlich gemacht. Jetzt geht es nicht mehr. Ich war zu lang allein. Einsame Menschen sind Schlafwandler. Sie fühlen sich sicher, solang man sie nicht stört, aber wenn du sie anrufst –«

»Auch in der Liebe?«

»Ich fürchte, auch in der Liebe.«

»Alles, was man von der Liebe sagen kann, ist schnell gesagt. Mit den zwanzig Worten eines Volksliedes. So alt ist das Ding schon.«

»Und wem das zuviel ist?«

»Der liebt nicht.«

»Dann liebe ich halt nicht, Röhrchen. Was soll ich tun?« rief er aufrichtig bekümmert.

Sie antwortete mit rechthaberischer Wichtigkeit:

»Einfach sein. Einfach wie ein Volkslied.«

»Laß mich mit deinem Volkslied in Ruhe«, brauste er auf. »Reaktionäres Geschwätz. Damit ist die Einfachheit des Ochsen gemeint, der schlicht unterm Joch steht.«

In ruhigerem Tone fügte er hinzu:

»Du bist ziemlich sanglos ausgerissen.«

Da er ihre Bestürzung wahrnahm und einen womöglich tränenreichen Ausbruch fürchtete, lenkte er ein:

»Erzähl mir lieber, was du in der Zeit getan hast.«

Sie habe ihr Sprachexamen gemacht und warte auf eine Anstellung, erwiderte sie abwesend, faßte sich aber gleich:

»Das heißt: ich würde darauf warten, wenn ich mich nicht inzwischen verheiratet hätte.«

»Richtig... Es war dein Pech, Röhrchen, daß du immer irgendwo Geld hattest. Das ließ dir keine Ruhe. Du meintest, du müßtest was damit unternehmen. Reisen – oder das freventlich durch mich unterbrochene Studium beenden. Jetzt hast du also geheiratet.«

Sie faltete die Hände, hob sie flehentlich:

»Laß mich ein Mal ausreden, Gewitter! Ein einziges Mal...«

Sie machte eine Pause, sammelte sich dann:

»Du hättest mich verstehen sollen – damals... Du warst fortgegangen im Zorn, ohne ein Wort. Ich glaubte, du kämst nicht wieder... Jedenfalls nicht, solange ich im Haus wäre. ...Es ist dein Haus... Du gingst, du nahmst den Hut und machtest behutsam hinter dir die Türe zu. Hättest du sie wenigstens zugeschlagen! Ich hätte, wie sonst, mit deinem Zorn gerechnet – er war es, der so handelte, nicht du, dein Zorn, der immer wie ein plötzlich auftauchender böser Geist über dich kam und dich verwandelte, daß du ein andrer warst, kaum noch erkennbar für Freund und Feind... Ich hätte auf dich gewartet, auf dich, den ich kannte und liebte, ich hätte mir gesagt: er wird über den Berg laufen, kreuz und quer über die Felsen und steil hinauf, bis er außer Atem ist, und dann wird die Besessenheit von ihm weichen, das Fremde wird ihn verlassen wie eine Last, die eine gnädige Hand von seinen Schultern nimmt – so hast du es mir beschrieben... Ja, ich weiß, immer ging es nicht so wunderbar ab, immer stiegst du nicht vom Gipfel herunter wie aus einer Taufe, die du da oben im Himmel empfangen, manchmal hattest du harte Arbeit mit dir, du mußtest deinen Zorn ausdrücklich töten. David hat den Goliath um die Ecke gebracht, meldetest du dann, wenn du heimkamst, er liegt irgendwo zwischen dem Ginster, da kann das Vieh sich in den Dreck auflösen, aus dem es gemacht ist, keine Seele wird ihn finden, die Eidechsen allein werden den Gestank fliehen. Du lachtest immer, wenn du so zurückkamst, ich meine, wenn du den Goliath um die Ecke gebracht hattest. Kehrtest du dagegen als Wiedertäufer heim, strahlend im Kleid des Christenmenschen, neu ausstaffiert bis aufs Hemd – was sage ich? bis auf die Seele, mit einer Fuhre guter Absichten hinter dir – da hatte ich es freilich nicht so leicht, ich konnte nicht einfach mitlachen und: Schwamm drüber! Dazu war mir viel zu fromm zumut...

Offenbar hatten dich dort oben Engel eingekleidet und mit allem Nötigen für die Reise in eine bessere Welt versehen. Statt von dir eine Entschuldigung oder auch nur ein Zeichen von Reue zu erwarten wegen deiner Teufelei, fühlte ich mich versucht, niederzuknien und den Heiligen, der da heimkehrte, um Verzeihung zu bitten.

Denn, nicht wahr? Schließlich war ich es ja, der den frommen Einsiedler durch meinen Eigensinn, meine Rechthaberei und ähnliche Weibertücken in Versuchung geführt hatte... Aber all das hatte zur Voraussetzung, daß du beim Abgang die Tür hinter dir zuschlugst... Ach, warum hast du es unterlassen! Warum hast du mich damals um das Unterpfand betrogen, das sonst in dem Zuknallen der Tür lag! Erinnere dich... Du schlossest die Tür leise, leise... So schleicht ein Dieb nach getaner Arbeit aus dem Haus. Und es mußte wohl gute Arbeit gewesen sein. Nie im Leben habe ich eine Tür sich so leise schließen gesehn. Freilich ist bei uns zu Hause auch nie eingebrochen worden...

Ja, jetzt lachst du, und ich möchte eigentlich auch lachen, aber damals lachten wir beide nicht. Nie im Leben habe ich eine so schweigende Ernsthaftigkeit um mich versammelt gehabt, das ganze Zimmer vom Stuhl, aus dem du aufgesprungen warst, bis zu den lustigen gemalten Tellern auf dem Kamin, sah mich aus aufgerissenen Augen an, aus den Winkeln blickte hohles Entsetzen – man kann das nicht mehr Ernst nennen, und wenn der Ernst noch so tief wäre. Vermutlich hat der Ernst einen Boden, man kann Fuß fassen in ihm – dieses Schweigen war bodenlos... Ich kann heute noch, in jedem Augenblick, das Zittern meiner Knie spüren, ihre schlotternde Nacktheit, eine Armseligkeit ohne Namen, ich brauche mir bloß das Zimmer vorzustellen, wie es war, als du leise die Tür geschlossen hattest. Alle Luft war herausgepumpt, aller Halt von den Dingen genommen – ich versichere dir, die Arlesierinnen, die sich auf den Steinguttellern im Tanze schwingen, blieben plötzlich stehn und blickten ratlos nach der Tür ... Zum erstenmal hörte ich deinen Schritt nicht auf der Terrasse, der Maulbeerbaum raschelte im Wind, und dann warst du weg – für immer... Jawohl, das ganze Haus sagte es: für immer... Aber warst du in Wirklichkeit fort? Nein. Du weißt es so gut wie ich, diesmal war es nicht so, daß du gegangen warst und ich zurückblieb, du machtest ausdrücklich dein Haus zu, nahmst mir die Luft, die Lebensmöglichkeit, daß es mich von selbst hinausstieß, ich *mußte* gehn, und du bliebst, du, wenn auch vorläufig noch unsichtbar. Und im Grunde, das verstand ich endlich, war es von je so, ich bin hier immer ein fremder Gast gewesen... Ich bin sicher, es herrschte eine atemlose Erwartung in deinem Haus, als ich mit meinem Köfferchen draußen war, und ein großes Aufatmen danach, als du am Abend eintratest, ein freudiges Rumoren, ein Frohlocken – wie? Und auch in dir, mein Freund, ging es hoch her, oh, ich bin es sicher, auch in dir – obwohl dich vielleicht gleichzeitig ein wenig fröstelte... Später, als es dunkel geworden war, eilte ich vom Hotel auf die Straße hinauf und wartete, bis hier Licht gemacht wurde. Und dann habe ich natürlich losgeheult. Wundert dich das?«

Nach einem Schweigen, sie blickten beide vor sich zu Boden, fragte er: »Ist dir nie eingefallen, daß ich damals den Versuch machte, mich als gesitteter Mensch zu benehmen, nicht mehr unter Blitz und Donner abzugehn – daß ich mich ernstlich bessern wollte? Und wäre es nur gewesen, um mich nachher nicht so abgründig schämen zu müssen?«

Sie stand auf, er folgte, sie blieben jeder auf seinem Platz.

»Es ist ja Abend«, sagte sie erstaunt.

»Röhrchen, ich wollte mich wirklich bessern«, versicherte er.

»Menschen wie du können sich nicht bessern«, sprach sie freundlich. »Es wäre auch schade. Ein chirurgischer Eingriff wie der würde sie nur zu Krüppeln machen. Und selbst das –! Damit Menschen wie du sich ändern, müßte man sie töten... Und es ist recht so. Sie sollen so bleiben.«

»Ja, was dann, Röhrchen?«

»Nichts.«

»So wenig?... Nichts?«

Sie gab sich ungeheure Mühe, ruhig zu bleiben, und sie sah, wie auch er sich zusammennahm, wie er die Hand hob, als zeichnete er in die Luft – so tat er stets, wenn er etwas Wichtiges äußern wollte. Er sagte aber nichts, sondern trat plötzlich auf sie zu.

Da schüttelte sie den Kopf. Sie wußte es selbst nicht, eine unsichtbare Macht zwang sie dazu. Eine unsichtbare Macht verlieh dem Kopfschütteln eine solche Überzeugungskraft, daß ihn aller Mut verließ.

Er blieb stehn.

Sie blickte, außer sich, in seine überhellen Augen.

»Ja, und morgen, Röhrchen«, sagte er endlich, »oder in einem Jahr oder in zweien wirst du mit deinem Mann, der bis dahin wohl Gestalt angenommen haben wird . . . unten auf der Straße vorbeifahren – denn natürlich mußt du ihm das Land zeigen, das richtige Land, von dem die meisten Rivierareisenden nichts wissen . . . «

»Natürlich«, bestätigte sie. »Wie lieblos, es ihm vorzuenthalten!«

»Du wirst, ein wenig blaß wie jetzt, im Wagen sitzen und aufpassen, weil die Hauptsache nur sekundenlang von unten zu sehen ist . . . «

Sie nickte eifrig:

»Guck, Schatz, werde ich sagen, das gelbe Häuschen dort oben, das wie ein Vogelkäfig am Berg hängt! Dort hat mal ein netter Junge gewohnt. Er wollte die Welt umstürzen und hat darüber viel Zeit und vielleicht auch einiges andre verloren. «

»Hast du ihn gekannt, wird der Schatz dich fragen. «

»Nur ein wenig, werde ich antworten. «

»Und das wird wahr sein. «

»Wahrer als alles, was ich ihm sonst noch erzählen könnte. «

Sie machte kehrt, gleichzeitig kamen die Tränen.

Sie lief, als ließe sie sich fallen, der Steilhang fing sie auf, er sah ihr nach, wie er ihr hundertmal nachgesehen hatte, und noch einmal nahm der Pfad ihre Gestalt an. In kleinen, verwegenen Sprüngen setzte sie den Berg hinab, dessen Masse jetzt in Feuer vergoldetes Silber war, hart und durchlässig zugleich, ein Werk, frisch aus Gottes Hand . . .

Kurz, bevor sie in die Abendfarben von Meer und Himmel untertauchte, als sie an der Stelle angelangt war, wo der Pfad mit blumenhaft leuchtenden Kieseln zwischen den Ölbäumen verschwand, sprang er einen Schritt vor und schrie in großer Not:

»Hio-o-hi!«

Sie drehte sich um, von gelben Sonnenkringeln umspielt, mit rosig verschwimmendem Gesicht.

Sie antwortete nicht.

Die winkende Hand, ein Vögelchen, flatterte kurz und erlosch.

ERNST PENZOLDT

Der Delphin

Heut bedarf's der kleinsten Reise
zum vollgültigen Beweise,
daß wir mehr als Fische sind.

Faust II

»Ich sammle Kellner«, sagte der mitteilsame Fremde, der sich unaufgefordert zu mir an den Tisch gesetzt hatte, »ich sammle sie mit
Leidenschaft wie andere Leute Fayencen, Hinterglasbilder oder
Geigenschnecken, was ich freilich immer als barbarisch empfunden
habe. Denn sie sägen dazu doch wahrhaftig mir nichts dir nichts den
herrlichsten Instrumenten den Hals ab und hängen die Schnecken in
Glasschränken auf wie Skalps. Denn nur um sie ist es ihnen zu tun.
Ich meinesteiles sammle Kellner. Es sind sehr merkwürdige Menschen, obwohl, wie schließlich in jedem Beruf, ausgemachte Spitzbuben darunter sind. Ich kenne den Wiener Kellner so gut wie den
Pariser, den von San Franzisko so gut wie den in Kapstadt oder
Peking mit ihren landesüblichen Eigenheiten, aber, wo auch immer
in der weiten Welt ich ihnen begegnete, alle waren unverwechselbar Kellner, ich meine, sie bilden innerhalb der Menschheit, ob sie
nun weiß, gelb oder schwarz seien, eine besondere Gattung, eine
Art Orden wie die Davidsbündler oder Rosenkreuzer. Ich traf unter
ihnen wahre Meister ihres Faches, Tänzernaturen, denen zuzusehen
allein schon einen künstlerischen Genuß bereitet, Menschenkenner
von hohen Graden und bedeutende Philosophen, wenn Sie wollen,
auch Dichter. Machen Sie einmal den Versuch, Ihre Freunde oder
bekannte Persönlichkeiten sich als Kellner vorzustellen. Das ist sehr
lustig und aufschlußreich. Ich wurde nicht müde, mir von dem
kleinen buckligen Kellner in Wien die Speisekarte erklären zu lassen. Er wußte mit Worten die einzelnen Gerichte vor meinen
Augen köstlich zuzubereiten, er besang sie, und was der Schenke in
Perugia mir vom Wein erzählte, das kann ich nur als orphisch be-

zeichnen. Einen anderen traf ich in Kairo, der war ein Zauberer. Er setzte eine Terrine auf den Tisch und ließ mich wünschen, was darinnen sein sollte. Ich riet aufs Geratewohl: Schneehuhn mit Champignons in Burgundersoße. Er nahm seine Serviette – ich glaube die Serviette ist die materialisierte Seele des Kellners –, deckte sie darüber, murmelte Hokuspokus und hob den Deckel auf. Es war Schneehuhn! In Kairo! Aber die Zierde meiner Sammlung, eine meiner frühesten Erwerbungen übrigens, fand ich auf der Insel Anthos. Hören Sie zu. Ich schenke Ihnen die Geschichte. Aber: ein Drittel Wein, ein Drittel Tabak, ein Drittel Phantasie, das ist mein Rezept.«

Also ließ ich ihm ein Glas bringen, schenkte ein und schob ihm meine Zigaretten hin. Denn ich hatte, noch ehe der Ober, einer von der tänzerischen Art übrigens, mit einem vielsagenden, warnenden Blick über die Natur meines Gastes mich ins Bild gesetzt hatte, erraten, daß der Fremde von seinen Geschichten lebte. Ein hartes Brot fürwahr. Denn nicht immer mochte er ein so williges Ohr finden wie bei mir, obwohl er durch lange Übung einen Blick dafür gewonnen hatte, wem er sich zumuten dürfe. Sonst hätte er sich ganz gewiß nicht zu mir gesetzt.

Mir fiel damals gerade wieder mal gar nichts ein, so daß ich froh sein mußte, wenn mir jemand eine Geschichte schenkte. Man wird sich fragen, warum der wandernde Rhapsode sie nicht selber zu Papier brachte. Aber das war eben sein Verhängnis, daß er es nicht vermochte. Er erfand sie im Augenblick und hatte, wenn er begann, wahrscheinlich noch keine Ahnung, wie sie enden werde. Ich bedeutete dem besorgten Ober, daß ich im Bilde sei und daß es mir nicht darauf ankommen sollte, ein wenig gerupft zu werden. Denn mein Gegenüber, das sah man ihm an, war ein durstiger Erzähler. Er brauchte den Wein, um fabulieren zu können, und mußte fabulieren, um zu seinem Wein zu kommen.

»Also, hören Sie zu«, begann er, nachdem er die Flasche behutsam mit beiden Händen zum Licht gehoben, die Legende auf der Etikette mit Jahrgang und Wachstum kennerisch betrachtet, ihr zugenickt und mit einem prüfenden Schluck die Lippen befeuchtet hatte, »von Anthos will ich erzählen, der blonden kleinen Insel, der göttlichen, von der dort zu Lande die Sage geht, sie sei vom Monde gefallen – man könnte es wahrhaftig meinen, daß sie nicht von dieser Erde sei – und von dem kummervollen Kellner Apollo und von der merkwürdigen Sache mit dem Fisch.«

»Apollo«, unterbrach ich ihn ungläubig, um ihm anzudeuten, daß ich wohl merkte, wie bedenkenlos er in der Wahl seiner Namen sei, »hieß er wirklich so?«

»Doch, doch«, beharrte der Fremde leicht verstimmt, »ich kann's nicht ändern, er hieß tatsächlich Apollo, obwohl er durchaus nichts an sich hatte von dem lichten, leuchtenden Musageten, dem heilenden, reinigenden delphinischen Gott. Er glich vielmehr dem unglücklichen Marsyas, wenn er auch kein Flötenspieler war, kein Künstler jedenfalls wie jener, der sich vermaß, mit einer Gottheit in musikalischen Wettstreit zu treten. Welch ein Unrecht! Ich meine von dem Gott der Leier, daß er darauf einging. Welche Göttergrausamkeit! Mein Mitgefühl stand immer auf des armen, geschundenen Marsyas' Seite, des großen Künstlers. Ist es Ihnen schon aufgefallen, daß viele Künstler und Weise sein Antlitz tragen, daß sie Satyrgesichter haben wie Sokrates oder Verlaine? Der Kellner von Anthos glich einem Satyr. Sie kennen den Marsyas des Myron, so etwa sah er aus, oder aber wie der tote Zentaur auf der Schale in München. Ich werde sein Gesicht nie vergessen.

Die Insel mit dem reizenden Städtchen gleichen Namens kannte dazumal kein Mensch, als ich sie zum ersten Male besuchte aus purer Neugier. Denn ich war jung und hatte es mir in den Kopf gesetzt, die ganze Welt sehen zu müssen. Heute weiß ich, daß das gar nicht nötig ist. Es genügt, an einer Ecke des Lebens zu stehen, wenn man sich nur Zeit läßt und nicht ungeduldig wird. Ungeduld ist ein gefährliches Laster. Die Welt kommt ganz von selbst zu einem, ob man will oder nicht. In meines Großvaters Haus (er hatte die Gegend nie verlassen und konnte weder lesen noch schreiben) saß eines Tages Goethe am Tische, von einem Ritte rastend, und auch Napoleon kam mit seinem Schlitten vorüber von Rußland. Ein Bekannter von mir, auch ein Kellner übrigens, ein lieber, geduldiger Mensch, ist aus seinem idyllischen Heimatort im Thüringer Wald nie herausgekommen und wurde daselbst am hellichten Tage von einem Berberlöwen gefressen, der aus einer wandernden Menagerie ausgebrochen war. Doch das ist eine andere Geschichte.«

Mein Erzähler schien von dem schauerlichen Ereignis ehrlich bewegt, obwohl er es doch eben erst erfunden hatte. Er spülte die traurige Erinnerung mit einem Schluck Wein hinunter. Ich meinesteils hatte ihn jedoch in hinreichendem Verdacht, daß er selber auch nicht viel weiter in der Welt herumgekommen war als sein beklagenswerter Freund, obwohl er es mich glauben machen wollte. Auch zeigte er eine unausstehliche Sucht, sein akademisches Wissen an den Mann zu bringen.

»Wo war ich bloß stehengeblieben«, fuhr er fort, nachdem er sich über die Augen gewischt, »Insel, Meer, Kellner Apollo, ganz recht! Wie kam ich dorthin? Ich bereiste damals als Berichterstatter der ›Frankfurter Zeitung‹ den Süden und hatte zufällig in der Bahn ein seltsames Gerücht gehört, eine unwahrscheinliche Geschichte, so unglaubwürdig, daß ich mir sofort sagte: da mußt du hin.

In der Bucht von Anthos, sagten meine Gewährsleute, wo die jungen Burschen der Insel zu baden pflegen, gibt es Delphine, die, wie Sie wissen werden, sehr kluge, gesellige, zärtlich verspielte Tiere sind. Einer von ihnen nun habe sich nach anfänglicher Scheu mit einem beherzten Jüngling namens Chorillo – der Name ist spanisch und bedeutet Wasserstrählchen – so befreundet, sei alsbald zutraulich geworden, daß er den ungleichen Gespielen auf seinem Rücken reiten lasse und ihn durch die Brandung trage. Er komme auf Chorillos Ruf hurtig herbeigeschwommen. Denn: er ist neugierig wie ein Fisch, Faust Zwo. ›Simo, Simo‹, muß man rufen, darauf hören die Delphine, wenn man dem Plinius glauben darf, bei dem Sie einen ähnlichen Bericht nachlesen können.

Der Delphin, sagten die Leute in der Bahn, bringe seinen Freund sogar auf dem Wasserwege zu den Fischerdörfern ringsum, seinen Dienstgang abzukürzen; denn Chorillo ist der Postbote von Anthos.

Dies also hörte ich, aber ich glaubte natürlich kein Wort von der Geschichte, obwohl die Leute das anmutige Schauspiel mit eigenen Augen vom Dampfer aus gesehen haben wollten. Entweder, so sagte ich mir, hat ein Spaßvogel das Märchen des jüngeren Plinius aufgewärmt, was in den Hundstagen zuweilen vorkommt, wie die berühmte Seeschlange zeigt, oder Chorillo ritt auf einem Balken oder einem Gummidelphin, wie man sie überall in den Seebädern kaufen kann. Genug, ich beschloß, der Sache an Ort und Stelle nachzugehen.

Die Insel Anthos ist mit dem besagten Dampfer zu erreichen, der bei Bedarf einmal in der Woche vor der Bucht vor Anker geht. Natürlich hielt ich während der Fahrt fleißig Ausschau.«

›Nun‹, dachte ich bei mir, während der Erzähler sich neu einschenkte, ›nun wird gleich das Wort: Reling kommen‹, denn er erging sich in den ausgefahrenen Gleisen der Sprache. Wirklich es kam!

»Ich lehnte mich über die Reling. Die Delphine stimmten jedenfalls, die sich aus Meereswogen, so scheint es, in Tiere verwandelt haben. Sie begleiteten unser Schiff. Es war das übliche kurzweilige Bild, an dem man sich freilich nicht satt sehen kann. Aber der Delphin-Reiter war nicht dabei.

Ein Boot mit zwei großen Augen am Bug, wie man sie auf griechischen Augenschalen findet, brachte mich an Land zu dem einzigen Hotel am Platze, denn Hotel nennt sich im Süden jede elende Herberge. Allein das Hotelchen in Anthos (ich habe seinen Namen vergessen, und er tut auch nichts zur Sache) sah ganz vertrauenerweckend aus, hatte eine bezaubernde Lage und vom Fenster meines bescheidenen Zimmers, das mir der satyrgesichtige Kellner anwies, konnte ich die ganze Bucht überschauen, den orangefarbenen Strand mit den an Land gezogenen bunten Fischerbooten und die den Hafen umarmenden Höhen. Die Vorgebirge glichen den Häuptern gewaltiger Löwen, die sich zur Tränke lagern.«

Die poetische Gedankenverbindung gab meinem Gast willkommene Gelegenheit, selbst zu trinken, ehe er fortfuhr.

»Sie zweifelten vorhin an dem Namen Apollo. Ich hatte einmal einen schwarzen Diener, der sogar Jupiter hieß. Der Kellner Apollo begegnete mir anfangs mit unverhohlenem Mißtrauen, er war bildhäßlich von Angesicht, eine Herausforderung an alle Schönheit, ihr tragischer Kontrapunkt sozusagen. Man konnte erschrecken, panisch erschrecken, wenn er einen so ansah, mit seinen schrägstehenden, bernsteinfarbenen Ziegenaugen und der aufgeschnupften Nase. Denn auch sie schien einen anzustaunen aus runden Nüstern. Sein Mund, wenn man es als Mund bezeichnen darf, war groß und wulstig, gleichsam ein Urmund, groß seine Ohren, hinter deren einem der abgekaute Stummel eines Bleistiftes stak. Er hatte dazu eine zarte rosige Haut, die dem Gesicht etwas Nacktes, leicht Verwundbares gab, und das rötliche, dünne, feuchte Haar hing ihm schlaff in die kummervolle Stirn. Wehe diesem Armen, wenn er je Liebe empfand. Denn ihn zu lieben, wer hätte es vermocht? Seine Gestalt wirkte verwachsen, er hinkte ein wenig. Sie werden verstehen, daß er sofort meine Sammelleidenschaft erregte.

Ich setzte mich, vorsorglich mit Fernglas und Fotoapparat bewaffnet, auf die Terrasse vor das Hotel auf einen der üblichen weißen Metallstühle an einen runden Tisch mit der ebenfalls in den Cafés der ganzen Welt gebräuchlichen weißen Marmorplatte, bestellte mir Wein und genoß die Aussicht, das rot-weiße Sonnensegel über mir.

Apollo, die Serviette – seine Seele – unter die Achselhöhle geklemmt, brachte das Gewünschte. Seine Serviette hatte er immer bei sich. Über den Arm gelegt, über die Schulter geworfen, in die Tasche gesteckt, daraus ihre Zipfel hervorhingen, oder in den Schürzenlatz geschoben. Ich glaube, er hatte sie nachts unter dem Kopfkissen und schlief mit ihr. Er trug eine weiße Mütze und ein nachtfarbenes Lüsterjäckchen darüber.

Meine Anwesenheit schien ihn zu beunruhigen.

›Sie kommen wegen des Fisches, mein Herr‹, frage er ganz nebenbei, während er auf meinen Wunsch aus der blauen Syphonflasche einen Strahl Sodawasser in meinen Wein zischen ließ.

›Ein Delphin ist kein Fisch‹, antwortete ich.

›Ganz recht. – Vom Festland?‹

›Ja. Man hat dort davon gehört.‹

Apollo machte eine bedauernde Handbewegung.

›Polizei?‹

›Nicht ganz. Zeitung.‹

›Oh‹, sagte Apollo abschätzig, ›Sie sind Journalist?‹

›Erschreckt Sie das?‹

›Offen gestanden, ja. Wenn es keine Journalisten gäbe, wäre weniger Unglück in der Welt.‹

›Sie verwechseln Ursache und Wirkung, mein Bester. Es ereignet sich etwas irgendwo, und wir schreiben darüber. Das ist alles.‹

Apollo bedachte sich einen Augenblick, indem er seine Serviette ansah, die in seinen Händen wirklich einem beseelten Wesen glich.

›Verzeihung‹, sagte er dann, ›aber haben Sie noch nicht bemerkt, daß, sobald irgendwo ein Journalist erscheint, ein Unglück passiert. Ich übertreibe.‹

›Sie überschätzen uns‹, warf ich ein, während ich ihn zum Sitzen einlud.

›Danke, mein Herr, ich sitze nie. Sie sind von Berufs wegen natürlich darauf erpicht, den Lesern Ihres Blattes etwas Interessantes berichten zu können. Sie rechnen mit der Eitelkeit des Unglücks. Sie kitzeln es. Es gefällt sich in seiner Rolle. Es will beachtet sein und liefert Ihnen bereitwillig Stoff.‹

Sein gescheites Gesicht nahm einen flehenden Ausdruck an.

›Lassen Sie uns doch hier in Frieden! Ich bitte Sie darum.‹

›Aber, lieber Freund, ich kann doch schließlich nichts dafür, wenn auf dieser schönen Insel, in dieser herrlichen Bucht sich so erstaunliche Dinge begeben. Ich glaube nebenbei kein Wort davon, ehe ich es nicht mit meinen eigenen Augen gesehen habe.‹

›Das ist es ja‹, jammerte der Kellner. ›Würden Sie es einfach glauben, es hinnehmen, dann kämen Sie gar nicht auf den Gedanken, hierher zu kommen. Es geht Sie doch eigentlich gar nichts an.‹

›Aber, erlauben Sie‹, erwiderte ich und suchte mit meinem Fernglas die Bucht ab, ›es ist doch schließlich nichts Alltägliches, wenn man sich erzählt, daß ein Delphin – kein Fisch übrigens, ein Warmblüter, er bringt lebendige Junge zur Welt – ich meine, wenn ein Delphin innige Freundschaft mit einem jungen Manne schließt, auf seinen Ruf an den Strand geschwommen kommt, ganz zahm, gefügig wie ein Hund, und den Jüngling auf seinen Rücken nimmt, nur ihn, wie man behauptet.‹

›Nur ihn‹, sagte der Kellner und nickte.

Ich muß hier erwähnen, daß unser Gespräch nicht fortlaufend geführt wurde. Apollo hatte zu tun. Er bediente noch andere Gäste, Einheimische, die drinnen im kühlen Hause ihren schwarzen Wein tranken, nicht in der Sonne wie ich, der Fremdling. Aber er kam zwischendurch immer wieder zu mir. Ich ließ nicht locker.

›Eine reizende Erfindung ohne Zweifel, aber ich glaube es nicht.‹

›Sie scheinen wenig Phantasie zu haben‹, erwiderte Apollo, der es offenbar darauf anzulegen schien, mich zu kränken.

›Dachte ich's doch! es ist also ein Märchen. Unser Delphin ist eine Ente. Bitte zahlen!‹

Apollo nahm überhaupt keine Notiz von meinem Wunsch. Wieder beschäftigte er sich angelegentlich mit seiner Serviette, die er so krüppelte, an der er zupfte und ihr allerlei faltige Gestalten gab, daß sie wirklich einem lebenden Wesen glich, bald einer Möwe, bald einer Blume oder einem Engel oder einem Fisch. Was er dann sagte, war sehr merkwürdig. Es hatte eigentlich nichts mit dem Delphin zu tun, so dachte ich wenigstens.

›Die Wissenschaft behauptet‹, brachte er zögernd vor, ›sie hat es sogar einwandfrei nachgewiesen, so widernünftig es auch erscheint, daß gewisse kleinste Körper die Eigenschaft besitzen, gleichzeitig an verschiedenen Orten im Raum zu sein.‹

›Ganz recht. Sie tun es eben‹, erwiderte ich.

›Ich glaube es nicht, ehe ich es nicht mit eigenen Augen gesehen habe. Sie, mein Herr, haben es gesehen?‹

›Nein. Natürlich nicht.‹

›Aber Sie glauben es?‹

›Natürlich ja.‹

›Natürlich.‹

Ich hatte keine Ahnung, wo er hinaus wollte. Zudem fesselte jetzt etwas anderes meine Aufmerksamkeit. Ein Mädchen hatte den Schauplatz betreten, eine Hirtin mit ihren Ziegen. Sie warf mir einen scheuen, feindseligen Blick zu und blickte sich suchend um. Dann setzte sie sich auf die Mauer gegen das Meer und wartete. Sie trug eine gelbe Bluse, sie hatte etwas von einer Zigarrenschachtel-bilderschönheit.

›Chorillo ist nicht hier, Moira‹, bemerkte Apollo nebenhin.

›Nicht hier?‹ sagte Moira traurig.

›Du siehst es doch‹, antwortete Apollo gereizt. ›Vielleicht ist er im Wasser.‹

›Im Wasser?‹ Sie sprang erregt auf und stand nun auf der Mauer, mit der Hand die Augen beschattend, und schaute auf die Bucht. Zur gleichen Zeit vernahm ich einen klagenden Ruf nicht von Menschenmund, sondern von einem sehnsüchtigen Tier. Auch ich war aufgestanden.

›Hörst du es?‹ sagte Apollo, ›da ist er wieder.‹

›Der Fisch‹, flüsterte Moira schaudernd.

Also doch. Wahrhaftig, er war es. Ich konnte ihn mit bloßen Augen erkennen, auch das Wasserstrählchen über seiner Schnauze. Er schwamm ganz nahe am Strand auf und ab, unruhig schnaubend hin und her. Die Schwanzflosse tauchte auf für einen Augenblick wie die Mondsichel aus den schäumenden Wolken der Wogen.

›Nein, sehen Sie bloß einmal an‹, sagte ich voller Entzücken zu dem Mädchen.

›Ich will ihn gar nicht sehen‹, stieß sie giftig hervor. Sie zitterte am ganzen Leibe vor Zorn und Leidenschaft.

Der nasse Rücken des Delphins glänzte wie nachtblaue Seide, sein Bauch schimmerte silberweiß, wie die Samenscheide der Mondviole mit einem Hauch von Rosa. Welch ein herrliches, welch ein klassisches Tier!« unterbrach sich mein Gast. »Eine echt griechische Erfindung möchte man sagen, aber es ist natürlich umgekehrt. Betrachten Sie diese Muschel. Es ist die gemeine Herzmuschel. Ich trage immer eine mit mir. Sie ist das Sinnbild des Meeres, die Quintessenz des Wellenschlages. Aus dieser Form hat sich die griechische Kunst entwickelt. Griechenland! denkt man unwillkürlich, nicht wahr? Oder hier, der Delphin auf der Münze. Welch ein Geld! Welche Würde des Geldes – das Wort stammt nicht von mir –, welch ein Volk, das solche Münzen hatte! Sie trugen sie im Mund, wenn sie zum Markte gingen! Und wir? Doch ich schweife ab.

›Ist es derjenige welcher?‹ fragte ich den Kellner.

›Derjenige welcher‹, antwortete Apollo wie im Traume.

Er hatte die Serviette in den Brustlatz seiner weißen Schürze geschoben und stand, die Hände hinter seinem Lüsterjäckchen verschränkt, anscheinend ganz unbeteiligt in den Hoteleingang gelehnt.

Währenddem kam ein junger Bursche von höchstens siebzehn Jahren munter des Weges geschritten, nur in Hose und Hemd, die schwarze Ledertasche mit dem silbernen Posthörnlein, das einer

Brezel glich, lässig umgehängt, die Amtsmütze flott ins wirre Haar gesetzt. Übers ganze Gesicht, ja mit dem ganzen Körper lachend, kam er dahergeschlendert, ab und zu in eine pralle, dunkle Traube beißend, daß ihm der Saft von den Lippen troff, Häute und Kerne über die Schulter spuckend.

Moira saß wieder auf der Mauer, zusammengekauert. Sie spielte, als beachte sie ihn nicht, mit ihrem offenen Haar und sah nach ihren Ziegen.

›Der tägliche Brief‹, sagte Chorillo, ›und immer die gleiche Schrift.‹ Er befühlte ihn und hielt ihn gegen die Sonne.

›Und stets nur ein leerer Umschlag.‹

Er warf ihn dem Mädchen zu. Sie fing ihn auf und zerriß ihn, ohne ihn zu öffnen, in kleine Stücke.

Ich durchschaute den Vorgang. Ich kannte einmal in Prag ein Mädchen, das schrieb sich selber Briefe, schickte sich Blumen und Pralinieren ins Haus, damit man denken sollte, sie hätte einen Freund. Und am Ende heiratete sie den Postboten.

So sehr ich es Moira nachfühlen konnte, daß sie in den Burschen vernarrt war, so wenig wollte es mir gefallen, daß er sie so unzart vor uns bloßstellte.

›Wie geht's, alte Fratze‹, wandte sich Chorillo nun an den Kellner, ›wie häßlich du doch bist, beinah zum Verlieben häßlich.‹

›Chorillo, horch‹, sagte Apollo, ohne seine Haltung zu verändern.

Wieder hörte ich den klagenden, sehnsüchtigen Ton vom Meere her. Der Delphin brauste noch immer den Strand entlang, wendete, sich überschlagend, daß man den weißen Bauch mit dem zart rosa Schimmer sah, und noch immer stieß er den Strahl zwischen den klugen Augen hervor.

Chorillo lauschte und sah nach dem Meer wie verzaubert. Dann rief er durch die Muschel seiner Hände, langgezogen: ›Siiimo, Simo, ich komme.‹

›Geh nicht baden, Chorillo‹, bat Moira, ›heute nicht! Mir zuliebe!‹

›Laß ihn doch, schöne Hirtin‹, warf ich ein, ›schau, ich bin eigens von weither gekommen, um es zu sehen. Es wäre doch schade, wenn ich umsonst...‹

›Da hörst du es‹, sagte Chorillo unwirsch, ›ich muß ja nun wohl. Ehrenhalber.‹

›Der Herr glaubt nur, was er sieht‹, murmelte anzüglich Apollo.

›Und ich sehe nur, was ich glaube‹, antwortete Chorillo wieder lachend, nahm seine Postmütze ab und setzte sie dem Kellner auf, der sehr lächerlich damit aussah, hängte ihm auch die Tasche mit dem Hörnlein um, als wäre er ein Kleiderständer. Apollo ließ sich's gleichmütig gefallen. Aber ehe Chorillo sich zum Gehen wandte, nahm der Kellner rasch die Siphonflasche vom Tisch und spritzte dem Burschen einen Strahl ins Gesicht. Der machte ihm eine lange Nase und lief hurtig zum Strand. Im Laufen schon begann er sich seiner Kleider zu entledigen.

›Chorillo‹, rief ihm das Mädchen drohend nach, ›du wirst dich noch erkälten, du wirst dir dabei noch den Tod holen, hörst du, den Tod! Ganz bestimmt!‹

Sie wünschte es so sehr nicht, daß es fast klang, als wünsche sie es ihm.

›Halt den Mund, du Hexe‹, herrschte Apollo sie an, schneeweiß im Gesicht, ›scher dich zum Teufel.‹

Er ging ins Haus, Chorillos Sachen zu verwahren. Der aber plätscherte gerade ins Wasser. Aufjauchzend warf er sich in die Brandung.

›Simo‹, rief er, ›komm, da bin ich, fang mich!‹

Der Fisch, will sagen der Delphin, rauschte heran. Ich nahm meine Kamera und rannte zur Bucht hinunter, wo inzwischen sich noch andere Burschen eingefunden hatten. Oh, es war wunderbar. Ich verknipste einen ganzen Film. Simo schlug vor Freuden förmlich Purzelbäume um Chorillo, er lockte ihn mit Äolsharfentönen, lustig quirlte das Strählchen vor seiner gewölbten Stirn. Dann tauchte er unter dem Jüngling weg und hob ihn empor. Nun ritt er durch die Wogen. Sie scherzten miteinander.

Ich sah mich nach Moira um. Sie saß mit angezogenen Knien, das Kinn auf die Fäuste gestützt, auf eine Strähne ihres Haares beißend und schaute nach ihrem braunen Geliebten, Unheil im Blick, totenblaß. Der Kellner Apollo stand hinter ihr, vorgeneigt, seine Serviette wringend.

Nun zischte der Delphin seinem Reiter einen Strahl mitten ins Gesicht. Der Fisch lachte. Ich lüge nicht. Es sah wirklich so aus. Er lachte übermütig wie ein Mensch.

Auch der Kellner lachte von Herzen. Er bog sich vor Vergnügen und drückte die Serviette vor den Mund. Sein runder Rücken schütterte. Dann schob er das Tuch in den Schürzenbund, machte ein paar Schritte vorwärts, ein paar Schritte zurück, die Arme gekrümmt mit gehobenen Ellenbogen, er tanzte, ein grotesker Anblick fürwahr, täppisch, serviettengeschwänzt, satyrhaft.

Moira war wütend. Sie stand nun wieder und stampfte heftig mit dem Fuß auf. Sie drohte mit geballter Faust nach dem Meere.

Wenn ich eben sagte, der Delphin lachte wie ein Mensch, so blieb er doch in allem ein Tier. Doch sagt man, daß ja auch die Menschen von Fischen abstammen. Beim Embryo sind die Kiemenspalten noch nachweisbar.

Chorillo und der Delphin waren inzwischen hinter der Düne verschwunden, die der Bucht vorgelagert ist. Ich trat zu Apollo, der wieder zur Terrasse zurückgekehrt war, der Gäste im Haus wegen. Er sagte bitter: ›Sie werden nun darüber in Ihrer Zeitung schreiben, und alle Menschen werden es lesen und werden es nicht glauben, ehe sie es mit eigenen Augen gesehen haben. Sie werden in Scharen auf die Insel kommen.‹

›Ich bringe ja die Bilder.‹

›Ach, es gibt ja bekanntlich Gummitiere zum Aufblasen. Sehr naturgetreu, mit schwarzem Rücken und weißem Bauch.‹ Er berührte obenhin Röckchen und Schürze.

Ich war noch ganz aufgeregt von dem anmutigen Schauspiel in der Bucht und lobte es laut.

›Ich bitte Sie, lieber Herr‹, meinte Apollo finster, ›schreiben Sie nichts davon in der Zeitung. Wenn es nicht wahr gewesen wäre, hätten Sie doch auch nichts berichten können, ich bitte Sie!‹

Er hob die Hände mit der Serviette zu einer rührenden Gebärde. Er hatte Tränen in den Augen.

Man könnte doch, versetzte ich, gerade aus einer Nichtwahrheit eine sehr hübsche Glosse machen.

Nun kam der Delphin mit Chorillo an Bord wieder hinter der Insel hervor, die sie unseren Blicken für eine Weile entzogen hatte. Sie waren sichtlich des Spieles müde geworden und sahen abgekämpft

aus. Ganz langsam schwamm der Delphin. Chorillo vornüber-
gesunken umschlief ihn. Der Fisch trug ihn behutsam an Land.
Chorillo stieg ab. Er streichelte die Flanken des Tieres wie ein Reiter sein Pferd. Auf dem Wege zu uns durch die Brandung plät-
schernd, wandte er sich noch oft nach dem Freunde um und winkte
ihm zum Abschied. Simo, das Wasser mit der mondförmigen
Schwanzflosse peitschend, entfernte sich in großen Schleifen dem
offenen Meere zu.

Es war vorüber, so bildete ich mir wenigstens ein.

Froh gelaunt und unbefangen, wenn auch etwas weniger lebhaft
als vorher und leicht fröstelnd von dem langen Bad, trat der Post-
junge von Anthos zu uns auf die Terrasse des Hotels, um Mütze
und Tasche zu holen. Apollo, die Serviette im Brustlatz, humpelte
diensteifrig mit den Sachen herbei, aber es ritt ihn der Teufel, denn
er begann nun den Burschen zu narren, er hielt ihm freundlich die
Mütze hin, zog sie aber, als der arglos danach griff, zurück und lief
damit um den Tisch herum davon, unbeholfen wie er war. Chorillo tat mit. Er wußte, wie er den Kellner am besten ärgern
konnte. Er entriß ihm mit raschem Griff das Tuch, die Seele riß er
ihm gleichsam aus dem Herzen, ließ es vor Apollos Nase flattern,
der aufgeschnupften, und trotzte seinerseits dem alten Kinds-
kopf.

Mit verzerrtem Gesicht schaute Moira zu. Ich hatte Apollo nicht
soviel Behendigkeit zugetraut. Er erhaschte Chorillo, dem es gerade noch gelang, die Serviette zwischen die lachenden Zähne zu
nehmen. Apollo aber war nun am Ende seiner Kraft, er mußte arg
schnaufen. Er mußte sich setzen. Er legte die Hand auf sein
Herz.

›Aetsch‹, machte Chorillo und warf ihm die Serviette zu, während
er ihm die Zunge herausstreckte.

In diesem Augenblick sprang Moira dazwischen, fing das Tuch aus
der Luft und riß es, wie ein Blitz die Wolke, mitten entzwei.

›Seid verflucht‹, schrie sie, die Hände krallend, als wollte sie ihnen
die Augen auskratzen, ›seid verflucht, dreimal verflucht!‹ Dabei
warf sie jedbeiden einen Fetzen vor die Füße.

Jetzt war es aber Zeit, daß ich mich ins Mittel legte.

›Aber, aber‹, sagte ich begütigend, ›wer wird denn gleich so eifersüchtig sein.‹ Auch Chorillo trat gutherzig auf sie zu, um ihr schön zu tun. Sie stieß ihn zurück.

›Geh weg, du riechst nach Fisch‹, rief sie nun völlig außer sich, ›seid verflucht!‹

Da wurde es dem Apollo zu dumm. Mit einem Glas Wein in der Hand ging er langsam auf Moira zu. Dann sagte er bedrohlich leise: ›Nimm es zurück, Moira, nimm den Fluch zurück, sofort, hörst Du!‹

Sie verachtete ihn. ›Nie!‹ rief sie, ›du Schweinsfisch, du Plattnase. Nie! Nie! Nie!‹ Da schwappte ihr Apollo den Wein ins Gesicht. Ohne ihn abzuwischen flüsterte sie: ›und du mit.‹ Dann ging sie ohne sich umzusehen zwischen ihren Ziegen davon.

Apollo blickte mich vorwurfsvoll an, als wollte er sagen, sehen Sie, nun ist es passiert. Habe ich es nicht gleich gesagt! Er war völlig erschöpft. Er sah zum Sterben müde und alt aus, während er den einen Fetzen der Serviette auf dem Knie glatt strich. Er tat mir in der Seele leid. Aber plötzlich nahm er sich zusammen. ›Chorillo‹, stieß er hervor, mit einem Klagelaut nicht von Menschenmund, ›Chorillo, was ist dir?‹

Chorillo hustete. Sein Gesicht und seine Hände waren mondenbleich.

›Ich weiß nicht‹, sagte er, mühsam atmend, mit einem Versuch zu lächeln, ›mir wird so komisch auf einmal.‹ Er hüstelte wieder und führte den anderen Fetzen der Serviette zum Munde. ›Ich habe mich wohl etwas überanstrengt. Es ist Blut, fürchte ich.‹ Er betrachtete verwundert das Tuch. Das Fieber schüttelte ihn.

Ich lief ins Haus, meinen Mantel zu holen. ›Er muß sofort ins Bett‹, rief ich, als ich wiederkam. ›Er braucht einen Arzt.‹

›Auf Anthos gibt es keinen Arzt‹, sagte Apollo und nahm Chorillo ohne weiteres auf den Rücken. Der Kranke ließ sich's willig gefallen. Ich konnte und wollte es nicht hindern. Auf dem Rücken trug ihn Apollo ins Haus. «

Der Erzähler machte eine nachdenkliche Pause, nicht allein um zu trinken, denn das tat er auch, wenn nicht gerade vom Wein die Rede war, aber dann immer, sondern wohl um seinen Zuhörer in Spannung zu halten, wie die Geschichte enden würde. Während er sprach, nahm er unbewußt das Aussehen seiner Gestalten an, ähnelte dem Kellner Apollo, ja sogar dem Delphin, sah bald alt, bald jung, bald gut oder böse aus, darin dem Proteus verwandt, dem sterblich geborenen Seegreis des griechischen Mythos, dem Zauberer, Wahrsager und Tausendkünstler, der sich in allerlei Gestalten, in Tiere, Bäume, ja selbst in Feuer und Wasser zu verwandeln wußte. Der Sage nach soll er seinen Tmolos und Telogenes, zweien Riesen von unerhörter Grausamkeit, im Spiegel erschienen sein und sie so in Erstaunen gesetzt haben, daß sie künftig von ihrer Barbarei geheilt waren, der Sage nach. In Erstaunen setzen, ist das nicht die Natur des Poeten und also auch des sonderbaren Fremden Auftrag?

»Ich pflege«, fuhr dieser nach einer Weile mit schwerer Zunge fort, »auf meinen Reisen eine wohlassortierte Taschenapotheke mit mir zu führen und verstehe mich ein wenig darauf, sie mit Erfolg anzuwenden. Schlaf, Ruhe, schienen mir in Chorillos Fall zunächst die besten Heilmittel, und auch Apollo brauchte etwas für sein krankes Herz. Zu Bett gebracht, erholte sich unser junger Patient sichtlich und schlief bald ein. –

Da es Abend geworden war, gelüstete es mich, noch etwas ans Meer zu gehen. Ich fand es aufgeregter als am Tage, unheimlich schwarz auf einmal und immer wieder vergeblich bemüht, aufs Land zu kommen. Wo mochte der Delphin sein? Ich hörte ihn. Bald nah, bald fern vernahm ich seinen klagenden Ruf, aber ich konnte ihn nicht sehen. Also kehrte ich um und schlenderte durch die kleine Stadt, mich ein bißchen umzuhören. Ich erfuhr, daß nach anfänglichem Entzücken der Bevölkerung über das Wunder von der Freundschaft des Delphins mit dem Jünglingsknaben – diesen Ausdruck gebrauchte Goethe irgendwo, der ja auch einmal von diesem gesegneten Alter sagt: sie duften Jugend! – die Stimmung allmählich umgeschlagen war. Man nahm Ärgernis. Ich begegnete dem Priester des Ortes, der sich bemüßigt fühlte, mit Rauchfäßchen und Weihwasserwedel eine kleine Prozession zum Strand zu veranstalten, um das Meeresungeheuer, so nannte er den unschuldigen Fisch, zu beschwören und dem heidnischen Treiben in der Bucht ein frommes Ende zu machen. Das mußte ich sehen. Ich schloß mich dem Zuge an. Aber wir kamen zu spät. Das Unheil war bereits geschehen. Der Delphin mußte, ich kann mir's nicht anders denken, gespürt haben, daß sein Spielgefährte krank sei. Er wollte zu ihm und war auf Strand gelaufen. Wir hörten ihn stöhnen und fanden ihn hilflos im noch heißen Sande liegen, ein Messer in seinem Herzen, sich verblutend, sterbend fanden wir ihn, nicht anders als ein Mensch stirbt. Und ich sah etwas, in jener Nacht, was ich meiner Lebtage nie vergessen werde, ich sah den Fisch unter Schluchzen reichlich Tränen vergießen, ehe er mit einem Seufzer verschied. Unsere Tränen, mein Herr, sind eine Erinnerung an das Meer, aus dem auch wir stammen.

Als der Fisch tot war, machten sich sofort Leute aus Anthos daran, ihn auszuschlachten. Die Leber des Delphins gilt dort zu Lande als Heilmittel gegen die Schwindsucht. Angewidert verließ ich den Strand. Was würde geschehen, wenn Chorillo den Tod des Gespielen erfuhr, und der Kellner Apollo? Es war nicht auszudenken.

Da ich im Hause alles still fand, begab ich mich auf mein Zimmer. Was hatte sich in diesen wenigen Stunden meines Aufenthaltes auf der Insel ereignet! Ich machte mir ernstliche Gedanken, ob nicht am Ende doch meine sträfliche Neugier sollte schuld gewesen sein, das Unheil heraufzubeschwören. Ich konnte keine Ruhe finden.

Inzwischen war der Mond heraufgekommen. Ich sah aus dem Fenster über den nun wieder menschenleeren Strand zum Meer, das mir ärmer geworden schien ohne den Fisch mit seiner sonderlichen Liebe zu einem Menschen, und der dafür gestorben war.

Vielleicht war ich doch ein wenig eingenickt, gleichviel, ich hörte plötzlich Stimmen, Chorillos Stimme meinte ich zu vernehmen und die des Kellners Apollo, wenn mich nicht die Sinne täuschten.

›Du bist noch gar nicht braun‹, hörte ich den Jüngling sagen, ›du warst wohl noch nicht viel in der Sonne?‹

›O, ich denke doch‹, antwortete es freundlich, ›ziemlich viel. Wollen wir nicht baden gehen?‹

›Jetzt, mitten in der Nacht?‹ frage Chorillo mit einem Schauder.

›Bei Mondenschein ist es am schönsten‹, entgegnete der andere.

Ich beugte mich aus dem Fenster. Ich gewahrte Chorillo in Begleitung eines fremden Mannes. Sie waren beide nackt, Chorillo braun, der andere weiß, leuchtend wie Marmor und herrlich wie ein Gott.

›Wie heißt du‹, fragte der Postbote zutraulich.

›Delphinios heiße ich‹, antwortete der Fremde.

Sie schritten selbfreund dem Meere zu. « – – –

»Dies also«, schloß mein trunkener Gast, »dies wäre meine Geschichte von Chorillo und dem Fisch. Ich schenke sie Ihnen, wie
gesagt«, lallte er. Dann sank sein weinschweres Haupt ihm auf den
Arm, wobei er die Hand öffnete zu einer Schale, wie Bettler tun,
wenn sie um eine milde Gabe bitten. Er lebte ja schließlich von
seinen Geschichten.

Die Bootstaufe

Ein junger Schlosser und sein Mädchen lagen am Altrhein, dicht bei der Schwedensäule, auf der sich ein steinerner Löwe bäumt und mit dem kurzen Schwert in der Klaue zum anderen Ufer droht. Hier hatte Gustav Adolf, Herbst 1631, den gelben Strom überschritten; vielleicht stand das Wasser sehr niedrig. Heute, dreihundert Jahre später, ein halbes dazu, denn es war Ende Mai, Herbst und Winter waren vergangen, die Zilla schon verblüht, ruhte das Liebespaar dort und betrachtete still sein Klepperboot, das es soeben aufgeschlagen, in das Wasser gesetzt und an einem Weidenstrunk festgemacht hatte.

Auch ihre Fahrräder lagen im Gras, es war noch nicht geheut, alles in vollem Saft: Butterblumen und Wiesenkerbel, Löwenzahn, wilde Möhre, so daß die Räder fast völlig verdeckt und nur hier und dort ein paar blitzende Nickelteile in der Mittagssonne zu sehen waren.

»Also ab morgen schaffst du wieder?« fragte das Mädchen so hin; es hatte sich einen Finger geklemmt, der noch wund vom Radieschenbündeln war – die ganze Nacht hindurch mußte sie mit der Mutter und einer Nachbarin »Markt« zurechtmachen, wie das die Leute nennen; hernach war die Mutter nach Frankfurt gefahren, einen Korb auf dem Kopf, zwei andere an den Armen: »Leg dich schlafen, Kätta; den Schorsch schickst du fort, wenn er kommt!« – »Is recht!« Gut, und nun waren sie da.

»Dumme Frage«, sagte der Bursche.

»Wieso dumme Frage?«

»Weil du es weißt.«

»Was weißt?«

»Na, daß ich ab morgen schaffe.«

Sie schwiegen, und eine Hummel brummte, warf sich dann, plötzlich verstummt, auf eine Glockenblume; das Mädchen fing wieder an:

»Ich meine doch, weil du gesagt hast, du schaffst nur dreimal die Woche.« Er gab keine Antwort, sie dachte: na also – der Bursch sah gegen den Strom und die gebuckelten Weiden, an deren Wurzeln die schwache Randbewegung des trägen Wassers verriet, daß es sich fortbegab; gleich darauf schliefen beide...

Sie atmeten sanft und einig; dem Burschen aber träumte, er ginge über das Lager auf dem früheren Exerzierplatz der französischen Militärbesatzung, wo er in dem vergangenen Herbst: Oktober, November Rohre gelegt und im Februar, März, April die Baracken gesäubert hatte. Das Militär stak immer noch in den Wänden; es hatte zehn Jahre lang dort gehaust; so was läuft mit dem ersten Regen nicht ab, auch nicht mit dem übernächsten. Alles roch nach der Desinfektion, an den Türen hingen die Fetzen der Abdichtungsstreifen herunter, ein Totenkopf mit gekreuzten Knochen grinste: Achtung, Lebensgefahr! Die große Müllgrube auf dem Gelände faßte den Unrat nicht mehr, den sie hinunterschmissen, jetzt war er gerade dabei, eine Konservendose aus dem Gebüsch zu hacken – plötzlich zischte ein brütender Steinschmätzer aus der leeren Blechhülse vor, sein Schnabel war wild geöffnet, die schwarzen Augen starrten entsetzt auf den gleichfalls Erschrockenen. »Na, na, ich tu' dir ja nichts«, sagte der Bursche im Traum; da wurde ihm selber etwas getan: die Federn, der Flaum verschwanden, wie das beim Träumen so geht, ein nacktes Schädelchen hüpfte auf knöchernen Beinen herauf und herunter, er dachte: Totenkopf, Vogelkopf, kotiger Topf, als wäre das alles ein Schüttelreim und im Grund ein und dasselbe. Das Tier sprang ihn an, er wehrte es ab, er schlug nach ihm, ein Insekt flog davon, im Blinzeln sah er die Hummel noch, und seine Ohren surrten; er setzte sich hastig auf und fuhr sich durch die Haare; gleichzeitig war ihm zumute, als habe er einen Grund, sich nachträglich zu erschrecken. Das ging vorbei wie gar nichts, für den Bruchteil einer Sekunde war sein halb erwachtes Gefühl eine Treppenstufe tiefer gefallen und hatte sich im Stolpern schon wieder eingeholt...

Das Mädchen schlief weiter; er sah herunter, es rollte sich etwas zusammen und atmete vor sich hin.

»Viehzeug –«, da war schon wieder ein Tier, noch keine Stechmücke, sondern ein Brummer, er jagte ihn weg und rauchte gelangweilt eine bissige Zigarette, um Bös mit Bös zu vertreiben; riß einen Grashalm ab und wedelte vor dem Gesicht seines Mädchens, dabei kitzelte er die Schläferin, sie warf sich ein paarmal herum und war bereits ärgerlich wach, bevor er es noch wußte.

»Na, Kätta – schon ausgeschlafen?« tat er dem Mädchen schön und nahm ihm die letzte Trägheit durch allerlei Scherzchen fort, so wie man einem Kind das Kissen unter dem Kopf herauszieht, um es ordentlich wach zu machen. Die Kätta wurde munter, sie waren jetzt beide ganz gegenwärtig, ihr Kopf, ihre Arme und Beine: alles war wieder da. Nur das Wasser schlief noch, die Wiese auch. Kein Lüftchen ging. Was da brauste, brummelte, sirrte, waren halb-betäubte Insekten, die von dem Honiggrund einer Blüte nicht los-kommen konnten. Das Boot lag an dem Ufer, als läge es tausend Jahre schon so und hätte das Warten aufgegeben; es war nur noch leer, sonst nichts.

»Jetzt müssen wir es taufen«, sagte der Bursche lustig und patschte dem Mädchen derb auf den kräftigen Oberarm. Eigentlich patschte er etwas andres; die Kätta empfand es auch so.

»Laß mich doch«, fauchte sie leicht gereizt, »immer bist du so grob.«

Er wollte etwas erwidern, besann sich und dachte an ihren Finger, den sie sich eingeklemmt hatte – aber was denn, er konnte doch nichts dafür.

»Wo ist die Flasche mit Selterswasser?« fragte sie halb versöhnt, weil er nicht widersprach.

»Da. Aber du kannst doch das Boot nicht taufen, bevor du den Namen hast.« Dummes Ding, jetzt reute es ihn, daß er so sanftmü-tig war.

»Der Name kommt schon beim Taufen«, sagte die Kätta patzig; sie wollte ihn ärgern, er merkte es; sie wußten beide nicht recht, warum.

»Ja – wie das Standesamt hinter dem Kind«, polterte er heraus.

»Vor oder hinter ist ganz egal – dann taufst du es eben um.«

»Getauft ist getauft –.«

»Und gekauft ist gekauft«, murrte das Mädchen beleidigt, »das wolltest du bloß damit sagen.«

»Jawohl!« Er hatte zwar nicht daran gedacht. Aber wenn sie es ihm schon unterschob... »Bis jetzt gehört mir das Boot noch allein«, sagte er langsam und leise. »Und das war sauer verdient. Ihr Weibsbilder macht ein paarmal Markt und kauft eine Nähmaschine. Aber ich – zehn Jahre hab' ich gespart – –«; er hielt ein. Zehn Jahre Besatzungszeit. Er war noch ein Schulkind, die Kätta auch. Spitzkugeln hat er gelesen und dem Lumpensammler verkauft. Kaninchenlöcher holte er aus und tauschte die Hasen um Weißbrot ein, das er wieder verschacherte. Ein paarmal hatte er auch den Schrittmacher über die Grenze gespielt, als sie noch abgesperrt war. Immer kroch er in was hinein oder zwischen etwas hindurch; er glaubte wahrhaftig schon nicht mehr recht, daß er wohin gehörte.

»Du hast doch nicht nur für das Boot gespart?« fragte die Kätta in seine Gedanken und zog wieder Leine an.

»Egal. Für was Festes hab' ich gespart. Gleich nach der Inflation. Ob das ein Acker ist oder ein Haus oder ein Klepperboot –«, er sah hinüber, da lag es noch, es kam ihm fast wunderbar vor. »Jetzt muß der Name dazu.« Ihm war, als sei der das Seil, woran er es festbinden könnte.

»Nixe«, schlug ihm das Mädchen vor.

»Heißt jedes.«

»Wasserfrosch – Molch – Salamander«, fuhr sie gedankenlos fort.

»Warum nicht Regenwurm?« höhnte der Bursche; »die Regenwürmer, die ich als Schulbub dem Surcouf fürs Angeln hertragen durfte, haben den Anfang zum Boot gemacht.«

»Das war doch nicht der Surcouf, das war doch der Potage.«

»Der Surcouf!«

»Nein – der Potage.«

»Wieso der Potage?«

»Weil das Suppentopf heißt, wie er mir selber erzählte.«

»Und –?«

»Na, und da dachte ich eben, das gibt eine Würmersuppe.«

»Schlau warst du immer –«, sagte der Bursche wütend.

»Na, also«, schloß sie gelassen ab.

»Was: also?«

»Also Potage.«

»Wer heißt Potage?«

»Dein Klepperboot, Schorsch«, lachte die Kätta belustigt.

»Blödes Tier.« Er verstand keinen Spaß, wenn es um die Braut oder Boot oder beides zusammen ging.

»Aber du gibst es jetzt wenigstens zu?« fragte das Mädchen drohend.

»Potage oder Surcouf ist ganz egal«, verstockte sich der Bursche.

»Ich weiß – wie das Haus und der Acker oder das Klepperboot. Dann ist also auch der Name egal, den es bekommen soll«, fing sie ihn an der Angel, die er selber geworfen hatte.

Er sah zu ihr hin; sie hatte die Beine im Sitzen angezogen und spannte den Rock darüber, lächelte bauernschlau. Nichts zugeben. Einfach nichts wissen, befahl sich der Bursche verzweifelt und starrte gegen das Ufer hin, wo der Potage ihn geohrfeigt hatte, als er am glitschigen Rand den Würmertopf in den Strom kippen ließ, er fühlt es noch wie heute. Es war mulmiges Wetter, der Fisch am Grund, sie saßen schon über zwei Stunden und hatten erst einen dreckigen Weißling und einen Schuh gefangen. Der Potage beschwor, daß dies Aalwetter sei, wenn die Schulbuben weiter unten nicht in den Fluß gespuckt hätten. Weiter unten: gut 300 Meter entfernt, trieb mit aufgespanntem Sackleinwandsegel ein altes Fischerboot. Der Schorsch mußte grinsen, weil ihm die Fabel von dem Wolf und dem Lamm einfiel, das beim Saufen das Wässerchen trübte. Er beugte sich vor, um nach dem Kahn zu sehen, dabei glitt er und leerte den Würmertopf um, der andere riß den Angelstock hoch und schlug mit der flachen Hand dem Buben in das Gesicht. Das brannte – verflucht –, er sah noch Rot vor den Augen – –, die Kätta, das fuchsige Mensch, lacht ihn wohl dafür aus. Ruhe. Sie kann ja nichts wissen. Er hat es keinem gesagt und zuletzt den Potage mit dem Surcouf, der nachher kam, verwechselt. Bah. War ja auch alles eins. Den Dreck macht immer der Letzte weg. Der Letzte? Das war er.

»Hör mal«, sagte der Bursche gequält, »es kann ja sein, daß du recht hast. Bei unsereinem, der auf dem Lager geschafft und sich da an den einen und dort an den andern erinnert hat, geht alles durcheinander. Gerade hab' ich davon geträumt.«

»Was denn«, frug sie gelangweilt. Hauptsache, daß er klein beigab; was er träumte – du lieber Gott.

»Ach, nichts. Gib mir auch einen Apfel.« Sie brach den Kohlapfel in zwei Stücke, den sie eben hervorgeholt hatte; er sah ihr zu, wie sie aß. Zum erstenmal fiel ihm auf, daß ihr Zahnfleisch am Oberkiefer sehr lang war, besonders wenn sie lachte, wie sie es jetzt wieder tat. Schön sah das nicht aus – es freute ihn heimlich, so etwas festzustellen.

»Erzähl doch!« sagte sie gönnerhaft. Sie hatte gewonnen, jawohl, und konnte sich etwas vergeben.

»Bäh – – !« machte er ihr ins Gesicht; das Mädchen zuckte verdutzt zurück und war jetzt dem Traumvogel ähnlich, der ihn angsterfüllt und gehässig aus der Blechdose angestarrt hatte. »Von einem Würmertopf hab' ich geträumt«, sagte er triumphierend, »einem leeren Würmertopf, Kättchen, in dem ein Totenkopf saß.«

»Wenn du mich dumm machen willst –«, fuhr sie ihn rasend an.

»Das hab' ich nicht nötig, Kättchen«, gab der Bursche gelassen zurück und spie den Grutzen aus. »Und wenn du mir eben nicht glauben willst, mußt du es bleiben lassen.«

Es war einen Augenblick still zwischen ihnen; die Stunde stockte, die Wiese selbst hatte ihr leises Lärmen gedankenvoll aufgegeben; hätten die beiden sich jetzt nicht gerührt, so wären sie von der Erde und dem Altrhein mitgeträumt worden.

»Also wirklich ein Totenkopf?« fragte das Mädchen und schukkerte leis, wie man tut, wenn von so was die Rede ist; der Bursche rückte näher und streichelte ihr Bein.

»Hast du Angst?« frug er flüsternd; ihr Knie gab nach und duckte sich zärtlich in seine Hand. »Hier herum findest du so was noch oft«, sagte er männlich-belehrend: »Schädel und alte Waffen, na ja – und Münzen – und rote Krüge – –«; er war höher gekommen, sie wehrte ihn ab; prahlerisch fuhr er fort: »Es war halt Krieg hier im Land, das haben wir schon in der Schule gelernt, in der Heimatkunde beim Lehrer Schöll; mal hieß es Franzosen, mal Spanier, mal Schweden, – davon steht die Säule auch hier.«

»Von den Franzosen?«

»Nein, von den Schweden«, zuckte er ärgerlich fort.

»So nenn' es doch Schwedensäule!«

»Wen denn?«

»Das Boot.«

»Du bist wohl verrückt. Ein Boot ist keine Säule. Auch Gustav Adolf nenne ich's nicht«, schloß er kurz, als habe das Mädchen ihm diesen Vorschlag gemacht.

Sie blinzelte ihn von der Seite an. So gefiel er ihr, das war seine Art, einen anderen wegzubeißen. Den Gustav Adolf? Sie stieß ihm gegen den Arm; es war ihr, als müsse es scheppern, wie damals, als sie im Schädelkeller von Oppenheim einen Totenkopf neckte und bloß aus Großtuerei vor ihren Schulkameraden ihn wie auf dem Töpfermarkt angeklopft hatte: klong, klong, er war ja ganz sauber, seit ewig vom Fleisch gefallen...

»Also wirklich nicht Gustav Adolf?« sagte das Mädchen bedauernd. Es tat ihm nicht leid, es spielte bloß so, es rührte wieder was an, was war da schon dabei?

»Wenn ich sage: nein, ist es nein!« brauste der Bursche auf. »Aber du – du reitest ja immer auf dem herum, was ich nicht will!«

»Wer reitet?«

»Du!«

»Gelogen. Du hast doch angefangen.«

»Und du hast nicht losgelassen.«

»Wenn ich nachdenke, über das, was du willst, sagst du, ich lasse nicht los.«

Das traf ihn. Eigentlich hatte sie recht. Er war nur selber nicht los.

»Laß gut sein, Kättchen«, lenkte er ein und riß eine Grasrispe ab. »Da – Hahn oder Henne?«

»Henne!«

Er zog mit zwei Fingern den Halm von unten nach oben durch: ein Sichelschwanz blieb stehen. »Hahn!« sagte er befriedigt.

»Nein, Henne!«

»Wieso denn?«

»Da steht doch ein Butzen –«

»Ein Schwanz!«

»Ein Butzen!«

»Ein Schwanz –«, jetzt gab er nicht nach. Noch einmal. Wieder ein Hahn. Und wieder und wieder ein Hahn. »Lauter Hähne –«, sagte er eitel.

»Lauter Männer, gespornt und gestiefelt«, äffte das Mädchen ihm nach.

Er hielt mißtrauisch ein. »Wieso denn?«

Sie zuckte die Achseln. »Nun so...«

»Was das heißt, will ich wissen!«

Sie sah erstaunt zu ihm auf, ihre Schulter hob sich ganz platt und prall von lauter Gegenwart aus der Bluse; was er wissen wollte, verstand sie nicht, doch fühlte sie dunkel an seiner Frage, daß ihr Blut ihm etwas verbarg. »Wieviel Soldaten, glaubst du, liegen in Oppenheim?« sprang sie ihn plötzlich an.

»Da liegen doch keine Soldaten mehr«, sagte er tief verwundert; was, zum Teufel, fiel ihr denn ein?

»So – liegen da keine Soldaten mehr?« verspottete ihn das Mädchen. »Ich dachte, du hättest doch selbst gesagt: aus dem Dreißigjährigen Krieg –«

»Ach, die Knochen meinst du? Ja so.« Er warf sich in die Brust und schnippte ein Steinchen fort.

»Ich meine die Knochen und auch die Köpfe«, sagte sie eigensinnig. »Alles, wie es zusammengehört.«

»Und jedem die Uniform«, lachte er forsch.

»Das Fleisch und die Haare«, spielte sie weiter. »Das blonde für die Schweden, das schwarze für die Spanier. Blond ist mir lieber –«, er war ganz dunkel; ein Rheinfranke: süß und hart wie eine Haselnuß.

»Und wenn du die Blonden gehabt hast«, sagte der Bursche grimmig, »kommt wieder ein Schwarzer dran.«

»Alle Blonden und alle Schwarzen«, gab sie ihm heftig drauf – warum war er so unverschämt?

Der Bursche hob jählings die Hand, um ihr ins Gesicht zu schlagen, sie zuckte nicht, sah ihn nur an. Seine Hand fiel herunter: ach was. Das Mädchen wandte kein Auge von ihm, er sagte widerwillig: »Ein paar Tausend werden das wohl schon sein, die damals gefallen sind.«

»Von mir aus so viel, wie du willst«, gab sie kurz und verächtlich zurück.

»Ich denke, du hast mich gefragt, wieviel Männer in Oppenheim liegen –«

»So? Hab' ich dich das gefragt?« machte sie wegwerfend, gähnte und legte sich, beide Arme unter dem Nacken verschränkend, in die wispernde Wiese zurück. Ihre Augen, weit offen, fingen den Himmel – sie waren hell und ein wenig gewölbt; weil sie das Licht jetzt ertragen mußten, ging der Blick daraus fort, und sie wurden starr: Medusenaugen, auch dann noch, als sie den Kopf wieder drehte, und sich das Liebespaar ungewollt, überraschend begegnete. Er starrte sie an und wünschte, sie zu hassen. Er konnte nicht. Wieso? Kätta. Das war nicht die Kätta. Das war was Fremdes, das kannte er nicht, das sah er zum erstenmal. Unsinn. Er rief sich zurück und wanderte mit dem Blick zu seinem Klepperboot. Ein Schlag durchfuhr ihn. Sein Boot ohne Namen – sein Mädchen, das ihm entschlüpfte: beides war ein und dasselbe. Das war nichts Festes; das schaukelte. Das schwamm ihm vor der Nase davon, wenn er's nicht halten konnte.

Festhalten! Anbinden!! schrie eine Stimme tief innen in seinem Blut.

Ein Käfer surrte. Maikäfer flieg, dein Vater ist im Krieg. Er stutzte. Jetzt gab er es auf. Kriegskinder, er und die Kätta – mal hin und her: Krieg heute, Krieg gestern und morgen. Der blieb. Der haftete allem an und machte es ungewiß. Der war stärker als alles, der war zuerst und legte die Hand auf Mann oder Weib – – Gustav Adolf oder Philipp von Spanien: der Name war einerlei.

Es wollte ihn schaudern, ein leichter Wind bewegte die Uferbüsche, der Bursche fühlte sich plötzlich matt, besiegt in den Gelenken; das Mädchen blinzelte, setzte sich auf, erwachte aus seinem Hasenschlaf, strich die Haare glatt, zog den Rock herunter und sagte gelassen: »Nike!«

Er starrte es an.

»Jawohl. Das habe ich einmal auf einem Segelboot bei Ingelheim gelesen. Es war ein besonders feines Boot mit einem Herrn darin –«

»So, so, ein Segelboot«, sagte der Bursche; durch seine Gedanken zog wieder das graue, entfernte Sackleinwandsegel aus der Franzosenzeit.

Sie wiederholte: »Nike.«

»Nike. Was ist das?«

»Ich weiß nicht«, sagte das Mädchen störrisch. »Es ist auch einerlei.«

»Sag das noch einmal – !« drohte der Bursche.

»Nike.«

»Ich meine, du sollst es noch einmal sagen, daß dir das einerlei ist.«

»Was: einerlei?«

»Wie unser Boot heißt.«

»Ach so. Ich meine aber: es ist mir einerlei, was Nike bedeuten soll.«

»Wie kannst du«, brüllte er außer sich, »dem Boot einen Namen geben, den du nicht kennst, du Schneegans –.«

Das Mädchen sprang auf die Füße, jetzt war es wirklich, als ob eine zornige Gans ihr Gefieder schreiend entfaltete: »Und doch soll es Nike heißen!« rief sie mit heller Stimme; er packte sie an den Handgelenken, sie wand sich und zischte, sie war sehr kräftig, nur langsam ging sie zu Boden, er fragte: »Wie soll es heißen?«

»Nike!«

Verdammt. Sie war noch nicht unten. Er warf sie mit den Schultern ins Gras und wußte nicht, daß er schon schlug. Hierhin und dorthin. So. So, und so... »Schorsch!« schrie das Mädchen verzweifelt. Jetzt sah er Blut. Wo kam denn das her? Ihre Nase war ganz verschwollen, die Backe feurig rot...

Er nahm sein Taschentuch, wischte sie ab; zwei Arbeiter von der Knobloch-Au drüben gingen mit einem Pferd vorbei und blieben verwundert stehen.

»He«, rief der eine endlich, »was macht ihr beiden denn da?«

»Ach«, druckste der Bursche verlegen, »wir taufen unser Boot.«

Der Ältere grinste: »Das scheint mir so. Wie soll das Boot denn heißen?«

»Nixe«, sagte das Mädchen rasch.

Der Bursche wiederholte: »Ja. Nixe soll es heißen.« Das hat er doch gleich gewollt.

»Dann ist das Nixe III oder IV«, meinte der Arbeiter, grüßte und ging mit dem Ackergaul weiter. Der Jüngere wartete noch, er wußte selbst nicht auf was.

»Och, wennschon –«, sagte der Bursche laut. »Hauptsache ist das Boot.«

»Und ein Mädchen am Sonntag drinnen«, meinte der andere zwinkernd, kam näher und roch nach Schnaps. »Wißt ihr – nur nicht den Namen vom Schatz«, sagte er dann vertraulich. »So was ändert sich jeden Sommer. Letztes Jahr«, prahlte er, »hab' ich mein Boot sogar zweimal und schließlich ›Seestern‹ getauft; das kann hernach jede sein. «

Die Geschichte vom Tümpel

Den langen bläulichen Riß, der sich im Zickzack über die krustige
Eisfläche zog, hatte die frühe Märzsonne in vielen scharf glitzern-
den Mittagsstunden genagt. Nachts schob ihn der Frost wieder zusammen und füllte ihn auf mit körnigen Reifbrocken.
Als aber der Föhn durchs Hochtal schnaufte, die schmutzig-weißen
Gesichter der nebligen Berge schreckhaft und drückend nah heran-
holte, die Wälder blaugrün und braun aus den fahlen Schneefeldern
wusch, verbiß die plötzliche Wärme sich in die schmalste Bresche,
bohrte und sprengte und fraß und rammte sich wütend ein, mit
gierigem Finger, brennender Zunge saugend, stoßend, bis die ersten bräunlichen Blasen wie dunkles Wundblut hervorquollen und
langsam, siegreich, undämmbar das trübe Wasser des Tümpels
über die schmelzenden Schollenränder stieg. Bald lag der kleine
Tümpel glatt und klar inmitten der schneefreien Wiese, deren gelbes Herbstgras schon von den saftigen Jungspitzen übersproßt
wurde, und nur zwischen den harten, altgrauen Schilfrohren spann
sich noch in der Frühe klamm und glasig die letzte dünnschalige
Eiskruste wie Haut auf gekochter Milch.
Tag auf Tag baute sich dem Frühling entgegen.
Die Luft, erst noch kälteklar wie harter geruchloser Kristall, ward
bald von Bodendämpfen beschwert, von Ackerdünsten durch-
quirlt, von herben und süßen Duftwellen durchrollt und durchronnen,
da roch es plötzlich betäubend nach den stäubenden Blüten des
Seidelbast, da stank es vom Seegrund herauf, wo die Bauern ihr
spärliches Feld düngten, da schmeckte der laue schleifende Wind
und der frische rüttelnde Wind nach Laub, Sauerampfer, Maikraut,
daß man ihn schlürfend zwischen die Zähne sog, und über dem
Tümpel stand ein Hauch von verdunstetem Wasser und leise durch-
wärmtem, mehlig morastigem Schlamm.
Und am oberen Ende, wo der Bach in ihn einfloß, war bis zum
Grund eine so hellbraune Klarheit, daß jedes winzige Steinchen und

die um krustige Gehäuse alter Entenmuscheln wehenden Fäden von Tang und Algen unendlich zerteilt und verästelt und vielfach gespalten erschienen, wie behaarte Insektenfühler oder der Fuß einer Spinne unterm Mikroskop. Flüstern im grauen, zottigen Schilf. Knarzen im Weidenholz, unter den gelblich hangenden Ruten. Glucksen im sickernden Schlamm. Reglos das Wasser im Tümpel.

Da quoll aus dem glatt ruhenden Teichgrund eine lichtbraune Wolke auf, zuerst wie zarter Rauch durch die Grundwässer wehend, dann in mächtigem Strudel hochwirbelnd. Gleich darauf wellte und hügelte der Schlammboden, wie von unterirdischen Vulkanen bewegt, riß auf, klaffte breit, spaltete sich nach oben, und es war, als werde ein zweites, tieferes Erdreich, ein winziger Bergrücken, mählich hochschwellend, aus ihm geboren. Aber der kleine graubraune Hügel zuckte und zitterte wie von Krämpfen und inneren Stößen geschüttelt, dehnte sich plötzlich aus und hob sich vom Boden auf, langsam im Wasser hochsteigend, reckte die winzigen Stümpfe morastverklebter Beine aus, tauchte empor über die Wasserfläche mit einem runden, warzigen Kopf, aus dem sich in schmalen Schlitzen erst, dann groß und hell werdend, goldgelb leuchtende Augen gebaren, atmete lang und bebend, füllte den faltigen Bauch mit quellender Luft, ruderte in kurzen Stößen, und dann kroch die erste Kröte dieses Frühlings ans trockene Land.

Lange Zeit lag sie da in großer Erschöpfung, spürte die leichte Berührung der schrägen Sonnenstrahlen auf ihrem Körper und den Hauch von den Flügeln einiger kleiner Sumpfmücken, die sie sorglos umschwirrten. Ihre Haut hing schlaff rechts und links am Leib, die Knochen des Kreuzes und der Hüften standen spitzig heraus, die Beine lagen reglos ausgestreckt in der gleichen Haltung, mit der sie kriechend den ersten festen Grund erfaßt hatten. Von Zeit zu Zeit ging ein kurzer Atemruck durch ihre Flanken. Unmerklich, wie ein schwächlicher Puls zuerst, begannen die Luftbewegungen des weißlichen Kehlsacks, und all das war wie die matten Regungen eines entkräftet hinsterbenden Geschöpfes. Auch die Augen, die sich im Wasser schon mit goldener Iris und schwarzem Sehschlitz geregt und durchhellt hatten, sanken wieder müde zusammen, als wollten sie in ihren Höhlen verdorren. Die lange Entbehrung und furchtbare Starre des Winterschlafs schienen zu groß, um noch einmal zu wachem Leben aufgerüttelt zu werden. Der Leib lag fühllos und ohne Trieb, als wolle er in die Erde versinken. Aber unmerklich, wie aus einem unsichtbaren Keim wuchernd, wuchs in den Höhlen dieses erstorbenen Körpers der große, grausam unerbittliche Gott: Hunger! – der peitschende Treiber und der wachsame Erhalter aller lebendigen Wesen. Und wie ein wild rasender Schmerz jäh in die Eingeweide des stumpfen Tieres biß, sprang da ein mächtiger Widerstand auf und straffte alle Nerven, weit riß es die Augen auf und spannte die Muskeln am Hals und in den Gelenken, schnellte den Bauch vorwärts und ließ die Kiefer aufklaffen, Ziel suchen, zuschnappen und den Regenwurm, der gerade vorbeikroch, im letzten Augenblick, bevor er pfeilschnell in die Erde verschwinden konnte, am Ende seines glatten Leibes packen. Während die Kröte noch langsam schmatzend den Wurm fraß und ihr Leib bis in die Warzen der Haut von wiederkehrender Kraft durchrollt wurde, regte sich der Boden des Tümpels an vielen Stellen, und an vielen Ecken des Uferrandes regten sich das Schilf und der seichte Schlamm, die schwarzen Kohleaugen einer Unke funkelten schon räuberisch nach den niedrig tanzenden Mücken, ein magerer Bergmolch schleppte sein faltig überspannntes Skelett an Land und schoß plötzlich wild hinter einer lahm kriechenden Schnecke her, ein großer Grasfrosch wagte die ersten Sprünge auf zitternden Schenkeln, und überwinterte Kaulquappen, Wasserkäfer, Blutegel kreuzten wie prüfend in der braunen Flut hin und her. Plötzlich löste sich vom harten Stengel eines Schilfrohrs, dicht unter der Wasserfläche, ein Geschöpf, das wie ein Stück vertrockneter Weidenborke daran geklebt hatte, reckte sich kurz, riß furchtbare fahle Gespensteraugen auf, entrollte gräßliche Fangkrallen und ein großgezahntes, skorpionartiges Scherengebiß: die Raublarve einer Libelle, die schon zwei Jahre wie ein Tiger in diesem Tümpel wütete und jetzt zu ihrem furchtbarsten Mordjahr, vor der Verwandlung, erwachte. Einen Augenblick dehnte sie die Schwimm-, Fang- und Freßglieder, dann schnellte sie in peitschendem Ruck durchs Wasser und packte ein zappelndes Körperbündel, eine große, schon mit Füßen bewehrte Krötenquappe, zerrte und zog sie hinab in die dunkel quirlenden Grundwässer, zwischen die fauligen Stümpfe geknickter Rohre und überschwemmter Weidenbüsche, schlug ihre Zähne immer tiefer in die Weichen des verzweifelt kämpfenden Tieres und begann, das Blut und alle Säfte aus dem langsam ersterbenden Körper zu saugen.

Immer wärmer durchstrahlte die Sonne das kleine Gewässer, immer ruhloser und drängender wachte das tausendfache Leben auf. Schon wuchs Entengrün wie ein zarter Schleim über die Fläche des Tümpels, schon stampften in der Frühe die ersten frei weidenden Kühe vorbei, neigten die Köpfe zu langen, schlürfenden Zügen, ließen tief in den Schlamm gebohrte Löcher zurück, wenn sie die schweren Füße heraushoben. Tiere wanderten dem Tümpel zu aus den mählich austrocknenden Schmelzbächen. Bergmolche, Feuersalamander, die unter Steinen und in morsche Baumstrünke verwühlt überwintert hatten, kamen im Paarungstrieb weither gewandert und suchten das Wasser als das mächtige Element ihrer Zeugung und Geburt. Alle fanden sie vielfache Nahrung und Platz, soviel sie brauchten. Die Rückenschwimmer und viele kleine Wasserinsekten schossen in unerschöpflichen Scharen über die Flut, die Myriaden kleiner Käfer- und Mückenlarven nahmen kein Ende, obwohl unzählige Mäuler sie verschlangen; die furchtbaren Räuber, auch mit Fangarmen und tückischer Schnelligkeit bewehrt, fraßen nur dünne Lücken in dies endlos wuchernde Leben.

Die Kröte, vor geringer Zeit noch kaum aus der Totenstarre des Winterschlafs erwachend – die Unken, Frösche und weiblichen Molche krochen und schwammen schon mit breiten hängenden Bäuchen, in denen der Laich quoll, während die Männer, zu wilder, kämpferischer Gier erwacht, einander bedrängend, bis jeder seinen Drang gestillt hatte, oft Beute und Fraß vergaßen, tagelang in stummen Kämpfen oder im Krampf der verkrallten Begattungssprünge, auf die Rücken der Weiber geklemmt, verharrten. Nachts im Schilf das Keckern und Ächzen der Frösche, das Gesinge der Kröten, das dünne Geläut der Unken. Molchmänner standen mit bebendem Kamm, mit der Pracht ihrer erregten Hautfarben prunkend, senkrecht im Wasser vor den träge rudernden, fruchtschweren Weibern.

Mächtige Gelbrandkäfer schossen wie Granaten und Torpedos hintereinander her, um sich mit den umhörnten Endspitzen der Leiber bohrend zu erfüllen. Feuersalamander, im seichten Uferwasser zappelnd, preßten die walzigen, schwarzgelb gefleckten Leiber zusammen, in wilden Zuckungen und Peitschenschlägen des Schwanzes die Wollust der Samenvereinigung erzeugend. Teichfrösche mit vorquellenden Augen befruchteten in stummem Versickern den Laich, der aus den schmerzhaften Bäuchen der weiblichen Tiere drang. Und bald war der Tümpel erfüllt bis in die letzten Wassertropfen am Binsengras von jung keimender, atmender, wachsender, schwellender Brut. Unsichtbar die Milliardenheere der ewig sich teilenden Urtiere! Unfühlbar leise die erwachende Bewegung in den schwärzlichen Eizellen durchsichtiger Laichmassen! Unhörbar das erste wilde Gezappel und hilflose Schnappen der umhertaumelnden Larven! Winzige Kaulquappen, wie Kommas einer verschnörkelten Schrift, hingen zu einer seltsamen zitternden Traube geballt an einem versunkenen, algenbehaarten Baumast. Junge Bergmolche, lebend geboren, mit ihren feinverästelten Kiemenbündeln tastend, jagten schon in der Tiefe auf kleine Würmer und Wasserflöhe. Manche Brut wurde, kaum geboren, von den im Rausch der Laichzeit ausgehungerten Erzeugern verschlungen. Aber die meisten Mütter trieben, im dunkeln Drang der Bruterhaltung selbst von der Geburtsstätte forteilend, auch die grausamen Väter hinweg. Die Sonne goß täglich Fluten von zeugender Wärme in die trächtigen Wasser. Mückenschwärme sangen schon abends um die sumpfigen Ufer. Das Riedgras wucherte so hoch, daß es den Tümpel wie ein Urwald umstand. Weiße und gelbe Seerosen öffneten die breiten, saftigen Schalen. Das Schilf schoß hoch empor, rauschte und bog sich im Wind. Kleine Rohrsänger nisteten und brüteten darin. Eine Wasserratte, aus dem See im Tal von Reusenfischern vertrieben, kam todesmutig emporgeklettert, ihre Jungen im Mund schleppend, barg sie im Röhricht. Immer früher am Tag, immer später am Abend berührte die Sonne den steilen buschigen Uferrand. Alles strotzte und schwoll von Fruchtbarkeit.

Aber die Sonne kroch täglich mit stärkerem Brand in diesem Jahr ihre Bahn, die niemals von Wolkenzügen oder feuchten Nebelschwaden durchkreuzt wurde. Manchmal hing sie morgens hinter dünnen Dunstschleiern, wie ein gefräßiges Spinnentier im fahlen

Netz. Dann aber brach sie stets wieder durch mit gewaltigem, fressendem Feuer, immer härter wölbte sich die bedrohte Erdkruste ihr entgegen, immer tiefer bohrte sie ihre Hitzepfeile in die berstenden Schollen, immer dörrender kroch sie den durstigen Fasern der Wurzeln nach bis in die letzte haarfeine Verzweigung, sengte die Gräser gelb, daß sie vorzeitig ermattet niedersanken, ließ die jung treibenden Laubhölzer vor Durst erstarren und saugte, schlürfte, trank, soff, selbst von unendlich höhlendem Durste durchrast, Tag für Tag größere Massen Wasser aus dem längst faulig stehenden, unbewegt wehrlosen Tümpel. Da waren die ehemals feucht überwucherten Schlamm- und Sumpfränder längst zu schalig blätternden, mehlig stäubenden Krusten erstarrt. Da hingen die äußeren Weiden schon mit schlaffen Zweigen ersterbend und krank. Da ragten die holzigen Schilfrohre, ohne zu wachsen, täglich höher aus dem sinkenden Spiegel der Flut. Da wurden die Uferflächen immer weiter und kahler, die Wassertiefe immer versumpfter und enger, die Brut- und Wachsräume der unzähligen Tierscharen immer trüber, durchwölkter und bedrängter. Ja die große Hitze, von Mensch und Tier und Pflanze des festen Landes verflucht, doch bekämpft von all diesen durch Flucht in den Schatten oder tieferes Eindringen der Notwurzeln in die noch bewahrte Tiefe, schuf hier im Tümpel, aus dem es weder Flucht noch Rettung gab, ein furchtbares, unentrinnliches, mörderisches Würgen und ein schweres kampfloses Erliegen.

Und sie verteilte sonderbar, gnadlos und ohne Gerechtigkeit Leben und Sterben nach der Willkür einzelner Nöte und Kräfte. Zuerst nährte sie Massen gieriger Larventiere gewaltig durch das in der warmen stehenden Flut ungeheuer wuchernde Kleinzeug. Dann ließ sie Massen vorzeitig fett gewordener, schwer beweglicher Larventiere in einer plötzlich austrocknenden Schlammpfütze am Ufer hilflos verzappeln. Erst nährte sie die alten, im Wasser beheimateten ausgewachsenen Tiere zu mächtiger Kraft, indem sie ihnen die immer enger zusammengedrängten Herden der jungen Brut preisgab. Dann aber gab sie die also erstarkten selbst ihren noch mächtiger erstarkten Feinden preis. Immer noch lagen Unken flach wie halbversunkene braune Blätter auf der ruhenden Fläche, dämmerten friedlich hin. Doch es kam vor, daß sie plötzlich von einem

Maul aus der Tiefe gepackt wurden wie Schwimmer von einem Haifisch, hinabgezerrt, verschlungen. Furchtbar tobte der Kampf in den Tiefen zwischen den grausamen Räubern, den fangzahnbewehrten Libellenlarven, den Blutegeln und den alten fraßgierigen, über ihr Maß gewachsenen männlichen Molchen. Viele lebten mit zerfetzten, langsam nachwachsenden Gliedern, schwärenden Wunden, rissiger Haut. Täglich trieben Leichen solcher Tiere, die von ihren siegreichen Mördern nicht mehr gefressen werden konnten, mit gedunsenem Körper, bauchaufwärts, verwesend auf der Tümpelfläche, dienten Milliarden von Keimen als Brutstätte und versanken schließlich im heißen trocknenden Uferschlamm. Täglich lagen auf Schlammbergen, die neu aus dem schwindenden Wasser aufragten wie dunkle Schleimschichten, die noch kurze Zeit verhauchend zuckten, Massen sterbender Kiemenatmer. Die Wasserpflanzen, die Stengel der Seerosen, die Stümpfe zerknickter Schilfrohre, auf immer engeren Grund zusammengedrängt, verwuchsen miteinander zu undurchdringlichem Dickicht, versumpften den Teichgrund gänzlich, saugten das Wasser, das von oben her die Sonne in vollen Zügen wegtrank, nach unten in die sickernde, wurzelverwucherte Erde. Und es kam der Tag, da unter einem lautlos brütenden Himmel, der mittags wie erhitzte Metallplatten auf die Erde preßte, die nackte braune Fläche des mittleren Tümpelbodens, nur noch von wenigen Pfützen durchfleckt, zwischen den starrenden Lanzenschäften der Schilfrohre offen dalag, rasch von den glühenden Wellen der Hitze gedörrt und getrocknet. So sehr war dieser Fleck brauner Erde von Leichen gedüngt, daß die Spitzen des wuchernden Grases, die rasch hervorschossen, schwärzlich und welk ans Licht kamen, wie vor der Geburt verwest.

Täglich gingen die Kühe auf dem Weg zur Weide an diesem Tümpel vorbei. Im Frühjahr hatten sie ihre breiten Mäuler ruhig und langsam in die kühle Flut getaucht, in den ersten Tagen des Sommers kamen sie oft, von plötzlichem Durst getrieben, in hastigen Sprüngen und soffen mit kurzem Atem, zitternden Flanken. Als aber die Dürre begann und die furchtbare Tageshitze ihre Euter schlaff und ihre Mäuler fiebrig machte, umstanden sie oftmals in stummen, ermatteten Scharen die Ufer des mehr und mehr verschwindenden Teiches und nahmen ihren Weg mitten durch sein sumpfiges Bett. Jeder Schritt ihrer schweren, mächtigen Füße ward da zum Tod unzähliger Tiere, die in der Enge keinen Platz mehr fanden, dem zermalmenden Huftritt auszuweichen. Manchmal zerstampfte der achtlos nachgeschleifte Hinterfuß eines lahmenden Rindes die Frühjahrsbrut mehrerer Geschlechter in einem einzigen Augenblick. Je mehr der Tümpel austrocknete, desto tiefer sanken die Beine der schweren Tiere in den Grund ein, oft standen sie stundenlang knietief im weichen Morast, der ihre Knöchel kühlte, ihre Beine vor den Bremsen schützte.

Jetzt, als der Grund des Tümpels nackt und dörrend in der Sonne lag, waren diese tiefen, von den Kühen in den Sumpf getretenen und immer wieder nachgestampften Löcher die letzten Oasen des Wassers, die letzten Zufluchtsstätten des Lebens vor der endgültigen Vernichtung. Hier, in den mörderischen Fußstapfen, die vorher den Tod und die Zermalmung bedeutet hatten, klammerte sich noch immer eine verzweifelte Schar ans dumpfe, schmerzende Leben. In einer Flüssigkeit, die nicht mehr zur Hälfte Wasser war, in einem trübe brodelnden Gemisch aus flüssigem Schlamm, Säften verfaulender Pflanzen und dem Urin der Rinder, krochen und zuckten noch atmende Larven, eng ineinandergepreßt Feind und Freund, Verfolger und Beute, Räuber und Opfer, zu schwach und zu sehr von der gleichen Not entkräftet, um sich zu fressen oder zu bekämpfen. Und bald sanken auch diese letzten Rettungshöhlen, eine nach der anderen, von der Hitze zermahlen zusammen. Kaum eine oder zwei waren es noch, die sich mit spärlichen Wasserresten hielten, als dieser Abend bleiern niedersank, hinter dessen rötlich brandigem Verschwellen zum erstenmal dunkel geballte Wolken ihre schwangeren Bäuche in die Nacht wölbten.

In dieser Nacht war die Luft über dem Sumpf von einem leisen, singendem Klagen erfüllt, in das sich aus der Ferne langgezogen und weh, dann trillernd wie erlöst, das Brüllen ahnungsvoller Tiere in Ställen und auf der Weide mischte.

In dieser Nacht hörten die gelben und bläulichen Lichter nicht auf, wie heimliche Wunderzeichen über die Erdränder zu sprühen.

In dieser Nacht mengte sich seltsam und ahnungsvoll ein Duft keimender Gräser mit einem schweflig geladenen Hauch, und das leise

Rollen ferner Gewitter schien aus den Rissen und Spalten des dürren Erdbodens zu dringen. Gegen Morgen fielen die ersten Tropfen, schwer und hart, zerplatzten spritzend auf den staubüberkrusteten Steinen wie stählerne Aufschlaggeschosse. Dann, als es hell ward, und die Sonne ging an diesem Tag nicht auf, jubelte brausend der Regen.

Gegen Herbst, als es nachts kühler wurde, lag der Tümpel im milderen Licht voll klaren hellbraunen Wassers. Die Kühe, heimkehrend, tauchten langsam ihre breiten Mäuler hinein. Manche Tiere, die sich vor der Dürre in moosverwühlte Verstecke gerettet hatten, auch manche, die den letzten Kampf im Schlamm vergraben überdauert hatten, waren in ihn zurückgekehrt. Von den Larven und Jungtieren wuchsen nur wenige auf in diesem Jahr. Die aber waren groß und stark und lebten lange.

Die Himmelsschuhe

Ich hatte die Hälfte meines Lebens hinter mir und wußte immer noch nicht, wozu Schuhe eigentlich da seien – bis ich eines Tages auf die beiden alten Frauen, die Schwestern Giuseppina und Sofia, stieß und hier über den eigentlichen Zweck von Schuhen mehr erfuhr. Puppi und Zuffi, so wurden sie genannt, wohnten in meiner Nachbarschaft. Doch stiegen sie gern die zerfallene Treppe auf den Pfad herab, weil hier manchmal Kinder spielten oder irgend jemand, der auf den Friedhof wollte, mit einem Gruß vorüberging. Da saßen sie denn auf der untersten Treppenstufe, weißhaarig und braun und ebenso verwittert wie die Bruchsteinmauer, auf die ihre Schatten fielen, ließen sich von der Sonne bescheinen und spannen dabei. Sie hatten ihre mageren Lenden mit einem Bindfaden gegürtet und in diese Festigung den Stecken des Spinnrockens gesteckt; und während die Finger ihrer Linken den Flachs zupften, brachte ihre Rechte das Gewicht der hängenden Spindel in drehende Bewegung. Wenn ich sie so in der großen Stille des Nachmittags dasitzen sah, würdig und mit dem anmutigen Fingerspiel des Spinnens, wurde ich an die glänzende Menschenwoge erinnert, die von Griechenland her über Sizilien heraufgeflutet war, über Sybaris nach Paestum, und von dort nach Positano. Und diese beiden alten Schwestern inmitten von flimmerndem Kalk und schattensprenkelnden Ölbäumen deuteten mir die Landschaft; sie gaben, allein mit ihrer Gegenwart, dieser mageren, aber lichtverklärten Erde einen Namen, einen, der die Einöde mit Welt erfüllt: magna graecia! Doch dann geschah jedesmal das gleiche: ihre Kleider brachten mich dazu, daß ich aus meiner spielerischen Vision erwachte. Sie trugen wie viele arme Frauen des Ortes abgetragene Sachen, die ihnen von Verwandten aus New York geschickt worden waren. Diese Cocktail- und Abendkleider wirkten auf den dürren alten Leibern wie eine unfreiwillige Maskerade, zumal Puppi und Zuffi sommers und winters barfuß gingen. Da es mir unbekannt war, daß sie nie Schuhe getragen hatten, fragte ich sie eines Tages, warum ihre Verwandten ihnen nicht auch Schuhe schickten. Zuffi blickte mich erstaunt an und antwortete sofort – sie war feuriger als Puppi –: Schuhe? Dafür hätten sie immer noch Zeit! Und ließ die Linke vom Flachs und machte eine fortschiebende Bewegung in die Luft. Puppi nickte. Ich aber verstand von Schuhen noch immer so wenig als zuvor.

Indem nun der Krieg kam und, kleinlich wie er ist, keine Pakete mit alten Kleidern und Schuhen von New York nach Positano mehr durchließ, liefen viele arme Leute ganz oder halb barfüßig herum, und die nackten Füße der alten Schwestern erregten nicht weiter meine Neugier. Kaum aber daß der Krieg seinen Schalter geschlossen hatte, öffnete die Paketpost in New York wieder den ihren, und ganz Positano ging gekleidet wie die soundsovielte Straße in New York vor dem Kriege. Auch in das Haus der alten Schwestern fand ein großer, in Segeltuch eingenähter Ballen den Weg, und zwar auf den Schultern unserer damals neunjährigen Tochter. Sicherlich mußten darin unter anderen nützlichen Sachen auch Schuhe sein, so überlegten wir. Doch als ich die Schwestern das nächste Mal auf ihrem gewohnten Platz unten an der Treppe fand, waren sie barfüßig wie sonst. Entschlossen, die Spanne des geziemenden Abstandes zu überspringen, fragte ich: ob denn keine Schuhe im Paket gewesen seien?

Zuffi warf den Kopf in den Nacken und antwortete in ihrer heftigen Art: »Schuhe? Natürlich waren Schuhe im Paket! Es war ja auch höchste Zeit, daß die Schuhe ankamen!« Gewiß – aber warum saßen sie dann, wenn es wirklich höchste Zeit für die Ankunft der Schuhe war, weiter barfüßig da? So wandte ich mich an die sanfte Puppi. Sie antwortete mir ungefähr dasselbe wie Zuffi, seufzte aber fromm hinterdrein, daß sie nun, nachdem die Schuhe angekommen, ruhig sterben könnten.

Da ich einen Zusammenhang zwischen Schuhen und friedlicher Sterbestunde nicht finden konnte, ließ ich von meinen Fragen ab. Ich hätte über den eigentlichen Zweck von Schuhen auch nie etwas erfahren, wäre nicht Puppi nur wenige Tage nach unserem Gespräch gestorben. Wir hatten nur gehört, daß sie in ihrem dunklen

Hause die Steintreppe hinabgestürzt war. Wir machten am folgenden Tag unsrer toten Nachbarin den von der Sitte vorgeschriebenen Besuch. Ich merkte an der Weise, wie Zuffi mich immerfort anblickte, daß sie etwas auf dem Herzen hatte. So schickte ich die Meinen nach Hause und blieb bei ihr sitzen. Die tote Puppi hörte, wie schon bei Lebzeiten, sanft und mit einem ein wenig geistesabwesenden Lächeln zu.

Zuffi eröffnete ihre Aussprache mit dem Vergießen und Auftupfen einiger Tränen. Darauf seufzte sie und schlug sich mehrmals gegen die Brust, rief die Madonna an und bat Puppi immer aufs neue um Verzeihung. Sie müsse es jemand eingestehen, murmelte sie, müsse sich das Herz erleichtern, vor dem Pfarrer habe sie noch zuviel Angst. Sie werde es eines Tages beichten, wenn sie sich stärker fühle, aber Puppi sei auch nicht immer so ein Engel gewesen wie jetzt, – Zuffi warf einen hurtigen und ziemlich vorwurfsvollen Blick auf die Tote. Es habe sich manches – viele Sachen, sagte sie – zwischen ihnen seit der Ankunft des Pakets ereignet. Das könne sie nicht gut erzählen. Und da sei sie sehr zornig geworden und habe sich ins Bett gelegt und Puppi erklärt, sie sei krank. »Ich wollte sie zu meiner Magd machen, wollte sie wie einen Floh um mein Bett springen lassen. Ja, das wollte ich!«

Als ich sie nun rundheraus fragte, warum denn, bei allen Heiligen, sie plötzlich gegen ihre sanfte Schwester habe so grausam werden können, blickte sie auf die Tote und schüttelte schließlich den Kopf. »Nein, das soll die Puppi selber beichten«, sagte sie entschlossen, »ich sag' Ihnen nur, was ich gemacht habe.« – Am dritten oder vierten Tag ihrer gespielten Krankheit also habe Puppi gemerkt, daß sie gar nicht krank sei – und ihr darum auch das Glas Wasser, um das sie gebeten hatte, einfach nicht gebracht. Der Weg die Treppe hinunter in die Küche, so habe Puppi gesagt, sei ein wenig dunkel, und sie wisse nicht, wo die Kerze liege und die Streichhölzer.

Da nun rief Zuffi ihrer Schwester gebieterisch zu, daß sie älter sei – sie war sechsundachtzig, während Puppi erst vierundachtzig war. Und noch etwas rief sie. Doch bevor Zuffi ihre authentischen Worte, die in der Tat einem Fluch gleichkamen, mir wiederholte, duckte sie sich, blickte wieder vorsichtig die Tote an und flüsterte:

»Und dann sagte ich – ja, Signore, ich sagte: ›So krepier doch, du faule Laus!‹«

Begreiflich, daß die sanfte Puppi nicht länger zögerte, sondern, sich an der Wand entlang tastend, sofort nach unten begab. Genau da hörte Zuffi einen Schrei. »Madonna« hatte Puppi nur noch rufen können, und alles war still.

Zuffi trocknete sich mit dem Rocksaum die Tränen, stand von ihrem Stuhl auf und trat an das Fußende des Paradebettes. »Da«, sagte sie in erklärendem Tonfall, »sehen Sie, Signore, sehen Sie, diese Schuhe! Sie hatte sie schon an... Das war es...«

Ich erhob mich und trat neben Zuffi. An den Füßen der Toten steckten Schuhe, Lackschuhe, zum Fest, zum Tanz bestimmt. Die Schleifen saßen anmutig schief, nein, geradezu keck, die Absätze waren fast so lang wie Sektgläser – ja, Zuffi hatte recht: das war es...

Und plötzlich wußte ich: diese Schuhe hatten nicht nur Puppis Sturz verursacht, sondern ebenso den Streit zwischen den Schwestern...

»Schöne Schuhe«, sagte ich also, »und jetzt zeig mir mal die deinen!«

Durch die Nase ihre Tränen aufschnaufend, schlurfte Zuffi zu der Kommode und brachte mir einen weißen Karton. Darin lagen sie – auch glänzend von Lack, auch mit einer Schleife versehen, auch mit hohen Absätzen –, aber gegen Puppis schwebende Blumenkelche waren die von Zuffi tantenhaft, ordentlich und nur einfach fein.

Ich blickte Zuffi in die altersträben Augen und sagte: »Die von Puppi gefallen mir besser.«

»Oh, mir auch, Signore«, fiel sie heftig ein und schob die Lippen vor.

»Aber daß du dich deshalb ins Bett gelegt und deine Schwester zur Magd gemacht hast –«, ich wiegte tadelnd den Kopf.

Zuffi weinte ein Weilchen vor sich hin. Sie schien nun doch entschlossen, Licht in die Sache zu bringen und einen Teil der Schuld von sich abzuwälzen.

»Ja, Signore«, begann sie, »ich war wohl schlimm gegen Puppi. Aber sie war auch schlimm gegen mich. Als wir die Schuhe auspackten, lief sie mit den schönen da, die sie jetzt anhat, in die Ecke des Zimmers, dorthin – und sie sagte immer wieder: ›Das sind meine.

Die hat der Ettore mir geschickt!‹ In Ettores Brief aber stand nichts davon drin, wem diese Schuhe gehören sollten. Eure Tochter, Signore, hat uns Ettores Brief zweimal ganz vorgelesen, aber nichts stand davon drin, nichts! ›Gut, Schwesterchen‹, sagte ich darauf, ›so sollen die Schuhe weder dir noch mir gehören. Wer von uns beiden zuerst stirbt, der soll sie haben.‹ War das nicht gerecht, Signore? Aber was sagte mir darauf die Puppi: ›Eh, dich kenn ich. Wenn ich tot bin, ziehst du mir doch die andern an.‹ O Signore, ich wurde krank vor Zorn und legte mich ins Bett. Doch, ich merk' es jetzt erst: ich war wirklich ein bißchen krank. Und was tut nun Puppi? Vor meinen Augen zieht sie die Schuhe an und geht damit hier um mein Bett herum. Gehen, sag' ich? Sie humpelte wie ein lahmes Huhn, die Schuhe waren ihr ja viel zu klein, mir hätten sie gepaßt! Und als ich ihr das sagte, rief sie – kein Mensch hätte das unserer braven Puppi zugetraut –: ›Schweinsfüße‹, so rief sie, ›soll die Madonna dem machen, der mir diese Schuhe wegnimmt.‹ Ich kann schwören, daß Puppi das gesagt hat – oder nicht, hast du es nicht gesagt?«

Zuffi wandte sich mit dieser Frage, die sie zwar scheu und mit weinerlicher Stimme vorbrachte, an die Tote. »Ich weiß, ich hab' sie springen lassen«, fuhr Zuffi düster fort, »aber, Signore, wenn sie diese Schuhe ausgezogen hätte, wenigstens abends und bei der Nacht – wer geht denn mit Schuhen zu Bett? –, wäre sie dann die Treppe hinabgestürzt?«

Ich stimmte ihr in dieser Hinsicht bei, doch erinnerte ich sie daran, daß Puppi die jüngere von beiden gewesen sei und daß nun einmal der jüngeren Schwester die schöneren Schuhe zustünden.

Nach Puppis Begräbnis tauchte aus dem dunklen Schoß der Verwandtschaft ein Großneffe auf und zog, ohne daß er Zuffi gefragt hatte, mit seiner zahlreichen Familie in den unteren Stock ihres Hauses ein, indem er ihr mit düsterer Entschiedenheit erklärte, daß es seiner Ehre widerstrebe, eine hilflose Tante allein zu lassen. Zuffi hielt meine Tochter auf der Straße an und teilte ihr flüsternd mit, dieser Großneffe sei ein schleichender Wolf. Der warte nur auf ihren Tod, um ihr Haus zu besitzen, die Matratzen, die Möbel und Töpfe. Aber das sei ja alles nicht so schlimm. Sie näherte sich dem Ohr des Kindes und flüsterte: »Der will meine Schuhe haben,

Beatrice, für seine Frau! Und ich – ich steh' dann barfüßig an der Himmelstür!«

Beatrice machte ihre Eltern und sogar den Pfarrer zu Mitwissern von Zuffis Nöten. Monsignore meinte, man müsse vor allen Dingen mit dem Schreiner sprechen, der Zuffi eines Tages in den Sarg legen werde, auf den komme es an, der dürfe den Sarg nicht eher schließen, bis nicht Zuffi ihre Festschuhe anhabe.

Eines Tages nun saß Zuffi vor unserer Haustüre im Garten und klopfte. Als wir alle kamen und sie umstanden, erzählte sie uns, die eine Hand schamhaft vor dem Gesicht, daß die Räuber ihr die Schuhe gestohlen hätten, »die Räuber«, sonst hatten wir eigentlich nichts verstanden, und: »die Schuhe!«

Wir boten ihr an, Ettore zu schreiben, gewiß kämen bald neue Schuhe an, schönere noch als die von Puppi. Da ließ sie die Hand vom Gesicht fallen und rief angstvoll: »Und wenn ich morgen sterbe? – oder übermorgen? Ohne Schuhe, wie ich dastehe? Was dann? Ich kann doch nicht –«, die Stimme versagte ihr angesichts der beschämenden Lage, in der sie sich bereits sah: barfüßig auf dem Totenbett und vor allem: am Himmelstor!

Wir sprachen sofort mit dem Pfarrer. Die Schuhe des alten armen Weibleins erhielten in einer hingedonnerten Predigt des folgenden Sonntags so viel Himmelsglanz und die Tat des Diebes so viel Höllenschwärze, daß bereits am andern Morgen die Schuhe vor Zuffis Kammertür standen. An diesem selben Montag kam Zuffi zu uns, um sich einen Schuhlöffel zu borgen. Beatrice ging mit ihr hinüber und half ihr in die Schuhe. Es werde Zeit für sie, die Schuhe anzuziehen, sagte Zuffi. »Und ich lasse sie jetzt gleich an, dann bin ich sicher«, sie lächelte listig, »denn diese Räuber da unten, die sagen sonst hernach, meine Füße seien geschwollen gewesen, und sie hätten sie mir nicht angekriegt.«

Mit verkniffenem Gesicht hatte sie darauf einen Schritt gewagt und mit einem Ächzen den nächsten. »Im Himmel«, sagte sie und versuchte zu lächeln, »drücken sie nicht mehr.«

Nach wenigen Tagen sah Beatrice den Schreiner mit einem Sarg in das alte braune Haus gehen. Sofort schloß sie sich ihm an und holte hernach auch uns zu Zuffi. Die Alte lag schon im Sarg und lächelte auf dieselbe Weise wie ihre Schwester. Die Schuhe glänzten, und

Beatrice flüsterte mit dem Schreiner. Der nickte und griff nach dem Sargdeckel und bestätigte ihr: »Du hast recht, auch der Pfarrer hat mir Bescheid gesagt, wir machen lieber den Sarg gleich zu!«
Wir lächelten alle in einem tiefen Einverständnis mit Zuffi, und ich wußte endlich, wozu eigentlich Schuhe da sind.

ERNST JÜNGER

Die Eberjagd

Die Schützen hatten sich längs der Schneise aufgestellt. Der Fichtenschlag stand hinter ihnen mit schwarzen Zacken; die Zweige berührten noch den Grund. Vergilbtes Waldgras war in sie eingeflochten und hielt sie am Boden fest. Das machte den Eindruck, als ob dunkle Zelte aufgeschlagen wären, Herbergen gegen Sturm und Kälte im tief verschneiten Land. Ein Gürtel von fahlem Schilf verriet den Graben, der unter dem Schnee verborgen war.

Das Waldstück grenzte an das Fürstliche. Es war im Sommer schwül und stickig, und Schwärme von Bremsen zogen die Lichtungen entlang. Im Herbst, wenn die Gespinste flogen, bedeckten Legionen von Pilzen den moosigen Grund. Die Beeren glänzten wie Korallen auf den Kahlschlägen.

Es hatte eben erst zu schneien aufgehört. Die Luft war köstlich, als ob die Flocken sie gefiltert hätten; sie atmete sich leichter und trug den Ton weithin, so daß man unwillkürlich flüsterte. Die frische Decke schien jede Vorstellung des Weißen zu übertreffen; man ahnte herrliche, doch unberührbare Geheimnisse.

Die besten Plätze waren dort, wo eine Schonung an die Schneise stieß. Kaum ragten die grünen Spitzen aus dem Schnee hervor. Hier war das Schußfeld ideal. Richard stand neben dem Eleven Breyer in einem Querschlag, auf dem sich die Zweige fast berührten, so daß kaum Ausblick war. Es war ein schlechter Platz, ein Stand für Anfänger. Doch war die Erwartung so stark geworden, daß er nicht mehr an Einzelheiten dachte, ja daß sogar sein Kummer sich auflöste. Er hatte bis zuletzt gehofft, daß der Vater ihm eine Büchse geben würde; das war die Erfüllung, auf die sein Dichten und Trachten gerichtet war. Er kannte keinen heißeren, keinen zwingenderen Wunsch. Er träumte von dem blauen Stahl der Waffe, von ihrer Nußbaumschäftung, von den Stecheichenblättern, die in das Metall graviert waren. Wie leicht sie war, wie handlich, und wunderbarer als alle Spielzeuge. Im Dunkel ihres Laufes glänzten die Züge in silberner Spirale auf. Wenn man sie spannte, gab sie ein trockenes Knacken von sich, als ergriffe die Zuverlässigkeit selbst das Wort, um das Herz zu erfreuen. Man konnte den Abzug durch einen Stecher verfeinern – dann war es, als ob ein Gedanke den Schuß entzündete. Daß dieses Kleinod, dieses Wunder, zugleich das Schicksal, den Tod in sich beschloß: das freilich ging über die Phantasie hinaus. Richard fühlte, daß in ihrem Besitze eine Ergänzung für ihn verborgen lag, eine vollkommene Veränderung. Bevor er einschlief, sah er sich zuweilen mit ihr nach Art der Wachträume im Walde – nicht etwa, um zu schießen, nein, nur um wie mit einer Geliebten mit ihr im Grünen sich zu ergehen. Es kam ihm dabei ein Wahrspruch in den Sinn, den er auf einem alten Zechkrug gelesen hatte, aus dem der Vater zuweilen einschenkte:

Ich und du, wir beide
Sind uns genug zur Freude.

Auch wenn ihm die Augen zugefallen waren, spannen sich die Bilder fort. Sie führten manchmal selbst zu Beängstigungen: er hatte die Waffe gespannt und wollte schießen, doch verhinderte ein böser Zauber, daß sie Feuer gab. Sein ganzer Wille heftete sich dann daran, doch seltsam, je mehr, je heftiger er ihn spannte, desto gründlicher verweigerte die Büchse ihm den Dienst. Er wollte schreien, doch die Stimme versagte ihm. Dann fuhr er aus dem Alpdruck auf. Wie glücklich war er, wenn er erkannte, daß ihn ein Traum genarrt hatte.

Am sechzehnten Geburtstag sollte ihm das Wunder zufallen. Es wurde ihm nicht leicht, sich zu gedulden, wenn er Jägerburschen oder Eleven wie diesen Breyer sah, der knapp zwei Jahre älter und kaum größer als Richard war. Jetzt aber war es so still und klar im Walde, daß dieses Zehrende und Drängende in ihm erlosch. Die Welt war feierlich verhüllt.

Ein feines Zirpen durchzog das Tannicht und entfernte sich. Das waren die Goldhähnchen, die winzigen Gelbschöpfe; sie fühlten sich in den dunklen Schlägen wohl, in denen sie die Zapfen abkleibten. Dann hallte vom Rand des Forstes ein Hornruf durch die weiße Welt. Das Herz begann zu klopfen; die Jagd ging an.

Von fernher kam Unruhe in den Dickichten auf. Im Maß, in dem sie sich verstärkte, nahm auch der Herzschlag zu. Die Treiber brachen in schweren Lederschürzen durch das Gezweig und klopften mit dem Axtholz an die Stämme; dazwischen hörte man ihre Rufe: »hurr-hurr, hurr-hurr, hurr-hurr«. Zuerst klang dieses Treiben fern und heiter, dann wurden die Stimmen gröber, gefährlicher. Sie klangen nach Pfeifenrauch, nach Obstbrand, nach Wirtshaushändeln und drängten sich in das Geheimnis des Waldes ein.

Jetzt hörte man das Rauschen und Rufen ganz in der Nähe, und dann ein Rascheln, das sich unterschied. Ein Schatten durchfuhr das Röhricht und wechselte in die andere Deckung, genau zwischen Richard und dem Eleven hindurch. Obwohl er wie ein Traumbild über die Blöße huschte, erfaßte Richard im Fluge die Einzelheiten: die Treiber hatten einen starken Keiler aus dem Lager aufgescheucht. Er sah ihn in einem Sprunge, wie von der Sehne geschossen, über den Weg fliegen. Das Vorderteil mit der mächtigen Brust lief keilförmig nach hinten zu. Die starken Rückenborsten, die der Weidmann Federn nennt, waren zum Kamm gesträubt. Richard hatte den Eindruck, daß ihn die kleinen Augen streiften; vor ihnen leuchteten die starken, gekrümmten Gewehre auf. Auch sah er die gebleckten Haderer, die dem Haupte den Ausdruck wütender Verachtung mitteilten. Das Wesen hatte etwas Wildes und Dunkelstruppiges, aber es war auch Röte, wie vom Feuer, dabei. Der dunkle Rüssel war absonderlich gebogen, ja fast geschraubt; er ließ den Ekel ahnen, mit dem dieser Freiherr die Nähe der menschlichen Verfolger und ihre Witterung empfand. Im Augenblick, in dem er die beiden wahrnahm, ließ er ein Schnarchen hören, doch wich er nicht aus der Bahn.

Im Nu war dieses Bild vorüber, doch prägte es sich mit traumhafter Schärfe ein. Der Eindruck blieb Richard für immer haften: die Witterung von Macht und Schrecken, doch auch von Herrlichkeit. Er fühlte, daß er in den Knien wankte und daß er den Mund geöffnet hatte, doch brachte er keinen Laut hervor.

Genau so schien es den Eleven zu verstören; er war ganz blaß geworden und stierte dem Eber mit aufgesperrten Augen nach. Fast hätte das Untier ihn gestreift. Schon war es wieder im Grün verschwunden, als er die Büchse hochriß und ihm eine Kugel nachwarf, dorthin, wo noch die Zweige zitterten.

Im engen Dickicht dröhnte der Schuß betäubend wie ein Pauken-schlag. Die beiden jungen Leute starrten sich wortlos an. Zwischen den Fichten haftete die strenge, rauschige Witterung des Keilers, sie mischte sich mit dem Geruch des Harzes und dem Pulverdunst, der sich verbreitete. Ein zweiter Hornruf ertönte; er blies das Treiben an. Man hatte nur diesen einen Schuß gehört.

Dann kam Moosbrugger, der Förster, von der Schneise her gelau-fen, während das Jagdhorn am grünen Bande flatterte. Die Nase glühte ihm wie ein Karfunkel, und er mußte erst Atem schöpfen, ehe er zu fluchen begann. Er prüfte die Fährte und sah zu seinem Ärger, daß die Sau nicht, wie erwartet, über die Schneise flüchtig geworden war, sondern hier im entlegenen Ort. Nun hatten der Graf und seine Gäste das Nachsehen gehabt. Das kränkte Moos-brugger persönlich, und Richard hatte den Eindruck, daß es ihm schwerfiel, den jungen Schützen nicht zu ohrfeigen. Wenn es sich um einen seiner Jägerburschen gehandelt hätte, dann hätte er es wohl getan. So begnügte er sich, die Zähne zu fletschen und den Eleven zu fragen:

»Wissen Sie, was Sie jetzt gemacht haben?«

Und als der Gefragte verlegen die Achseln zuckte:

»Ich will es Ihnen sagen: ein leeres Rohr haben Sie gemacht.«

Dabei stieß er ein teuflisches Lachen aus und wandte sich von neuem der Fährte zu. Richard fühlte sich nun ganz zufrieden mit der Rolle des Zuschauers, die er gespielt hatte. Der unglückliche Eleve hatte einen roten Kopf bekommen; es schien ihm unbehaglich in seiner Haut zu sein. Er murrte vor sich hin.

»Dem hats noch keiner recht gemacht. Wenn ich nicht geschossen hätte, würde er auch geraunzt haben.«

Er war indessen schuldbewußt. Erst hatte er sich durch das Grob-schwein erschrecken lassen und dann ein Loch in die Luft gesengt. Mit gleicher Inbrunst, wie er bei sich gehofft hatte, daß die Sau an ihm vorüberwechseln möge, verwünschte er nun, daß sie ihm in die Quere gekommen war. Schon sah er den Waldgrafen und hinter ihm die Jagdgesellschaft von der Schneise her auf sich zuschreiten. Seine Verwirrung war so stark, daß sie sich auf Richard übertrug. Bei alledem war es noch günstig, daß der fürchterliche Moosbrug-ger im Gebüsch verschwunden war.

Im Augenblick, in dem der Jagdherr sie erreichte, erscholl die mächtige Stimme des Försters aus dem Dickicht:

»Sau tot! Sau tot!«

Dann blies er die Jagd aus, daß es weithin den Forst durchdrang. Die ganze Gesellschaft mit den Treibern folgte dem Hornruf und trat auf eine Lichtung, die hinter dem Fichtengürtel lag. Dort stand Moosbrugger neben dem Keiler, der im Neuschnee verendet war. Er war jetzt im vollen Triumph darüber, daß die Jagd gut ausgegangen war, und meldete dem Grafen noch einmal, während ein schreckliches Lachen sein Gesicht von einem Ohre bis zum anderen spaltete. Er hatte es natürlich gleich gewußt – nur zwei, drei Schnitthaare und Lungenschweiß – zum Teufel, die jungen Leute hatten bei ihm gelernt.

Alle umstanden nun im Oval die Beute, die Schützen mit umgehängter Büchse, die Treiber mit geschulterter Axt. Der Keiler lag auf dem weißen Bett wie schlafend, die kleinen Augen blickten die Bezwinger halb spöttisch an. Die Männer bewunderten das mächtige Haupt, das wie auf einem Kissen lag. Die scharfen Gewehre schimmerten in grimmiger Krümmung wie altes Elfenbein. Dort, wo der breite Hals ansetzte, starrten die Läufe, die Moosbrugger die Vorderhämmer nannte, steif in die Luft. Das dunkelborstige Vlies war rostig durchschossen, nur über den Rücken zog sich ein reinschwarzes Band. Immer noch breitete sich, an den Rändern verblassend, ein großer Blutfleck aus.

Bei diesem Anblick empfand Richard ein Bangen; fast schien es ihm unziemlich, daß sich hier die Augen an dem Erlegten weideten. Nie hatte ihn eine Hand berührt. Nun, nach dem ersten Staunen, packte man ihn an den Tellern und Läufen und wendete ihn hin und her. Der Knabe suchte sich gegen das Gefühl zu wehren, das in ihm aufstieg: daß ihm in diesem Augenblick der Eber näher, verwandter als seine Hetzer und Jäger war.

Nachdem sie die Beute bewundert und betastet hatten, entsannen sie sich des glücklichen Schützen, der sie gestreckt hatte. Der Graf brach einen Fichtenzweig, den er in den Anschuß tauchte, dann präsentierte er auf dem Kolben des Gewehres den blutbetauten Bruch, während Moosbrugger Halali blies. Der junge Mann stand mit bescheidenem Stolz in ihrer Mitte und heftete das Reis an seinen

Hut. Die Augen ruhten mit Wohlwollen auf ihm. Bei Hofe, im Krieg und unter Jägern schätzt man den glücklichen Zufall und rechnet ihn dem Manne zu. Das leitet eine Laufbahn günstig ein.

Sie ließen nun eine runde, mit Obstwasser gefüllte Flasche kreisen, aus welcher der Graf den ersten Schluck nahm und die er dann, nachdem er sich geschüttelt hatte, als Nächstem dem Eleven gab. Sie suchten jetzt alle mit ihm ein Wort zu wechseln, und er durfte nicht müde werden, zu berichten, wie ihm der Keiler begegnet war. Wirklich ein Kernschuß, das mußte der Neid zugeben. Er schilderte, wie er die Sau vernommen hatte und wie sie auf ihn zugesprungen war. Auch wie er nicht voll Blatt getroffen hatte, sondern etwas dahinter, weil sie im spitzen Winkel im Tann verschwunden war. Er hatte sie aber deutlich zeichnen gesehen. Moosbrugger lobte ihn über den grünen Klee.

Nur Richard war befangen, er hielt sich für den einzigen, der dem Vorgang nicht gewachsen war. Er hörte mit Erstaunen, daß Breyer ihn ganz anders wahrgenommen hatte, und mußte es glauben, denn dafür zeugte der Keiler, der vor ihm lag. Er lernte hier zum ersten Male, daß Tatsachen die Umstände verändern, die zu ihnen führten – das rüttelte an seiner idealen Welt. Das grobe Geschrei der Jäger bedrückte ihn. Und wieder schien ihm, daß ihnen der Eber hoch überlegen war.

Moosbrugger zog bedächtig sein Messer aus der Scheide und prüfte die Schärfe, indem er es über den Daumen strich. Man durfte selbst bei strengem Frost den Keiler nicht in der Schwarte lassen, dafür war er zu hitzig im Geblüt. Die Miene des Jägers wurde nun ganz altertümlich, durchleuchtet von einer Art von feierlichem Grinsen, das die tief eingegerbten Falten senkrecht zog. Er kniete sich auf einen Hinterlauf des Keilers und packte mit der Linken den anderen. Dann ritzte er die gespannte Decke mit der Schärfe an und schlitzte sie bis zum Brustbein auf. Zunächst entfernte er zwei Gebilde, die spiegelblauen Gänseeiern glichen, und warf sie, während die Treiber beifällig lachten, hinter sich:

»Die holt sich der Fuchs zum Nachtessen.«

Dann fuhr er behutsam einem Strange nach. Der scharfe Dunst, der das Tier umschwelte, wurde nun beizend; die Männer traten fluchend zurück. Moosbrugger wühlte mit beiden Händen in der

Bauchhöhle und fuhr in den Brustkorb hinein, zog rotes und blaues Gescheide heraus, die edlen Eingeweide absondernd. Das Herz war vom Geschoß zerrissen; der Eber hatte mit dieser Wunde noch an neunzig Fluchten gemacht. Ein Jägerbursche schnitt den Pansen auf, um ihn mit Schnee zu waschen; er war prall mit geschroteten Bucheckern gefüllt. Bald hatte sich der geschändete Leib in eine rote Wanne umgewandelt, aus der noch immer das Blut in die Frostluft emporrauchte.

Moosbrugger umschnürte den Oberkiefer hinter den Hauern mit einer Schlinge; die Treiber spannten sich davor und schleiften den borstigen Rumpf davon. Die Jäger entzündeten die Pfeifen und schlossen sich, behaglich plaudernd, dem Zuge an. Die Jagd war aus.

Das war der erste Abend, an dem Richard einschlief, ohne an das Gewehr gedacht zu haben; dafür trat nun der Eber in seinen Traum.

FRIEDRICH GEORG JÜNGER

Der Knopf

Das Dorf lag an der Landstraße und an einigen Seitenwegen, die in
Felder, Wiesen und Wald führten. Ein Straßendorf wie manches
andere, mit roten Ziegeldächern, einer alten Kirche, die aus Hau-
steinen errichtet war, und einer an Umfang bescheidenen Gemar-
kung. Große, stattliche Höfe waren nicht darin, und wer es von
vorn bis hinten abschritt, der fand keinen Vollmeierhof. Pferde gab
es wenige; der Hauptteil der Feldarbeit wurde von Kühen verrich-
tet. Kleine und mittlere Bauern wirtschafteten hier, dazu einige
Häusler. Die Dorfmark schnitt schon in die offene Heide ein, deshalb überwogen die leichten und mageren Böden. Auch lag ein Teil
des Landes, der zu Wiesen gebraucht wurde, in der Senke, und in
ihr floß ein mit Schilf, Kalmus und Ried bestandener Bach, der bei
Sonnenlicht eine goldbraune Farbe hatte. Reich konnte auf solchen
Böden niemand werden, doch hatten die Leute ihr Auskommen
und begnügten sich.

Die Häusler hatten früher bei den Bauern auf dem Feld gearbeitet,
und ihre Frauen taten das immer noch und halfen vor allem bei der
Ernte aus. Die Männer fuhren jetzt in die Stadt und arbeiteten in den
Fabriken. Der Häusler Schleen aber war bei einer Bohrgesellschaft
beschäftigt, die in der Nachbarschaft auf Öl bohrte. Die Bohrun-
gen, die seit Jahren rastlos fortgesetzt wurden, kosteten viel Geld,
und obwohl das Ergebnis unbefriedigend war, wurden sie nicht
eingestellt, denn kleinere Vorkommen, auf die man stieß, lockten
zu immer neuen Versuchen. Die Bohrmeister fuhren mit ihren
Röhren, ihren Bohrern und ihrem sonstigen Gerät in der Heide umher, und Schleen folgte ihnen. Da die Arbeiten seit einiger Zeit in
die Umgebung des Dorfes verlegt worden waren, fuhr er früh am
Morgen mit dem Rad fort und kam am späten Nachmittag zurück.
Seine Frau besorgte inzwischen das Haus, die zwei Morgen Land,
die dazu gehörten, und das Kleinvieh. Sie waren seit zwei Jahren
verheiratet und hatten noch keine Kinder. Ihr Haus, eine alte, im-

mer noch strohgedeckte Kate, lag auf einem der Seitenwege des Dorfs, abwärts und gegen die offene Heide hin. Der Weg dorthin war mit Birken bepflanzt. Das Haus, ein Fachwerkbau, der bis auf die dunklen Balken weiß gestrichen war, war, obwohl alt, fest und in gutem Zustand. Wie alle Bauernhäuser der Landschaft vereinigte es Wohnraum, Stallung und Scheune unter einem Dach. Und wie überall war die Tenne darin aus hartgestampftem Lehm.

Schleen war ein fleißiger Mann, klein, mager, zäh und mit einem Gesicht, das nach innen ging. Auch seine Augen verrieten, daß er mehr mit eigenen Gedanken und Grübeleien beschäftigt war als mit seiner Umgebung. Seine Arbeit litt nicht darunter, denn er behielt etwas Handliches und Geschicktes. Er war nur ein Span von einem Mann, was jedem deutlich wurde, der ihn neben seiner Frau sah. Diese, die Dora hieß, erschien an seiner Seite noch größer und üppiger, als sie war. Sie hatte nicht nur für das schönste Mädchen des Dorfes gegolten, sie war auch so stark und tüchtig, daß alle Arbeit nur ein Spiel für sie zu sein schien. Sie rührte sich unermüdlich und lachte und schwatzte dabei gern; in der Heiterkeit, die von ihr ausging, war eine sinnliche Macht und Kraft. Und die Heiterkeit war eins mit ihrem Bedürfnis nach Bewegung und Mitteilung. Kein Fisch konnte sich im Wasser wohler fühlen als sie in ihrem Häuschen. Sie gehörte an ihren Platz, und wer sie so unbefangen, derb und rüstig an der Arbeit sah, der mochte ihrem Mann Glück dazu wünschen. Er war wohlversorgt und konnte das Haus ruhig verlassen, um seiner Arbeit nachzugehen.

Was den Bauern im Dorf an Dora gefiel, das schien ihrem Mann nicht rühmenswert zu sein. Er war still, abwartend, nachdenklich und gehörte zu den Schweigsamen, die man in der Landschaft oft trifft. Vielleicht hätte er nicht zu heiraten brauchen, denn wer ihn kannte, der kam zu der Überzeugung, daß er einen guten Junggesellen abgegeben hätte. Es blieb etwas Einschichtiges an ihm, und zu dieser Seite seines Wesens war ein Zugang schwer zu finden. Was hatte er auszusetzen? Nun, was ihm an Dora nicht gefiel, war eben ihre Heiterkeit, die so beständig wie ein blauer Sommertag war. Was ihm mehr und mehr zusetzte, war diese Heiterkeit, die er nicht verstand, für die ihm kein Grund vorhanden schien. Daß der Mensch nicht aus Gründen heiter zu sein braucht, daß ein heiteres

Wesen grundlos sein kann, ging ihm bei seinem Spintisieren nicht durch den Kopf. Hätte ihm jemand das zu sagen versucht, dann wäre er wohl einem Kopfschütteln begegnet. So ohne Anlaß, ohne bestimmbaren Grund in den blauen Tag hinein fröhlich zu sein – was war das? Für ihn war es Unkenntnis, Übermut, Vermessenheit. Für ihn war in Dora etwas Hohles. Aber darin täuschte er sich vielleicht.

Der Streit brach, wie das oft geschieht, wenn der Zwist schon lange, leise und tiefglimmend sich emporfrißt, über einen winzigen Anlaß aus. Schleen hatte eine blaue Leinwandjacke, die mit Hirschhornknöpfen besetzt war. Von diesen Knöpfen, die rundgeschnitten, an den Seiten und unten bis auf das weiße Horn abgeschliffen, oben aber braun waren, sprang ihm einer ab und war nicht wiederzufinden. Im Dorf waren keine solchen Knöpfe vorrätig, Dora mußte also, um einen neuen zu kaufen, in die Stadt fahren. Sie hatte in diesen Tagen viel Arbeit und kam nicht dazu, hielt die Angelegenheit auch nicht für wichtig. Schleen hatte ihr zweimal gesagt, daß sie den Knopf kaufen und annähen solle, und war fest entschlossen, es nicht ein drittes Mal zu sagen. Kein Wort mehr wollte er darüber sagen. Seltsam war, wie der Knopf ihn beschäftigte und ihm zusetzte. Während der Arbeit sah er ihn manchmal vor sich, rund, weißgeschliffen, oben braun, mit zwei Löchern, durch die der Faden gezogen wird. Er verwunderte sich darüber, wie deutlich er den kleinen Gegenstand sah, bedachte aber nicht, daß er ihn nur deshalb so scharf, ja herausgestanzt zu sehen vermochte, weil um ihn herum nichts war, nichts als eine leere Stelle. An dem Knopf hing jetzt nicht nur die Jacke, sondern alles andere. Als er am Nachmittag nach Haus fuhr, dachte er an nichts anderes als den Knopf, und unter diesen Gedanken verbargen sich Erwägungen und Absichten, die er sich nicht deutlich machte. Er merkte nicht, daß er aus dem Knopf schon einen Vorwand, eine Schlinge, einen Hinterhalt zurechtgemacht hatte, ja daß er schon in der Erwartung heimfuhr, ihn nicht vorzufinden. Diese Erwartung täuschte ihn nicht. Kaum war er heimgekommen und hatte sein Rad eingestellt, als er nach der Jacke sah. Der Knopf war nicht daran. Dora trat auf ihn zu, lachte und sagte: »Morgen wird er daran sein.« Er aber schwieg nicht nur, sondern legte auch noch den Finger auf den Mund und ging hinaus. Sie sah ihm lachend nach und begann das Geschirr aus dem Schrank zu nehmen. Er aber saß vor dem Haus auf einer Bank und sah in die Heide hinein. Dann nahm er aus seiner Tasche ein Notizbuch, schrieb etwas darin, riß die Seite heraus, ging ins Zimmer und legte sie auf den Tisch. Und ohne sich weiter aufzuhalten, verließ er das Haus und ging ins Dorf. Dora, die ihm verwundert nachsah, ergriff den Zettel und las darauf die Worte: Sprechen hilft nichts. Ich werde jetzt schweigen. Und darunter, größer geschrieben und unterstrichen, stand noch einmal das Wort: Schweigen. Sie lachte, schüttelte den Kopf und konnte doch nicht hindern, daß, wie eine Vorahnung, etwas Trübes in ihr aufstieg. Warum hatte er das Wort Schweigen zweimal geschrieben? Sie mochte das nicht ernst nehmen, mußte es aber. Denn abends kam er nach Haus und sprach kein Wort. Schweigend ging er ins Bett und schlief ein. Als sie in der Nacht bei hellem Vollmond aufwachte, sah sie ihn neben sich liegen. Sein Gesicht war in dem hellen Mondschein starr, der Mund aber hatte etwas Bitteres und Enges. »Eigensinniger Bock«, sagte sie leise vor sich hin und drehte sich auf die Seite. Am Morgen stand er auf, schwieg, frühstückte und fuhr zur Arbeit.

Schweigen ist oft gut, manchmal gleichgültig, manchmal ganz und gar schlecht. Das heißt, es ist nicht an sich gut oder schlecht, sondern in Beziehung auf ein anderes. Schleen hatte, wie manche Leute, die Wert auf ihre Grübeleien legen, etwas Lehrhaftes, und vielleicht wollte er Dora eine Lehre erteilen. Unter allem, was er hervorsuchen konnte, war dieses Mittel wohl das wirksamste und unheimlichste. Wie verfiel er darauf? Das ist nicht leicht zu sagen. Er war seinem Wesen nach nicht mitteilsam und allem müßigen Gespräch abhold. Und da er leicht verstummte, ließ er auch andere verstummen und gab nicht viel darauf. Vielleicht vergaß er, daß die Herzlichkeit, ja die Gewohnheit des Miteinanderlebens Worte fordert, nicht umgekehrt, und daß auch die Törichten gut sind und nicht fehlen dürfen. Wenn er geschrien und getobt, wenn er Dora geschlagen hätte, hätte er weniger getan. Aber er war kein Mensch, der schrie und tobte, und er schlug auch nicht, denn alles Rohe und Gewaltsame verabscheute er. Der Knopf war angenäht, und er schwieg weiter. Er war so stumm wie ein Fisch, kein Wort entschlüpfte ihm. Sie aber war nach dem ersten Erstaunen und Leichtnehmen wie gelähmt. Gegenüber ihren Fragen und Bitten blieb er unerbittlich stumm, gegenüber ihren Zornausbrüchen verzog er den Mund nicht zu dem leisesten Flüstern. Was sie ihm auch sagen mochte, er veränderte keine Miene und schien die Sprache verloren zu haben. Auch mit einem Stummen läßt sich leben, nicht aber bei einem Menschen, der willentlich verstummt. Rege, mitteilsam und auf Aussprache angewiesen, hatte sie die Empfindung, daß ihr Atem sich verengte und die Luft ihr ausging. Gegenüber dem Mann, der beharrlich schwieg, der ihr seine Stimme vorenthielt, war ihre ganze Kraft ohnmächtig. Und das leicht Quellende und Überlaufende ihres Wesens sammelte sich wie hinter einem Stau und Damm, der ebenso hart wie lautlos das Wasser hält. Einen Rat, eine Hilfe fand sie nicht. Eines Abends – ihr Mann war ins Dorf gegangen – saß sie auf der Bank vor dem Haus und starrte hilflos in die untergehende Sonne. Der ganze Himmel war rot, sie sah lange in die Glut, und ein Schauer überrann sie. Wo war ihre Munterkeit geblieben? In ihr brannte alles. Sie war auf eine Weise verletzt, die sie nicht voraussehen konnte, die ihr unverständlich blieb. Unverständlich wurde ihr auch das, was sie bisher gewohnt und vertraulich umgeben hatte. Die Dämmerung kam, der Abendwind bewegte leise das Laub der Bäume, sie war allein. Seufzend ging sie noch in den Stall, um die beiden Ziegen zu melken, aber über dem Eimer sank ihr das Haupt auf die Knie, und so blieb sie in der Dunkelheit sitzen, umstanden von den Tieren, die sich an sie drängten und ihr Gesicht und Hände leckten. Was war zu tun? Sie entschloß sich, am nächsten Tag den Pastor aufzusuchen, der sie konfirmiert hatte und bei dem sie bis zu ihrer Heirat als Mädchen in Stellung gewesen war. Der Entschluß erleichterte sie, sie verließ den Stall, schloß das Haus ab und ging zu Bett.

Am nächsten Morgen machte sie sich auf den Weg. Sie fand den Geistlichen im Garten, wo er nach seinen Erbsen sah, und während sie das Gartenpförtchen öffnete und auf ihn zuging, wandte er sich um und sah sie.

»Du bist es, Dora«, sagte er, indem er sie freundlich ansah. »Was gibt es?«

Sie war verlegen und wußte nicht recht, wie sie ihm alles erzählen sollte. Es fehlte ihr nicht an Vertrauen, und doch fiel ihr der Anfang schwer. Dann aber, indem beide den Hauptweg des Gartens, der ihn in zwei Hälften teilte, auf und nieder gingen, begann sie ihren Bericht mit dem Knopf und endete bei dem Zettel, den ihr Mann ihr hingelegt hatte, und bei seinem Schweigen. Der Pastor Bachmann, ein Mann, der lange in der Gemeinde und hoch bei Jahren war, hörte sie schweigend an, wobei er hin und wieder im Gehen von den Stachelbeerbüschen eine Raupe ablas.

»Erzähl das mit dem Knopf genauer«, sagte er dann. Sie wiederholte noch einmal umständlich, was sich zugetragen hatte, er aber blieb stehen und indem er sie nachdenklich ansah, sagte er: »Das ist es nicht.«

»Was dann?« fragte sie hilflos.

»Ja, was. Hör, Dora, schwatzt du nicht zu viel?«

»Zu viel? Es ist wahr, ich rede gern. Aber er ist doch mein Mann, und ich muß ihm alles sagen. Sie wissen doch, Herr Pastor, daß ich eine Waise bin und niemanden im Dorf habe.«

»Schon recht, Dora. Aber läßt du ihm auch ein wenig Ruhe?«

Sie sah ihn an, errötete stark und murmelte: »Herr Pastor, wir sind junge Leute.« Und indem sie seine eigenen Worte wiederholte, sagte sie ebenso leise: »Das ist es nicht.«

»Gut, ich werde mit ihm sprechen.«

»Ich kann ihn nicht schicken«, sagte Dora bedrückt.

»Du sollst es auch nicht. Ich treffe ihn schon, wenn er von der Arbeit zurückkehrt. Geh jetzt.«

Sie murmelte ihren Dank und ging nach Haus zurück. Der Pastor setzte seinen Rundgang im Garten fort. Er kannte Schleen so gut wie Dora, denn er hatte ihn nicht nur konfirmiert, Schleen hatte auch bei ihm in Garten und Haus gearbeitet und während dieser Zeit Dora kennengelernt und sich mit ihr verlobt. Gegen den Mann hatte niemand im Dorf etwas einzuwenden; er war fleißig, nüchtern und lebte für sich, ohne sich in die Händel anderer einzumischen. Er trank nicht, spielte nicht, randalierte nicht und hielt sich an sein Haus und an seine Arbeit. Das alles sprach für ihn, aber der Pastor gab nicht viel darauf. Weniger ist manchmal mehr, dachte er. Besser wäre, wenn er hin und wieder über die Stränge schlüge. Er hatte weder Freund noch Fröhlichkeit, blieb einschichtig und kam nicht über die eigene Spur hinaus. Ein Duckmäuser. Nein, das nicht, aber voll Hochmut und Eigensinn. Wenn er nicht wie die anderen über den Strang schlug, dann tat er das auf seine Weise, auf eine vertrackte Art. Sein Schweigen war etwas Vertracktes, Bohrendes und Spitzfindiges. Der Pastor, versunken in seine Überlegungen, schüttelte den Kopf. Er war nicht geneigt, dieses Schweigen leicht zu nehmen, er hielt es für schlimmer als die schlimmen Dinge, die in der letzten Zeit ihn und seine Gemeinde beschäftigt hatten. Auch wollte er die Unterredung mit Schleen nicht hinausschieben. Er verließ den Garten und seufzte dabei. Der Morgen war schön und frisch, der Garten in vollem Wachstum, aber er nahm es nicht mehr wahr. Ein Verdruß stieg in ihm auf, der schwer zu bekämpfen war.

Dora setzte auf das Gespräch des Pastors mit ihrem Manne ihre ganze Hoffnung. Mit ihren Mitteln war sie am Ende. Wenn es dem Geistlichen nicht gelang, ihm den Kopf zurechtzusetzen, wem sollte es sonst gelingen? Niemandem, sagte sie sich, und in ihre Erwartung mischte sich eine dunkle Angst. Auf dem Weg nach Haus hörte sie die Lerchen singen, und unhörbar flüsterte sie vor sich hin: »Jeder Vogel hat doch seine Stimme.«

Das Gespräch fand noch am gleichen Tage statt. Der Pastor hatte einen Gang in die Heide gemacht und kam am Abend über den Birkenweg zur gleichen Zeit zurück, in der Schleen mit dem Rad von der Arbeit heimkehrte. Schleen, als er sah, daß der Pastor stehenblieb und ihn erwartete, stieg vom Rad ab. Klug und nachdenkend, wie er war, hegte er keinen Zweifel über die Absicht des Geistlichen. Dora mußte mit ihm gesprochen haben. Das verdroß ihn von vornherein, aber er ließ sich nichts anmerken. Der Pastor gab sich keine Mühe mit Einleitungen und fragte sofort:

»Was ist das mit dir und Dora, Johann?«

»Das ist meine Sache, Herr Pastor.«

»Wer zweifelt daran? Wenn es nicht deine Sache wäre, würde ich mit dir nicht darüber sprechen. Dora war heute bei mir. Was ist das für eine Geschichte mit dem Knopf?«

Schleen zuckte die Achseln. »Sie wird es erzählt haben. Warum soll ich noch einmal davon sprechen?«

»Ja, warum? Ein Knopf ist ein Knopf. Was liegt an dem Knopf, Johann?«

»Nichts, Herr Pastor.«

»Nichts, und doch hast du diesen Knopf in dich hineingefressen und kannst ihn nicht ausspeien. Was hast du gegen Dora? Sprich darüber. Wenn dir auch alle Knöpfe fehlten, wer gibt dir ein Recht, den Stummen zu spielen? Warum schweigst du?«

Schleen schwieg auch jetzt, aber er, der stille, ruhige Mensch, zitterte am ganzen Körper vor Erregung. Er mußte sich auf das Rad stützen, um einen Halt zu bekommen. Der Pastor sah ihn scharf an. Warum zittert er? dachte er. Es ist nicht die Wut, nein, er zittert vor Eigensinn.

»Wann soll das enden?« fragte er wieder.

Schleen schwieg.

»Hör, Johann«, sagte der Pastor sanfter, indem er ihn bei der Hand ergriff, »soll ich mit dir zu Dora gehen? Wollen wir zusammen zu ihr gehen?«

»Nein«, stieß Schleen hervor.

»Du willst nicht? Wer bist du denn, du törichter, eigensinniger Mensch, daß du dir das Recht anmaßt, nach Laune und Willkür den Mund zuzusperren? Begreifst du nicht, daß auf diese Weise nichts zu bessern ist, daß du alles schlimmer machst? Glaubst du, daß jemand mit einem Menschen leben kann, der den Stummen spielt? Du, ein Ehemann, und der eigenen Frau gegenüber? Es gibt Klügere als du. Mach das Maul auf, Mann.«

Der Pastor war feuerrot vor Zorn, aber Schleen gewann gegenüber diesem Ausbruch seinen Halt zurück. »Es ist genug, Herr Pastor«, sagte er. »Es ist schon zuviel.« Mit diesen Worten schwang er sich auf sein Rad und fuhr davon. Auch der Geistliche ging weiter. Seine Erregung verflog, er war unzufrieden mit sich, ja er überlegte, ob er nicht umkehren und dem Häusler in sein Haus folgen solle. Was hielt ihn davon ab? Ein Rest der Erregung vielleicht, die das Gespräch in ihm hervorgerufen hatte. Er ging mit unmutigem Gesicht weiter, den Birkenweg hinunter, auf die Kirche zu.

Schleen hatte inzwischen sein Haus erreicht. Schweigend ging er an Dora vorüber, die ihn erwartet hatte. Das Gespräch hatte Bitterkeit in ihm hinterlassen, zugleich aber einen tiefen Eindruck auf ihn gemacht. Er war ein Mann, dem weder Urteil noch Sinn für das Rechte fehlte. Mehr noch, er sah ein, daß er zu weit gegangen war, daß er sich ins Unrecht setzte. Über seine Kraft aber ging es, das zuzugeben. Was ihn jetzt erschreckte, war, daß sich Dritte in seine Ehe einmischten. Er war klug genug, um sich zu sagen, daß er durch sein Verhalten solche Eingriffe herausforderte. Morgen wird das ganze Dorf davon wissen, dachte er mit erneuter Bitterkeit. Ein Zweifel stieg in ihm auf. Er hatte gehandelt, hatte unbedenklich gehandelt wie jemand, der eine Sache allein zu entscheiden gedenkt und dabei nur auf sich selbst sieht. Die Sache aber kehrte zu ihm zurück – was hatte er versäumt? Weder Dora noch der Pastor konnten wissen, daß er sich einen Termin für sein Schweigen gesetzt hatte. Die Zeit war noch nicht abgelaufen, und der zähe, unbiegsame Eigensinn befahl ihm, an seinem Termin festzuhalten. Was war dieser Termin, von dem er nicht abgehen wollte? Etwas Künstliches wohl, ein Aufschub, mit dem sein Schweigen befestigte und einhegte. Eine tote Zeit, denn die lebendige floß unaufhaltsam davon.

Dora, nachdem sie noch am gleichen Abend das Mißlingen der Unterredung erfahren hatte, begab sich am nächsten Vormittag auf den Friedhof, um das Grab ihrer Eltern instand zu setzen. Die Eltern waren ihr früh weggestorben, so früh, daß sie nur wenige Erinnerungen an beide behalten hatte. Sie brachte einen Korb voll blühender Geranien mit, die sie beim Gärtner gekauft hatte, und setzte die roten Blumen in die Erde ein. Während sie am Grab kniete, die Erde aushob und wieder verzog, sah sie starr vor sich hin. In ihr war alles Heimweh. Wonach sehnte sie sich? Sie dachte an ihre Eltern, an ihre Kindheit und an die Jahre, die sie bei den Bauern und beim Pastor verbracht hatte. In dem allem lag kein Trost für sie, keine Stärkung. In allem aber lag ein Abschied, und den Schmerz dieses Abschieds spürte sie. Sie kniete auf der Erde, als ob eine Last sie am Hochkommen hindere. Wozu auch aufstehen? dachte sie. Doch erhob sie sich endlich, klopfte die Erde von ihrem Rock, packte ihr Gerät in den Handkorb und verließ den Friedhof. Am Tore, an dem zwei alte Linden standen, sah sie sich noch einmal um. Sie war allein gewesen zwischen den Gräbern. Der Frieden des ummauerten Bezirks, der so ungeschäftig, verlassen und geschmückt in der Sonne lag, schien ihr groß zu sein. Draußen aber war Unruhe. Sie seufzte und ging nach Haus zurück. Das Dorf war leer, die Bauern wegen des Heus auf den Wiesen. Niemand begegnete ihr, doch sah der Müller, als sie an der Mühle vorbeikam, durchs Fenster und erkannte sie.

Am Nachmittag, als Schleen von der Arbeit zurückkam, sah er sie auf der Bank vor dem Haus sitzen. Ihn verwunderte, daß sie ohne Beschäftigung war, denn er war daran gewöhnt, sie unermüdlich tätig zu sehen. Indessen bereitete sie ihm doch das Abendessen, und beide setzten sich schweigend an den Tisch. Schleen ging bald zu Bett, sie aber, von sichtlicher Unruhe getrieben, schloß die starken Holzläden vor den Fenstern des Hauses, schloß auch das Haus ab und steckte den Schlüssel zu sich. Dann saß sie noch in der Küche, eine Kerze vor sich, in deren Flamme sie ohne Augenzwinkern hineinsah. Sie erhob sich endlich, nahm die Kerze mit sich und stieg auf den Boden, der mit Stroh und Heu prall gefüllt war. Sie hielt die Kerze an eine Ecke des Strohs, und als sie sah, daß die Flamme gefaßt hatte, stieg sie die Treppe hinunter und zündete auch im Stall das Heu an. Dann nahm sie eine Harke und stemmte ihren Stiel so fest zwischen die Klinke und die Tür des Schlafzimmers, daß es von innen nicht mehr geöffnet werden konnte. Das Haus stand alsbald in Flammen, denn der Ostwind fuhr in die Glut hinein und machte es zu einer einzigen lodernden Fackel. Sie aber, trotz der zunehmenden Hitze an der Tür stehend und auf die Stimme ihres Mannes lauschend, hatte die Augen geschlossen. Er erwachte endlich und sprang aus dem Bett – das Feuer fraß sich schon durch die Decke, und beizender Rauch zog durch das Zimmer. Durch die Läden der Fenster konnte er sich keinen Ausweg bahnen, die Tür ließ sich nicht öffnen, so warf er sich denn mit Wucht gegen sie. Er hörte ein Weinen vor der Tür. »Mach auf!« schrie er. »Mach die Tür auf, Dora!« Aber die Worte kamen zu spät, und er erhielt keine Antwort mehr. Er stemmte sich wieder verzweifelt gegen die Tür. Da kam in einem Regen von Feuer und Funken die Decke herunter. Indem sie prasselnd herabstürzte, stieg eine mächtige Rauch- und Funkenwolke in den Himmel empor. Das Haus brannte ganz zusammen, nur die geschwärzten Grundmauern blieben stehen.

Beim Uhrmacher

Das Aufgehn der Tür löst ein Glockenspiel aus: eine stählerne Feder, deren Ende ein Hämmerchen bildet, trifft auf den ersten einer Reihe von hängenden Klangstäben und setzt damit das ganze System in Bewegung; goldbraune, warme, sommerliche Klänge entquillen dem Schoß dieser Vermählung, wallen als langsam sich ausbreitende Kugelwellen durch den Raum.

Was für eine unerwartete Magie!

In dieser Kugel erscheint alt und zierlich die Gestalt der Großmutter vor dem gläsernen Eckschrank ihrer Stube, wie sie die blümchenbunte Spieldose hervorholt und dem staunend entzückten Kind kling-klang das Liedchen zu hören schenkt –: Wer hat meine Seele gelehrt, sich in dieser göttlichen Mathematik auszukennen? Denn wie viele der Klangkugeln gehen da durcheinander! und in jeder dieser bebenden Schalen, über allen Raum hinaus, quillt es von alten Zeiten, erscheint in kristallenen Splittern die Fülle der kindlichen Feriensommer: die Sonne im Schilf vor dem Haus, da es zur Vesper herüberläutet, der blaue Qualm des sternig zersprühenden Torffeuers unter dem Kessel im Rauchfang und der weiße Sand auf der Diele, und auch draußen im Korn auf dem Weg die Hinwandelnde, der Großmutter Kind, vor vierzig Jahren im Jahr ihres Todes nachsinnend–entrückt die Mutter! . . .

Fast schäme ich mich, eine Weckuhr zu bringen. Dieser alte Romantiker, der Uhrmacher, hat es besser verstanden als ich, durch die Zeit zu kommen. Schau, dort: auf dem Zifferblatt der altmodischen Standuhr, in deren dunklem Kasten unten hinter kreisrundem Fenster eine Pendelsonne schwingt, – immerfort, und allstündlich aufs neue vom großen Zeiger gespornt, befindet sich dort ein vom Jäger verfolgter Hirsch auf dem Sprung in die Zukunft, und ein Hund hetzt einem Hasen nach, dem der Wind der Zeit sichtbarlich um die Löffel fegt. Wer ist der Jäger, wer der Hirsch? Und während die Klangkugeln sich ins Unendliche weiten, beginnt schon der Regen, der Hagel des Tickens von Dutzenden Uhren hindurchzuschauern, schnell, schnell, mögen auch einzelne Tropfen und Schlossen langsamer fallen; daß soviel Zeit niedergehn kann auf so kleinem Platz! Sollte man nicht meinen, der alte Meister müßte längst davon zunichte gemacht sein, von den Sekundengeschossen durchsiebt oder zugedeckt von dem unaufhörlichen Hagel der Schlossen? Aber die Lupe im Auge, sitzt er an seinem Arbeitstisch wie von einem Traumregen umfangen und blickt nicht auf. Wie in jener Höhle im Märchen, wo die Lebenslichter brennen, wartet er all dieser Uhren, als liefe nur anderer Leute Zeit hier ab. Ein Angestellter von Chronos versieht seinen Dienst. Hemdärmelig in seiner grünen Handwerkerschürze über der Weste, gleicht er doch einem gedankenversunkenen Gelehrten: diese winzige Armbanduhr von der Größe kaum eines Pfennigs durchforscht er mit hochgezogener Braue, wie der Astronom das Sterngewölbe. Wer dürfte ihn zu stören wagen, indes er vielleicht soeben in Siriusferne einen Nebel kosmischen Staubes entdeckt oder die Ablenkung einer Planetenbahn berechnet, die um den Bruchteil eines Grads von ihrer Bestimmung abgewichen ist! Ja während er, mehr noch, diesen Staubnebel wegnimmt, dieser abgeirrten Bahn wieder den Weg ihres Gesetzes weist und den Gang der mit bemessener Unruhe zitternden Notwendigkeit berichtigt! ... Nicht ohne Ehrfurcht warte ich. Denn wie als Kind befällt es mich immer noch mit einer gewissen Frömmigkeit in solchen Werkstätten, empfinde ich immer noch diese seltsame Andacht, in der soviel Läuterndes wirkt und die vielleicht der Nachhall dessen ist, daß ursprünglich und einstmals, solange noch die Erschütterung unserer Austreibung aus dem Paradies in uns nachbebte, alle Arbeit Gottesdienst war.

Eine so hundertfach wie hier bemessene Minute ist lang. Ich habe Zeit, eine Anzahl der vielen Stimmen unterscheiden zu lernen, die da alle das gleiche sagen: schnell, schnell! oder auch: un-auf-halt-sam! Und ich kann die verschiedenen Temperamente der Zeiger und Pendel studieren, deren manche ruckartig fallen von Sekunde zu Sekunde, andere immerfort ihre Runde durchgleiten oder in hartnäckigem Hin-und-her mit dem Ausdruck von Irrsinn ihre Arbeit tun, eilen, eilen, eilen; wobei das bald Entnervende das von

Lebensanschein trächtige Leblose dieser wahnwitzigen Eile ist und die unmenschliche Hoffnungslosigkeit ihres Gleichmaßes.

Endlich aber nimmt der alte Uhrmacher die Lupenröhre aus dem Auge und hebt den Kopf. Seine rechte Braue ist noch hochgezogen, und sein Gesicht hat den tiefsinnig-doppelhaften Ausdruck eines zu genauem Sehen angehaltenen Staunens bei abgründiger Skepsis. Er sagt kein Wort; nur seine Hand streckt sich aus, die Uhr in Empfang zu nehmen, die ich da bringe – ein wenig verächtlich, wie mir scheint. Mein Wecker ist freilich ein billiges Ding, Massenware, wie dann der Alte ganz richtig tadelt. Aber soll ich mich darauf einlassen, ihm zu erklären, inwiefern dies in der Ordnung ist? Auch prüft er bereits das Läutewerk, und das schauderhafte, das mörderische Gerassel setzt ein, das wie der Streich eines Guillotinemessers den Schläfer, den Träumer enthauptet. Barbarischer Greuel! Da liegt er, der Kopf im Korb, mit flatternden Lidern über entsetzten Augen! Ein Gespenst aus Rumpf und Gliedmaßen richtet sich benommen auf, steigt schwankend zum Korbe herab, nimmt sein gemartertes Haupt in die Hände und setzt es sich – mit einem Griff, der Überdruß und Gewöhnung verrät – auf den Halsstumpf, aus dem in krampfhaften Pulsstößen das schwarze Blut des Schlummers hervorgesprudelt ist. Tief Atem holend, erseufzt schmerzlich die Brust; die Lippen beben, das Auge starrt in die Trübe der ersten Dämmerung...

O Zeit! Diese Art Wecker sind die Wächter einer Tyrannis, die ihre Peitsche über die Masse der Frohnenden schwingt. Mit der Morgenpost hat eines der vielen Getriebe jener monströsen Maschinerie, zu deren mechanischen Teilen das flutende Leben unter ihrem immer schrankenloseren organisierenden Zugriff erstarrt, einen präzis auf mich abgezweckten Radzahn in mich eingeschlagen, und mit wachsender Beklemmung spüre ich seitdem, wie ich langsam eingeschlungen werde in den Ablauf der furchtbaren Apparatur, – ich habe von den Funktionären dieser noch immer in weiterem Ausbau befindlichen Maschinerie, die den Lebenstag der Massen regelt, den Befehl erhalten, mich zu festgesetzter Stunde an der bestimmten Stelle einzufinden, zu der mich, wie ich dessen nur zu gewiß bin, dieser in mich eingeschlagene Haken unwiderstehlich hinrädern wird: in wenigen Tagen ist es soweit. Das ist der Grund, der mich zwingt, aus dem, was ich nicht will, meinen eigenen Willen zu machen und diesen verabscheuten Zeitmesser und Schlafmörder wiederherstellen zu lassen, nachdem ihn letztens ein traumtrunken ausfahrender Griff invalide gemacht hat. Soweit der Schlaf nicht mehr heilig ist, haben wir unsere Freiheit verloren.

Wie weise der alte Uhrmacher ist! Ungern läßt er sich darauf ein, für seine Arbeit den Zeitpunkt anzunehmen, den ich ihm nenne. Schließlich ist es denn doch *mein* Zeitpunkt und nicht der seine, und er ist genugsam an Weisheit gereift inmitten dieses vielfachen rastlosen Gehämmers von lauter Zeitpunkten, um sich nicht ohne Not persönlichen Treffern auszusetzen.

»Eigentlich«, sagt er, »habe ich keine Zeit.«

Was für ein Magier muß er sein, dies so sagen zu können, daß ich es vernehme wie noch nie gehört und es verstehe, wie ich es noch nie verstanden habe! In das Märchen dieser Uhrmacherstube geraten, ergreift mich bei diesem Wort unter dem Ticken der Zeitmeßwerke ein schwermütiger Neid: könnte ich doch des Alten Lehrling werden und so mich verhalten lernen gegen die Spielwerke unseres Geistes!

Und schon nimmt der Meister die Lupe wieder auf: gelassen wendet er sich seiner Arbeit zu, als kehre er zurück in einen Traum. Nicht nur für sich aber, sondern – in seiner Weisheit voll einer Güte, um die er ebenso wenig wie um diese seine Weisheit weiß – auch für Leute meinesgleichen hat er es eingerichtet, daß der Weg über seine Schwelle durch Räume führt, in denen die Zeit rein entmächtigt ist. Wieder hebt, kaum daß ich die Klinke niedergedrückt habe, das läutende Spiel der Klangstäbe an, – das nie sich genau wiederholende und immer sich selber ähnliche. O ihr tönenden Glocken, ihr goldsamten erblühenden Klänge, ihr holden Rufer und Bringer! In eurer Mitte, ihr wallenden Kugelräume, keimt die Zeitlosigkeit –: Über Almen von Liebesglück, in deren smaragdenem Grün die Herbstzeitlose ihre rosigen Kelche aus der Erde hebt und wo zwischen den Felsen einsames Herdengeläut die Stille feiert, schreite ich hinaus; ein Mut erfrischt meine Stirne wie Gletscherwind.

Das Gottesurteil

In der Nähe von F., einer kleinen Bergstadt Kalabriens, wurde an einem Junimorgen des Jahres 1412 die Leiche eines Mannes aufgefunden, der offenbar während der Nacht beraubt und ermordet worden war. Da der Tote nichts mehr bei sich trug, woraus man hätte entnehmen können, um wen es sich handelte, schaffte man ihn in die Stadt und stellte ihn im Leichenhaus zur Schau. Einige Leute, die ihn dort sahen, erklärten sogleich mit Bestimmtheit, dem Mann am Abend vor seiner Ermordung begegnet zu sein: im Gasthof, sagten sie, er habe erzählt, daß er Kaufmann und seiner Geschäfte halber unterwegs sei. Der Wirt, den der Richter darauf herbeiholen ließ, bestätigte das: der Fremde, fügte er hinzu, habe nach einer ausgiebigen Mahlzeit den Gasthof erst am späten Abend mit der Bemerkung verlassen, er wolle nun weiterreisen. Zusammen mit ihm seien zwei junge Leute aufgebrochen, die während des Essens am Tisch des Gastes gesessen und ihn unterhalten hätten; deren Zeche habe übrigens der Fremde bezahlt. Ob die beiden jungen Leute in F. wohnten? fragte der Richter. Ja, versicherte der Wirt und nannte die Namen; Urbini hieß der eine, Vigilio der andere.

Der Richter ließ beide vorführen; obwohl sie erklärten, sich von dem Kaufmann schon am Tor des Gasthofs getrennt zu haben und obwohl auch eine sogleich vorgenommene Durchsuchung der von ihnen bewohnten Häuser nichts Belastendes ergab, ordnete der Richter an, daß sie in Haft zu bleiben hätten. An den folgenden Tagen vernahm er sie mehrfach, doch gelang es ihm nicht, wie geschickt er auch seine Fragen stellen mochte, nur den Schatten eines Schuldbeweises zu entdecken; schließlich gelangte er selbst zu der Überzeugung, daß weder Vigilio noch Urbini der Mörder des Kaufmanns sei. Trotzdem konnte er sich nicht entschließen, die über sie verhängte Haft aufzuheben. Da kam ihm eines Nachts aus dem Zwiespalt seiner Überlegungen der Gedanke, Gott die Entscheidung zu überlassen. Am nächsten Tag befahl er, zunächst Urbini zu holen; diesen fragte er, ob ihm in einer der Nächte während seines Aufenthalts im Gefängnis etwas geträumt habe? Urbini blickte den Richter erstaunt an: ja, erwiderte er, etwas sehr Absonderliches sogar. Er habe sich nämlich in diesem Traum auf einer Straße liegen gesehen, regungslos und auch ohne die Fähigkeit, sich zu rühren. Es sei dunkel gewesen, und die Furcht, von einem zufällig des Weges kommenden Wagen überfahren zu werden, habe ihn sehr gepeinigt, zumal er in der Ferne das Rollen von Fahrzeugen habe hören können; doch sei keines in seine Nähe gekommen. Beim Erwachen sei er naß gewesen vom Schweiß der Angst, die er im Traum empfunden habe.

Der Richter überlegte einen Augenblick, dann befahl er, Urbini solle in der Morgendämmerung des nächsten Tages, an Händen und Füßen gefesselt, vor der Stadt auf der Straße niedergelegt werden, auf der um diese Zeit die Bauern aus der Umgegend ihre Waren zum Markt bringen würden. Dort solle er zwei Stunden liegen; die Bauern seien bei Strafe anzuhalten, ihre Fahrzeuge so zu lenken, als ob die Straße frei wäre. Überstehe Urbini die Probe, sei ihm die Freiheit wiederzugeben.

Der Richter erschien selbst am nächsten Tage dort, wo Urbini niedergelegt wurde; mit den Schergen wartete er, bis die Zeit, die er für die Entscheidung bestimmt hatte, verstrichen war. Sie verging zu seiner Verwunderung, ohne daß irgendein Wagen gekommen wäre; nachdem er endlich dem Verhafteten selbst die Fesseln abgenommen hatte, befahl er zweien seiner Leute, die Straße hinabzugehen und in den Dörfern am Fuß des Berges zu erkunden, warum die Bauern an diesem Tage dem Markt in der Stadt fernbleiben würden. Die Boten kehrten bald zurück: nicht weit unterhalb jener Stelle, an der man Urbini niedergelegt habe, so meldeten sie, sei in der Nacht ein Felssturz erfolgt; Steine und Erdmassen versperrten die Straße.

Der Richter, der in dem Vorgang einen Beweis dafür sah, daß ihm tatsächlich jemand die Last der Entscheidung abgenommen habe, ließ sogleich Vigilio holen und stellte auch ihm die Frage, ob ihm während der Zeit seiner Haft etwas geträumt habe. Der Gefangene lächelte. »Mir hat geträumt«, erwiderte er, »daß ich dem steinernen Löwen am Portal des Rathauses die Hand ins Maul legte.«

Auch er ist unschuldig, dachte der Richter.

»Der Löwe biß zu«, fuhr Vigilio fort.

»Der steinerne Löwe?« fragte der Richter verwundert und schüttelte den Kopf.

»Es war eben ein Traum«, erwiderte der Gefangene.

»Nun gut«, sagte der Richter, »wir wollen zum Rathaus gehen, und du wirst dem Löwen die Hand ins Maul legen. Beißt er dich nicht, so werde ich befehlen, auch dich wieder in Freiheit zu setzen.«

Er begab sich mit dem Gefangenen und zwei Wärtern durch die Straßen zum Rathaus; eine Menschenmenge folgte ihnen, denn die Nachricht von der Errettung Urbinis hatte sich rasch verbreitet; dieses Wunder weckte in vielen den Wunsch, bei der Erprobung Vigilios zugegen zu sein. Doch erhob sich Gelächter, als die Masse aus Andeutungen der Schergen erfuhr, was Vigilio zu tun habe, um seine Unschuld zu beweisen – auch der Gefangene selbst lächelte, während er, die Stufen zum Portal des Rathauses emporsteigend, die belustigten Gesichter der Menschen auf dem Marktplatz betrachtete. In der offenbaren Voraussicht auch seiner Errettung legte er noch lächelnd die Rechte in das offene Maul des steinernen Löwen, aber mit einem Schrei des Schmerzes riß er sie sogleich wieder zurück; die in der Nähe Stehenden sahen, wie durch Vigilios heftige Bewegung ein Skorpion auf die Treppe des Rathauses geschleudert wurde – offenbar hatte das Tier in der dunklen Höhle des Löwenmauls Unterschlupf gefunden und sich mit seinem Stachel gegen die eindringende Hand gewehrt.

Der Richter verfügte, daß der Gefangene sogleich ins Gefängnis zurückzubringen sei; auch ordnete er an, daß dessen Verletzung durch niemanden ärztlich behandelt werden dürfe – so sehr war er nunmehr überzeugt von der Schuld Vigilios. Dieser starb einige Stunden später unter starken Schmerzen. Trotzdem war die Überzeugung des Richters, was den Mord an dem Kaufmann anlangt, falsch; tatsächlich hatte nämlich weder Urbini noch Vigilio den Händler ermordet, sondern ein Mann, der zwanzig Jahre später in Neapel auf dem Totenbett seine ruchlose Tat gestand. Davon jedoch erfuhr niemand in F., auch nicht der Richter. Selbst wenn es aber zu seiner Kenntnis gelangt wäre, so hätte ihm dennoch kein Zweifel kommen dürfen an der Gerechtigkeit der durch ihn weitergegebenen Entscheidung – denn wer vermag zu sagen, ob nicht die Strafe sich auf eine Tat beziehen sollte, von der er, der Richter, nichts wußte? Zusammenhänge, die man sehen kann, sind meist keine – überdecken die wahren –; der Mensch kann nur, wie der Richter es tat, seine Frage stellen. Ob er das Rätsel, das die Antwort ihm aufgibt, zu lösen vermocht hat, erfährt er selten.

Reusenheben

Der Boden war morastig und federte, wenn er den Fuß auf ihn setzte. Moos, Riedgras und Binsen wuchsen darauf; das Weidengebüsch war gut über mannshoch.

Er wollte versuchen, den Kahn flottzubekommen und heimlich ein paar Reusen zu heben; bloß so, mal reinsehen, nichts weiter. Denn es mit nach Hause zu nehmen, das Fischzeug, das ging nicht; dann wäre es ja rausgekommen, daß er die Schule geschwänzt hatte.

Eigentlich hätte er jetzt umkehren müssen; der Weg zurück in die Stadt war lang, und es war sicher schon später als eins. Aber da war das Fasanenhäuschen gewesen, vor dem er auf der Lauer gelegen hatte, bis sie angepurrt kamen, die Langschwänzigen mit den diamantenen Halskrausen und den unscheinbar braunen, betulich pikkenden Hennen im Schlepp. Und da waren die leeren Schneckenhäuser gewesen, die man aufheben mußte, und die vorjährigen Rohrsängernester im Schilf, oder das leuchtende Krähengewölle mit den brandroten Gummibändern darin, die sie für Fleischfasern geschluckt hatten, die gierigen Biester.

Und jetzt war als letztes, als Clou sozusagen, noch der Kahn übriggeblieben. Hier, gleich um die Schilfecke herum, wo die erlenstümpfige Schlenke sich in den Wald schob, da lag er an einen Stubben gekettet. Sicher, das Schloß war nicht aufzukriegen; aber die Kramme, die die Kette am Kahn hielt, die wackelte; vielleicht ließ sie sich rausbrechen.

Die Schneckenhäuser in seiner Tasche klapperten leise beim Laufen. Er atmete mit offenem Mund.

Als er um die Schilfecke bog, sah er den Mann. Der kniete zwischen den Binsenkubben und fingerte an einem Bündel herum.

Willi duckte sich und stützte die Hände ins Moos. Da sah er, daß das Bündel ein Mensch war, eine Frau, die die Beine bewegte. Aber sie bewegte sie nicht mehr lange; nur noch ein bißchen, dann lag sie still.

Der Mann stand auf und klopfte sich die Knie ab. Dann stieß er mit dem Fuß nach der Frau; doch die rührte sich nicht.

Willis Hände krampften sich ins Moos, zwischen den Fingern trat grünliches Wasser hervor. Er starrte noch immer die Frau an; auch noch, als der Mann ihn bemerkt hatte und nun langsam herankam.

»Na –?« fragte er.

Willi sah auf. »Ist sie tot?«

»Ja«, sagte der Mann.

»Warum hast du sie totgemacht?«

Der Mann bückte sich und sah blinzelnd in die Weidenbüsche ringsum.

»Bist du allein?«

»Ja«, sagte Willi.

Der Mann kam näher.

Willi sah an ihm vorbei auf die Frau. »Mochtest du sie nicht?«

»Nein«, sagte der Mann.

»Und jetzt?«

»Was suchst du hier?« fragte der Mann.

»Was?« fragte Willi.

»Was du hier suchst. «

Die Frau war blond; sie hatte einen hellen Mantel an und trug Schuhe mit flachen Absätzen, an denen Morast und welkes Eichenlaub klebten.

»Ich wollte zum Kahn«, sagte Willi.

»Zu welchem Kahn. « Der Mann schob die Hände in die Taschen.

»Zu dem da. «

»Der ist fest«, sagte der Mann.

»Die Kramme wackelt aber. «

»Ach nee. «

»Ja. Wenn man mit'm Stein dranklopft, dann geht sie raus. «

»Wem gehört'n der Kahn?«

»Dem Fischer. «

»Kommt der oft her –? Heute zum Beispiel –?«

»Heute bestimmt nicht. «

Der Mann drehte sich um und ging zurück zu der Frau.

»Komm mal her. «

Willi ging hin.

»Du nimmst die Beine«, sagte der Mann. Er faßte der Frau unter die Arme. »Los; mach schon.«

Willi griff zu, und sie schleppten die Tote zum Kahn.

»Ihre Tasche noch«, sagte der Mann.

Willi ging zurück und hob die Handtasche auf.

Der Mann ruckelte die Kramme heraus, dann zerrte er die Frau in den Kahn; ihre Beine hingen ins Wasser. »Wo ist das Ruder?«

»Ich hol's«, sagte Willi.

»Wo's Ruder ist.«

»Versteckt. Da, in der abgestorbenen Eiche.«

Der Mann keuchte, als er zurückgerannt kam; das Ruder auf seiner Schulter tanzte hin und her. »Hast du gehört –?!«

»Was?« fragte Willi.

Sie lauschten.

»Da –«, sagte der Mann; sein hochgehobener Zeigefinger zitterte.

»Ach, das –: 'n Bussard.«

»'n was?«

»'n Bussard«, sagte Willi; »der schreit so.«

»Kennst dich wohl aus hier?«

»'s geht.«

Sie fuhren dicht am Schilfgürtel entlang. Der Mann ruderte, Willi steuerte mit dem Deckel des Fischkastens. Wo die Schlenke in den See mündete, ließen sie die Tote ins Wasser. Ihr Rock bauschte sich auf, der Mann drückte die Luft darunter mit dem Ruder heraus.

»So«, sagte er.

»Hier«, sagte Willi; »die Tasche noch.«

»Gib her.«

Willi stand auf und hielt sie ihm hin. Auch der Mann erhob sich. Einen Augenblick lang sah er sich um; dann machte er einen hastigen Schritt auf Willi zu. Der Kahn schwankte; Willi taumelte etwas, der Mann packte ihn und hielt ihn fest.

»Geht schon«, sagte Willi.

Der Mann ließ ihn los und warf die Tasche ins Schilf.

»Abfahrt.«

Als sie zurückruderten, kamen sie an einem Reusenkorken vorbei.

Willi kniete am Bug. »Da liegt 'ne Reuse.«

Der Mann hörte auf zu pfeifen. »Wo?«

»Da!«

»Mal reinsehn!«

»Möcht schon.«

»Los.«

Sie ruderten hin.

»Links«, sagte Willi, »noch mehr. So. Und jetzt rechts gegen. Stop.« Er stand auf und bückte sich über den Kahnrand.

»Na –?« Der Mann reckte den Hals.

»Schleie«, sagte Willi. Er ließ die Reuse wieder ins Wasser und stieß den Kahn von einem Erlenstumpf ab.

»Schleie sind langweilig.«

Der Mann ruderte weiter; er pfiff wieder.

»Ich weiß, wo noch welche liegen.«

»Was –?«

»Ich weiß, wo noch welche liegen.«

»Na –?«

»Da drüben.« Willi deutete rüber.

»Schön«, sagte der Mann.

»Neulich war mal'n Bleßhuhn in einer.«

»Nanu.«

»Komisch, nicht? Weil die doch tauchen. Auch 'ne Wasserratte war schon mal in einer.«

»Wie ist das«, fragte der Mann: »wohnst du hier?«

»Stop«, sagte Willi. Er kniff die Augen zusammen und beugte sich über den Kahnrand.

»Na –?«

»Leer. Dabei war in der sonst immer was drin.«

»Vielleicht kaputt.«

»Nee. Die liegt falsch; die ist auf die Seite gekippt.«

»Merken sie'n das?«

»Die –? Na, du hast 'ne Ahnung. Und ob.«

Der Mann ruderte weiter. »Du wohnst also hier.«

»Nee; in der Stadt. Mehr rechts; noch mehr. So; gut. Junge, die wackelt. Paß auf, mit der ist was los, wetten.«

Der Mann hatte sich etwas vom Sitz erhoben, er sah Willi zu.

»Barsche. Jetzt kuck dir das an: alles voll Barsche.«

»Hübsch sehn die aus.«

»Nicht?« Willi ließ die Reuse wieder ins Wasser.

»Nimmst'n dir keinen von raus?«

»Bin doch nicht blöde. Daß die was merken zuhause!«

Der Mann ruderte weiter. »Was'n merken?«

»Sagst du auch nichts?«

»Na, hör mal.«

»Mensch, ich schwänz doch.«

»Ah –. Ja, das ist wahr: Fische, die würden dich da verraten.«

Sie ruderten zum Ufer und legten an. Ein Haubentaucher schrie heiser im Schilf.

»Komm, mach«, sagte der Mann.

»Erst noch die Kramme; Moment.« Willi drückte sie in die Kahnwand. Dann brachte er das Ruder zurück.

»Los doch.«

»Komm ja schon.«

Sie liefen ein paar Waldwege entlang zur Chaussee. Gerade als sie raustraten, kamen zwei Radfahrer an.

»Was ich dich noch fragen wollte«, sagte der Mann laut, »magst du eigentlich Meerschweinchen gern?«

»Hör mal«, sagte Willi; »wo ich doch selber drei hab.«

Sie liefen ein Stück die Chaussee entlang. In den Birkenblättern am Rand glänzte die Sonne; eine Elster zuckte scheckernd vor ihnen her. Einmal tauchte ein Fußgänger auf.

Der Mann blieb stehen und sah auf die Uhr. »Hui, hui.«

»Spät –?«

»Vier gleich.«

»Mensch! Ich werd verrückt.« Willi gab dem Mann die Hand.

»Oder rennst du noch'n Stück mit.«

»Laß man.«

»Dann mach's gut.«

»Du auch.«

Vor der Kurve drehte Willi sich noch mal um.

Der Mann stand immer noch auf der Chaussee. »Was ist 'n los!« rief er.

»Verrätst du's auch *wirklich* nicht?«

»Was?«
»Na, daß ich geschwänzt hab.«
»Bestimmt nicht.«
»Dann ist's gut. Servus!«
Der Mann hob den Arm.

Das Märchen vom dicken Liebhaber

Er griff in die zitternden Weinranken mit seinen braunen Fingern, wie eine Adlerklaue in ein Nest voll junger, flaumbehaarter Vögel, in einen Korb aufgeregter Zappelenten oder Gänsegelbschnäbel fährt, und die grünen Blätter zischelten und schnatterten, als wollten sie: Achtung! und: Einbrecher! rufen. Aber es kam niemand, und er stieg durchs Fenster in das Schlafzimmer des Gutsbesitzers und erbrach den Kleiderschrank. Mit den schwarzbehaarten Beinen fuhr er in die gelb und weiß gewürfelten Hosen, den Schlips knotete er sich um den Hals wie einen Strick, und weil er zu kräftig ihn zuzog, röchelte er, als hinge er am Galgen. Dann erwischte er noch den hohen, steifen, glänzenden schwarzen Röhrenhut und schlüpfte in eine Joppe, und mit dem Hut auf dem Schädel streckte er nun zuerst das eine gelb und weiß gewürfelte Hosenbein durchs Fenster, schob das andere nach, saß einen Augenblick lang witternd am Rand, rutschte durch die aufschnatternden Weinlaubenzungen und machte sich davon.

Über die abendliche Landstraße trabte er zur Stadt. Der Himmel hatte noch eine tiefe, weiße Bläue, und Glocken schlugen an. Im Straßengraben standen versprengte gelbe Blumen herum. Ein paar waren wie auf einen Haufen zusammengeweht, wie vom Wind zu einem lodernden Züngelbusch zusammengetrieben. Hallo! schrie er, und kreischend wichen ihm zwei Mädchen aus, die ihn für einen Betrunkenen nahmen. Er schnaufte, die ungewohnten Hosenträger schmerzten, sein dicker Bauch wackelte, um seinen Hals der Galgenstrick flog, und seine große, hügelige Nase schnupperte, und das Selbstgespräch, das er jetzt begann, einen wirren Schwall von vielen und saftigen und krummen Worten, hörten nur die gelben Blumen. Sie verstanden nicht viel davon, nur einzelne Brocken, aber das genügte ihnen, um sich kichernd auf ihren Stielen zu drehen und zu wenden, gelenkigen Halses, und auf der Unterseite der Blätter rosa errötend.

Nun kam er an die Brücke. Unten der Fluß schwang sich in einem starken Bogen nach Süden. Er legte die Hände auf die steinerne Brüstung, drückte, drückte fest zu, vom Stein bröselte warmer Sand, und als er weiterging, blieb der Abdruck zweier Hände zurück, gewaltig vertieft, der Daumen neben je vier Fingern, wie in Lehm eingesenkt, und es war doch harter, grauer, körniger Stein! Die Taube, die schwarzblaue, die sich in einer der Handhöhlungen niederließ, flügelschlagend, äugte ihm wichtig nach.

Er trabte weiter, die Stadt baute sich nun schon vor ihm auf, mit kleinen Häusern erst, und Kinder balgten sich auf der Straße, und schwatzende Weiber standen vor den Türen. In einem verstaubten Gärtchen, vor grün gestrichenen Tischen, saßen Arbeiter und tranken ihr Abendbier. Er setzte sich zu ihnen, und der Wirt brachte ihm den schäumenden Krug, und den nahm er, und hob ihn, und trank, und legte den Kopf weit zurück dabei, und der Hut, den er aufbehalten hatte, stieß wie ein Kanonenrohr ins Abendrot. Als er zum zweitenmal getrunken hatte, war der Krug leer, aber als er dann ging, vergaß er zu zahlen, und der Wirt schrie: Heda!, aber da begann er zu laufen, und: Zechpreller! schrie der Wirt, und Flüche und Gelächter kollerten hinter ihm drein. Das Abendrot wurde feuriger, wenn er sich umsah, loderte es wild um Himmel und Brücke. Aber bald sah er sich nicht mehr um.

Und als er tiefer in die Stadt hinein kam und auf einem Schild eine Weinflasche abgemalt erblickte, und das Schild hing über einer Haustür, schob er sich durch die Tür, und kam in einen schwach beleuchteten Flur, und tappte sich voran, und öffnete wieder eine Tür, und stand geblendet in einem Zimmer, wo viele weiß gedeckte Tische blitzten. Er ging nicht weit in das Zimmer hinein, nur ein paar Schritte, da war ein leerer Tisch, und ein leerer Stuhl davor, und schon saß er, und hatte auch schon die Weinkarte in der Hand.

Er fuhr mit dem fetten Finger auf der Karte auf und ab, die Weinpreisleiter hinauf und hinunter, und irgendwo machte er halt. Der Kellner brachte die bestellte Sorte, es war ein schwerflüssiger, spanischer Roter, und er trank davon in langen gurgelnden Zügen und sah dann glücklich um sich. Am Nebentische saß bei einem Herrn eine Dame in weißer Bluse und mit weißem Hals. Der Dicke drehte seine Kugelaugen und winkte der Dame zu, aber sie sagte laut: Pfui! und sah beleidigt weg. Der Kellner stellte die zweite Flasche vor dem seltsamen Gast nieder, und der setzte sich breit zurecht, und es wurde ihm warm und gemütlich. Glucksend trank er seinen Wein, sah fröhlich in das rötliche Schimmern, leckte sich die Lippen, und als das weiße Dreieck drüben immer blendender wurde, nahm er seine Flasche unter den Arm, und den Hut hatte er noch immer auf dem Kopf, und schob mit dem Fuß den Stuhl vor sich her, und siedelte an den Nachbartisch über. Cäcilie, so hieß das weiße Mädchen, bog den Kopf zurück, denn ein schwerer Weindunst ging von dem Mann aus. Einen Zipfel des Galgensticks um seinen Hals nahm er, zog, daß er wie eine Saite stramm gespannt war, befeuchtete ihn mit Wein, daß er schlüpfrig gleißte, und klimperte darauf eine stumme Melodie. Und als die Melodie am stürmischsten wurde, spritzte der Dame ein roter Tropfen der weingetränkten Saite mitten ins weiße Gesicht, mitten auf die roten Lippen, und Rot auf Rot, das sah man nicht. Vorsichtig holte sie sich mit der Zungenspitze die Weinperle, und er lachte sie mit seinen Knopfaugen so vergnügt an, daß sie ihm gut wurde und mit der kleinen weißen Hand ihm den Rücken patschte. Er aber legte seine große Hand ihr auf das Knie, und heiß wurde ihr da. Er trägt keinen Kragen! rief der Herr empört, und rümpfte die Nase, und sprach: Oft wäscht er sich nicht!

Der Dicke war schon bei der vierten Flasche, und das Gesicht Cäciliens lag an seiner Schulter, und der Herr rückte unruhig auf seinem Stuhl, und winkte dem Kellner, und sagte: Zahlen! Aber der Dicke hatte kein Geld, stellte es sich heraus, und der Herr sagte höhnisch: Ach so! und Cäcilie geriet in Verlegenheit, und wurde rot über und über, als sie aus ihrer Börse den Betrag dann auslegte.

Auf der Straße war der Herr auf einmal verschwunden, und der Mann mit dem Röhrenhut hatte den Arm um ihre Hüfte, wie eine goldene Schlange, so fühlte sie es. Am Himmel rauchten die Sterne, und sie gingen, und kamen in die Parkanlagen, und setzten sich auf eine Bank. Die Bäume sprachen mit dem Wind und die Sträucher, und in der Tiefe lief ein Fluß, der ein sprudelndes Wort manchmal dazwischenwarf. Der Dicke war wie in sich versunken und rieb nur den Rücken an der Banklehne, wie der Eber im schwarzen Wald an den Bäumen das borstige Fell schabt. Das schwang durch den Park mit einem brummenden Ton, und der Mond stieg eilig über die Bäume herauf, neugierig zu schauen, wer so singe, und Nebel wallten, und Wasserweiber tanzten vom Fluß her, und Bocksfüßige auch, den Meister zu hören. Und als wie ein Schauspiel vor ihm und zu seiner Lust, jagten sie die Mädchen, die flohen, so tuend nur, und das huschte, und brach Zweige, und stöhnte, und Cäcilie sah zu wie in Träumen. Und ausgeträumt war, und es geschah ihr nicht zum erstenmale, der Erfahrenen, und was tat schon der Dicke mit ihr, der ein Meister war, und eine Jungfrau hätte verwirren können, lilienrein und schneekeusch, mit weißem Fleisch nicht bloß, mit weißer Seele auch – selbst die hätte gezittert, bei solchem Ansturm – und sie erst, die Weißhalsige nur? Und das Gesindel stand um die Bank, Bocksfüße und Wassermaiden, mit glühenden Augen, und lachten wie nie, und am meisten lachte oben der Mond: den schüttelte es, daß er hüpfte wie ein Ball, auf und ab. Der Dicke winkte hinauf zu ihm, mit seinem hohen Hut, und da stob das Völkchen unten auseinander. Und es war vielleicht eine Stunde später, und der Morgen graute schon, daß einer, der ein schlafendes Mädchen über der Schulter trug, wie ein erbeutetes Reh, weit draußen, vorm Stadtrand, bei einer Weide neben einem Graben, haltmachte, und die Schlummernde ins Gras legte. Dann zog er die Hose aus, und die Joppe, und warf sie im Bogen weit über den Graben und ins Feld hinaus, und den hohen Hut hinterdrein. Neben dem schwarzen Kamin stieg die rote Sonne herauf, und das Licht brandete in goldenen Wellen einher, Kamm hinter Kamm, Wiesen und Felder überschwemmend. Ein Hase jagte vorüber.

Der dicke Mann nun, nackt nun, braun, rotbraun, dunkelkupfrig, mit Armen dick bemuskelt, daß sie wie die Äste eines Weidenstrunks aussahen – der dunkelkupfrige Mann nun schwang die Hosenträger, die gestohlenen, blauseidenen Hosenträger, schwang sie wie eine Peitsche, knallte damit, er brachte es fertig, wahrhaftig, mit den Hosenträgern zu knallen, wie ein Ziegenhirt, wie ein Kuhhirt, und schwang die Hosenträger wie eine Waffe, wie eine altertümliche, blauseidene Waffe. Der Hase, der große, gelbe Hase, verhielt zuerst einen Augenblick lang, wie gelähmt, aber dann wich die Lähmung, er sprang los, und wie sprang er los! und wie sprang der Peitschenschwinger hinter ihm drein, der große Jäger! So ging die Jagd über die Ebene, einem Wäldchen zu, das unfern war. Der Hase schoß gelb ins Unterholz, und der dicke Jäger, immer dicht hinter ihm drein, brach durch die Brombeerstauden, ihm nach ins Wäldchen, ins dunkle. Das Wäldchen zitterte, so war es anzusehen, von der Jagd, die in ihm gejagt wurde, aber der Jäger und das Gejagte waren nicht mehr zu schauen, vom Wald geborgen, nur die zitternden Bäume waren zu schauen und die wackelnden Brombeerstauden.

Cäcilie lag noch immer schlafend unter der Weide, als von einem nahen Bauernhof ein Knecht gegangen kam mit starkem Schritt. Er blieb bei ihr stehen, in ihren städtischen Kleidern eine Prinzessin für ihn, und ihr Gesicht war weiß und unschuldig mit den gesenkten Wimpern. Er stand, verblüfft, wie das sein konnte, und mit törichten Augen, daß hier eine lag und schlief, und nicht im rosa Daunenbett, und dann fiel ihm ein Witz ein, dem Witzbold, und er zog sein Hirschhornmesser aus der hinteren Tasche seiner Lederhose, und prüfte die Schneide auf dem Daumenballen, der bäuerische Kerl und Hans im Glück – wem begegnet das? – und schnitt einen Zweig von der Weide, und streifte die Blätter davon, und die Rute nun bog sich nackt und geschmeidig. Er wippte ein paarmal damit durch die Luft, daß es pfiff, mit einem hohen Ton, und mit der Spitze der Rute kitzelte er die weiße Schläferin an der Nase, das traute er sich, mehr nicht, der Tölpel, aber das fand er gehörig. Sie erwachte, niesend, und griff sich an die Nase, und sah das fremde Gesicht über sich, und setzte sich auf, und der ohne Witz jetzt war, der Knecht, sagte blöde: Guten Morgen! und mit zarter Stimme sie das auch, und knöpfte die Bluse zu. Du bist es nicht, sagte die Stimme dann, wie Glöckchen klingend, so geh doch, Schweinehirt du aus dem Märchenbuch! Erschreckt sah er sie an, die vor ihm saß, ein Engel, aus dem Himmel gefallen, die Stimme klang so und was sie sagte, und dann ging er gehorsam einen schmalen Wiesenpfad weiter, und die Hände hatte er in die Hosentaschen gesteckt aus Verlegenheit, und die Ellenbogen abgespreizt, und durch seine gekrümmten Arme strömte das Licht wie durch Fenster. Er selbst war schwarz, war finster anzusehen, und als er sich umwandte, nach einiger Zeit, und ihr zuwinkte, war auch sein Gesicht nur ein dunkler, ungewisser Fleck, zweimal handgroß.

Es war dann ein sehr heißer Tag geworden, der diesem Morgen folgte, und Cäcilie hatte ihn im Geschäft abgesessen, auf einem kleinen Stuhl, vor einem kleinen Tisch, träumend mehr als arbeitend, und oft getadelt, aber sie hatte kaum hingehört, und auch der Abend hatte keine Kühlung gebracht, ja, fast heißer noch war es jetzt in der braunen Dämmerung. Die Weide zu suchen, unter der sie geschlafen, war sie aufgebrochen am Abend dann, und war vor die Stadt hinausgegangen, aber hatte sie nicht mehr gefunden. Gräben liefen durch die Wiesen überall, und Weiden standen manche herum, freundliche Geschöpfe, und eine sah aus wie die andere. Und wenn sie eine fragte: Bist du es? so plapperte die: Dort drüben ist sie! – aber die war es wieder nicht, und schickte zur nächsten sie, und die eine zur andern.

So gab sie es auf, und nahm den Heimweg zur Stadt, und hatte den Mond im Rücken und vor sich das sterbende Licht des Tages, und auch der Weg, den sie ging, mußte ein anderer sein als der von heut früh, denn sie kam an einer Bauernkapelle vorbei, die sie nie noch gesehen. Der Mörtel bröckelte von ihr, Brennesseln wuchsen am staubigen Eingang, und auf der morschen Gebetsbank stand ein gesprungener Tonkrug, und ein Blumenstrauß, verwelkt und gedörrt, war in dem Gefäß. Eine hölzerne Frau auf dem Altar hatte ein Kind auf dem Arm, und eine Krone aus Rauschgold schief aufgesetzt. Die leuchtete aus dem schwülen Dunkel her, und stärker noch leuchteten die Augen der Frau, und die waren aus grünem Glas und größer, als es zu dem Gesicht paßte. Von einem Gewitter, das vielleicht kommen mochte in der Nacht, war ein Windstoß vorausgegangen, und der wehte Strohhalme und Staub in den heißen, kleinen Raum, und riß die Blumen aus dem Krug, und ein Wirbel von Staub und Halmen und Blumen füllte die Kapelle, gerade als Cäcilie die Krone auf dem Haupt der Hölzernen zurechtrückte. Und auch als die hustende Cäcilie schon gegangen war, schwebte der Staub noch wie eine Wolke unter der niedrigen Decke.

In einer Mulde, nicht weit von einer Weide und einer kleinen Kapelle, aber das war schon später, schon tief in der Nacht, und das Gewitter war doch nicht gekommen, knabberten drei große Mäuse an einem schwarzen, hohen Hut. Eine hatte ein Loch in den Deckel gefressen, die zweite zerfranste die Krempe, und die dritte trennte weißzahnig das Seidenband von der Wölbung. Und als der Mond dann schon so hoch gestiegen war, daß sein Licht milchweiß die Mulde füllte, waren sie alle drei im Dunkelhohlraum des Hutes verschwunden. Nur drei Schwänze ringelten sich wie feurige Regenwürmer empor.

Und ein Hasenskelett, ein armseliges, nacktes, gebleichtes, lag noch einen Herbst lang, einen weißen Winter lang, bis wieder zum Frühjahr unter einer Buche, und selbst die Ameisen, als es wieder Sommer geworden war, selbst die schwarzen, ekelhaften Ameisen des Wäldchens verschmähten es, an ihm noch herumzuklettern.

Die Fahrt des Herrn von Ringen

Ernst Johann Biron, Günstling der Zarin Anna und zeitweilig Regent des russischen Kaiserreiches, ein Mann rücksichtslosen und harten Willens, wurde nach dem Absterben des herzoglichen Hauses zum Herzog von Kurland gewählt; hinter ihm standen die russischen Kanonen und Bajonette. Er residierte nicht wie seine Vorgänger in Mitau, sondern blieb am Petersburger Hofe. Ein Netz von Spähern überzog das Herzogtum; wer in den Verdacht bironfeindlicher Gesinnung oder gar bironfeindlicher Äußerungen geriet, dem konnte es geschehen, daß er bei Nacht aufgehoben und ohne Verhör und Urteil nach Sibirien oder in entlegene Gouvernements des russischen Reiches verschleppt wurde.

Es war die Zeit der Intrige, der Willkür, des Geheimnisses. Man kennt die Eigentümlichkeiten despotisch geübter Macht. Vorrichtungen und Getriebe wachsen über die Köpfe der zu ihrer Bedienung Bestellten; eine Verwechslung, ein Fehler in der Schreibung eines Namens, die verdrießlich geknurrte Bemerkung eines Vorgesetzten, nur zur Hälfte verstanden, aber vom beängstigten Untergebenen vorsichtshalber als Befehl aufgefaßt, kann lösend, verstrickend, umstürzend in jedes Privatverhältnis einwirken. Wer das merkwürdige Schicksal des Herrn von Ringen auf Aldenshof erwägt, mag sich derartiges vor Augen halten.

Der junge, noch unvermählte Heinrich von Ringen lebte mit seiner ledigen Schwester im elterlichen Hause und bewirtschaftete an Stelle des kränklichen Vaters das kleine Gut. Bei dem schmalen Vermögen der Familie hatte er keinen leichten Stand. Die landwirtschaftliche Tätigkeit nahm ihn gänzlich in Anspruch. Um die öffentlichen Dinge kümmerte er sich nicht. Er lebte gleichmäßig und still. Seine Erholung fand er in der Jagd, im Umgang mit den Seinigen oder in gelegentlichem Verkehr mit den Nachbarn. Am Abend eines heißen Sommertages geschah es, daß er nach Einbruch der Dunkelheit in der vom Herrenhause zur Landstraße führenden Pappelallee lustwandelte, um die Kühle zu genießen. Da sah er vier Männer auf sich zukommen, die ihm unbekannt schienen. Er blieb stehen und fragte sie in deutscher und, als keine Antwort erfolgte, in lettischer Sprache nach ihrem Begehr. Die Männer schwiegen, dem Herrn von Ringen wurde es unheimlich. Er hatte keine Waffe bei sich, nicht einmal einen Stock, im Augenblick war er gepackt und zu Boden geworfen. Grobe Hände schlossen sich um seinen Hals und verhinderten ihn am Schreien. Er wurde gefesselt und geknebelt und dann zur Landstraße gebracht, wo ein geschlossener zweispänniger Wagen stand, neben dem einige Reiter und Handpferde hielten. Die Männer, die den Herrn von Ringen überfallen hatten, wechselten mit den Reitern einige Worte in einer Sprache, die er nicht verstand und die ihm Russisch zu sein schien. Dann wurde die Wagentür geöffnet und der Gefangene hineingeschoben. Die Tür schloß sich wieder, und der Wagen setzte sich samt seiner Eskorte in Bewegung.

All dies war so schnell vor sich gegangen, daß der junge Mensch zunächst nicht recht zum Bewußtsein dessen kam, was mit ihm geschah. Erst jetzt, da er in der Finsternis auf dem übrigens reichlich geschütteten Stroh lag – einen Sitz enthielt der Wagen nicht –, begann er sich zu sammeln und seine Lage zu überdenken.

Er entsann sich der Stellung, in welcher der Wagen auf der Landstraße gestanden hatte, und schloß daraus, daß die Fahrt in östlicher Richtung, also der livländischen, und das bedeutete: der russischen Grenze zu, gehen müsse. Wer aber waren die Männer, die ihn überfallen hatten und fortschleppten? »Ich hätte rechtzeitig um Hilfe rufen sollen, gleich im ersten Augenblick!« dachte er. »Immer entschließe ich mich zu langsam.«

Vergeblich fragte er sich, ob er einen mächtigen Feind habe. Konnte er jemandem im Wege stehen, jemanden unwissentlich gekränkt haben? In dem beschränkten Kreis seiner Bekannten wußte er keinen, der ihm übel wollte.

So konnte er denn nicht anders glauben, als daß ein Irrtum vorgefallen oder daß er Räubern in die Hände geraten war. Bei diesem Gedanken beruhigte er sich ein wenig, indem er sich sagte: »Was sollte mir drohen? Was kann meinen Begleitern oder sonst jemandem auf der Welt an meinem Leben gelegen sein, dem Leben eines unbedeutenden Landedelmannes? Ist es ein Mißverständnis, so muß es sich aufklären. Sind es Räuber, so werden sie Lösegeld verlangen. Der Vater wird Geld aufnehmen, vielleicht ein Stück Wald schlagen lassen müssen. Gewiß, das wäre arg, aber es ließe sich überstehen.« Er begann in seiner langsamen Art zu rechnen, darüber verwirrten sich seine Gedanken, und da er seit dem frühen Morgen tätig gewesen war, schlief er ein, von der gleichmäßigen Bewegung des Wagens gewiegt.

Als er erwachte, hielt das Fuhrwerk. Die Tür wurde geöffnet, er wurde hinausgezogen und von Fesseln und Knebel befreit. Gleichzeitig zeigte ihm aber einer der Männer seine Pistole und gab ihm durch allerhand Zeichen zu verstehen, welches Schicksal ihn im Falle eines Fluchtversuches erwartete. Der Herr von Ringen sah sich um und erkannte im Mondschein eine kleine, wohl zwei Meilen östlich von Aldenshof gelegene, ihm von der Jagd her vertraute Waldwiese, auf der er weidende Pferde erblickte. Um sich gewahrte er etwa acht bewaffnete Männer, deren einige ihm die Uniform russischer Husaren zu tragen schienen. Sie lagerten sich im Kreise, hießen ihn durch Zeichen ihrem Beispiel zu folgen und begannen eine Abendmahlzeit einzunehmen, nicht ohne ihrem Gefangenen von ihren aus kaltem Fleisch, Brot und Branntwein bestehenden Vorräten reichlich mitzuteilen. Sei es aber, daß keiner von den Männern der deutschen oder der lettischen Sprache mächtig war, sei es, daß ein höherer Befehl ihnen den Mund verschloß; sie gaben auf alles Anreden und Fragen des Herrn von Ringen keine Antwort, und es gelang ihm nicht, zu erfahren, wer seine Entführer waren und was für Pläne sie mit ihm hatten.

Das wurde auch an den folgenden Tagen nicht anders, an denen die Reise genau in der bisherigen Form fortgesetzt wurde, nur mit dem Unterschiede, daß der Gefangene von Fesseln und Knebel frei blieb. Dafür waren aber die Fenster des Wagens dicht verhängt, und die Tür blieb verschlossen. Nur wenn der Trupp rastete, was stets an abgelegenen und einsamen Orten geschah, durfte der Herr von Ringen sein Gefängnis verlassen. Seine Begleiter behandelten ihn nicht schlecht und verpflegten ihn reichlich, nie aber gelang es ihm, auf seine Fragen eine Antwort zu erhalten. Er merkte indessen, daß die Fahrtrichtung östlich blieb, und konnte daher gewiß sein, daß der am zweiten Tage auf einer Fähre überschrittene Fluß die Düna gewesen war.

Fast stündlich erwartete der Gefangene das Eintreten eines Ereignisses, das seine Lage klären oder wenigstens das Abenteuer in einen neuen Abschnitt bringen müsse. Indessen verging Tag um Tag, und nichts geschah: es wurde gefahren, gerastet und wieder gefahren. Aus den Tagen wurden Wochen, und keine Änderung trat ein. Die Tage begannen kürzer, die Nächte kühler zu werden, und man gab dem Herrn von Ringen einen Schafspelz und einige Pferdedecken. Gerastet wurde nicht mehr unter freiem Himmel, sondern auf Gütern oder in einsamen Bauernhöfen. Aber jeden Annäherungsversuch des Herrn von Ringen an deren Bewohner verhinderten seine Wächter.

Und ganz allmählich begann die Ungeduld des Gefangenen sich zu legen. Längst hatte er gemerkt, daß ihm für Leib und Leben keine unmittelbare Gefahr drohte, und wie denn der Mensch sich an fast alles zu gewöhnen vermag, so gewöhnte der Herr von Ringen sich auch an dieses Leben im Wagen. Er war überzeugt, daß irgend einmal irgend eine Lösung geschehen mußte, und da er keinerlei Möglichkeit sah, etwas zu unternehmen, das die Heraufkunft dieser Lösung beschleunigen konnte, so faßte er sich geduldig, wie es denn überhaupt nicht in seiner Art lag, sich unnützen Gedanken oder gar Hirngespinsten hinzugeben.

Die Männer, die ihn begleiteten, wurden mehrmals durch andere abgelöst, die aber an Schweigsamkeit und Wachsamkeit ihren Vorgängern nichts nachgaben. Aus dem geschlossenen Wagen war ein geschlossener Schlitten geworden; man fuhr über endlose Schneefelder und rastete häufiger als im Sommer.

Hatte der Herr von Ringen anfangs noch aus dem Stande der Sonne und der Sternbilder Schlüsse auf die Fahrtrichtung ziehen können, so gab er das allmählich auf, nachdem er beobachtet, daß es wohl zuerst nach Osten gegangen war, dann aber alle Himmelsrichtungen einander abwechselten.

Der Schnee schmolz, die Wasser schäumten, die Frühlingsstürme stoben über die weite Ebene, und die Zeit der schlimmsten Unwegsamkeit wurde in einem einsamen Kruge abgewartet. Dann wurde der Schlitten wieder mit einem Wagen vertauscht, und die endlose

Fahrt hob abermals an. Die Zugvögel kehrten zurück, die Sonne schien, es wurde Sommer, es wurde Herbst, Winter, Frühling und wieder Sommer. Der Herr von Ringen aber hatte längst alle Hoffnung verloren, daß die Fahrt jemals ihr Ziel erreichen und er seine Freiheit wiedererlangen könne. Zwei Jahre fuhr er im geschlossenen Gefährt, zwei Jahre rastete er an fremden Feuern, zwei Jahre sprach niemand ein Wort mit ihm und er mit niemandem. Da hatte sich denn sein einfacher Geist in den Gang des Geschehens gefügt; er hatte sich dumpf ergeben und meinte, es sei Gottes Wille und sein Schicksal, daß er also reisen müsse.

Da geschah es eines Nachts, daß er erwachte, während der Wagen hielt. Aber alles blieb totenstill, und niemand kam wie sonst, um die verschlossene Tür zu öffnen und ihn hinauszulassen. Herr von Ringen wartete geduldig Stunde um Stunde, aber nichts drang an sein Ohr. Da faßte er den Griff der Wagentür, sie war unverschlossen und gab nach. Der Herr von Ringen stieg aus und sah in der Morgensonne den Park und das Herrenhaus von Aldenshof vor sich liegen. Er schüttelte sich, als wollte er einen Traum verscheuchen, er fuhr sich mit der Hand über die Augen, aber das Bild blieb. Er schaute sich um, der Wagen stand allein, und es waren weder Pferde noch Begleiter zu sehen.

Da ging es wie ein Erwachen über ihn hin, langsam ging er durch den Park, in welchem er als Knabe so oft gespielt hatte, auf sein Vaterhaus zu. Er trat ins Eßzimmer ein, wo seine Eltern und seine Schwester bei ihrer Morgenmahlzeit saßen, und blieb schweigend an der Tür stehen. Sie sahen erst überrascht auf, sie erkannten ihn nicht in seiner schlechten, groben Kleidung, seinem langen, wirren, ungepflegten Haupt- und Barthaar, dann schrie seine Mutter: »Heinrich!«, stürzte auf ihn zu und schloß ihn unter Tränen in ihre Arme. Alle drei küßten und umarmten ihn, weinten, lachten und fragten durcheinander. Er aber blieb scheu und abwesend, fast wie einer, der von Fremden fälschlicherweise für einen der Ihrigen gehalten und mit ihrem Vertrauen beschenkt wird, ohne den Zusammenhang zu verstehen und das Mißverständnis so schnell aufklären zu können.

Allmählich jedoch fand er sich in den Kreis der Seinen, und wenn er auch nicht viel sprach, so ließ er doch ein wenig Freude erkennen.

Sie pflegten und stärkten ihn, so gut sie konnten, und nach einigen Wochen ging er wieder seinen früheren Beschäftigungen nach, als sei nicht viel vorgefallen. Nur blieb er wortkarg und ernst, zeigte sich ungern den Nachbarn, die auf die Kunde von seiner Rückkehr in Scharen zu Gaste kamen, und behielt einen fremden und abwesenden Gesichtsausdruck bei.

Sein Vater, der vor Zeiten studiert hatte und in allen Schriftkünsten erfahren war, verfaßte eine umfangreiche Klageschrift und sandte sie, mit seinem Siegel und des Sohnes Bestätigung versehen, durch die Ritterschaft an die herzogliche Regierung. Eine Weile nach der Rückkehr des Herrn von Ringen fuhr eines Nachts sein Patenkind, der kleine Stalljunge Indrik, aus dem Schlafe auf und gewahrte eine Gestalt im Stall. Er erkannte den jungen Herrn, der eine Laterne in der Hand trug, sprang hinzu und fragte nach seinen Befehlen. Der aber winkte ihm schweigend ab, zog selbst zwei Pferde aus dem Stall, und während der Junge schon wieder schlief, spannte er den großen geschlossenen Wagen an, mit dem er zurückgekommen war, und fuhr langsam in die Nacht hinaus. Und wie sehr man ihn auch am nächsten Tag und in der Folgezeit suchte, so hat ihn niemand je wieder zu Gesichte bekommen.

Die Klageschrift aber war mittlerweile an den herzoglichen Hof gelangt, lagerte hier eine Zeitlang in allerhand Kanzleien und wanderte dann zur russischen Regierung weiter, wo sie zunächst das gleiche Schicksal hatte.

Dann gelangte sie auf dem Umwege über den herzoglichen Hof und die kurländische Ritterschaft wieder nach Aldenshof zurück, und es war ein Begleitschreiben dabei, welches besagte, man werde mit alleräußerster Strenge verfahren, wenn der Klagesteller imstande sei, die Schuldigen an der Entführung seines Sohnes anzugeben.

Als aber dieser Bescheid in Aldenshof eintraf, da war der Herr von Ringen schon lange verschollen.

Das dicke Kind

Es war Ende Januar, bald nach den Weihnachtsferien, als das dicke Kind zu mir kam. Ich hatte in diesem Winter angefangen, an die Kinder aus der Nachbarschaft Bücher auszuleihen, die sie an einem bestimmten Wochentag holen und zurückbringen sollten. Natürlich kannte ich die meisten dieser Kinder, aber es kamen auch manchmal Fremde, die nicht in unserer Straße wohnten. Und wenn auch die Mehrzahl von ihnen gerade nur so lange Zeit blieb, wie der Umtausch in Anspruch nahm, so gab es doch einige, die sich hinsetzten und gleich auf der Stelle zu lesen begannen. Dann saß ich an meinem Schreibtisch und arbeitete, und die Kinder saßen an dem kleinen Tisch bei der Bücherwand, und ihre Gegenwart war mir angenehm und störte mich nicht.

Das dicke Kind kam an einem Freitag oder Samstag, jedenfalls nicht an dem zum Ausleihen bestimmten Tag. Ich hatte vor, auszugehen, und war im Begriff, einen kleinen Imbiß, den ich mir gerichtet hatte, ins Zimmer zu tragen. Kurz vorher hatte ich einen Besuch gehabt und dieser mußte wohl vergessen haben, die Eingangstür zu schließen. So kam es, daß das dicke Kind ganz plötzlich vor mir stand, gerade als ich das Tablett auf den Schreibtisch niedergesetzt hatte und mich umwandte, um noch etwas in der Küche zu holen. Es war ein Mädchen von vielleicht zwölf Jahren, das einen altmodischen Lodenmantel und schwarze, gestrickte Gamaschen anhatte und an einem Riemen ein Paar Schlittschuhe trug, und es kam mir bekannt, aber doch nicht richtig bekannt vor, und weil es so leise hereingekommen war, hatte es mich erschreckt.

Kenne ich dich? fragte ich überrascht.

Das dicke Kind sagte nichts. Es stand nur da und legte die Hände über seinem runden Bauch zusammen und sah mich mit seinen wasserhellen Augen an.

Möchtest du ein Buch? fragte ich.

Das dicke Kind gab wieder keine Antwort. Aber darüber wunderte ich mich nicht allzusehr. Ich war es gewohnt, daß die Kinder schüchtern waren und daß man ihnen helfen mußte. Also zog ich ein paar Bücher heraus und legte sie vor das fremde Mädchen hin. Dann machte ich mich daran, eine der Karten auszufüllen, auf welchen die entliehenen Bücher aufgezeichnet wurden.

Wie heißt du denn? fragte ich.

Sie nennen mich die Dicke, sagte das Kind.

Soll ich dich auch so nennen? fragte ich.

Es ist mir egal, sagte das Kind. Es erwiderte mein Lächeln nicht, und ich glaube mich jetzt zu erinnern, daß sein Gesicht sich in diesem Augenblick schmerzlich verzog.

Aber ich achtete darauf nicht.

Wann bist du geboren? fragte ich weiter.

Im Wassermann, sagte das Kind ruhig.

Diese Antwort belustigte mich und ich trug sie auf der Karte ein, spaßeshalber gewissermaßen, und dann wandte ich mich wieder den Büchern zu.

Möchtest du etwas Bestimmtes? fragte ich.

Aber dann sah ich, daß das fremde Kind gar nicht die Bücher ins Auge gefaßt, sondern seine Blicke auf dem Tablett ruhen ließ, auf dem mein Tee und meine belegten Brote standen.

Vielleicht möchtest du etwas essen, sagte ich schnell.

Das Kind nickte, und in seiner Zustimmung lag etwas wie ein gekränktes Erstaunen darüber, daß ich erst jetzt auf diesen Gedanken kam. Es machte sich daran, die Brote eins nach dem andern zu verzehren, und es tat das auf eine besondere Weise, über die ich mir erst später Rechenschaft gab. Dann saß es wieder da und ließ seine trägen kalten Blicke im Zimmer herumwandern, und es lag etwas in seinem Wesen, das mich mit Ärger und Abneigung erfüllte. Ja gewiß, ich habe dieses Kind von Anfang an gehaßt. Alles an ihm hat mich abgestoßen, seine trägen Glieder, sein hübsches, fettes Gesicht, seine Art zu sprechen, die zugleich schläfrig und anmaßend war. Und obwohl ich mich entschlossen hatte, ihm zuliebe meinen Spaziergang aufzugeben, behandelte ich es doch keineswegs freundlich, sondern grausam und kalt.

Oder soll man es etwa freundlich nennen, daß ich mich nun an den Schreibtisch setzte und meine Arbeit vornahm und über meine

Schulter weg sagte, lies jetzt, obwohl ich doch ganz genau wußte, daß das fremde Kind gar nicht lesen wollte? Und dann saß ich da und wollte schreiben und brachte nichts zustande, weil ich ein sonderbares Gefühl der Peinigung hatte, so, wie wenn man etwas erraten soll und errät es nicht, und ehe man es nicht erraten hat, kann nichts mehr so werden, wie es vorher war. Und eine Weile lang hielt ich das aus, aber nicht sehr lange, und dann wandte ich mich um und begann eine Unterhaltung, und es fielen mir nur die törichtsten Fragen ein.

Hast du noch Geschwister? fragte ich.

Ja, sagte das Kind.

Gehst du gern in die Schule? fragte ich.

Ja, sagte das Kind.

Was magst du denn am liebsten?

Wie bitte? fragte das Kind.

Welches Fach, sagte ich verzweifelt.

Ich weiß nicht, sagte das Kind.

Vielleicht Deutsch? fragte ich.

Ich weiß nicht, sagte das Kind.

Ich drehte meinen Bleistift zwischen den Fingern, und es wuchs etwas in mir auf, ein Grauen, das mit der Erscheinung des Kindes in gar keinem Verhältnis stand.

Hast du Freundinnen? fragte ich zitternd.

O ja, sagte das Mädchen.

Eine hast du doch sicher am liebsten? fragte ich.

Ich weiß nicht, sagte das Kind, und wie es dasaß in seinem haarigen Lodenmantel, glich es einer fetten Raupe, und wie eine Raupe hatte es auch gegessen, und wie eine Raupe witterte es jetzt wieder herum. Jetzt bekommst du nichts mehr, dachte ich, von einer sonderbaren Rachsucht erfüllt. Aber dann ging ich doch hinaus und holte Brot und Wurst, und das Kind starrte darauf mit seinem dumpfen Gesicht, und dann fing es an zu essen, wie eine Raupe frißt, langsam und stetig, wie aus einem inneren Zwang heraus, und ich betrachtete es feindlich und stumm.

Denn nun war es schon soweit, daß alles an diesem Kind mich aufzuregen und zu ärgern begann. Was für ein albernes, weißes Kleid, was für ein lächerlicher Stehkragen, dachte ich, als das Kind nach dem Essen seinen Mantel aufknöpfte. Ich setzte mich wieder an meine Arbeit, aber dann hörte ich das Kind hinter mir schmatzen, und dieses Geräusch glich dem trägen Schmatzen eines schwarzen Weihers irgendwo im Walde, es brachte mir alles wässerig Dumpfe, alles Schwere und Trübe der Menschennatur zum Bewußtsein und verstimmte mich sehr. Was willst du von mir, dachte ich, geh fort, geh fort. Und ich hatte Lust, das Kind mit meinen Händen aus dem Zimmer zu stoßen, wie man ein lästiges Tier vertreibt. Aber dann stieß ich es nicht aus dem Zimmer, sondern sprach nur wieder mit ihm, und wieder auf dieselbe grausame Art.

Gehst du jetzt aufs Eis, fragte ich.

Ja, sagte das dicke Kind.

Kannst du gut Schlittschuhlaufen? fragte ich und deutete auf die Schlittschuhe, die das Kind noch immer am Arm hängen hatte.

Meine Schwester kann gut, sagte das Kind, und wieder erschien auf seinem Gesicht ein Ausdruck von Schmerz und Trauer und wieder beachtete ich ihn nicht.

Wie sieht deine Schwester aus? fragte ich. Gleicht sie dir?

Ach nein, sagte das dicke Kind. Meine Schwester ist ganz dünn und hat schwarzes, lockiges Haar. Im Sommer, wenn wir auf dem Land sind, steht sie nachts auf, wenn ein Gewitter kommt, und sitzt oben auf der obersten Galerie auf dem Geländer und singt.

Und du? fragte ich.

Ich bleibe im Bett, sagte das Kind. Ich habe Angst.

Deine Schwester hat keine Angst, nicht wahr? sagte ich.

Nein, sagte das Kind. Sie hat niemals Angst. Sie springt auch vom obersten Sprungbrett. Sie macht einen Kopfsprung, und dann schwimmt sie weit hinaus...

Was singt deine Schwester denn? fragte ich neugierig.

Sie singt, was sie will, sagte das dicke Kind traurig. Sie macht Gedichte.

Und du? fragte ich.

Ich tue nichts, sagte das Kind. Und dann stand es auf und sagte, ich muß jetzt gehen. Ich streckte meine Hand aus, und es legte seine dicken Finger hinein, und ich weiß nicht genau, was ich dabei empfand, etwas wie eine Aufforderung, ihm zu folgen, einen unhörbaren dringlichen Ruf. Komm einmal wieder, sagte ich, aber es war mir nicht ernst damit, und das Kind sagte nichts und sah mich mit seinen kühlen Augen an. Und dann war es fort, und ich hätte eigentlich Erleichterung spüren müssen. Aber kaum, daß ich die Wohnungstür ins Schloß fallen hörte, lief ich auch schon auf den Korridor hinaus und zog meinen Mantel an. Ich rannte ganz schnell die Treppe hinunter und erreichte die Straße in dem Augenblick, in dem das Kind um die nächste Ecke verschwand.

Ich muß doch sehen, wie diese Raupe Schlittschuh läuft, dachte ich. Ich muß doch sehen, wie sich dieser Fettkloß auf dem Eise bewegt. Und ich beschleunigte meine Schritte, um das Kind nicht aus den Augen zu verlieren.

Es war am frühen Nachmittag gewesen, als das dicke Kind zu mir ins Zimmer trat, und jetzt brach die Dämmerung herein. Obwohl ich in dieser Stadt einige Jahre meiner Kindheit verbracht hatte, kannte ich mich doch nicht mehr gut aus, und während ich mich bemühte, dem Kinde zu folgen, wußte ich bald nicht mehr, welchen Weg wir gingen, und die Straßen und Plätze, die vor mir auftauchten, waren mir völlig fremd. Ich bemerkte auch plötzlich eine Veränderung in der Luft. Es war sehr kalt gewesen, aber nun war ohne Zweifel Tauwetter eingetreten und mit so großer Gewalt, daß der Schnee schon von den Dächern tropfte und am Himmel große Föhnwolken ihres Weges zogen. Wir kamen vor die Stadt hinaus, dorthin, wo die Häuser von großen Gärten umgeben sind, und dann waren gar keine Häuser mehr da, und dann verschwand plötzlich das Kind und tauchte eine Böschung hinab. Und wenn ich erwartet hatte, nun einen Eislaufplatz vor mir zu sehen, helle Buden und Bogenlampen und eine glitzernde Fläche voll Geschrei und Musik, so bot sich mir jetzt ein ganz anderer Anblick. Denn dort unten lag der See, von dem ich geglaubt hatte, daß seine Ufer mittlerweile alle bebaut worden wären: er lag ganz einsam da, von schwarzen Wäldern umgeben und sah genau wie in meiner Kindheit aus.

Dieses unverwartete Bild erregte mich so sehr, daß ich das fremde Kind beinahe aus den Augen verlor. Aber dann sah ich es wieder, es hockte am Ufer und versuchte, ein Bein über das andere zu legen und mit der einen Hand den Schlittschuh am Fuß festzuhalten, während es mit der andern den Schlüssel herumdrehte. Der Schlüssel fiel ein paar Mal herunter, und dann ließ sich das dicke Kind auf alle viere fallen und rutschte auf dem Eis herum und suchte und sah wie eine seltsame Kröte aus. Überdem wurde es immer dunkler, der Dampfersteg, der nur ein paar Meter von dem Kind entfernt in den See vorstieß, stand tiefschwarz über der weiten Fläche, die silbrig glänzte, aber nicht überall gleich, sondern ein wenig dunkler hier und dort, und in diesen trüben Flecken kündigte sich das Tauwetter an. Mach doch schnell, rief ich ungeduldig, und die Dicke beeilte sich nun wirklich, aber nicht auf mein Drängen hin, sondern weil draußen vor dem Ende des langen Dampfersteges jemand winkte und »Komm Dicke« schrie, jemand, der dort seine Kreise zog, eine leichte, helle Gestalt. Es fiel mir ein, daß dies die Schwester sein müsse, die Tänzerin, die Gewittersängerin, das Kind nach meinem Herzen, und ich war gleich überzeugt, daß nichts anderes mich hierhergelockt hatte als der Wunsch, dieses anmutige Wesen zu sehen. Zugleich aber wurde ich mir auch der Gefahr bewußt, in der die Kinder schwebten. Denn nun begann mit einem Mal dieses seltsame Stöhnen, diese tiefen Seufzer, die der See auszustoßen scheint, ehe die Eisdecke bricht. Diese Seufzer liefen in der Tiefe hin wie eine schaurige Klage, und ich hörte sie und die Kinder hörten sie nicht.

Nein gewiß, sie hörten sie nicht. Denn sonst hätte sich die Dicke, dieses ängstliche Geschöpf, nicht auf den Weg gemacht, sie wäre nicht mit ihren kratzigen unbeholfenen Stößen immer weiter hinausgestrebt, und die Schwester draußen hätte nicht gewinkt und gelacht und sich wie eine Ballerina auf der Spitze ihres Schlittschuhs gedreht, um dann wieder ihre schönen Achter zu ziehen, und die Dicke hätte die schwarzen Stellen vermieden, vor denen sie jetzt zurückschreckte, um sie dann doch zu überqueren, und die Schwester hätte sich nicht plötzlich hoch aufgerichtet und wäre nicht davongeglitten, fort, fort, einer der kleinen einsamen Buchten zu.

Ich konnte das alles genau sehen, weil ich mich darangemacht hatte, auf dem Dampfersteg hinauszuwandern, immer weiter, Schritt für Schritt. Obgleich die Bohlen vereist waren, kam ich doch schneller vorwärst als das dicke Kind dort unten, und wenn ich mich umwandte, konnte ich sein Gesicht sehen, das einen dumpfen und zugleich sehnsüchtigen Ausdruck hatte. Ich konnte auch die Risse sehen, die jetzt überall aufbrachen und aus denen wie Schaum vor die Lippen des Rasenden, ein wenig schäumendes Wasser trat. Und dann sah ich natürlich auch, wie unter dem dicken Kinde das Eis zerbrach. Denn das geschah an der Stelle, an der die Schwester vordem getanzt hatte und nur wenige Armlängen vor dem Ende des Stegs.

Ich muß gleich sagen, daß dieses Einbrechen kein lebensgefährliches war. Der See gefriert in ein paar Schichten, und die zweite lag nur einen Meter unter der ersten und war noch ganz fest. Alles, was geschah, war, daß die Dicke einen Meter tief im Wasser stand, im eisigen Wasser freilich und umgeben von bröckelnden Schollen, aber wenn sie nur ein paar Schritte durch das Wasser watete, konnte sie den Steg erreichen und sich dort hinaufziehen, und ich konnte ihr dabei behilflich sein. Aber ich dachte trotzdem gleich, sie wird es nicht schaffen, und es sah auch so aus, als ob sie es nicht schaffen würde, wie sie da stand, zu Tode erschrocken, und nur ein paar unbeholfene Bewegungen machte, und das Wasser strömte um sie herum, und das Eis unter ihren Händen zerbrach. Der Wassermann, dachte ich, jetzt zieht er sie hinunter, und ich spürte gar nichts dabei, nicht das geringste Erbarmen und rührte mich nicht.

Aber nun hob die Dicke plötzlich den Kopf, und weil es jetzt vollends Nacht geworden und der Mond hinter den Wolken erschienen war, konnte ich deutlich sehen, daß etwas in ihrem Gesicht sich verändert hatte. Es waren dieselben Züge und doch nicht dieselben, aufgerissen waren sie von Willen und Leidenschaft, als ob sie nun, im Angesicht des Todes, alles Leben tränken, alles glühende Leben der Welt. Ja, das glaubte ich wohl, daß der Tod nahe und dies das letzte sei, und beugte mich über das Geländer und blickte in das weiße Antlitz unter mir, und wie ein Spiegelbild sah es mir entgegen aus der schwarzen Flut. Da aber hatte das dicke Kind den Pfahl erreicht. Es streckte die Hände aus und begann sich heraufzuziehen, ganz geschickt hielt es sich an den Nägeln und Haken, die aus dem Holze ragten. Sein Körper war zu schwer, und seine Finger bluteten, und es fiel wieder zurück, aber nur, um wieder von neuem zu beginnen. Und das war ein langer Kampf, ein schreckliches Ringen um Befreiung und Verwandlung, wie das Aufbrechen einer Schale oder eines Gespinstes, dem ich da zusah, und jetzt hätte ich dem Kinde wohl helfen mögen, aber ich wußte, ich brauchte ihm nicht mehr zu helfen – ich hatte es erkannt...

An meinen Heimweg an diesem Abend erinnere ich mich nicht. Ich weiß nur, daß ich auf unserer Treppe einer Nachbarin erzählte, daß es noch jetzt ein Stück Seeufer gäbe mit Wiesen und schwarzen Wäldern, aber sie erwiderte mir, nein, das gäbe es nicht. Und daß ich dann die Papiere auf meinem Schreibtisch durcheinandergewühlt fand und irgendwo dazwischen ein altes Bildchen, das mich selbst darstellte, in einem weißen Wollkleid mit Stehkragen, mit hellen wässrigen Augen und sehr dick.

Spiegelgeschichte

Wenn einer dein Bett aus dem Saal schiebt, wenn du siehst, daß der Himmel grün wird, und wenn du dem Vikar die Leichenrede ersparen willst, so ist es Zeit für dich, aufzustehen, leise, wie Kinder aufstehen, wenn am Morgen Licht durch die Läden schimmert, heimlich, daß es die Schwester nicht sieht – und schnell!

Aber da hat er schon begonnen, der Vikar, da hörst du seine Stimme, jung und eifrig und unaufhaltsam, da hörst du ihn schon reden. Laß es geschehen! Laß seine guten Worte untertauchen in dem blinden Regen. Dein Grab ist offen. Laß seine schnelle Zuversicht erst hilflos werden, daß ihr geholfen wird. Wenn du ihn läßt, wird er am Ende nicht mehr wissen, ob er schon begonnen hat. Und weil er es nicht weiß, gibt er den Trägern das Zeichen. Und die Träger fragen nicht viel und holen deinen Sarg wieder herauf. Und sie nehmen den Kranz vom Deckel und geben ihn dem jungen Mann zurück, der mit gesenktem Kopf am Rand des Grabes steht. Der junge Mann nimmt seinen Kranz und streicht verlegen alle Bänder glatt, er hebt für einen Augenblick die Stirne, und da wirft ihm der Regen ein paar Tränen über die Wangen. Dann bewegt sich der Zug die Mauern entlang wieder zurück. Die Kerzen in der kleinen, häßlichen Kapelle werden noch einmal angezündet und der Vikar sagt die Totengebete, damit du leben kannst. Er schüttelt dem jungen Mann heftig die Hand und wünscht ihm vor Verlegenheit viel Glück. Es ist sein erstes Begräbnis, und er errötet bis zum Hals hinunter. Und ehe er sich verbessern kann, ist auch der junge Mann verschwunden. Was bleibt jetzt zu tun? Wenn einer einem Trauernden viel Glück gewünscht hat, bleibt ihm nichts übrig, als den Toten wieder heimzuschicken.

Gleich darauf fährt der Wagen mit deinem Sarg die lange Straße wieder hinauf. Links und rechts sind Häuser, und an allen Fenstern stehen gelbe Narzissen, wie sie ja auch in alle Kränze gewunden sind, dagegen ist nichts zu machen. Kinder pressen ihre Gesichter an die verschlossenen Scheiben, es regnet, aber eins davon wird trotzdem aus der Haustür laufen. Es hängt sich hinten an den Leichenwagen, wird abgeworfen und bleibt zurück. Das Kind legt beide Hände über die Augen und schaut euch böse nach. Wo soll denn eins sich aufschwingen, solang es auf der Friedhofsstraße wohnt? Dein Wagen wartet an der Kreuzung auf das grüne Licht. Es regnet schwächer. Die Tropfen tanzen auf dem Wagendach. Das Heu riecht aus der Ferne. Die Straßen sind frisch getauft, und der Himmel legt seine Hand auf alle Dächer. Dein Wagen fährt aus reiner Höflichkeit ein Stück neben der Trambahn her. Zwei kleine Jungen am Straßenrand wetten um ihre Ehre. Aber der auf die Trambahn gesetzt hat, wird verlieren. Du hättest ihn warnen können, aber um dieser Ehre willen ist noch keiner aus dem Sarg gestiegen.

Sei geduldig. Es ist ja Frühsommer. Da reicht der Morgen noch lange in die Nacht hinein. Ihr kommt zurecht. Bevor es dunkel wird und alle Kinder von den Straßenrändern verschwunden sind, biegt auch der Wagen schon in den Spitalshof ein, ein Streifen Mond fällt zugleich in die Einfahrt. Gleich kommen die Männer und heben deinen Sarg vom Leichenwagen. Und der Leichenwagen fährt fröhlich nach Hause.

Sie tragen deinen Sarg durch die zweite Einfahrt über den Hof in die Leichenhalle. Dort wartet der leere Sockel schwarz und schief und erhöht, und sie setzen den Sarg darauf und öffnen ihn wieder, und einer von ihnen flucht, weil die Nägel zu fest eingeschlagen sind. Diese verdammte Gründlichkeit!

Gleich darauf kommt auch der junge Mann und bringt den Kranz zurück, es war schon hohe Zeit. Die Männer ordnen die Schleifen und legen ihn vorne hin, da kannst du ruhig sein, der Kranz liegt gut. Bis morgen sind die welken Blüten frisch und schließen sich zu Knospen. Die Nacht über bleibst du allein, das Kreuz zwischen den Händen, und auch den Tag über wirst du viel Ruhe haben. Du wirst es später lange nicht mehr fertigbringen, so still zu liegen.

Am nächsten Tag kommt der junge Mann wieder. Und weil der Regen ihm keine Tränen gibt, starrt er ins Leere und dreht die Mütze zwischen seinen Fingern. Erst bevor sie den Sarg wieder auf das Brett heben, schlägt er die Hände vor das Gesicht. Er weint. Du bleibst nicht länger in der Leichenhalle. Warum weint er? Der Sargdeckel liegt nur mehr lose, und es ist heller Morgen. Die Spatzen schreien fröhlich. Sie wissen nicht, daß es verboten ist, die Toten zu erwecken. Der junge Mann geht vor deinem Sarg her, als stünden Gläser zwischen seinen Schritten. Der Wind ist kühl und verspielt, ein unmündiges Kind.

Sie tragen dich ins Haus und die Stiegen hinauf. Du wirst aus dem Sarg gehoben. Dein Bett ist frisch gerichtet. Der junge Mann starrt durch das Fenster in den Hof hinunter, da paaren sich zwei Tauben und gurren laut, geekelt wendet er sich ab.

Und da haben sie dich schon in das Bett zurückgelegt. Und sie haben dir das Tuch wieder um den Mund gebunden, und das Tuch macht dich so fremd. Der Mann beginnt zu schreien und wirft sich über dich. Sie führen ihn sachte weg. »Bewahret Ruhe!« steht an allen Wänden, die Krankenhäuser sind zur Zeit überfüllt, die Toten dürfen nicht zu früh erwachen.

Vom Hafen heulen die Schiffe. Zur Abfahrt oder zur Ankunft? Wer soll das wissen? Still! Bewahret Ruhe! Erweckt die Toten nicht, bevor es Zeit ist, die Toten haben einen leisen Schlaf. Doch die Schiffe heulen weiter. Und ein wenig später werden sie dir das Tuch vom Kopf nehmen müssen, ob sie es wollen oder nicht. Und sie werden dich waschen und deine Hemden wechseln, und einer von ihnen wird sich schnell über dein Herz beugen, schnell, solang du noch tot bist. Es ist nicht mehr viel Zeit, und daran sind die Schiffe schuld. Der Morgen wird schon dunkler. Sie öffnen deine Augen und die funkeln weiß. Sie sagen jetzt auch nichts mehr davon, daß du friedlich aussiehst, dem Himmel sei Dank dafür, es erstirbt ihnen im Mund. Warte noch! Gleich sind sie gegangen. Keiner will Zeuge sein, denn dafür wird man heute noch verbrannt.

Sie lassen dich allein. So allein lassen sie dich, daß du die Augen aufschlägst und den grünen Himmel siehst, so allein lassen sie dich, daß du zu atmen beginnst, schwer und röchelnd und tief, rasselnd wie eine Ankerkette, wenn sie sich löst. Du bäumst dich auf und schreist nach deiner Mutter. Wie grün der Himmel ist!

»Die Fieberträume lassen nach«, sagt eine Stimme hinter dir, »der Todeskampf beginnt!«

Ach die! Was wissen die?

Geh jetzt! Jetzt ist der Augenblick! Alle sind weggerufen. Geh, eh sie wiederkommen und eh ihr Flüstern wieder laut wird, geh die Stiegen hinunter, an dem Pförtner vorbei, durch den Morgen, der Nacht wird. Die Vögel schreien in der Finsternis, als hätten deine Schmerzen zu jubeln begonnen. Geh nach Hause. Und leg dich in dein eigenes Bett zurück, auch wenn es in den Fugen kracht und noch zerwühlt ist. Da wirst du schneller gesund! Da tobst du nur drei Tage lang gegen dich und trinkst dich satt am grünen Himmel, da stößt du nur drei Tage lang die Suppe weg, die dir die Frau von oben bringt, am vierten nimmst du sie.

Und am siebenten, der der Tag der Ruhe ist, am siebenten gehst du weg. Die Schmerzen jagen dich, den Weg wirst du ja finden. Erst links, dann rechts und wieder links, quer durch die Hafengassen, die so elend sind, daß sie nicht anders können, als zum Meer zu führen. Wenn nur der junge Mann in deiner Nähe wäre, aber der junge Mann ist nicht bei dir, im Sarg warst du viel schöner. Doch jetzt ist dein Gesicht verzerrt von Schmerzen, die Schmerzen haben zu jubeln aufgehört. Und jetzt steht auch der Schweiß wieder auf deiner Stirne, den ganzen Weg lang, nein, im Sarg, da warst du schöner!

Die Kinder spielen mit den Kugeln am Weg. Du läufst in sie hinein, du läufst, als liefst du mit dem Rücken nach vorn, und keines ist dein Kind. Wie soll denn auch eines davon dein Kind sein, wenn du zur Alten gehst, die bei der Kneipe wohnt? Das weiß der ganze Hafen, wovon die Alte ihren Schnaps bezahlt.

Sie steht schon an der Tür. Die Tür ist offen, und sie steckt dir ihre Hand entgegen, die ist schmutzig. Alles ist dort schmutzig. Am Kamin stehen die gelben Blumen, und das sind dieselben, die sie in die Kränze winden, das sind schon wieder dieselben. Und die Alte ist viel zu freundlich. Und die Treppen knarren auch hier. Und die Schiffe heulen, wohin du immer gehst, die heulen überall. Und die Schmerzen schütteln dich, aber du darfst nicht schreien. Die Schiffe dürfen heulen, aber du darfst nicht schreien. Gib der Alten das Geld für den Schnaps! Wenn du ihr erst das Geld gegeben hast, hält sie dir deinen Mund mit beiden Händen zu. Die ist ganz nüchtern von dem vielen Schnaps, die Alte. Die träumt nicht von den Ungeborenen.

Die unschuldigen Kinder wagen's nicht, sie bei den Heiligen zu verklagen, und die schuldigen wagen's auch nicht. Aber du – du wagst es!

»Mach mir mein Kind wieder lebendig!«

Das hat noch keine von der Alten verlangt. Aber du verlangst es. Der Spiegel gibt dir Kraft. Der blinde Spiegel mit den Fliegenflekken läßt dich verlangen, was noch keine verlangt hat.

»Mach es lebendig, sonst stoß ich deine gelben Blumen um, sonst kratz ich dir die Augen aus, sonst reiß ich deine Fenster auf und schrei über die Gasse, damit sie hören müssen, was sie wissen, ich schrei – –«

Und da erschrickt die Alte. Und in dem großen Schrecken, in dem blinden Spiegel erfüllt sie deine Bitte. Sie weiß nicht, was sie tut, doch in dem blinden Spiegel gelingt es ihr. Die Angst wird furchtbar, und die Schmerzen beginnen endlich wieder zu jubeln. Und eh du schreist, weißt du das Wiegenlied: Schlaf, Kindlein, schlaf! Und eh du schreist, stürzt dich der Spiegel die finsteren Treppen wieder hinab und läßt dich gehen, laufen läßt er dich. Lauf nicht zu schnell!

Heb lieber deinen Blick vom Boden auf, sonst könnt es sein, daß du da drunten an den Planken um den leeren Bauplatz in einen Mann hineinläufst, in einen jungen Mann, der seine Mütze dreht. Daran erkennst du ihn. Das ist derselbe, der zuletzt an deinem Sarg die Mütze gedreht hat, da ist er schon wieder! Da steht er, als wäre er nie weggewesen, da lehnt er an den Planken. Du fällst in seine Arme. Er hat schon wieder keine Tränen, gib ihm von den deinen. Und nimm Abschied, eh du dich an seinen Arm hängst. Nimm von ihm Abschied! Du wirst es nicht vergessen, wenn er es auch vergißt: Am Anfang nimmt man Abschied. Ehe man miteinander weitergeht, muß man sich an den Planken um den leeren Bauplatz für immer trennen.

Dann geht ihr weiter. Es gibt da einen Weg, der an den Kohlenlagern vorbei zur See führt. Ihr schweigt. Du wartest auf das erste Wort, du läßt es ihm, damit dir nicht das letzte bleibt. Was wird er sagen? Schnell, eh ihr an der See seid, die unvorsichtig macht! Was sagt er? Was ist das erste Wort? Kann es denn so schwer sein, daß es ihn stammeln läßt, daß es ihn zwingt, den Blick zu senken? Oder sind es die Kohlenberge, die über die Planken ragen und ihm Schatten unter die Augen werfen und ihn mit ihrer Schwärze blenden? Das erste Wort – jetzt hat er es gesagt: es ist der Name einer Gasse. So heißt die Gasse, in der die Alte wohnt. Kann denn das sein? Bevor er weiß, daß du das Kind erwartest, nennt er dir schon die Alte, bevor er sagt, daß er dich liebt, nennt er die Alte. Sei ruhig! Er weiß nicht, daß du bei der Alten schon gewesen bist, er kann es auch nicht wissen, er weiß nichts von dem Spiegel. Aber kaum hat er's gesagt, hat er es auch vergessen. Im Spiegel sagt man alles, daß es vergessen sei. Und kaum hast du gesagt, daß du das Kind erwartest, hast du es auch verschwiegen. Der Spiegel spiegelt alles. Die Kohlenberge weichen hinter euch zurück, da seid ihr an der See und seht die weißen Boote wie Fragen an der Grenze eures Blicks, seid still, die See nimmt euch die Antwort aus dem Mund, die See verschlingt, was ihr noch sagen wolltet.

Von da ab geht ihr viele Male den Strand hinauf, als ob ihr ihn hinabgingt, nach Hause, als ob ihr wegliebt, und weg, als gingt ihr heim.

Was flüstern die in ihren hellen Hauben? »Das ist der Todeskampf!« Die laßt nur reden.

Eines Tages wird der Himmel blaß genug sein, so blaß, daß seine Blässe glänzen wird. Gibt es denn einen anderen Glanz als den der letzten Blässe?

An diesem Tag spiegelt der blinde Spiegel das verdammte Haus. Verdammt nennen die Leute ein Haus, das abgerissen wird, verdammt nennen sie das, sie wissen es nicht besser. Es soll euch nicht erschrecken. Der Himmel ist jetzt blaß genug. Und wie der Himmel in der Blässe erwartet auch das Haus am Ende der Verdammung die Seligkeit. Vom vielen Lachen kommen leicht die Tränen. Du hast genug geweint. Nimm deinen Kranz zurück. Jetzt wirst du auch die Zöpfe bald wieder lösen dürfen. Alles ist im Spiegel. Und hinter allem, was ihr tut, liegt grün die See. Wenn ihr das Haus verlaßt, liegt sie vor euch. Wenn ihr durch die eingesunkenen Fenster wieder aussteigt, habt ihr vergessen. Im Spiegel tut man alles, daß es vergeben sei.

Von da ab drängt er dich, mit ihm hineinzugehen. Aber in dem Eifer entfernt ihr euch davon und biegt vom Strand ab. Ihr wendet euch nicht um. Und das verdammte Haus bleibt hinter euch zurück. Ihr geht den Fluß hinauf, und euer eigenes Fieber fließt euch entgegen, es fließt an euch vorbei. Gleich läßt sein Drängen nach. Und in demselben Augenblick bist du nicht mehr bereit, ihr werdet scheuer. Das ist die Ebbe, die die See von allen Küsten wegzieht. Sogar die Flüsse sinken zur Zeit der Ebbe. Und drüben auf der anderen Seite lösen die Wipfel endlich die Krone ab. Weiße Schindeldächer schlafen darunter.

Gib acht, jetzt beginnt er bald von der Zukunft zu reden, von den vielen Kindern und vom langen Leben, und seine Wangen brennen vor Eifer. Sie zünden auch die deinen an. Ihr werdet streiten, ob ihr Söhne oder Töchter wollt, und du willst lieber Söhne. Und er wollte sein Dach lieber mit Ziegeln decken, und du willst lieber – – aber da seid ihr den Fluß schon viel zu weit hinauf gegangen. Der Schrecken packt euch. Die Schindeldächer auf der anderen Seite sind verschwunden, da drüben sind nur mehr Auen und feuchte Wiesen. Und hier? Gebt auf den Weg acht. Es dämmert – so nüchtern, wie es nur am Morgen dämmert. Die Zukunft ist vorbei. Die Zukunft ist ein Weg am Fluß, der in die Auen mündet. Geht zurück!

Was soll jetzt werden?

Drei Tage später wagt er nicht mehr, den Arm um deine Schultern zu legen. Wieder drei Tage später fragt er dich, wie du heißt, und du fragst ihn. Nun wißt ihr voneinander nicht einmal mehr die Namen. Und ihr fragt auch nicht mehr. Es ist schöner so. Seid ihr nicht zum Geheimnis geworden?

Jetzt geht ihr endlich wieder schweigsam nebeneinander her. Wenn er dich jetzt noch etwas fragt, so fragt er, ob es regnen wird. Wer kann das wissen? Ihr werdet immer fremder. Von der Zukunft habt ihr schon lange zu reden aufgehört. Ihr seht euch nur mehr selten, aber noch immer seid ihr einander nicht fremd genug. Wartet, seid geduldig. Eines Tages wird es so weit sein. Eines Tages ist er dir so fremd, daß du ihn auf einer finsteren Gasse vor einem offenen Tor zu lieben beginnst. Alles will seine Zeit. Jetzt ist sie da.

»Es dauert nicht mehr lang«, sagen die hinter dir, »es geht zu Ende!«

Was wissen die? Beginnt nicht jetzt erst alles?

Ein Tag wird kommen, da siehst du ihn zum erstenmal. Und er sieht dich. Zum erstenmal, das heißt: Nie wieder. Aber erschreckt nicht! Ihr müßt nicht voneinander Abschied nehmen, das habt ihr längst getan. Wie gut es ist, daß ihr es schon getan habt!

Es wird ein Herbsttag sein, voller Erwartung darauf, daß alle Früchte wieder Blüten werden, wie er schon ist, der Herbst, mit diesem hellen Rauch und mit den Schatten, die wie Splitter zwischen den Schritten liegen, daß du die Füße daran zerschneiden könntest, daß du darüberfällst, wenn du um Äpfel auf den Markt geschickt bist, du fällst vor Hoffnung und vor Fröhlichkeit. Ein junger Mann kommt dir zu Hilfe. Er hat die Jacke nur lose umgeworfen und lächelt und dreht die Mütze und weiß kein Wort zu sagen. Aber ihr seid sehr fröhlich in diesem letzten Licht. Du dankst ihm und wirfst ein wenig den Kopf zurück, und da lösen sich die aufgesteckten Zöpfe und fallen herab. »Ach«, sagt er, »gehst du nicht noch zur Schule?« Er dreht sich um und geht und pfeift ein Lied. So trennt ihr euch, ohne einander nur noch einmal anzuschauen, ganz ohne Schmerz und ohne zu wissen, daß ihr euch trennt.

Jetzt darfst du wieder mit den kleinen Brüdern spielen, und du darfst mit ihnen den Fluß entlang gehen, den Weg am Fluß unter den Erlen, und drüben sind die weißen Schindeldächer wie immer zwischen den Wipfeln. Was bringt die Zukunft? Keine Söhne. Brüder hat sie dir gebracht, Zöpfe, um sie tanzen zu lassen, Bälle, um zu fliegen. Sei ihr nicht böse, es ist das Beste, was sie hat. Die Schule kann beginnen.

Noch bist du zu wenig groß, noch mußt du auf dem Schulhof während der großen Pause in Reihen gehen und flüstern und erröten und durch die Finger lachen. Aber warte noch ein Jahr, und du darfst wieder über die Schnüre springen und nach den Zweigen haschen, die über die Mauern hängen. Die fremden Sprachen hast du schon gelernt, doch so leicht bleibt es nicht. Deine eigene Sprache ist viel schwerer. Noch schwerer wird es sein, lesen und schreiben zu lernen, doch am schwersten ist es, alles zu vergessen. Und wenn du bei der ersten Prüfung alles wissen mußtest, so darfst du doch am Ende nichts mehr wissen. Wirst du das bestehen? Wirst du still genug sein? Wenn du genug Furcht hast, um den Mund nicht aufzutun, wird alles gut.

Du hängst den blauen Hut, den alle Schulkinder tragen, wieder an den Nagel und verläßt die Schule. Es ist wieder Herbst. Die Blüten sind lange schon zu Knospen geworden, die Knospen zu nichts und nichts wieder zu Früchten. Überall gehen kleine Kinder nach Hause, die ihre Prüfung bestanden haben, wie du. Ihr alle wißt nichts mehr. Du gehst nach Hause, dein Vater erwartet dich, und die kleinen Brüder schreien so laut sie können und zerren an deinem Haar. Du bringst sie zur Ruhe und tröstest deinen Vater. Bald kommt der Sommer mit den langen Tagen. Bald stirbt deine Mutter. Du und dein Vater, ihr beide holt sie vom Friedhof ab. Drei Tage liegt sie noch zwischen den knisternden Kerzen, wie damals du. Blast alle Kerzen aus, eh sie erwacht! Aber sie riecht das Wachs und hebt sich auf die Arme und klagt leise über die Verschwendung. Dann steht sie auf und wechselt ihre Kleider.

Es ist gut, daß deine Mutter gestorben ist, denn länger hättest du es mit den kleinen Brüdern allein nicht machen können. Doch jetzt ist sie da. Jetzt besorgt sie alles und lehrt dich auch das Spielen noch viel besser, man kann es nie genug gut können. Es ist keine leichte Kunst. Aber das schwerste ist es noch immer nicht.

Das schwerste bleibt es doch, das Sprechen zu vergessen und das Gehen zu verlernen, hilflos zu stammeln und auf dem Boden zu kriechen, um zuletzt in Windeln gewickelt zu werden. Das schwerste bleibt es, alle Zärtlichkeiten zu ertragen und nur mehr zu schauen. Sei geduldig! Bald ist alles gut. Gott weiß den Tag, an dem du schwach genug bist.

Es ist der Tag deiner Geburt. Du kommst zur Welt und schlägst die Augen auf und schließt sie wieder vor dem starken Licht. Das Licht wärmt dir die Glieder, du regst dich in der Sonne, du bist da, du lebst. Dein Vater beugt sich über dich.

»Es ist zu Ende –« sagen die hinter dir, »sie ist tot!«

Still! Laß sie reden!

MAX FRISCH

Geschichte von Isidor

Ich werde ihr die kleine Geschichte von Isidor erzählen. Eine wahre
Geschichte! Isidor war Apotheker, ein gewissenhafter Mensch also,
der dabei nicht übel verdiente, Vater von etlichen Kindern und
Mann im besten Mannesalter, und es braucht nicht betont zu werden, daß Isidor ein getreuer Ehemann war. Trotzdem vertrug er es
nicht, immer befragt zu werden, wo er gewesen wäre. Darüber
konnte er rasend werden, innerlich rasend, äußerlich ließ er sich
nichts anmerken. Es lohnte keinen Streit, denn im Grunde, wie
gesagt, war es eine glückliche Ehe. Eines schönen Sommers unter-
nahmen sie, wie es damals gerade Mode war, eine Reise nach Mallorca, und abgesehen von ihrer steten Fragerei, die ihn im stillen
ärgerte, ging alles in bester Ordnung. Isidor konnte ausgesprochen
zärtlich sein, sobald er Ferien hatte. Das schöne Avignon entzückte
sie beide; sie gingen Arm in Arm. Isidor und seine Frau, die man
sich als eine sehr liebenswerte Frau vorzustellen hat, waren genau
neun Jahre verheiratet, als sie in Marseille ankamen. Das Mittel-
meer leuchtete wie auf einem Plakat. Zum stillen Ärger seiner Gattin, die bereits auf dem Mallorca-Dampfer stand, hatte Isidor noch
im letzten Moment irgendeine Zeitung kaufen müssen. Ein wenig,
mag sein, tat er es aus purem Trotz gegen ihre Fragerei, wohin er
denn ginge. Weiß Gott, er hatte es nicht gewußt; er war einfach, da
ihr Dampfer noch nicht fuhr, nach Männerart ein wenig geschlen-
dert. Aus purem Trotz, wie gesagt, vertiefte er sich in eine französische Zeitung, und während seine Gattin tatsächlich nach dem male-
rischen Mallorca reiste, fand sich Isidor, als er endlich von einem
dröhnenden Tuten erschreckt aus seiner Zeitung aufblickte, nicht
an der Seite seiner Gattin, sondern auf einem ziemlich dreckigen
Frachter, der, übervoll beladen mit lauter Männern in gelber Uniform, ebenfalls unter Dampf stand. Und eben wurden die großen
Taue gelöst. Isidor sah nur noch, wie die Mole sich entfernte. Ob es
die hundsföttische Hitze oder der Kinnhaken eines französischen

Sergeanten gewesen, was ihm kurz darauf das Bewußtsein nahm, kann ich nicht sagen; hingegen wage ich mit Bestimmtheit zu behaupten, daß Isidor, der Apotheker, in der Fremdenlegion ein härteres Leben hatte als zuvor. An Flucht war nicht zu denken. Das gelbe Fort, wo Isidor zum Mann erzogen wurde, stand einsam in der Wüste, deren Sonnenuntergänge er schätzen lernte. Gewiß dachte er zuweilen an seine Gattin, wenn er nicht einfach zu müde war, und hätte ihr wohl auch geschrieben; doch Schreiben war nicht gestattet. Frankreich kämpfte noch immer gegen den Verlust seiner Kolonien, so daß Isidor bald genug in der Welt herumkam, wie er sich nie hätte träumen lassen. Er vergaß seine Apotheke, versteht sich, wie andere ihre kriminelle Vergangenheit. Mit der Zeit verlor Isidor sogar das Heimweh nach dem Land, das seine Heimat zu sein den schriftlichen Anspruch stellte, und es war – viele Jahre später – eine pure Anständigkeit von Isidor, als er eines schönen Morgens durch das Gartentor trat, bärtig, hager wie er nun war, den Tropenhelm unter dem Arm, damit die Nachbarn seines Eigenheims, die den Apotheker längstens zu den Toten rechneten, nicht in Aufregung gerieten über seine immerhin ungewohnte Tracht; selbstverständlich trug er auch einen Gürtel mit Revolver. Es war ein Sonntagmorgen, Geburtstag seiner Gattin, die er, wie schon erwähnt, liebte, auch wenn er in all den Jahren nie eine Karte geschrieben hatte. Einen Atemzug lang, das unveränderte Eigenheim vor Augen, die Hand noch an dem Gartentor, das ungeschmiert war und girrte wie je, zögerte er. Fünf Kinder, alle nicht ohne Ähnlichkeit mit ihm, aber alle um sieben Jahre gewachsen, so daß ihre Erscheinung ihn befremdete, schrien schon von weitem: Der Papi! Es gab kein Zurück. Und Isidor schritt weiter als Mann, der er in harten Kämpfen geworden war, und in der Hoffnung, daß seine liebe Gattin, sofern sie zu Hause war, ihn nicht zur Rede stellen würde. Er schlenderte den Rasen hinauf, als käme er wie gewöhnlich aus seiner Apotheke, nicht aber aus Afrika und Indochina. Die Gattin saß sprachlos unter einem neuen Sonnenschirm. Auch den köstlichen Morgenrock, den sie trug, hatte Isidor noch nie gesehen. Ein Dienstmädchen, ebenfalls eine Neuheit, holte sogleich eine weitere Tasse für den bärtigen Herrn, den sie ohne Zweifel, aber auch ohne Mißbilligung als den neuen Hausfreund betrachtete. Kühl sei es hierzulande, meinte Isidor, indem er sich die gekrempelten Hemdärmel wieder herunter machte. Die Kinder waren selig, mit dem Tropenhelm spielen zu dürfen, was natürlich nicht ohne Zank ging, und als der frische Kaffee kam, war es eine vollendete Idylle, Sonntagmorgen mit Glockenläuten und Geburtstagstorte. Was wollte Isidor mehr! Ohne jede Rücksicht auf das neue Dienstmädchen, das gerade noch das Besteck hinlegte, griff Isidor nach seiner Gattin. »Isidor!« sagte sie und war außerstande, den Kaffee einzugießen, so daß der bärtige Gast es selber machen mußte. »Was denn?« fragte er zärtlich, indem er auch ihre Tasse füllte. »Isidor!« sagte sie und war dem Weinen nahe. Er umarmte sie »Isidor!« fragte sie, »wo bist du nur so lange gewesen?« Der Mann, einen Augenblick lang wie betäubt, setzte seine Tasse nieder; er war es einfach nicht mehr gewohnt, verheiratet zu sein, und stellte sich vor einen Rosenstock, die Hände in den Hosentaschen. »Warum hast du nie auch nur eine Karte geschrieben?« fragte sie. Darauf nahm er den verdutzten Kindern wortlos den Tropenhelm weg, setzte ihn mit dem knappen Schwung der Routine auf seinen eigenen Kopf, was den Kindern einen für die Dauer ihres Lebens unauslöschlichen Eindruck hinterlassen haben soll, Papi mit Tropenhelm und Revolvertasche, alles nicht bloß echt, sondern sichtlich vom Gebrauche etwas abgenutzt, und als die Gattin sagte: »Weißt du, Isidor, das hättest du wirklich nicht tun dürfen!« war es für Isidor genug der trauten Heimkehr, er zog (wieder mit dem knappen Schwung der Routine, denke ich) den Revolver aus dem Gurt, gab drei Schüsse mitten in die weiche, bisher noch unberührte und mit Zuckerschaum verzierte Torte, was, wie man sich wohl vorstellen kann, eine erhebliche Schweinerei verursachte. »Also Isidor!« schrie die Gattin, denn ihr Morgenrock war über und über von Schlagrahm verspritzt, ja, und wären nicht die unschuldigen Kinder als Augenzeugen gewesen, hätte sie jenen ganzen Besuch, der übrigens kaum zehn Minuten gedauert haben dürfte, für eine Halluzination gehalten. Von ihren fünf Kindern umringt, einer Niobe ähnlich, sah sie nur noch, wie Isidor, der Unverantwortliche, mit gelassenen Schritten durch das Gartentor ging, den unmöglichen Tropenhelm auf dem Kopf. Nach jenem Schock konnte die arme Frau nie eine Torte sehen, ohne an Isidor denken zu müssen, ein Zustand, der sie erbarmungswürdig machte, und unter vier Augen, insgesamt etwa unter sechsunddreißig Augen riet man ihr zur Scheidung. Noch aber hoffte die tapfere Frau. Die Schuldfrage war ja wohl klar. Noch aber hoffte sie auf seine Reue, lebte ganz den fünf Kindern, die von Isidor stammten, und wies den jungen Rechtsanwalt, der sie nicht ohne persönliche Teilnahme besuchte und zur Scheidung drängte, ein weiteres Jahr lang ab, einer Penelope ähnlich. Und in der Tat, wieder war's ihr Geburtstag, kam Isidor nach einem Jahr zurück, setzte sich nach üblicher Begrüßung, krempelte die Hemdärmel herunter und gestattete den Kindern abermals, mit seinem Tropenhelm zu spielen, doch dieses Mal dauerte ihr Vergnügen, einen Papi zu haben, keine drei Minuten. »Isidor!« sagte die Gattin, »wo bist du denn jetzt wieder gewesen?« Er erhob sich, ohne zu schießen, Gott sei Dank, auch ohne den unschuldigen Kindern den Tropenhelm zu entreißen, nein, Isidor erhob sich nur, krempelte seine Hemdärmel wieder herauf und ging durchs Gartentor, um nie wiederzukommen. Die Scheidungsklage unterzeichnete die arme Gattin nicht ohne Tränen, aber es mußte ja wohl sein, zumal sich Isidor innerhalb der gesetzlichen Frist nicht gemeldet hatte, seine Apotheke wurde verkauft, die zweite Ehe in schlichter Zurückhaltung gelebt und nach Ablauf der gesetzlichen Frist auch durch das Standesamt genehmigt, kurzum, alles nahm den Lauf der Ordnung, was ja zumal für die heranwachsenden Kinder so wichtig war. Eine Antwort, wo Papi sich mit dem Rest seines Erdenlebens herumtrieb, kam nie. Nicht einmal eine Ansichtskarte. Mami wollte auch nicht, daß die Kinder danach fragten; sie hatte ja Papi selber nie danach fragen dürfen...

Der Tunnel

Ein Vierundzwanzigjähriger, fett, damit das Schreckliche hinter
den Kulissen, welches er sah (das war seine Fähigkeit, vielleicht
seine einzige), nicht allzu nah an ihn herankomme, der es liebte, die
Löcher in seinem Fleisch, da doch gerade durch sie das Ungeheuer-
liche hereinströmen konnte, zu verstopfen, derart, daß er Zigarren
rauchte (Ormond Brasil 10) und über seiner Brille eine zweite trug,
eine Sonnenbrille, und in den Ohren Wattebüschel: Dieser junge
Mann, noch von seinen Eltern abhängig und mit nebulosen Studien
auf einer Universität beschäftigt, die in einer zweistündigen Bahnfahrt zu erreichen war, stieg eines Sonntagnachmittags in den gewohnten Zug, Abfahrt siebzehnuhrfünfzig, Ankunft neunzehn-
uhrsiebenundzwanzig, um anderentags ein Seminar zu besuchen,
das zu schwänzen er schon entschlossen war. Die Sonne schien an
einem wolkenlosen Himmel, da er seinen Heimatort verließ. Es
war Sommer. Der Zug hatte sich bei diesem angenehmen Wetter
zwischen den Alpen und dem Jura fortzubewegen, an reichen Dörfern und kleineren Städten vorbei, später an einem Fluß entlang,
und tauchte denn auch nach noch nicht ganz zwanzig Minuten
Fahrt, gerade nach Burgdorf in einen kleinen Tunnel. Der Zug war
überfüllt. Der Vierundzwanzigjährige war vorne eingestiegen und
hatte sich mühsam nach hinten durchgearbeitet, schwitzend und
einen leicht vertrottelten Eindruck erweckend. Die Reisenden saßen dicht gedrängt, viele auf Koffern, auch die Coupés der zweiten
Klasse waren besetzt, nur die erste Klasse schwach belegt. Wie sich
der junge Mann endlich durch das Wirrwarr der Familien, Rekru-
ten, Studenten und Liebespaare gekämpft hatte, bald, vom Zug hin
und her geschleudert, gegen diesen fallend und bald gegen jenen,
gegen Bäuche und Brüste torkelnd, fand er im hintersten Wagen
Platz, so viel sogar, daß er in diesem Abteil der dritten Klasse – in
der es sonst Wagen mit Coupés selten gibt – eine ganze Bank für
sich allein hatte: Im geschlossenen Raume saß ihm gegenüber einer,

noch dicker als er, der mit sich selbst Schach spielte, und in der Ecke der gleichen Bank, gegen den Korridor zu, ein rothaariges Mädchen, das einen Roman las. So saß er schon am Fenster und hatte eben eine Ormond Brasil 10 in Brand gesteckt, als der Tunnel kam, der ihm länger als sonst zu dauern schien. Er war diese Strecke schon manchmal gefahren, fast jeden Samstag und Sonntag seit einem Jahr und hatte den Tunnel eigentlich gar nie beachtet, sondern immer nur geahnt. Zwar hatte er ihm einige Male die volle Aufmerksamkeit schenken wollen, doch hatte er, wenn er kam, jedes Mal an etwas anderes gedacht, so daß er das kurze Eintauchen in die Finsternis nicht bemerkte, denn der Tunnel war eben gerade vorbei, wenn er, entschlossen ihn zu beachten, aufschaute, so schnell durchfuhr ihn der Zug und so kurz war der kleine Tunnel. So hatte er denn auch jetzt die Sonnenbrille nicht abgenommen, als sie einfuhren, da er nicht an den Tunnel dachte. Die Sonne hatte eben noch mit voller Kraft geschienen und die Landschaft, durch die sie fuhren, die Hügel und Wälder, die fernere Kette des Juras und die Häuser des Städtchens, war wie von Gold gewesen, so sehr hatte alles im Abendlicht geleuchtet, so sehr, daß ihm die nun schlagartig einsetzende Dunkelheit des Tunnels bewußt wurde, der Grund wohl auch, warum ihm die Dunkelheit länger erschien, als er sie sich dachte. Es war völlig finster im Abteil, da der Kürze des Tunnels wegen die Lichter nicht in Funktion gesetzt waren, denn jede Sekunde mußte sich ja in der Scheibe der erste, fahle Schimmer des Tages zeigen, sich blitzschnell ausweiten und mit voller, goldener Helle gewaltig hereinbrechen; als es jedoch immer noch dunkel blieb, nahm er die Sonnenbrille ab. Das Mädchen zündete sich in diesem Augenblick eine Zigarette an, offenbar ärgerlich, daß es im Roman nicht weiterlesen konnte, wie er im rötlichen Aufflammen des Streichholzes zu bemerken glaubte; seine Armbanduhr mit dem leuchtenden Zifferblatt zeigte zehn nach sechs. Er lehnte sich in die Ecke zwischen der Coupéwand und der Scheibe und beschäftigte sich mit seinen verworrenen Studien, die ihm niemand recht glaubte, mit dem Seminar, in das er morgen mußte und in das er nicht gehen würde (alles, was er tat, war nur ein Vorwand, hinter der Fassade seines Tuns Ordnung zu erlangen, nicht die Ordnung selber, nur die Ahnung einer Ordnung, angesichts des Schrecklichen, gegen das er sich mit Fett polsterte, Zigarren in den Mund steckte, Wattebüschel in die Ohren), und wie er wieder auf das Zifferblatt schaute, war es viertel nach sechs und immer noch der Tunnel. Das verwirrte ihn. Zwar leuchteten nun die Glühbirnen auf, es wurde hell im Coupé, das rote Mädchen konnte in seinem Roman weiterlesen und der dicke Herr spielte wieder mit sich selber Schach, doch draußen, jenseits der Scheibe, in der sich nun das ganze Abteil spiegelte, war immer noch der Tunnel. Er trat in den Korridor, in welchem ein hochgewachsener Mann in einem hellen Regenmantel auf und ab ging, ein schwarzes Halstuch umgeschlagen. Wozu auch bei diesem Wetter, dachte er und schaute in die anderen Coupés dieses Wagens, wo man Zeitung las und miteinander schwatzte. Er trat wieder zu seiner Ecke und setzte sich, der Tunnel mußte nun jeden Augenblick aufhören, jede Sekunde; auf der Armbanduhr war es nun beinahe zwanzig nach; er ärgerte sich, den Tunnel vorher so wenig beachtet zu haben, dauerte er doch nun schon eine Viertelstunde und mußte, wenn die Geschwindigkeit eingerechnet wurde, mit welcher der Zug fuhr, ein bedeutender Tunnel sein, einer der längsten Tunnel in der Schweiz. Es war daher wahrscheinlich, daß er einen falschen Zug genommen hatte, wenn ihm im Augenblick auch nicht erinnerlich war, daß sich zwanzig Minuten Bahnfahrt von seinem Heimatort aus ein so langer und bedeutender Tunnel befand. Er fragte deshalb den dicken Schachspieler, ob der Zug nach Zürich fahre, was der bestätigte. Er wüßte gar nicht, daß an dieser Stelle der Strecke ein so langer Tunnel sei, sagte der junge Mann, doch der Schachspieler antwortete, etwas ärgerlich, da er in irgendeiner schwierigen Überlegung zum zweiten Mal unterbrochen wurde, in der Schweiz gebe es eben viele Tunnel, außerordentlich viele, er reise zwar zum ersten Mal in diesem Lande, doch falle dies sofort auf, auch habe er in einem statistischen Jahrbuch gelesen, daß kein Land so viele Tunnel wie die Schweiz besitze. Er müsse sich nun entschuldigen, wirklich, es tue ihm schrecklich leid, da er sich mit einem wichtigen Problem der Nimzowitsch-Verteidigung beschäftige und nicht mehr abgelenkt werden dürfe. Der Schachspieler hatte höflich, aber bestimmt geantwortet; daß von ihm keine Antwort zu erwarten war, sah der junge Mann ein. Er war froh, als nun der Schaffner kam. Er war überzeugt, daß seine Fahrkarte zurückgewiesen werden würde; auch als der Schaffner, ein blasser, magerer Mann, nervös, wie es den Eindruck machte, dem Mädchen gegenüber, dem er zuerst die Fahrkarte abnahm, bemerkte, es müsse in Olten umsteigen, gab der Vierundzwanzigjährige noch nicht alle Hoffnung auf, so sehr war er überzeugt, in den falschen Zug gestiegen zu sein. Er werde wohl nachzahlen müssen, er sollte nach Zürich, sagte er denn, ohne die Ormond Brasil 10 aus dem Munde zu nehmen, und reichte dem Schaffner das Billett hin. Der Herr sei im rechten Zug, antwortete der, wie er die Fahrkarte geprüft hatte. »Aber wir fahren doch durch einen Tunnel!« rief der junge Mann ärgerlich und recht energisch aus, entschlossen, nun die verwirrende Situation aufzuklären. Man sei eben an Herzogenbuchsee vorbeigefahren und nähere sich Langenthal, sagte der Schaffner. »Es stimmt, mein Herr, es ist jetzt zwanzig nach sechs.« Aber man fahre seit zwanzig Minuten durch einen Tunnel, beharrte der junge Mann auf seiner Feststellung. Der Schaffner sah ihn verständnislos an. »Es ist der Zug nach Zürich«, sagte er, und schaute nun auch nach dem Fenster. »Zwanzig nach sechs«, sagte er wieder, jetzt etwas beunruhigt, wie es schien, »bald kommt Olten, Ankunft achtzehnuhrsiebenunddreißig. Es wird schlechtes Wetter gekommen sein, ganz plötzlich, daher die Nacht, vielleicht ein Sturm, ja, das wird es sein.« »Unsinn«, mischte sich nun der Mann, der sich mit einem Problem der Nimzowitsch-Verteidigung beschäftigte, ins Gespräch, ärgerlich, weil er immer noch sein Billett hinhielt, ohne vom Schaffner beachtet zu werden, »Unsinn, wir fahren durch einen Tunnel. Man kann deutlich den Fels sehen, Granit wie es scheint. In der Schweiz gibt es am meisten Tunnel der ganzen Welt. Ich habe es in einem statistischen Jahrbuch gelesen.« Der Schaffner, indem er endlich die Fahrkarte des Schachspielers entgegennahm, versicherte aufs neue, fast flehentlich, der Zug fahre nach Zürich, worauf der Vierundzwanzigjährige den Zugführer verlangte. Der sei vorne im Zug, sagte der Schaffner, im übrigen fahre der Zug nach Zürich, jetzt sei es sechsuhrfünfundzwanzig und in zwölf Minuten werde er nach dem Sommerfahrplan in Olten anhalten, er fahre jede Woche diesen Zug dreimal. Der junge Mann machte sich auf den Weg. Das Gehen fiel ihm noch schwerer im überfüllten Zug als vor kurzem, wie er die gleiche

Strecke umgekehrt gegangen war; der Zug mußte überaus schnell fahren; auch war das Getöse, das er dabei verursachte, entsetzlich; so steckte er sich seine Wattebüschel denn wieder in die Ohren, nachdem er sie beim Betreten des Zuges entfernt hatte. Die Menschen, an denen er vorbeikam, verhielten sich ruhig, in nichts unterschied sich der Zug von anderen Zügen, die er an den Sonntagnachmittagen gefahren war, und niemand fiel ihm auf, der beunruhigt gewesen wäre. In einem Wagen mit Zweitklaß-Abteilen stand ein Engländer am Fenster des Korridors und tippte freudestrahlend mit der Pfeife, die er rauchte, an die Scheibe. »Simplon«, sagte er. Auch im Speisewagen war alles wie sonst, obwohl kein Platz frei war, und der Tunnel doch einem der Reisenden oder der Bedienung, die Wienerschnitzel und Reis servierte, hätte auffallen können. Den Zugführer, den er an der roten Tasche erkannte, fand der junge Mann am Ausgang des Speisewagens. »Sie wünschen?« fragte der Zugführer, der ein großgewachsener, ruhiger Mann war, mit einem sorgfältig gepflegten schwarzen Schnurrbart und einer randlosen Brille. »Wir sind in einem Tunnel, seit fünfundzwanzig Minuten«, sagte der junge Mann. Der Zugführer schaute nicht nach dem Fenster, wie der Vierundzwanzigjährige erwartet hatte, sondern wandte sich zum Kellner. »Geben Sie mir eine Schachtel Ormond 10«, sagte er, »ich rauche die gleiche Sorte wie der Herr da«; doch konnte ihn der Kellner nicht bedienen, da man diese Zigarre nicht besaß, so daß denn der junge Mann, froh, einen Anknüpfungspunkt zu haben, dem Zugführer eine Brasil anbot. »Danke«, sagte er, »ich werde in Olten kaum Zeit haben, mir eine zu verschaffen, und so tun Sie mir denn einen großen Gefallen. Rauchen ist wichtig. Darf ich Sie nun bitten, mir zu folgen?« Er führte den Vierundzwanzigjährigen in den Packwagen, der vor dem Speisewagen lag. »Dann kommt noch die Maschine«, sagte der Zugführer, wie sie den Raum betraten, »wir befinden uns an der Spitze des Zuges.« Im Packraum brannte ein schwaches, gelbes Licht, der größte Teil des Wagens lag im Ungewissen, die Seitentüren waren verschlossen, und nur durch ein kleines vergittertes Fenster drang die Finsternis des Tunnels, Koffer standen herum, viele mit Hotelzetteln beklebt, einige Fahrräder und ein Kinderwagen. Der Zugführer hing seine rote Tasche an einen Haken. »Was wünschen Sie?« fragte er aufs neue, schaute jedoch den jungen Mann nicht an, sondern begann in einem Heft, das er der Tasche entnommen hatte, Tabellen auszufüllen. »Wir befinden uns seit Burgdorf in einem Tunnel«, antwortete der Vierundzwanzigjährige entschlossen, »einen so gewaltigen Tunnel gibt es auf dieser Strecke nicht, ich fahre sie jede Woche hin und zurück, ich kenne die Strecke.« Der Zugführer schrieb weiter. »Mein Herr«, sagte er endlich und trat nah an den jungen Mann heran, so nah, daß sich die beiden Leiber fast berührten, »mein Herr, ich habe Ihnen wenig zu sagen. Wie wir in diesen Tunnel geraten sind, weiß ich nicht, ich habe dafür keine Erklärung. Doch bitte ich Sie zu bedenken: Wir bewegen uns auf Schienen, der Tunnel muß also irgendwo hinführen. Nichts beweist, daß am Tunnel etwas nicht in Ordnung ist, außer natürlich, daß er nicht aufhört.« Der Zugführer, die Ormond Brasil immer noch ohne zu rauchen zwischen den Lippen, hatte überaus leise gesprochen, jedoch mit so großer Würde und so deutlich und bestimmt, daß seine Worte vernehmbar waren, obgleich im Packwagen das Tosen des Zuges um vieles stärker war als im Speisewagen. »Dann bitte ich Sie, den Zug anzuhalten«, sagte der junge Mann ungeduldig, »ich vestehe kein Wort von dem, was Sie sagen. Wenn etwas nicht stimmt mit diesem Tunnel, dessen Vorhandensein Sie selbst nicht erklären können, haben Sie den Zug anzuhalten.« »Den Zug anhalten?« antwortete der andere langsam, gewiß, daran habe er auch schon gedacht, worauf er das Heft schloß und in die rote Tasche zurücksteckte, die an ihrem Haken hin und her schwankte, dann steckte er die Ormond sorgfältig in Brand. Ob er die Notbremse ziehen solle, fragte der junge Mann und wollte nach dem Haken der Bremse über seinem Kopf greifen, torkelte jedoch im selben Augenblick nach vorne, wo er an die Wand prallte. Ein Kinderwagen rollte auf ihn zu und Koffer rutschten heran; seltsam schwankend kam auch der Zugführer mit vorgestreckten Händen durch den Packraum. »Wir fahren abwärts«, sagte der Zugführer und lehnte sich neben dem Vierundzwanzigjährigen an die Vorderwand des Wagens, doch kam der erwartete Aufprall des rasenden Zuges am Fels nicht, dieses Zerschmettern und Ineinanderschachteln der Wagen, der Tunnel schien vielmehr wieder eben zu verlaufen. Am andern Ende des Wagens öffnete sich die Türe. Im grellen Licht des Speisewagens sah man Menschen, die einander zutranken, dann schloß sich die Türe wieder. »Kommen Sie in die Lokomotive«, sagte der Zugführer und schaute dem Vierundzwanzigjährigen nachdenklich und, wie es plötzlich schien, seltsam drohend ins Gesicht, dann schloß er die Türe auf, neben der sie an der Wand lehnten: Mit solcher Gewalt jedoch schlug ihnen ein sturmartiger, heißer Luftstrom entgegen, daß sie von der Wucht des Orkans aufs neue gegen die Wand taumelten; gleichzeitig erfüllte ein fürchterliches Getöse den Packwagen. »Wir müssen zur Maschine hinüberklettern«, schrie der Zugführer dem jungen Mann ins Ohr, auch so kaum vernehmbar, und verschwand dann im Rechteck der offenen Türe, durch die man die hellerleuchteten, hin und her schwankenden Scheiben der Zugmaschine sah. Der Vierundzwanzigjährige folgte entschlossen, wenn er auch den Sinn der Kletterei nicht begriff. Die Plattform, die er betrat, besaß auf beiden Seiten ein Eisengeländer, woran er sich klammerte, doch war nicht der ungeheure Luftzug das Entsetzliche, der sich milderte, wie er sich der Maschine zubewegte, sondern die unmittelbare Nähe der Tunnelwände, die er zwar nicht sah, da er sich ganz auf die Maschine konzentrieren mußte, die er jedoch ahnte, durchzittert vom Stampfen der Räder und vom Pfeifen der Luft, so daß ihm war, als rase er mit Sterngeschwindigkeit in eine Welt aus Stein. Der Lokomotive entlang lief ein schmales Band und darüber als Geländer eine Stange, die sich in immer gleicher Höhe über dem Band um die Maschine herumkrümmte: Dies mußte der Weg sein; den Sprung, den es zu wagen galt, schätzte er auf einen Meter. So gelang es ihm denn auch, die Stange zu fassen. Er schob sich, gegen die Lokomotive gepreßt, dem Band entlang; fürchterlich wurde der Weg erst, als er auf die Längsseite der Maschine gelangte, nun voll der Wucht des brüllenden Orkans ausgesetzt und drohenden Felswänden, die, hell erleuchtet von der Maschine, heranfegten. Nur der Umstand, daß ihn der Zugführer durch eine kleine Tür ins Innere der Maschine zog, rettete ihn. Erschöpft lehnte sich der junge Mann gegen den Maschinenraum, worauf es mit einem Male still wurde, denn die Stahlwände der riesenhaften Lokomotive dämpften, wie der Zugführer die Türe geschlossen hatte, das Tosen so sehr ab, daß es kaum mehr zu vernehmen war. »Die Ormond Brasil haben wir auch verloren«, sagte der Zugführer. »Es war nicht klug, vor der Kletterei eine anzuzünden, aber sie zerbrechen leicht, wenn man keine Schachtel mit sich führt, bei ihrer länglichen Form.« Der junge Mann war froh, nach der bedenklichen Nähe der Felswände auf etwas gelenkt zu werden, das ihn an die Alltäglichkeit erinnerte, in der er sich noch vor wenig mehr denn einer halben Stunde befunden hatte, an diese immergleichen Tage und Jahre (immergleich, weil er nur auf diesen Augenblick hinlebte, der nun erreicht war, auf diesen Augenblick des Einbruchs, auf dieses plötzliche Nachlassen der Erdoberfläche, auf den abenteuerlichen Sturz ins Erdinnere). Er holte eine der braunen Schachteln aus der rechten Rocktasche und bot dem Zugführer erneut eine Zigarre an, selber steckte er sich auch eine in den Mund, und vorsichtig nahmen sie Feuer, das der Zugführer bot. »Ich schätze diese Ormond sehr«, sagte der Zugführer, »nur muß einer gut ziehen, sonst gehen sie aus«, Worte, die den Vierundzwanzigjährigen mißtrauisch machten, weil er spürte, daß der Zugführer auch nicht gern an den Tunnel dachte, der draußen immer noch dauerte (immer noch war die Möglichkeit, er könnte plötzlich aufhören, wie ein Traum mit einem Mal aufzuhören vermag). »Achtzehn Uhr vierzig«, sagte er, indem er auf seine Uhr mit dem leuchtenden Zifferblatt schaute, »jetzt sollten wir doch schon in Olten sein«, und dachte dabei an die Hügel und Wälder, die doch noch vor kurzem waren, goldüberhäuft in der sinkenden Sonne. So standen sie und rauchten, an die Wand des Maschinenraums gelehnt. »Keller ist mein Name«, sagte der Zugführer und zog an seiner Brasil. Der junge Mann gab nicht nach. »Die Kletterei auf der Maschine war nicht ungefährlich«, bemerkte er, »wenigstens für mich, der ich an dergleichen nicht gewöhnt bin, und so möchte ich denn wissen, wozu Sie mich hergebracht haben.« Er wisse es nicht, antwortete Keller, er habe sich nur Zeit zum Überlegen schaffen wollen. »Zeit zum Überlegen« wiederholte der Vierundzwanzigjährige. »Ja« sagte der Zugführer, so sei es, rauchte dann wieder weiter. Die Maschine schien sich von neuem nach vorne zu neigen. »Wir können ja in den Führerraum gehen« schlug Keller vor, blieb jedoch immer noch unschlüssig an der

Maschinenwand stehen, worauf der junge Mann den Korridor entlangschritt. Wie er die Türe zum Führerraum geöffnet hatte, blieb er stehen. »Leer« sagte er zum Zugführer, der nun auch herankam, »der Führerstand ist leer.« Sie betraten den Raum, schwankend durch die ungeheure Geschwindigkeit, mit der die Maschine, den Zug mit sich reißend, immer weiter in den Tunnel hineinraste. »Bitte« sagte der Zugführer und drückte einige Hebel nieder, zog auch die Notbremse. Die Maschine gehorchte nicht. Sie hätten alles getan, sie anzuhalten, gleich als sie die Änderung in der Strecke bemerkt hätten, versicherte Keller, doch sei die Maschine immer weitergerast. »Sie wird immer weiterrasen« antwortete der Vierundzwanzigjährige und wies auf den Geschwindigkeitsmesser. »Hundertfünfzig. Ist die Maschine je Hundertfünfzig gefahren?« »Mein Gott« sagte der Zugführer, »so schnell ist sie nie gefahren, höchstens Hundertfünf.« »Eben« sagte der junge Mann. »Ihre Schnelligkeit nimmt zu. Jetzt zeigt der Messer Hundertachtundfünfzig. Wir fallen.« Er trat an die Scheibe, doch konnte er sich nicht aufrechterhalten, sondern wurde mit dem Gesicht an die Glaswand gepreßt, so abenteuerlich war nun die Geschwindigkeit. »Der Lokomotivführer?« schrie er und starrte nach den Felsmassen, die in das grelle Licht der Scheinwerfer hinaufstürzten, ihm entgegen, die auf ihn zurasten, und über ihm, unter ihm und zu beiden Seiten des Führerraums verschwanden. »Abgesprungen« schrie Keller zurück, der nun mit dem Rücken gegen das Schaltbrett gelehnt auf dem Boden saß. »Wann?« fragte der Vierundzwanzigjährige hartnäckig. Der Zugführer zögerte ein wenig und mußte sich seine Ormond aufs neue anzünden, die Beine, da sich der Zug immer stärker neigte, in der gleichen Höhe wie sein Kopf. »Schon nach fünf Minuten« sagte er dann. »Es war sinnlos, noch eine Rettung zu versuchen. Der im Packraum ist auch abgesprungen.« »Und Sie« fragte der Vierundzwanzigjährige. »Ich bin der Zugführer« antwortete der andere, »auch habe ich immer ohne Hoffnung gelebt.« »Ohne Hoffnung« wiederholte der junge Mann, der nun geborgen auf der Glasscheibe des Führerstandes lag, das Gesicht über den Abgrund gepreßt. »Da saßen wir noch in unseren Abteilen und wußten nicht, daß schon alles verloren war« dachte er. »Noch hatte sich nichts verändert, wie es uns schien, doch schon hatte uns der Schacht nach der Tiefe zu aufgenommen, und so rasen wir denn wie die Rotte Korah in unseren Abgrund.« Er müsse nun zurück, schrie der Zugführer, »in den Wagen wird die Panik ausgebrochen sein. Alles wird sich nach hinten drängen.« »Gewiß« antwortete der Vierundzwanzigjährige und dachte an den dicken Schachspieler und an das Mädchen mit seinem Roman und dem roten Haar. Er reichte dem Zugführer seine übrigen Schachteln Ormond Brasil 10. »Nehmen Sie« sagte er, »Sie werden Ihre Brasil beim Hinüberklettern doch wieder verlieren.« Ob er denn nicht zurückkomme, fragte der Zugführer, der sich aufgerichtet hatte und mühsam den Trichter des Korridors hinaufzukriechen begann. Der junge Mann sah nach den sinnlosen Instrumenten, nach diesen lächerlichen Hebeln und Schaltern, die ihn im gleißenden Licht der Kabine silbern umgaben. »Zweihundertzehn« sagte er. »Ich glaube nicht, daß Sie es bei dieser Geschwindigkeit schaffen, hinaufzukommen in die Wagen über uns.« »Es ist meine Pflicht« schrie der Zugführer. »Gewiß« antwortete der Vierundzwanzigjährige, ohne seinen Kopf nach dem sinnlosen Unternehmen des Zugführers zu wenden. »Ich muß es wenigstens versuchen« schrie der Zugführer noch einmal, nun schon weit oben im Korridor, sich mit Ellbogen und Schenkeln gegen die Metallwände stemmend, doch wie sich die Maschine weiter hinabsenkte, um nun in fürchterlichem Sturz dem Innern der Erde entgegenzurasen, diesem Ziel aller Dinge zu, so daß der Zugführer in seinem Schacht direkt über dem Vierundzwanzigjährigen hing, der am Grunde der Maschine auf dem silbernen Fenster des Führerraumes lag, das Gesicht nach unten, ließ seine Kraft nach. Der Zugführer stürzte auf das Schaltbrett und kam blutüberströmt neben den jungen Mann zu liegen, dessen Schultern er umklammerte. »Was sollen wir tun?« schrie der Zugführer durch das Tosen der ihnen entgegenschnellenden Tunnelwände hindurch dem Vierundzwanzigjährigen ins Ohr, der mit seinem fetten Leib, der jetzt nutzlos war, und nicht mehr schützte, unbeweglich auf der ihn vom Abgrund trennenden Scheibe ruhte, und durch sie hindurch den Abgrund gierig in seine nun zum ersten Mal weit geöffneten Augen sog. »Was sollen wir tun?« »Nichts« antwortete der andere unbarmherzig, ohne sein Gesicht vom tödlichen Schauspiel abzuwenden, doch nicht ohne eine gespensterhafte Heiterkeit, von Glassplittern übersät, die von der zerbrochenen Schalttafel herstammten, während zwei Wattebüschel, durch irgendeinen Luftzug ergriffen, der nun plötzlich hereindrang (in der Scheibe zeigte sich ein erster Spalt) pfeilschnell nach oben in den Schacht über ihnen fegten. »Nichts. Gott ließ uns fallen und so stürzen wir denn auf ihn zu.«

Grausiges Erlebnis eines venezianischen Ofensetzers

Giuseppe Rossi, der Ofensetzer und Kamin-Spezialist, war herein-gekommen, gestern abend, in Ugos Bar, und hatte einen Grappa bestellt. Alle, die zu Ugos Bar gehörten, mochten Giuseppe gern, obwohl er etwas unheimlich aussah, mit seinem bleichen, mageren Gesicht und den schwarzen Rissen darin. Giuseppe hatte keine Falten im Gesicht, sondern Risse. Er sah aus wie einer, der viel mit Eisen arbeitet, vor allem aber sah er aus wie das Innere eines Kamins, wie eine dieser Höhlen, die bleich und verwischt sind und in deren Spalten und Mauerfugen sich der Ruß absetzt. Giuseppe kannte viele von diesen geheimen Gängen in Venedigs Häusern.

»Seit wann trinkst du denn Schnaps?« hatte Ugo ihn gefragt.

»Kenn ich ja gar nicht an dir!«

Alle sahen, wie Giuseppe sich schüttelte, nachdem er einen Schluck von dem Grappa getrunken hatte.

»Mein ganzes Abendessen hab' ich heute wieder ausgekotzt«, sagte er.

»Geh zum Doktor!« hatte Fabio gemeint, »wenn du was am Magen hast.« Man kann es Giuseppe Rossi nicht ansehen, ob er krank ist, hatte er überlegt; er sieht so bleich aus wie immer.

»Ich war für heute nachmittag zu den Salesianern in San Alvise be-stellt«, sagte Giuseppe, anstatt Fabios Aufforderung zu beantwor-ten.

»Hat das was mit deinem Unwohlsein zu tun?« fragte Ugo.

»An der Pforte erwartete mich einer, der war so groß wie du«, sagte Giuseppe, zu Ugo gewendet. »Aber er sah ganz anders aus. Er sah aus wie der liebe Gott persönlich.«

»Einen lieben Gott gibt's nicht«, sagte Ugo gekränkt und beinahe wütend. Seine weiße Goliath-Schürze bewegte sich heftig, aber seine Pranken spülten die Gläser so zart wie immer. »Den hat's noch nie gegeben. Und wenn's ihn gibt, dann möchte ich nicht so aussehen wie der.«

»Nachher hab' ich gemerkt, daß er der Prior ist«, erzählte Giuseppe. »Er führte mich ins Refektorium und sagte mir, der Kamin zöge seit ein paar Wochen nicht mehr richtig, der Rauch drücke in den Saal. Als wir im Refektorium standen, kam der Kater herein«, fügte er hinzu.

»Ein Kater?« fragte Fabio, verwundert, weil Giuseppe Rossi eine so alltägliche Sache so betont vorbrachte.

»Ein gelbes Riesenvieh«, antwortete Giuseppe. »Ich kann diese gelbe Sorte Katzen nicht leiden.«

»Weil sie keine Weiber haben, die Schwarzen, haben sie Katzen«, sagte Ugo.

»Er strich erst um den Prior herum. Die Salesianer tragen diese glatten schwarzen Kutten. Es sind eigentlich keine Kutten, es sind Soutanen.« Nachdenklich sagte er: »Die Salesianer sind sehr gelehrte Patres. Der Prior sah aus wie ein sehr gelehrter Herr.«

»Ich denke, er sah aus wie der liebe Gott, den es gar nicht gibt?« warf Ugo spöttisch dazwischen.

»Ja, wie der liebe Gott und wie ein sehr gelehrter Herr. Er sah nicht aus wie...«, Fabio bemerkte, daß Giuseppe einen Moment zögerte, »...wie Petrus.«

»Aha«, sagte Ugo, »und davon ist dir also schlecht geworden?«

»Aber nein«, sagte Giuseppe. »Kannst du nicht warten?« Er war mit seinen Gedanken so sehr bei seiner Geschichte, daß er die Verachtung in Ugos Stimme überhaupt nicht bemerkte. »Der Kater«, berichtete er, »strich einmal mit seinem ekelhaften Gelb um die Soutane des Priors herum und dann stellte er sich vor den Kamin und schrie mit seiner widerwärtigen Stimme den Kamin an. Natürlich habe ich zu diesem Zeitpunkt gar nicht darauf geachtet, es fiel mir erst nachher auf. Ich sah mir den Kamin an, es war kein richtiger, ganz offener Kamin mehr, sondern sie hatten einen dieser eisernen Ventilationskästen eingebaut und ihn nach oben dicht gemacht, bis auf eine Klappe über dem Feuerrost, der Kamin mußte also ziehen. Ich fragte den Prior, wie lange sie den Kasten schon drin hätten, und er sagte ›Drei Jahre‹, und da sagte ich, dann wären wahrscheinlich nur die Rohre und die Öffnung, die durch die Mauer nach außen führe, hinter dem Kasten, verschmutzt. Er sagte, das habe er sich auch gedacht. Ich fragte ihn, was hinter der

Mauer sei, und er antwortete ›Der Rione‹, und die Öffnung sei mindestens drei Meter über dem Wasser in der Wand, man käme von außen nicht dran. Ich sagte, wenn das so sei, dann müsse ich den ganzen Kasten herausnehmen. Ich solle nur das machen, was ich für richtig halte, sagte er, aber ich solle mich beeilen, sie könnten kaum noch essen im Refektorium vor Qualm. Und während der ganzen Zeit, in der wir uns unterhielten, schrie das gelbe Vieh von Zeit zu Zeit vor dem Kamin herum. Wenn nicht dieser vornehme Pater Prior dabeigewesen wäre, hätte ich ihm einen Tritt gegeben.«
Alle, die gerade in Ugos Bar waren, hörten jetzt Giuseppe zu. Der Ofensetzer trank den Grappa aus und schüttelte sich wieder. Ohne ein Wort zu sagen, schob Ugo ihm ein Glas Rotwein hin.
»Ich untersuchte den Kasten. Bei solchen Kästen sollte nur die Basis mit dem Feuerrost einzementiert sein und der Kasten soll darauf gesetzt und gut eingepaßt werden, so daß man ihn jederzeit abnehmen kann. Aber die meisten machen es falsch und schmieren auch um die untere Fuge des Kastens Zement. Stümper!« Er schwieg einen Augenblick erbittert, ehe er fortfuhr: »Ich fing also an, den Zementkranz unten wegzuschlagen. Der Prior war hinausgegangen, aber ein paar Mönche waren hereingekommen und sahen mir bei der Arbeit zu, weshalb ich den Kater nicht hinausjagen konnte, der sich ein paarmal wie ein Verrückter benahm und den glatten Eisenkasten hinauf wollte. Er war so groß wie ein Hund...«
»...und so fett wie ein Schwein«, unterbrach ihn Ugo. »Er war sicher so fett wie alle diese fetten, kastrierten Kloster-Kater.«
»Nein«, sagte Giuseppe, »er war überhaupt nicht fett. Er war auch bestimmt nicht kastriert. Alles an ihm war Muskeln und er war so groß wie ein mittlerer Hund, und auf einmal bekam ich Angst vor ihm. Ich mußte ihn auf einmal ansehen und als ich sein Gesicht sah und seine Muskeln, da sah ich, daß ich ihn nicht hätte verjagen können. In diesem Augenblick bemerkte ich, daß wieder der Pater Prior neben mir stand, obwohl ich nur seine Füße sehen konnte, denn ich kniete unter dem Kamin-Balken, und ich hörte, wie er sagte: ›Was hat das Tier nur?‹ ›Vielleicht wittert es Mäuse‹, hörte ich einen von den Mönchen sagen. Ich mußte grinsen, da unten, in meinem Kamin, und ich wollte schon etwas sagen, aber der Prior nahm es mir ab. ›Unsinn‹, sagte er, ›wenn eine Katze Mäuse wit-

tert, verhält sie sich ganz still.‹ Ich dachte, das ist nicht nur ein gelehrter Herr, sondern ein Mann, der wirklich etwas weiß. Man kann sehr gelehrt sein und doch nicht wissen, wie eine Katze sich benimmt, wenn sie ein Mäuseloch findet.«

»Mach weiter!« sagte Ugo. »Wir wissen schon, daß er der liebe Gott persönlich war.«

»Ich hatte den Zementkranz bald losgeschlagen und richtete mich auf, um den Kasten heraus zu heben, aber das war gar nicht so einfach, er war schwer und das Eisen war eingerostet, und ich brauchte eine ganze Weile, bis ich ihn richtig gelockert hatte. Während der ganzen Zeit stand dieses gelbe Vieh neben mir, ich sage, es stand, es saß nicht wie eine normale Katze, die auf etwas wartet, sondern es stand auf gestreckten Beinen, und ich sah, daß es die Krallen herausgestreckt hatte. Ich bat einen der Mönche, mir zu helfen, den Kasten wegzurücken, und während wir ihn anfaßten und begannen, ihn zur Seite zu schieben, mußte ich nun doch dem Kater einen Tritt geben, weil er nicht von meinen Füßen wegging. Er flog ein paar Meter in den Saal hinein, richtete sich fauchend wieder auf und sah mich an, als wolle er sich auf mich stürzen.« Giuseppe Rossi unterbrach sich. »Ich glaube, ich sollte doch nicht weitererzählen«, sagte er. »Es ist zu unappetitlich.«

»Wir sind hier alle sehr zart besaitet«, sagte Ugo und blickte auf die Männer, die vor dem Bar-Tisch standen. »Und vor allem haben wir es sehr gern, wenn einer mitten in einer Geschichte aufhört.«

»Nun bring' schon die Leiche hinter deinem Kamin heraus!« sagte Fabio. »Wir sind darauf gefaßt.«

»Keine Leiche«, sagte Giuseppe. »Wir hatten also gerade den Kasten weggerückt, der Mönch und ich, da sah ich schon, daß die Luftöffnung nach draußen ganz verstopft war. Der Kamin konnte nicht mehr ziehen, so verstopft war sie. Mit Stroh und allerhand Dreck. Und ich merkte, daß sich etwas darin bewegte. Zuerst konnte ich nichts erkennen, weil der Luftschacht ganz dunkel war von all dem Zeug, das sich darin befand, aber dann sah ich etwas Spitzes, Helles, was sich bewegte. Eine Rattenschnauze.«

Er griff nach dem Weinglas, aber er trank nicht daraus, sondern setzte es nach einer Weile wieder auf die Zinkplatte des Tisches.

»Ich zog mich ein wenig zurück«, fuhr er fort, »und war gerade dabei, dem Prior zu sagen, was ich bemerkt hatte, als der Kater auch schon heran war. Er schoß wie eine Kugel auf die jetzt freigelegte hintere Wand des Kamins zu, und ich dachte, er wäre mit einem Satz im Luftschacht drin, aber statt dessen bremste er ganz plötzlich ab und duckte sich unter dem Loch auf den Boden, er lag mit dem Bauch auf dem Boden, hatte seine Vorderpfoten ausgestreckt und den Kopf nach oben gerichtet, während sein Schwanz ganz gerade von ihm abstand. Er war völlig unbeweglich, und ich glaube, die Mönche und der Prior und ich, wir alle waren genau so erstarrt, denn im Eingang des Schachts war eine Ratte erschienen... eine Ratte, sage ich...«

Der Ofensetzer starrte auf die Wand hinter Ugo, und Fabio hätte sich nicht gewundert, wenn in seinen Pupillen das Doppelbildnis der Ratte, die er gesehen hatte, erschienen wäre.

»In meinem Beruf hat man häufig mit Ratten zu tun«, sagte Giuseppe. »In meinem Beruf und in einer Stadt wie der unseren. Aber ihr dürft mir glauben, wenn ich sage, daß ich so ein Trumm von einer Ratte noch nie gesehen habe. Sie stand da oben, im Eingang ihres Lochs, und sie füllte das Loch völlig aus. Wie sie jemals hinter dem Ofen herausgekommen ist, – denn sie muß ja nachts herausgekommen sein –, ist mir völlig schleierhaft. Na, jedenfalls sie stand da oben, ihr Fell war nicht grau, sondern weiß, ein schmutziges, scheußliches Weiß, und der gelbe Kater stand unter ihr und stieß ein Knurren aus. Aber während ich nicht den Kopf wegdrehen konnte, sagte der Pater Prior zu einem der Mönche ›Pater Bruno, holen Sie eine Schaufel!‹ Und er fügte hinzu ›Schließen Sie die Türe, wenn Sie hinausgehen und wenn Sie wieder hereinkommen!‹ Ich muß schon sagen, der Mann hatte die Ruhe weg.«

»Dann ging alles sehr schnell, und ich kann euch sagen, die schwarzen Soutanen der Mönche tanzten nur so an den weißen Wänden des Refektoriums entlang, als die Ratte herunter kam. Ich bin auch gesprungen, und nur der Pater Prior ist ganz ruhig stehen geblieben und sah sich die Sache an. Die Ratte machte zuerst einen Fluchtversuch, aber der Kater hatte natürlich ganz schnell seine Krallen in ihrem Rücken, und da entschloß sie sich und griff ihn an. Sie hatte einfach keine andere Wahl. Jetzt, wo sie im Saal war, konnte man sehen, wie groß sie war. Sie war natürlich nicht so groß wie der

Kater, aber für eine Ratte war sie enorm groß. Sie war ein Ungeheuer, sie war ein schmutziges weißes Ungeheuer, fett und rasend, und der Kater war ein Ungetüm, ein gelbes, widerwärtiges, muskulöses Ungetüm. Habt ihr schon einmal gesehen, wie eine Ratte eine Katze angreift?«

Niemand gab ihm eine Antwort. Ugo hatte mit seinem ewigen Gläserspülen aufgehört und alle sahen angeekelt auf das bleiche Gesicht des Ofensetzers.

»Sie kommen von unten«, sagte er. »Diese da drehte sich um und wühlte sich mit ein paar Bewegungen unter den Kater und verbiß sich in seinen Hals. Der Kater raste wie ein Irrsinniger ein paarmal durch den Saal, aber er bekam die Ratte nicht von seinem Hals weg, und zuerst schoß das Blut aus seinem Hals wie eine kleine Fontäne hoch, aber dann sickerte es nur noch, und er konnte nichts anderes tun als die Kopfhaut und die Rückenhaut der Ratte mit seinen Krallen und seinen Zähnen aufreißen. Das Katzenblut und das Rattenblut versauten den ganzen Saal. Ein paar von den Mönchen schrien geradezu vor Entsetzen.«

»Mach's kurz!« sagte einer von Ugos Gästen, und ein anderer: »So genau wollten wir's nicht wissen.«

»Ich hab' euch ja gewarnt«, erwiderte Giuseppe. »Ich bin auch schon fertig. Nur von dem Prior muß ich noch etwas erzählen. Als wir es beinahe nicht mehr ausgehalten hätten, hörten wir Schritte auf dem Gang, und der Pater Bruno kam mit der Schaufel herein. Er blieb erschrocken stehen, als er sah, was vorging, aber der Pater Prior war mit ein paar Schritten bei ihm und nahm ihm die Schaufel aus der Hand. Ich hatte gedacht, er wolle die Schaufel, um die Ratte damit tot zu schlagen, aber er tat etwas ganz anderes. Er schob die Schaufel unter die beiden Tiere, die jetzt in der Mitte des Saales miteinander kämpften, sie kämpften nun schon langsamer, ineinander vergraben, die Schaufel war zu klein, um die beiden verrückten Riesenviecher zu fassen, aber sie ließen nicht voneinander ab, und so hingen sie rechts und links von der Schaufel herunter, das eine ekelhaft gelb und das andere dreckig weiß und beide von Blut überströmt, und der Prior schrie uns plötzlich an ›Steht doch nicht herum! Öffnet ein Fenster!‹ und ich riß eines der großen Fenster im Refektorium auf und der Prior trug die Schaufel zum Fenster und kippte die Tiere hinaus. Wir hörten das Klatschen, mit dem sie unten auf das Wasser des Kanals aufschlugen. Keiner schaute hinaus, nur der Prior, und dann drehte er sich wieder zu uns um, gab dem Pater Bruno die Schaufel zurück und sagte ›Waschen Sie das Blut ab!‹ und zu den anderen sagte er ›Holt Eimer und Besen, damit wir das Refektorium schnell wieder sauber kriegen!‹ und zu mir sagte er ›Glauben Sie, daß Sie den Kamin heute abend in Ordnung haben?‹ und ich sagte ›ja‹ und fing gleich mit der Arbeit an, aber eine Weile später mußte ich hinaus auf die Toilette, weil es mir hochkam.«

»Salute«, sagte Ugo, »ich gebe eine Runde Grappa aus. Wer will keinen?« Niemand sagte nein, und Ugo stellte die Gläser auf den Tisch.

»Das ist ein Mann, der Prior«, sagte Giuseppe, »er ist nicht nur gelehrt, er weiß auch wirklich etwas, und nicht nur das: er tut auch etwas. Er war der einzige von uns, der sich die Sache ansah und im voraus wußte, was zu tun war, und etwas tat.«

»Kurz und gut – ein Mann wie der liebe Gott. Du brauchst es nicht noch einmal zu betonen«, sagte Ugo.

»Ihr werdet es komisch finden«, sagte Giuseppe Rossi, der Ofensetzer, »als er so ruhig im Saal stand, mit gekreuzten Armen, während die Viecher herumtobten und wir von einer Ecke in die andere sprangen, da dachte ich einen Moment lang: das ist kein Mensch.«

Spät in der Nacht ging Fabio mit Giuseppe nach Hause. Rossi wohnte in der Nähe von San Samuele, so daß sie ein Stück weit den gleichen Weg hatten. Als sie sich verabschiedeten, vor der Türe seiner Werkstatt, sagte der Ofensetzer unvermittelt: »Er ist aber doch ein Mensch.«

»Du meinst den Prior?« fragte Fabio. Ohne eine Antwort abzuwarten, fügte er hinzu: »Sicherlich ist er ein Mensch.«

»Er äußerte etwas Seltsames«, sagte Giuseppe. »Als ich ging, gab er mir die Hand und fragte ›Geht's Ihnen wieder besser?‹ und als ich nickte, sagte er bedauernd ›Diese unvernünftigen Tiere!‹ Und dann fragte er mich ›Finden Sie nicht, daß Gott den Tieren etwas mehr Vernunft hätte verleihen können?‹«

Fabio stieß einen Laut der Verwunderung aus.

»Nicht wahr, das ist doch eine merkwürdige Frage?« sagte Giuseppe.

»Für einen Mönch ist sie ungewöhnlich«, stimmte Fabio zu.

»Und dabei sieht er aus wie ein wirklich frommer Mann«, sagte Giuseppe. »Ich wußte nicht, was ich ihm antworten sollte, und er hat auch, glaube ich, keine Antwort erwartet. Aber ich frage mich jetzt, Fabio, ob man fromm sein kann, richtig fromm, und doch nicht alles für richtig zu halten braucht, was Gott tut.«

Die Nacht war, wie die Nächte in Venedig sind: still. Still, aber nicht tot. Fabio hörte das Wasser des Canalazzo an den Landesteg klatschen.

»Ich weiß es nicht«, antwortete er.

Es wird etwas geschehen

Eine handlungsstarke Geschichte

Zu den merkwürdigsten Abschnitten meines Lebens gehört wohl
der, den ich als Angestellter in Alfred Wunsiedels Fabrik zubrachte.
Von Natur bin ich mehr dem Nachdenken und dem Nichtstun
zugeneigt als der Arbeit, doch hin und wieder zwingen mich anhal-
tende finanzielle Schwierigkeiten – denn Nachdenken bringt so wenig ein wie Nichtstun –, eine sogenannte Stelle anzunehmen. Wieder einmal auf einem solchen Tiefpunkt angekommen, vertraute
ich mich der Arbeitsvermittlung an und wurde mit sieben anderen
Leidensgenossen in Wunsiedels Fabrik geschickt, wo wir einer Eig-
nungsprüfung unterzogen werden sollten.
Schon der Anblick der Fabrik machte mich mißtrauisch: die Fabrik
war ganz aus Glasziegeln gebaut, und meine Abneigung gegen helle
Gebäude und helle Räume ist so stark wie meine Abneigung gegen
die Arbeit. Noch mißtrauischer wurde ich, als uns in der hellen,
fröhlich ausgemalten Kantine gleich ein Frühstück serviert wurde:
hübsche Kellnerinnen brachten uns Eier, Kaffee und Toaste, in ge-
schmackvollen Karaffen stand Orangensaft; Goldfische drückten
ihre blasierten Gesichter gegen die Wände hellgrüner Aquarien. Die
Kellnerinnen waren so fröhlich, daß sie vor Fröhlichkeit fast zu
platzen schienen. Nur starke Willensanstrengung – so schien mir –
hielt sie davon zurück, dauernd zu trällern. Sie waren mit ungesun-
genen Liedern so angefüllt wie Hühner mit ungelegten Eiern. Ich
ahnte gleich, was meine Leidensgenossen nicht zu ahnen schienen:
daß auch dieses Frühstück zur Prüfung gehöre; und so kaute ich
hingebungsvoll, mit dem vollen Bewußtsein eines Menschen, der
genau weiß, daß er seinem Körper wertvolle Stoffe zuführt. Ich tat
etwas, wozu mich normalerweise keine Macht dieser Welt bringen
würde: ich trank auf den nüchternen Magen Orangensaft, ließ den
Kaffee und ein Ei stehen, den größten Teil des Toastes liegen, stand

auf und marschierte handlungsschwanger in der Kantine auf und ab.

So wurde ich als erster in den Prüfungsraum geführt, wo auf reizenden Tischen die Fragebogen bereitlagen. Die Wände waren in einem Grün getönt, das Einrichtungsfanatikern das Wort »entzükkend« auf die Lippen gezaubert hätte. Niemand war zu sehen, und doch war ich so sicher, beobachtet zu werden, daß ich mich benahm, wie ein Handlungsschwangerer sich benimmt, wenn er sich unbeobachtet glaubt: ungeduldig riß ich meinen Füllfederhalter aus der Tasche, schraubte ihn auf, setzte mich an den nächsten Tisch und zog den Fragebogen an mich heran, wie Choleriker Wirtshausrechnungen zu sich hinziehen.

Erste Frage: Halten Sie es für richtig, daß der Mensch nur zwei Arme, zwei Beine, Augen und Ohren hat?

Hier erntete ich zum ersten Male die Früchte meiner Nachdenklichkeit und schrieb ohne Zögern hin: »Selbst vier Arme, Beine, Ohren würden meinem Tatendrang nicht genügen. Die Ausstattung des Menschen ist kümmerlich.«

Zweite Frage: Wieviel Telefone können Sie gleichzeitig bedienen?

Auch hier war die Antwort so leicht wie die Lösung einer Gleichung ersten Grades. »Wenn es nur sieben Telefone sind«, schrieb ich, »werde ich ungeduldig, erst bei neun fühle ich mich vollkommen ausgelastet.«

Dritte Frage: Was machen Sie nach Feierabend?

Meine Antwort: »Ich kenne das Wort Feierabend nicht mehr – an meinem fünfzehnten Geburtstag strich ich es aus meinem Vokabular, denn am Anfang war die Tat.«

Ich bekam die Stelle. Tatsächlich fühlte ich mich sogar mit den neun Telefonen nicht ganz ausgelastet. Ich rief in die Muscheln der Hörer: »Handeln Sie sofort!« oder: »Tun Sie etwas! – Es muß etwas geschehen – Es wird etwas geschehen – Es ist etwas geschehen – Es sollte etwas geschehen.« Doch meistens – denn das schien mir der Atmosphäre gemäß – bediente ich mich des Imperativs.

Interessant waren die Mittagspausen, wo wir in der Kantine, von lautloser Fröhlichkeit umgeben, vitaminreiche Speisen aßen. Es wimmelte in Wunsiedels Fabrik von Leuten, die verrückt darauf waren, ihren Lebenslauf zu erzählen, wie eben handlungsstarke

Persönlichkeiten es gern tun. Ihr Lebenslauf ist ihnen wichtiger als ihr Leben, man braucht nur auf einen Knopf zu drücken, und schon erbrechen sie ihn in Ehren.

Wunsiedels Stellvertreter war ein Mann mit Namen Broschek, der seinerseits einen gewissen Ruhm erworben hatte, weil er als Student sieben Kinder und eine gelähmte Frau durch Nachtarbeit ernährt, zugleich vier Handelsvertretungen erfolgreich ausgeübt und dennoch innerhalb von zwei Jahren zwei Staatsprüfungen mit Auszeichnung bestanden hatte. Als ihn Reporter gefragt hatten: »Wann schlafen Sie denn, Broschek?«, hatte er geantwortet: »Schlafen ist Sünde!«

Wunsiedels Sekretärin hatte einen gelähmten Mann und vier Kinder durch Stricken ernährt, hatte gleichzeitig in Psychologie und Heimatkunde promoviert, Schäferhunde gezüchtet und war als Barsängerin unter dem Namen *Vamp 7* berühmt geworden.

Wunsiedel selbst war einer von den Leuten, die morgens, kaum erwacht, schon entschlossen sind, zu handeln. »Ich muß handeln«, denken sie, während sie energisch den Gürtel des Bademantels zuschnüren. »Ich muß handeln«, denken sie, während sie sich rasieren, und sie blicken triumphierend auf die Barthaare, die sie mit dem Seifenschaum von ihrem Rasierapparat abspülen: Diese Reste der Behaarung sind die ersten Opfer ihres Tatendranges. Auch die intimeren Verrichtungen lösen Befriedigung bei diesen Leuten aus: Wasser rauscht, Papier wird verbraucht. Es ist etwas geschehen. Brot wird gegessen, dem Ei wird der Kopf abgeschlagen.

Die belangloseste Tätigkeit sah bei Wunsiedel wie eine Handlung aus: wie er den Hut aufsetzte, wie er – bebend vor Energie – den Mantel zuknöpfte, der Kuß, den er seiner Frau gab, alles war Tat.

Wenn er sein Büro betrat, rief er seiner Sekretärin als Gruß zu: »Es muß etwas geschehen!« Und diese rief frohen Mutes: »Es wird etwas geschehen!« Wunsiedel ging dann von Abteilung zu Abteilung, rief sein fröhliches: »Es muß etwas geschehen!« Alle antworteten: »Es wird etwas geschehen!« Und auch ich rief ihm, wenn er mein Zimmer betrat, strahlend zu: »Es wird etwas geschehen!«

Innerhalb der ersten Woche steigerte ich die Zahl der bedienten

Telefone auf elf, innerhalb der zweiten Woche auf dreizehn, und es machte mir Spaß, morgens in der Straßenbahn neue Imperative zu erfinden oder das Verbum *geschehen* durch die verschiedenen Tempora, durch die verschiedenen Genera, durch Konjunktiv und Indikativ zu hetzen; zwei Tage lang sagte ich nur den einen Satz, weil ich ihn so schön fand: »Es hätte etwas geschehen müssen«, zwei weitere Tage lang einen anderen: »Das hätte nicht geschehen dürfen.«

So fing ich an, mich tatsächlich ausgelastet zu fühlen, als wirklich etwas geschah. An einem Dienstagmorgen – ich hatte mich noch gar nicht richtig zurechtgesetzt – stürzte Wunsiedel in mein Zimmer und rief sein »Es muß etwas geschehen!« Doch etwas Unerklärliches auf seinem Gesicht ließ mich zögern, fröhlich und munter, wie es vorgeschrieben war, zu antworten: »Es wird etwas geschehen!« Ich zögerte wohl zu lange, denn Wunsiedel, der sonst selten schrie, brüllte mich an: »Antworten Sie! Antworten Sie, wie es vorgeschrieben ist!« Und ich antwortete leise und widerstrebend wie ein Kind, das man zu sagen zwingt: ich bin ein böses Kind. Nur mit großer Anstrengung brachte ich den Satz heraus: »Es wird etwas geschehen«, und kaum hatte ich ihn ausgesprochen, da geschah tatsächlich etwas: Wunsiedel stürzte zu Boden, rollte im Stürzen auf die Seite und lag quer vor der offenen Tür. Ich wußte gleich, was sich mir bestätigte, als ich langsam um meinen Tisch herum auf den Liegenden zuging: daß er tot war.

Kopfschüttelnd stieg ich über Wunsiedel hinweg, ging langsam durch den Flur zu Broscheks Zimmer und trat dort ohne anzuklopfen ein. Broschek saß an seinem Schreibtisch, hatte in jeder Hand einen Telefonhörer, im Mund einen Kugelschreiber, mit dem er Notizen auf einen Block schrieb, während er mit den bloßen Füßen eine Strickmaschine bediente, die unter dem Schreibtisch stand. Auf diese Weise trägt er dazu bei, die Bekleidung seiner Familie zu vervollständigen. »Es ist etwas geschehen«, sagte ich leise. Broschek spuckte den Kugelstift aus, legte die beiden Hörer hin, löste zögernd seine Zehen von der Strickmaschine.

»Was ist denn geschehen?« fragte er.

»Herr Wunsiedel ist tot«, sagte ich.

»Nein«, sagte Broschek.

»Doch«, sagte ich, »kommen Sie!«

»Nein«, sagte Broschek, »das ist unmöglich«, aber er schlüpfte in seine Pantoffeln und folgte mir über den Flur.

»Nein«, sagte er, als wir an Wunsiedels Leiche standen, »nein, nein!« Ich widersprach ihm nicht. Vorsichtig drehte ich Wunsiedel auf den Rücken, drückte ihm die Augen zu und betrachtete ihn nachdenklich.

Ich empfand fast Zärtlichkeit für ihn, und zum ersten Male wurde mir klar, daß ich ihn nie gehaßt hatte. Auf seinem Gesicht war etwas, wie es auf den Gesichtern der Kinder ist, die sich hartnäckig weigern, ihren Glauben an den Weihnachtsmann aufzugeben, obwohl die Argumente der Spielkameraden so überzeugend klingen.

»Nein«, sagte Broschek, »nein.«

»Es muß etwas geschehen«, sagte ich leise zu Broschek.

»Ja«, sagte Broschek, »es muß etwas geschehen.«

Es geschah etwas: Wunsiedel wurde beerdigt, und ich wurde ausersehen, einen Kranz künstlicher Rosen hinter seinem Sarg herzutragen, denn ich bin nicht nur mit einem Hang zur Nachdenklichkeit und zum Nichtstun ausgestattet, sondern auch mit einer Gestalt und einem Gesicht, die sich vorzüglich für schwarze Anzüge eignen. Offenbar habe ich – mit dem Kranz künstlicher Rosen in der Hand hinter Wunsiedels Sarg hergehend – großartig ausgesehen. Ich erhielt das Angebot eines eleganten Beerdigungsinstituts, dort als berufsmäßiger Trauernder einzutreten. »Sie sind der geborene Trauernde«, sagte der Leiter des Instituts, »die Garderobe bekommen Sie gestellt. Ihr Gesicht – einfach großartig!«

Ich kündigte Broschek mit der Begründung, daß ich mich dort nicht richtig ausgelastet fühle, daß Teile meiner Fähigkeiten trotz der dreizehn Telefone brachlägen. Gleich nach meinem ersten berufsmäßigen Trauergang wußte ich: Hierhin gehörst du, das ist der Platz, der für dich bestimmt ist.

Nachdenklich stehe ich hinter dem Sarg in der Trauerkapelle, mit einem schlichten Blumenstrauß in der Hand, während Händels *Largo* gespielt wird, ein Musikstück, das viel zu wenig geachtet ist. Das Friedhofscafé ist mein Stammlokal, dort verbringe ich die Zeit zwischen meinen beruflichen Auftritten, doch manchmal gehe ich auch hinter Särgen her, zu denen ich nicht beordert bin, kaufe aus meiner Tasche einen Blumenstrauß und geselle mich zu dem Wohlfahrtsbeamten, der hinter dem Sarg eines Heimatlosen hergeht. Hin und wieder auch besuche ich Wunsiedels Grab, denn schließlich verdanke ich es ihm, daß ich meinen eigentlichen Beruf entdeckte, einen Beruf, bei dem Nachdenklichkeit geradezu erwünscht und Nichtstun meine Pflicht ist.

Spät erst fiel mir ein, daß ich mich nie für den Artikel interessiert habe, der in Wunsiedels Fabrik hergestellt wurde. Es wird wohl Seife gewesen sein.

Erlebnis wie bei Dostojewski

Sie stammte aus reicher Familie, hatte in eine ebenso reiche hinein-
geheiratet, lebte nun mit Mann und Kindern eine halbe Autostunde
außerhalb der Stadt, in einem zweigeschossigen Landhaus am See,
lebte in dem generationenlang vererbten Rhythmus wahrer Wohl-
habenheit dahin. Bildete Geist und Gemüt durch die tägliche Lek-
türe großer Autoren, derzeit der Russen vornehmlich, und ihren
Körper durch mehrerlei Sport, wie ihn auszuüben der weitläufige
Park hinterm Haus und der See davor genügend Raum boten; wid-
mete sich mit Liebe der Erziehung ihrer Kinder, war ihres Mannes
zärtlichste Freundin und treuste Beraterin, reg und agil; und war sie
auch, von Natur und Umwelt, verwöhnt, so ließ sie doch nie jene
stolze, des Maßes eingedenke Bescheidenheit vermissen, die den
reichen Menschen von dem bloßen Geldbesitzer, mag dessen
Konto vielleicht auch größer sein, ganz augenfällig unterscheidet.
So nahm sie, wenn sie einmal die Woche, dies und jenes für ihren
persönlichen Bedarf zu besorgen, in die Stadt fuhr, selten den Wagen, wiewohl ein eigener ihr zur Verfügung stand, auf Wunsch sogar mit Chauffeur, sondern sie setzte sich meist in den Zug, der,
vielmals am Tage, eingleisig zwischen dem Ort, wo sie wohnten,
und der Stadt hin- und herpendelte, Arbeiter, Beamte und höhere
Schüler befördernd sowie jene, die, sei's um Ämter oder Geschäfte,
sei's das Theater, ein Konzert oder bloß ein Tanzlokal aufzusuchen,
vom Lande in die Stadt sich verfügten. Da, in dem Zuge, belegte sie
freilich, wie es ihr zustand, die Polsterklasse.
So war sie auch diesmal mit dem Zug gefahren. Hatte vormittags
im Stadtbüro Visite gemacht, ihres Mannes Direktiven überbracht,
Einsicht genommen in die jüngste Korrespondenz, hatte bei Spitzer
gespeist mit den beiden Herren, die angestellt waren, ihres Mannes
weitverzweigte Geschäfte wahrzunehmen. Verabschiedete sich,
bummelte quer durch die Innenstadt, versuchte vergeblich, ihre
Freundin aus gemeinsamer Internatszeit anzurufen, eine (dem Ur-

teil der Fachwelt folgend: mit Recht) sehr berühmte Sängerin an der Oper. Trat sodann ein bei ihrem Schneider mit dem Auftrag, ihr einen Wintermantel anzumessen, befühlte Tuche, knitterte sie zwischen den Fingern, ließ sich den und jenen Ballen ans Tageslicht heben, welches jetzt schon nur mehr sehr matt, wie hundertfach von der trägen, gesättigten Herbstluft gefiltert, durch die Scheiben der Auslage in das von Neonröhren zwielichtig erhellte Gelaß fiel. Besah sich, weiterbummelnd, mitgeschwemmt von den Flaneuren des späten Nachmittags, die Schaufenster in den Gassen zwischen Dom und Börse, bis es Zeit war zum Friseur; und als sie eine Stunde später, nach beendeter Prozedur, den Salon verließ, spürte sie die naßkalte Herbstluft vom Genick und den Schläfen her ihr unters gelichtete Haar kriechen. Erstand, ein paar Häuserblocks weiter, in einem der großen Geschäfte, wo Arbeiterfrauen elektrische Eisenbahnen und filmgetreue Indianerkostüme kaufen für ihre Brut, ein Flohspiel für die Kinder, rief später noch einmal und wieder vergeblich die Sängerin an, und landete schließlich, wie so oft auf diesen recht eigentlich ziellosen Gängen, bei dem alten Antiquar, einem feinnervigen Geschäftsmann mit Liebhabermanieren, der ihr Boudoir möbliert und auch sonst manch teure Kleinigkeit ihr ins Haus geliefert hatte; und dort entdeckte sie, bei kaum nötiger sanfter Nachhilfe des Antiquars, der ihren Geschmack ja zur Genüge kannte, eine japanische Teegarnitur von sehr feiner und zweifellos alter Machart, die ihrem Mann, der in Japan geboren und fast zwei Jahrzehnte lang, das von seiner Familie im Ostasienhandel erworbene Vermögen klug verwaltend und vermehrend, dort tätig gewesen war und jetzt, in Europa, als einer der vorzüglichsten Kenner jenes Weltteils galt, so daß nicht nur seiner Küche und seines Kellers wegen Minister, Bankiers und Gesandte gern bei ihm zu Mittag aßen, Konsuln und Industrielle zum Tee erschienen, Militärattachés ihn zu einem morgendlichen Rundflug übers Gebiet abholten, – sie entdeckte also diese Teegarnitur, die ihrem Manne, zumal er durch Kriegswirren vieler persönlicher Erinnerungsstücke aus seiner japanischen Zeit verlustig gegangen war, herzlichst willkommen sein mußte; indessen, dies wägend, schwankte sie noch, des keineswegs alltäglichen Preises wegen. Achthundert Mark: das war viel Geld für jemanden, der mit Geld umzugehen gewohnt war.

Und sie entschloß sich endlich wider den Kauf und sagte, sie würde sich's überlegen.

Sie trat hinaus auf die Straße, wo der Spätherbstabend feucht, als sei ein Nieselregen klebrig in der Luft hängengeblieben, zwischen die stumpf brütenden Häuser sich niedersenkte; ein kompakter Trauerflor schwebte von dem tiefen Himmel herab, ballte sich vor den zag erhellten Fenstern, wickelte sich um die Straßenlaternen. Der jähe Gegensatz von mannigfacher Formenhaftigkeit, eng gestauter bunter Vielfalt drinnen bei dem Antiquar und im Nebel sich auflösender grober Massen, verschwimmender Konturen hier heraußen auf der Straße, dieser Gegensatz ließ sie fröstelnd erschauern; ungewollt, die Schultern hoch an die Kinnladen hebend, verhielt sie den Schritt, stand still. Als habe sie sich, weil sie das Teeservice nicht doch erstanden hatte, selber in ein dürftigeres Milieu hinabversetzt, so kam es ihr vor. Und fühlte sich plötzlich elend, maßlos elend, und schalt sich kleinlich, knickerig, lieblos; und machte in ihren Gedanken schon kehrt, um wieder einzutreten bei dem Antiquar. Indes, wie festgeklebt stand sie, denn nun ihm schon ihre Sinnesänderung mitzuteilen, erschien ihr allzu peinlich; lieber würde sie ihm in einigen Tagen schreiben, ihm telephonieren, oder, am einfachsten, warten bis zu ihrem nächsten Besuch in der Stadt, in einer Woche. (»Also, ich habe mir's überlegt, ich nehm's...«) Aber das Elend, so recht ein Nichts, das mittlerweile ihren Leib höhlte, in ihrem ganzen Wesen sich als eine Leere breitgemacht hatte, so daß sie vermeinte, alles in ihr stürzte nach innen, in sich zusammen, dieses Elendsloch ließ sich schon nicht mehr füllen mit Argumenten, mit Überlegungen, mit gedanklich planender Wiedergutmachung; und jetzt schon mehr als unschlüssig: tief ratlos, so stand sie, das mumifizierte Unbehagen, vor dem Portal des Ladens, das der Besitzer hinter ihr, eine letzte gemessene Verbeugung in die folgende Kehrtwendung hinüberziehend und ins versteifte Rückgrat zurücknehmend, wieder hatte ins Schloß gezogen, wobei der kleine Knackslaut des schnappenden Schlosses abrupt das leisweihnachtlich gefärbte Klingelspiel, welches beim Schließen wie beim Öffnen der Türe als wie aus einer Spieldose ertönte, ihr aus dem Gehör getilgt hatte. Festgebannt stand sie da, von ihrer Seele her gelähmt und unfähig, ihre Schritte nun, am offenbaren Ende ihres Stadtbesuchs, zum Bahnhof zu lenken, nach Hause zu fahren: als müsse sie sich schämen und müsse befürchten, daß man zu Hause ihre Beschämung entdecken, ihr blamables Verhalten ihr aus den Augen würde lesen können gleichwie aus der Schlagzeile einer Abendzeitung. Aber noch einmal einzutreten in den Laden: auch dazu fehlte ihr jede Kraft. So stand sie willenlos, ganz und gar erfüllt – als sei dies eine unaufhebbare Schwerkraft – von dem Gefühl, daß, was auch immer sie nun täte, unrichtig sein würde, peinlich und beschämend für sie, unwürdig ihrer, wie auch immer sie's drehen mochte.

In diesem Augenblick hörte sie neben sich, so nahe, als spräch' es in ihrem Ohr, eine wispernde Stimme, ein Hauchen fast nur: »Bitte, würden Sie mir etwas Geld geben – nur für ein bißchen Brot?!« Sie wandte, in erlöster Leichtigkeit, den Kopf, und blickte in ein junges Frauenantlitz, schmal gerahmt von einem dunkelblauen Kopftuch, und sie merkte, daß es regnete, daß es minutenlang schon geregnet haben mußte: einige Locken unter dem Kopftuch des Mädchens waren hervorgequollen und hingen wie angeklebt in die weiße Stirne herein, und diese Locken glänzten schwarz vor Nässe, und kleine Wasserperlen saßen auf den Härchen des wollenen Kopftuchs, und andere saßen auf den Brauen des Mädchens, und wieder andere unter den Augen auf den flaumbewachsenen Wangen, so daß es aussah, als seien Tränen darüber hingeronnen. Und sie spürte die Nässe im eigenen Gesicht. Sie blickte das Mädchen an, hatte den von dem Mädchen leise und hastig gesprochenen Satz noch, als wie darin rotierend, im Ohr, und dachte, daß sie seit Mittag nichts gegessen hatte und daß es der Hunger sei, der ein Loch in sie gegraben habe, in das sie zu stürzen gewähnt, der Hunger und weiter nichts! Doch ehe dieser Gedanke, gedacht zwar, doch noch keineswegs auf seine Richtigkeit hin erlebt, zu voller Erlebbarkeit sich hätte erheben, sich hätte auswachsen können, legten sich andre Gedanken darüber, jenen ersten begrabend; sie dachte: ›Das, ja das ist die Chance! Ist die Chance, auf einem Umwege wettzumachen, was sie eben, im Laden des Antiquars, eingebüßt hatte; und zu gleicher Zeit die Chance, nicht sofort, bei noch nicht völlig beseitigter Beschämung, nach Hause fahren zu müssen!‹ Und dachte in einem: ›Und was für ein Erlebnis! Handgreiflich nicht nur vor sich zu haben, sondern selber zu tun, mit hineingeraten, hineingerissen zu sein in etwas, das sie nie noch erlebt, sondern bisher nur gelesen hatte, in ein Erlebnis wie bei Dostojewski.‹ Und drüberhin huschte schattengleich noch der Gedanke, wie begeistert ihre Freundin, die Sängerin, sein würde, wenn sie es ihr erst erzählte! Und sagte zu dem Mädchen: »Ach, wissen Sie was, kommen Sie mit mir zum Essen, ich lade Sie ein, in irgendein nettes Restaurant!« Und sie dachte: ›Nein, nicht zu Spitzer, das ist zu fein, sie könnte sich genieren, vermutlich trägt sie nichts weiter als ein billiges Fähnchen unter diesem Rest von einem Mantel, und auch nicht ins Regina, am besten ins Bahnhofsrestaurant, da ißt man gut und nicht zu teuer, und ohne irgendwie aufzufallen!‹

Das Mädchen hauchte: »Um Gottes willen nein!« Starrte, als habe man ihr den scheußlichsten Antrag gemacht, der fremden Dame ins Gesicht, die anzusprechen sie gewagt hatte, dieser großen schönen Frau mit der Stimme, dem selbstverständlichen Tonfall einer Schwester; welche eben schon ein Taxi herbeidirigiert und das Mädchen mit mildem Druck auf den Oberarm darauf zugelenkt hatte, sie nun hineinbugsierte, dem Chauffeur mit zwei Worten einen Auftrag hinwarf, welchen das Mädchen im Wageninnern nicht verstehen konnte, sich nun neben sie in den Fond des Wagens setzte und sagte: »Sie sollen sich überhaupt nicht genieren, Sie sind eben heute abend mein Gast!« Und als das Mädchen, weniger aus seinem Munde denn viel mehr aus seinem ganzen schmal gekrümmten Körper heraus, zu einem Widerspruch anzusetzen schien: »Wirklich, Sie brauchen sich nicht zu entschuldigen, Sie brauchen mir nichts zu erklären, so kann es schon gehen im Leben, nur sein Sie jetzt nett und tun Sie mir den Gefallen, mit mir zu Abend zu essen!« Und sie fühlte sich versucht, ihren Arm um die vogelknochig eckigen Schultern des Mädchens zu legen; dachte dann aber, daß eine solche Geste, selbst wenn sie ihr in aller unvoreingenommenen Herzlichkeit gelinge, das Mädchen eher noch tiefer verschüchtern als es aus seiner Verschüchterung befreien könnte, und ließ es; dachte weiter, daß es unbezahlbar schade wäre, wenn sie mit irgendeinem ungeduldigen Leichtsinn, dem bestgemeinten sogar, diesen seltenen, köstlichen Fang, den ein glücklicher Zufall ihr gradewegs in die Arme trieb, vorzeitig verscheuchte; empfand aber allsogleich einen solchen Gang der Gedanken als ein Streunen in verbotenen Bezirken und sagte, auch um sich selber wieder auf den rechten Weg zu bringen: »Wir wollen ganz gemütlich zu Abend essen, wir beide, ja?«

Das Mädchen gewahrte, daß der Chauffeur den Weg zum Bahnhof nahm, welchen sie von Hause weg schon seit etlichen Minuten, mit einem schamtiefen Zögern vor jeder Frau, die anzusprechen sie sich kühn genug fühlte (um es dann doch wieder bleibenzulassen), gehastet war, und sie dachte, daß es um so günstiger sei, je näher sie dem Bahnhof kämen. Und als sie noch, gleichsam mit fiebrigen Fingern in ihrem Gehirnkasten kramend, überlegte, wann und vor allem wie sie es ihr begreiflich machen sollte, da lenkte der Chauffeur bereits, wie ihm aufgetragen war, auf den Bahnhofsplatz zu, kurvte in weitem Schwung herein und heran und bis unter das über den Gehsteig vorspringende Dach vor der Schalterhalle; zwischen den Regenfäden an den Wagenfenstern stierte das Mädchen hinaus wie ein Gefangener zwischen den Gitterstäben. »Fahren Sie vor bis zum Restaurant!« Dort hielt der Chauffeur den Wagen an, sprang heraus, riß den Schlag auf, nahm das geforderte Geld entgegen, ließ, als eine Geste seiner Auftraggeberin ihm bedeutete, es stimme so, seine Börse mit dem Wechselgeld flugs in der Tasche seiner Windjacke verschwinden. Das Mädchen dachte, daß jetzt der Moment sei, es ihr zu sagen. Indessen spürte sie schon eine leise Berührung unwiderstehlich an ihrem Arm, ihre Gastgeberin hatte sich untergehakt und geleitete sie schon die Treppen hoch zu dem Restaurant, hinein und hinüber zu einem der wenigen freien Tische vor den großen Fenstern, die den Blick freigaben hinunter auf die Bahnsteige und die Geleise dazwischen, wo einige Züge abfahrbereit standen. »Jetzt wollen wir uns aber einen gemütlichen Abend machen, nicht wahr?« Das Mädchen, welches bisher noch nichts gesprochen hatte, sagte noch immer nichts, legte weder Kopftuch noch Mantel ab, starrte hinab auf die Bahnsteige, unter deren flachen, nach innen leicht abgeschrägten Dächern mit der Regenrinne in der Mitte einige Koffer und auf engstem Raume trippelnde Beine von wartenden Reisenden, des Blickwinkels wegen aber keine Gesichter zu sehen waren. »Legen Sie doch ab, Fräulein –!« Das Mädchen dachte: ›O nein o nein o nein!‹ Griff zugleich unters Kinn, wo sie das Kopftuch verknotet hatte, löste und hob es vom Haar, hängte es über die Lehne des Stuhls. Dachte: ›O wenn sie nur nicht so hundsgemein freundlich wäre – wie soll ich es ihr da nur sagen können?!‹ Sie fühlte sich außerstande, ihre Gönnerin zu enttäuschen, vor ihr nun alles aufzudecken als wie den Inhalt eines Beutels voll von Diebesgut; legte, zumal die fremde Dame ihr dabei behilflich war, nun auch den regenfeuchten Mantel ab, ließ sich ergeben in den zurechtgerückten Sessel drücken. »Am besten, wir trinken zuvor einen Cognac, das wärmt uns auf.« Und als das Mädchen noch immer schwieg: »Sie mögen doch einen Cognac?«

»Nein«, begann das Mädchen zögernd, gesenkten Blickes, leise und voll von Ekel bei dem Gedanken ans Trinken; sagte aber dann, mit dem Gedanken, daß der Cognac ihr den Mut machen würde, den sie nun brauchte, um ihren in der Freundlichkeit der fremden Dame festgefahrenen Karren doch noch flottzumachen und zu wenden, den Mut, den sie nun brauchte wie nie zuvor im Leben: »Aber – bitte, wenn Sie meinen, gnädige Frau?«

»Sehn Sie!« sagte die also Befragte, befriedigt von ihrem ersten Einbruchserfolg in das schweigsame, gleichsam zugemauerte Wesen ihr gegenüber; und bestellte bei dem Kellner, der eben zwei Karten an den Tisch brachte, die Cognacs. »Einen französischen, bitte!« Und wandte sich wieder an das Mädchen: »Aber sagen Sie nicht wieder ›gnädige Frau‹ zu mir; nennen Sie mich einfach bei meinem Namen!« Und nannte diesen. Und dachte: ›Was für ein hübsches Mädel! Kein dummes, kein übles Gesicht! Weiß der Himmel, wie sie unter die Räder gekommen ist?! Vielleicht jemand krank zu Hause, oder sie selber! Sympathisch, nur maßlos verschüchtert! Bettelt wahrscheinlich zum ersten Mal – und ich, ich kann es vielleicht so wenden, daß dieses erste Mal auch das letzte Mal ist. Müßte nur wissen, was wirklich los ist mit ihr! Aber wird mir schon ihre Geschichte erzählen, sicher, ganz sicher wird sie das tun!‹

Der Kellner brachte die Cognacs. »Schon gewählt, die Damen?« »In zwei Minuten!« Der Kellner zog sich zurück. Sie hob ihr Glas, lächelte dem Mädchen ermunternd zu. Das Mädchen tappte nach dem Glas, hob es an den Mund, nippte, nippte ein zweites Mal, kippte das Glas sodann mit einer heftig-eckigen Geste hintüber. Atmete mit sich abzeichnender Beengung des Schlundes tief ein und aus, stemmte ihren Kopf aus dem Nacken wieder zurück, verhielt die Bewegung plötzlich in dem Blick auf die Uhr an der Wand, nur weiße Wand eigentlich mit zwölf schwarzen Strichen und achtundvierzig schwarzen Punkten dazwischen und zwei darüber kreisenden schwarzen Zeigern, und dachte: ›Es sind jetzt keine zehn Minuten mehr Zeit, aber immer noch Zeit genug, durch den ganzen Zug zu laufen, in jedes Abteil zu blicken!‹ Und dachte: ›Wenn ich es jetzt nicht sage, dann ist es zu spät!‹ Und sagte: »Ich möchte – ich möchte Ihnen etwas erzählen –«, und verlor, zum zweiten Mal von ihrer eigenen Kühnheit überwältigt, ihre mühsam kontrollierte Sprache allsogleich in ein derart konfuses, verquältem Weinen nahes Stottern, daß die andre sie sanft unterbrach und sagte: »Wir wollen zuerst einmal in aller Ruhe essen, ja? Nach einem guten Essen spricht sich's viel leichter, ganz bestimmt! Wählen Sie nur! Wählen Sie, was Sie nur mögen!« Sie schob ihr die aufgeschlagene Karte vor das gesenkte Gesicht. »Mögen Sie Kalbschnitzel mit gemischtem Salat?« Das Mädchen nickte kaum merklich, mit der stupiden, gar nicht begreifenden Ergebenheit eines, dem sein Todesurteil vorgelesen wird. »Oder lieber gefüllte Paprika mit Reis? . . . Und das, das wär' auch was Feines: Ragout mit Pommes frites!« Und als das Mädchen weiter, wie aufgezogen, nickte, bestellte sie bei dem herangewinkten Kellner zwei Portionen Ragout mit Pommes frites und dazu eine kleine Karaffe Wein, und für das Mädchen noch einen Cognac zuvor. Sie hätte dem Mädchen gern etwas Ermunterndes gesagt, aber die Worte, die ihr in den Sinn kamen, fühlten sich abgeschmackt an, sowie sie sie formulierend auf die Zunge legte; so schwieg auch sie. Draußen vor dem Fenster qualmten die Lokomotiven breiig träg in den nebligen Abend, einzelne Lichter, grüne, rote, blaue und weiße Lichter schwammen in der feuchten Dunkelheit draußen. Der Kellner brachte den Cognac, das Mädchen rührte ihn nicht an. Ringsum an den Tischen nahmen immer mehr Menschen Platz, Reisende zumeist, die einen Nachtzug gewählt hatten und vorher hier ihre Abendmahlzeit verzehrten, aber auch Leute aus der Stadt, die bloß des Essens wegen hierhergekommen waren. Züge wurden ausgerufen, widerwillig artikuliertes Räuspern eines Bahnbeamten in der Fahrdienstleitung, Arbeiterzüge in die nähere

Umgebung. Und dann der D-Zug »mit Kurswagen nach Le Havre«. Das Mädchen hörte die Ansage krachen und knistern, starrte, als könne ihr Blick die Zeit zum Stillstand bringen, auf die weiße Wand mit den schwarzen Strichen und Punkten und Zeigern vor ihr, wußte, daß dies die letzte Chance war, und schwieg, als habe eine übergroße Schuld ihr den Mund vernäht; noch nicht wissend, aber mit einer alles Wissen übersteigenden Sicherheit ahnend, daß nicht die Bitte selber, vor noch nicht einer halben Stunde an die fremde Frau gerichtet, all ihre Energien aufgezehrt hatte, sondern daß die kleine Unwahrhaftigkeit dieser Bitte das Gefäß ihres Willens, das ihr vor kaum einer halben Stunde noch unausschöpflich erschienen war, ganz und gar leergetrunken hatte. Der Kellner brachte die Speisen, schenkte Wein in die Gläser. »So«, sagte ihre Gastgeberin, »und nun denken Sie an gar nichts anderes als an das Essen!« Das Mädchen nahm ungeschickt, wie mit steifgefrorenen Fingern, aus denen alles Blut gewichen ist, das Besteck in die Hände, setzte es an, ließ kraftlos die kaum gehobenen Arme wieder sinken; und dachte, indes die andere Hälfte ihrer Gedanken einem einzigen, ach so nahen und ach so unerreichbaren Ziele zustrebte, daß sie hier nun gefangensaß, gefangen in einer Falle, deren Gehäuse aus ihrer unwahrhaftigen Bitte gebildet war, und deren hinter ihr zugeschnapptes Türchen in der übermäßigen Erfüllung dieser Bitte bestand! Man darf sie nicht drängen, man muß sie ganz langsam zu sich kommen lassen, dachte die andre indes und begann, so unauffällig wie möglich, zu essen. Ließ selber plötzlich Messer und Gabel sinken, als sie sah, wie des Mädchens Blick, aus wie im Krampfe versteinertem Gesicht, mit todhafter Starre über sie hinwegzielte, so daß sie, wie einer hinter ihrem Rücken lautgewordenen Gefahr gehorchend, sich umdrehte, dort aber war nur die weiße Wand mit der schwarzen Uhr darauf. Unten, von den Geleisen her, schnitt ein Pfiff durch die Stille, die leise raunend über dem ganzen Bahnhof lag, dann schnaubte eine Lokomotive hoch, paffte heftig und kurzatmig, fand alsbald ihren Rhythmus wie das sich zu dröhnendem Mahlen steigernde Anrollen der Räder. Das Mädchen verharrte reglos, zum Platzen gespannt. Nein, dachte ihre Gastgeberin, sie ist derart verschüchtert, daß es am besten ist, man läßt sie allein! Fingerte eine Visitenkarte aus ihrer Tasche, legte drei gefaltete Geldscheine dazu, schob das kleine Päckchen dem Mädchen unter den Tellerrand und sagte, all die ihr zur Verfügung stehende Herzlichkeit in ihre Stimme zusammenraffend: »Ich sehe grad, es ist schon sehr spät für mich.« Und die Hand zurückziehend wie nach ertapptem Diebstahl: »Wirklich, ich möchte Sie nicht – kränken! Ich möchte Ihnen nur helfen – soweit ich das kann. Bitte schreiben Sie mir, ich habe einflußreiche Freunde, ich bin ganz sicher, daß wir etwas finden werden für Sie!« Und sich erhebend: »Tun Sie mir nur den Gefallen und zahlen Sie das alles, und über den Rest kein Wort mehr, ja?« Nun erst sah das Mädchen die Visitenkarte und die drei Zehnmarkscheine, nestelte mit zitternden Fingern daran herum, hob den Kopf, und dann auf einmal platzte es heraus aus wutüberkrustetem Gesicht, eine Stichflamme von Enttäuschung und Verzweiflung: »Jetzt jetzt jetzt!« Fegte Geld und Visistenkarte über den Tisch, sprang hoch, riß den Mantel vom Haken und stürzte hinaus, an dem dezent erstaunten Kellner und an den näheren Tischen vorbei, wo die Leute ihre Hälse reckten und renkten und hinter dem Mädchen herstarrten und sodann herüberblickten, wo die also heftig Verlassene dem Kellner rasch zahlte, und jemand am Nebentisch sagte, sagte es so laut, daß sie es hören mußte: »Na klar, die hat was wollen von dem Mädel!« Sie raffte ihre Sachen zusammen und schritt, gesenkten Hauptes, davon, überlegend noch, ob sie nicht das Kopftuch, welches das Mädchen auf dem Stuhl hatte liegen lassen, an sich hätte nehmen sollen, als eine gegenständliche Erinnerung an dieses unbewältigte Abenteuer. Und eben, als sie schroff diesen grad erst ihr eingeschossenen Gedanken verwarf, tauchte der Kellner neben ihr auf und reichte ihr das Kopftuch. Sie nahm es, nur um ohne weitere Komplikationen davonzukommen, wortlos an sich. Und strebte ihrem Bahnsteige zu, wo, wie sie wußte, sehr bald der nächste Pendelzug abfahren mußte; und sank, nachdem sie das Licht im Coupé gelöscht, in die Polster, dieweil das Mächen draußen über den Bahnhofsplatz stürmte, fort und zurück den Weg, den sie im Taxi hergekommen war, im betäubten Kopfe nichts mehr als ihn, den zu sehen, noch einmal, zum letztenmal zu sehen sie unterwegs gewesen war und der nun abgereist war, ohne daß sie ihn noch hätte sehen, ihm noch hätte sagen können, daß es nicht ihre Schuld allein gewesen, bei

Gott im Himmel nicht ihre Schuld allein! Auch diesen letzten Brief noch hatte ihr Vater unterschlagen, weil er ihn nicht ausstehn konnte, diesen »fremdländischen Laffen«, diese »Übersee-Visage«, oder einfach, weil er die Tochter, die ihm das Geld zum Versaufen ins Haus brachte, nicht hergeben wollte; und als ein Zufall, der heute schneller als sonst ihn in röchelnden Schlaf kippende Rausch des Vaters, ihr das Schreiben mit der Mitteilung seiner endgültigen Abreise dann doch noch in die bebenden Hände spielte, da war es zu spät, oder eben doch noch nicht ganz zu spät, wenn sie nur das Geld gehabt hätte, die fünfundzwanzig Pfennig für die Straßenbahn und die zehn Pfennig für die Bahnsteigkarte, doch diese fünfunddreißig Pfennig hatte sie nicht gehabt, ihr Vater, selbst wenn es ihr gelungen wäre, ihn wachzurütteln, hätte sie eher mit seinen leergesoffenen Flaschen zu Tode geprügelt, als daß er ihr, für welchen Zweck auch immer, Geld gegeben hätte, und niemand war in der Nähe, wo sie das Geld hätte borgen können. So war sie losgehastet zu Fuß, hatte dann die fremde schöne Frau angesprochen, und damit war alles verloren gewesen. Hatte sich nicht mehr befreien können aus dem Zugriff der Zange, deren eine Backe ihre unwahrhaftige Bitte, und deren andere Backe die übermäßige Erfüllung dieser Bitte war, hatte sich nicht mehr daraus befreien können, um die Wahrheit, diese simple, kleine, ach wie verständliche Wahrheit, zu gestehen: daß sie ihn ihn ihn noch sehen mußte, ihn sehen schon nicht mehr, um ihn zu halten, sondern einfach, um ihm zu sagen, wie das alles nun so gekommen war zwischen ihnen, ihm all das zu sagen, ehe er fortfuhr, fort so weit, wie sie nicht einmal denken konnte, und niemals wieder zurück – ja, ihm sagen, wie das alles nun so gekommen war zwischen ihnen, und wirklich schon nicht mehr, um ihn zu halten, zur Umkehr zu bewegen, sondern allein, um dies alles ihn wissen zu lassen und unter diesem Wissen den Zank und Harm und Groll zu begraben, der sie fortan tiefer trennen würde als das tiefste Meer zwischen ihnen, sofern es ihr nicht gelänge, ihn doch noch zu sehen, ihm alles zu sagen, ein gutes Wort ihm zu geben und ein gutes Wort von ihm zu empfangen: damit, wenn hier wirklich alles zu Ende ging, es nicht anders ende, als es hätte dauern sollen! Sie hatte sie angesprochen, die fremde schöne Frau, mit der Bitte um Geld für ein bißchen Brot, weil Brot ihr das einzige Ding auf der

Welt zu sein schien, das den Menschen ein begreifbarer Wert ist und dessen Mangel die Menschen so greifbar spüren, daß sie bereit und fähig sind, darob sich zu empören, und deshalb vielleicht auch, zu helfen; und war nun alles viel besser und deshalb viel schlimmer gekommen! Einfach hängengeblieben war sie, hatte sich nicht mehr losmachen können von dieser mißbrauchten Hilfsbereitschaft, an die sie aus einer nicht in ein Wort wie »Brot« faßbaren Hilflosigkeit appelliert hatte, hängengeblieben war sie, eingeklemmt zwischen ihrer eigenen winzigen Lüge und der übergroßen Güte jener fremden schönen großen reichen Frau,

welche nun schon in dem rumpelnden Zuge saß und dachte, daß es eben doch nur der Hunger gewesen sei, der sie langsam ausgehöhlt, der sie elend gemacht, der sie anfällig gemacht hatte für Abenteuer, die ihrer Natur nach nicht zu bewältigen waren; und daß es nur deshalb dazu hatte kommen können, weil sie im Laden des Antiquars nicht sogleich getan, was sie morgen nun würde nachholen müssen, telephonisch. (»Ja also, ich habe mir's überlegt, habe die Sache zuerst einmal überschlafen. Nun, ich nehm' es...«) Trotz allem, sie fühlte sich nicht glücklich bei dem Gedanken an das Teeservice, und je verbissener sie an diesem Gedanken festhielt, desto schmerzlicher fühlte sie sich betrogen um die eigentliche Beute ihres Fischzugs im Ungewissen. Vertane Zeit, vertanes Geld, vertane Mühe, sinnlos und nutzlos vergeudete Liebesmüh', und am Ende dazu die Blamage! Nie, so weit sie auch zurückdachte, war ihr etwas so völlig mißglückt, ohne daß sie eine Ursache dafür in der Sache oder eine Schuld bei sich selber gefunden hätte! Herz und Hirn überfüllt von der Frage, was denn eigentlich geschehen war und warum sie dieses Abenteuer nicht hatte bewältigen können, da sie an Zeit, an Geld, an Mühe wahrhaftig doch nicht gespart, an nichts ihr Möglichem es hatte mangeln lassen: so verirrte sie sich aus Irritation in Ärger, aus Zweifel in Gleichgültigkeit, aus Scham in den Wunsch, zu vergessen. Dem neuen Erlebnis des schuldlosen Scheiterns sah sie sich hilflos ausgeliefert, sie wußte nichts anzufangen damit, sie wollte es los sein. Und so auch das Kopftuch des Mädchens. So, als sei nichts, aber auch schon gar nichts gewesen, so sollte nichts, und auch nicht das Kopftuch, sie an etwas erinnern! Sie fingerte aus ihrer Tasche das Kopftuch hervor, um es ihr gegenüber in das Gepäcknetz zu legen. Und da, als ihre Fingerspitzen in den rauhen wollenen Stoff griffen, in dessen schäbigem Gewebe noch ein Rest von Feuchtigkeit saß, da spürte sie in dieser Berührung mit diesem kleinen erbärmlichen Stückchen Wirklichkeit, das ihr geblieben war, wieder die ganze unzerstörte Wirklichkeit der abendlichen Begegnung, dieser Begegnung mit dem schmalen blassen Mädchen im Nieselregen vor dem Portal des Antiquars; spürte mit der unbezweifelbaren Gewißheit ihrer alle Gedanken übertreffenden Sinne, daß sie da nicht bloß irgendeinem armen und elenden Geschöpf aus der ihr unbekannten Welthälfte begegnet war, sondern dem unbegreiflichen Geschick des Menschen selber, welches ihn, tiefer als irgendeine Armut und irgendein Elend, beklagenswert macht, da ja nicht einmal die Güte, selbst wenn ihr alle Mittel der materiellen Welt zur Verfügung stehen, immer und unbedingt imstande ist, zu helfen, zu heilen, zu retten; spürte weiter, daß sich Erlebnisse wie dieses, in das sie da hineingerissen worden war, nicht einfach ablegen ließen im Vergessen wie ein fremdes Kopftuch im Gepäcknetz; spürte endlich, je inniger ihre Finger vertraut wurden mit dem Gegenstand ihrer Berührung, desto reiner die Trauer aus dieser Berührung strömen, wie als die Lösung all dessen, was in Wahrheit da geschehen war, die Trauer aller wirklichen Erfahrung, von der sie gemeint hatte, daß man sie nur mit den Fingerspitzen der Seele macht: die Trauer, in der sie nun hinabsank bis auf den Urgrund des Lebens, wo eben diese Trauer, wenn sie ihren Schacht nun wirklich in die Tiefe bohrt, im Aufprall umschlägt in den unbegreiflichen Mut, dank dem der Mensch nach oben zurückkehrt und lebt. Sie hatte helfen wollen, und ihr war geholfen worden, doch wie! Und als der Zug an dem Ort, wo sie wohnte, hielt, da weinte sie ungehemmt in das rauhe wollene Kopftuch des Mädchens hinein, weinte und wußte, daß man's zu Hause ihr anmerken würde, aber sie weinte leise und schließlich lautlos weiter, auf dem Heimweg, zu Hause, im Bett und hinein in den Schlaf, hinüber in einen neuen Tag, in ein neues Leben, in dem sie sich wiederfand mit leeren Händen und um so reicher.

Die Linkshänder

Erich beobachtet mich. Auch ich lasse kein Auge von ihm. Beide halten wir Waffen in der Hand, und beschlossen ist, daß wir diese Waffen gebrauchen, einander verletzen werden. Unsere Waffen sind geladen. In langen Übungen erprobte, gleich nach den Übungen sorgfältig gereinigte Pistolen halten wir vor uns, das kühle Metall langsam erwärmend. Auf die Länge nimmt sich solch ein Schießeisen harmlos aus. Kann man nicht einen Füllfederhalter, einen gewichtigen Schlüssel so halten und einer schreckhaften Tante mit dem gespreizten schwarzen Lederhandschuh einen Schrei abkaufen? Nie darf in mir der Gedanke reifen, Erichs Waffe könnte blind, harmlos, ein Spielzeug sein. Auch weiß ich, daß Erich keine Sekunde an der Ernsthaftigkeit meines Werkzeuges zweifelt. Zudem haben wir, etwa vor einer halben Stunde, die Pistolen auseinandergenommen, gereinigt, wieder zusammengesetzt, geladen und entsichert. Wir sind keine Träumer. Zum Ort unserer unvermeidlichen Aktion haben wir Erichs Wochenendhäuschen bestimmt. Da das einstöckige Gebäude mehr als eine Wegstunde von der nächsten Bahnstation, also recht einsam liegt, dürfen wir annehmen, daß jedes unerwünschte Ohr, in des Wortes wahrer Bedeutung, weitab vom Schuß sein wird. Das Wohnzimmer haben wir ausgeräumt und die Bilder, zumeist Jagdszenen und Wildbretstilleben, von den Wänden genommen. Die Schüsse sollen ja nicht den Stühlen, warmglänzenden Kommoden und reichgerahmten Gemälden gelten. Auch wollen wir nicht den Spiegel treffen oder ein Porzellan verletzen. Nur auf uns haben wir es abgesehen.

Wir sind beide Linkshänder. Wir kennen uns vom Verein her. Sie wissen, daß die Linkshänder dieser Stadt, wie alle, die ein verwandtes Gebrechen drückt, einen Verein gegründet haben. Wir treffen uns regelmäßig und versuchen unseren anderen, leider so ungeschickten Griff zu schulen. Eine Zeitlang gab uns ein gutwilliger

Rechtshänder Unterricht. Leider kommt er jetzt nicht mehr. Die Herren im Vorstand kritisierten seine Lehrmethode und befanden, die Mitglieder des Vereins sollten aus eigener Kraft umlernen. So verbinden wir nun gemeinsam und zwanglos eigens für uns erfundene Gesellschaftsspiele mit Geschicklichkeitsproben wie: Rechts einfädeln, eingießen, aufmachen und zuknöpfen. In unseren Statuten heißt es: Wir wollen nicht ruhen, bis daß rechts wie links ist.

Wie schön und kraftvoll dieser Satz auch sein mag, ist er doch lauterster Unsinn. So werden wir es nie schaffen. Und der extreme Flügel unserer Verbindung verlangt schon lange, daß diese Sentenz gestrichen wird und statt dessen geschrieben steht: Wir wollen auf unsere linke Hand stolz sein und uns nicht unseres angeborenen Griffes schämen.

Auch diese Parole stimmt sicher nicht, und nur ihr Pathos, wie auch eine gewisse Großzügigkeit des Gefühls, ließ uns diese Worte wählen. Erich und ich, die wir beide dem extremen Flügel zugezählt werden, wissen zu gut, wie tief verwurzelt unsere Scham ist. Elternhaus, Schule, später die Zeit beim Militär haben nicht dazu beigetragen, uns eine Haltung zu lehren, die diese geringfügige Absonderlichkeit – geringfügig im Vergleich mit anderen, weitverbreiteten Abnormitäten – mit Anstand ertrüge. Das begann mit dem kindlichen Händchengeben. Diese Tanten, Onkels, Freundinnen mütterlicherseits, Kollegen väterlicherseits, dieses nicht zu übersehende, den Horizont einer Kindheit verdunkelnde, schreckliche Familienfoto. Und allen mußte die Hand gegeben werden: »Nein, nicht das unartige Händchen, das brave. Wirst du wohl das richtige Händchen geben, das gute Händchen, das kluge, geschickte, das einzig wahre, das rechte Händchen!«

Sechzehn Jahre war ich alt und faßte zum erstenmal ein Mädchen an: »Ach, du bist ja Linkshänder!« sagte sie enttäuscht und zog mir die Hand aus der Bluse. Solche Erinnerungen bleiben, und wenn wir dennoch diesen Spruch – Erich und ich verfaßten ihn – in unser Buch schreiben wollen, so soll damit nur die Benennung eines sicher nie zu erreichenden Ideals versucht werden.

Nun hat Erich die Lippen aufeinandergepreßt und die Augen schmal gemacht. Ich tue das gleiche. Unsere Backenmuskeln spielen, die Stirnhaut spannt sich, schmal werden unsere Nasenrücken.

Erich gleicht jetzt einem Filmschauspieler, dessen Züge mir aus vielen abenteuerlichen Szenen vertraut sind. Darf ich annehmen, daß auch mir diese fatale Ähnlichkeit mit einem dieser zweideutigen Leinwandhelden anhaftet? Wir mögen grimmig aussehen, und ich bin froh, daß uns niemand beobachtet. Würde er, der unerwünschte Augenzeuge, nicht annehmen, zwei junge Männer allzu romantischer Natur wollen sich duellieren? Sie haben die gleiche Räuberbraut, oder der eine hat wohl dem anderen Übles nachgesagt. Eine seit Generationen währende Familienfehde, ein Ehrenhandel, ein blutiges Spiel auf Gedeih und Verderb. So blicken sich nur Feinde an. Seht diese schmalen, farblosen Lippen, diese unversöhnlichen Nasenrücken. Wie sie den Haß kauen, diese Todessüchtigen.

Wir sind Freunde. Wenn unsere Berufe auch noch so verschieden sind – Erich ist Abteilungsleiter in einem Warenhaus, ich habe den gutbezahlten Beruf des Feinmechanikers gewählt – können wir doch so viel gemeinsame Interessen aufzählen, als nötig sind, einer Freundschaft Dauer zu verleihen. Erich gehört dem Verein länger an als ich. Gut erinnere ich mich des Tages, da ich, schüchtern und viel zu feierlich gekleidet, im Stammlokal der Einseitigen eintrat, Erich mir entgegenkam, dem Unsicheren die Garderobe wies, mich klug, doch ohne lästige Neugierde betrachtete und dann mit seiner Stimme sagte: »Sie wollen sicher zu uns. Seien Sie ganz ohne Scheu; wir sind hier, um uns zu helfen.«

Ich sagte soeben »die Einseitigen«. So nennen wir uns offiziell. Doch auch diese Namengebung scheint mir, wie ein Großteil der Statuten, mißlungen. Der Name spricht nicht deutlich genug aus, was uns verbinden und eigentlich auch stärken sollte. Gewiß wären wir besser genannt, würden wir kurz, die Linken, oder klangvoller, die linken Brüder heißen. Sie werden erraten, warum wir verzichten mußten, uns unter diesen Titeln eintragen zu lassen. Nichts wäre unzutreffender und dazu beleidigender, als uns mit jenen, sicher bedauernswerten Menschen zu vergleichen, denen die Natur die einzig menschenwürdige Möglichkeit vorenthielt, der Liebe Genüge zu tun. Ganz im Gegenteil sind wir eine buntgewürfelte Gesellschaft, und ich darf sagen, daß unsere Damen es an Schönheit, Charme und gutem Benehmen mit manch einer Rechtshänderin aufnehmen, ja, würde man sorgältiger vergleichen, ergäbe sich ein Sittenbild, das manchen um das Seelenheil seiner Gemeinde besorgten Pfarrer von der Kanzel ausrufen ließe: »Ach, wäret Ihr doch alle Linkshänder!«

Dieser fatale Vereinsname. Selbst unser erster Vorsitzender, ein etwas zu patriarchalisch denkender und leider auch lenkender höherer Beamter der Stadtverwaltung, Katasteramt, muß dann und wann einräumen, daß wir nicht gutheißen, daß es am Links fehlen würde, daß wir weder die Einseitigen sind, noch einseitig denken, fühlen und handeln.

Gewiß sprachen auch politische Bedenken mit, als wir die besseren Vorschläge verwarfen und uns so nannten, wie wir eigentlich nie hätten heißen dürfen. Nachdem die Mitglieder des Parlamentes von der Mitte aus nach der einen oder anderen Seite tendieren und die Stühle ihres Hauses so gestellt sind, daß allein schon die Stuhlordnung die politische Situation unseres Vaterlandes verrät, ist es zur Sitte geworden, einem Schreiben, einer Rede, in der das Wörtchen links mehr als einmal vorkommt, eine gefährliche Radikalität anzudichten. Nun, hier mag man ruhig sein. Wenn ein Verein unserer Stadt ohne politische Ambitionen auskommt und nur der gegenseitigen Hilfe, der Geselligkeit lebt, dann ist es der unsrige. Um nun noch jedem Verdacht erotischer Abwegigkeit hier und für alle Zeit die Spitze abzubrechen, sei kurz erwähnt, daß ich unter den Mädchen unserer Jugendgruppe meine Verlobte gefunden habe. Sobald für uns eine Wohnung frei wird, wollen wir heiraten. Wenn eines Tages der Schatten schwinden wird, den jene erste Begegnung mit dem weiblichen Geschlecht auf mein Gemüt warf, werde ich diese Wohltat Monika verdanken können.

Unsere Liebe hat nicht nur mit den allbekannten und in vielen Büchern beschriebenen Problemen fertig werden müssen, auch unser manuelles Leiden mußte verwunden und fast verklärt werden, damit es zu unserem kleinen Glück kommen konnte. Nachdem wir in der ersten, begreiflichen Verwirrung versucht hatten, rechtshändig einander gut zu sein, und bemerken mußten, wie unempfindlich diese unsere taube Seite ist, streicheln wir nur noch geschickt, das heißt, wie uns der Herr geschaffen hat. Ich verrate nicht zuviel und hoffe auch, nicht indiskret zu sein, wenn ich hier andeute, daß es immer wieder Monikas liebe Hand ist, die mir die Kraft gibt, auszuharren und das Versprechen zu halten. Gleich nach dem ersten, gemeinsamen Kinobesuch habe ich ihr versichern müssen, daß ich ihr Mädchentum schonen werde, bis daß wir uns die Ringe – hier leider nachgebend und das Ungeschick einer Veranlagung bekräftigend – an die rechten Ringfinger stecken. Dabei wird in südlichen, katholischen Ländern das goldene Zeichen der Ehe links getragen, wie denn auch wohl in jenen sonnigen Zonen mehr das Herz als der unerbittliche Verstand regiert. Vielleicht um hier auf Mädchenart zu revoltieren und zu beweisen, in welch eindeutiger Form die Frauen argumentieren können, wenn ihre Belange gefährdet zu sein scheinen, haben die jüngeren Damen unseres Vereins in emsiger Nachtarbeit unserer grünen Fahne die Inschrift gestickt: Links schlägt das Herz.

Monika und ich haben diesen Augenblick des Ringewechselns nun schon so oft besprochen und sind doch immer wieder zu demselben Ergebnis gekommen: Wir können es uns nicht leisten, vor einer unwissenden, nicht selten böswilligen Welt, als Verlobte zu gelten, wenn wir schon lang ein getrautes Paar sind und alles, das Große und das Kleine, miteinander teilen. Oft weint Monika wegen dieser Ringgeschichte. Wie wir uns auch auf diesen unseren Tag freuen mögen, wird denn wohl doch ein leichter Trauerschimmer auf all den Geschenken, reichgedeckten Tischen und angemessenen Feierlichkeiten liegen.

Nun zeigt Erich wieder sein gutes, normales Gesicht. Auch ich gebe nach, verspüre aber dennoch eine Zeitlang diesen Krampf in der Kiefermuskulatur. Zudem zucken noch immer die Schläfen. Nein, ganz gewiß standen uns diese Grimassen nicht. Unsere Blicke treffen sich ruhiger und deshalb auch mutiger; wir zielen. Jeder meint die gewisse Hand des anderen. Ich bin ganz sicher, daß ich nicht fehlen werde; und auch auf Erich kann ich mich verlassen. Zu lange haben wir geübt, fast jede freie Minute in einer verlassenen Kiesgrube am Stadtrand zugebracht, um heute, da sich so vieles entscheiden soll, nicht zu versagen.

Ihr werdet schreien, das grenzt an Sadismus, nein, das ist Selbstverstümmelung. Glaubt mir, all diese Argumente sind uns bekannt. Nichts, kein Verbrechen haben wir uns nicht vorgeworfen. Wir stehen nicht zum ersten Mal in diesem ausgeräumten Zimmer. Viermal sahen wir uns so bewaffnet, und viermal ließen wir, erschreckt durch unser Vorhaben, die Pistolen sinken. Erst heute haben wir Klarheit. Die letzten Vorkommnisse persönlicher Art und auch im Vereinsleben geben uns recht, wir müssen es tun. Nach langem Zweifel – wir haben den Verein, das Wollen des extremen Flügels in Frage gestellt – greifen wir nun endgültig zu den Waffen. So bedauerlich es ist, wir können nicht mehr mitmachen. Unser Gewissen verlangt, daß wir uns von den Gepflogenheiten der Vereinskameraden distanzieren. Hat sich doch da ein Sektierertum breitgemacht, und die Reihen der Vernünftigsten sind mit Schwärmern, sogar Fanatikern durchsetzt. Die einen himmeln nach rechts, die anderen schwören auf links. Was ich nie glauben wollte, politische Parolen werden von Tisch zu Tisch geschrien, der widerliche Kult des eidbedeutenden, linkshändigen Nägeleinschlagens wird so gepflegt, daß manche Vorstandssitzung einer Orgie gleicht, in der es gilt, durch heftiges und besessenes Hämmern in Ekstase zu geraten. Wenn es auch niemand laut ausspricht und die offensichtlich dem Laster Verfallenen bislang kurzerhand ausgestoßen wurden, es läßt sich nicht leugnen: jene verfehlte und mir ganz unbegreifliche Liebe zwischen Geschlechtsgleichen hat auch bei uns Anhänger gefunden. Und um das Schlimmste zu sagen: Auch mein Verhältnis zu Monika hat gelitten. Zu oft ist sie mit ihrer Freundin, einem labilen und sprunghaften Geschöpf, zusammen. Zu oft wirft sie mir Nachgiebigkeit und mangelnden Mut in jener Ringgeschichte vor, als daß ich glauben könnte, es sei noch dasselbe Vertrauen zwischen uns, es sei noch dieselbe Monika, die ich, nun immer seltener, im Arm halte.

Erich und ich versuchen jetzt gleichmäßig zu atmen. Je mehr wir auch hierin übereinstimmen, um so sicherer werden wir, daß unser Handeln vom guten Gefühl gelenkt wird. Glaubt nicht, es ist das Bibelwort, welches da rät, das Ärgernis auszureißen. Vielmehr ist es der heiße, immerwährende Wunsch, Klarheit zu bekommen, noch mehr Klarheit, zu wissen, wie steht es um mich, ist dieses Schicksal unabänderlich oder haben wir es in der Hand, einzugreifen und unserm Leben eine normale Richtung zu weisen? Keine läppischen Verbote mehr, Bandagen und ähnliche Tricks. Rechtschaffen wollen wir in freier Wahl und durch nichts mehr vom Allgemeinen getrennt neu beginnen und eine glückliche Hand haben.

Jetzt stimmt unser Atem überein. Ohne uns ein Zeichen zu geben, haben wir gleichzeitig geschossen. Erich hat getroffen, und auch ich habe ihn nicht enttäuscht. Jeder hat, wie vorgesehen, die wichtige Sehne so unterbrochen, daß die Pistolen, nicht mehr kraftvoll genug gehalten, zu Boden fielen und damit nun jeder weitere Schuß überflüssig ist. Wir lachen und beginnen unser großes Experiment damit, ungeschickt, weil nur auf die rechte Hand angewiesen, die Notverbände anzulegen.

Ich suchte eine Frau

Bei jedem Schritt zögernd, als müsse ich wie ein junger, noch unge-
übter Seiltänzer ein bißchen Halt ertasten, die Hände schlaff an den
Seiten und nur verhalten atmend, so trat ich in den Saal und ließ
mich vom Strom der anderen Besucher auf die Stuhlreihen zutrei-
ben; so betritt einer die Kirche einer fremden Religion. Jeder Besucher im Saal war für mich ein Eingeweihter, von jedem fühlte ich
mich beobachtet, beargwöhnt sogar, weil ich ein Neuling war bei
diesem Verein; oder war's eine Sekte, eine Partei oder noch Schlim-
meres! Jetzt bereute ich es schon fast, daß ich mich hereingewagt
hatte.

Aber wie anders konnte ich versuchen, die Dame wiederzufinden,
die draußen auf dem Bürgersteig vor mir hergegangen war. Meine
Augen hatten sich in ihrem Nacken verfangen, genau an der Stelle,
wo aus der kleinen Grube zwischen den Sehnen ihre Haare aufstie-
gen zu einer Frisur, die ich nicht beschreiben kann, weil ich es nicht
vermocht hatte, meine Augen von ihrem Haaransatz zu lösen.
Dann war dieser Nacken plötzlich nach links abgebogen.

Ich hatte es eigentlich erst bemerkt, als ich an der Saaltüre, durch die
sie verschwunden war, von einem Saalordner aufgefordert wurde,
meine Garderobe abzugeben. Ich hatte wortlos gehorcht, um so
rasch wie möglich wieder hinter meine Dame zu kommen. Nach-
gerade hätte mich ihr Gesicht interessiert. Aber als ich in den Saal
eingetreten war, sah ich sie nicht mehr. Ich hoffte, sie wiederzufinden, wenn alle Besucher Platz genommen haben würden.

Das dauerte sehr lange.

Es war, als wolle sich keiner zuerst hinsetzen. Alle trippelten durcheinander, schüttelten Hände, wo immer sich Hände boten; viele
schienen miteinander befreundet oder doch so gut bekannt zu sein,
daß sie es wagen durften, sich auf die Schultern zu klopfen. Ich hatte
natürlich nicht die mindeste Lust, mich als erster zu setzen; ich trip-
pelte nicht weniger eifrig, wenn auch viel ängstlicher als die ande-

ren, durch die Stuhlreihen und Seitengänge, hatte ich doch immer noch die Hoffnung, die Dame zu finden, um derentwillen ich mich hier hereingewagt hatte. Sah ich irgendwo eine Frau, spielte ich mich rasch in ihren Rücken, prüfte den Nacken, den Haaransatz und war immer enttäuscht, denn es waren immer andere Nacken, mir ganz fremde Haaransätze. Da sah ich runde Säulenhälse, die jene zarte Grube längst verloren, vielleicht sogar nie besessen hatten! Noch schlimmer waren die dürren Spindelhälse, deren Sehnen messerscharfe Grate bildeten, über die hin geräuschvoll harte Haare raschelten. Nirgends der Hals, nirgends die Nackengrube, die mich hierher gezogen hatten. Und jetzt klingelte es schon. Das Trippeln rundum wurde hastiger, das Händeschütteln verendete, die Grüppchen lösten sich auf, jeder suchte sich eine Stuhlreihe, in der er sich, unter erneuten Verbeugungen nach links und rechts, behutsam setzte.

Ich sah noch einmal über alle hin, strengte meine Augen an, daß sie brannten, dann ließ ich mich auf den ersten besten Stuhl fallen und nahm mir vor, während der Veranstaltung – von deren Verlauf ich noch keine Ahnung hatte – ein bißchen herumzusehen; vor allem aber wollte ich die Pause benützen – wenn es eine solche gab – meine Suche fortzusetzen. Von einer durch alle Stuhlreihen flutenden Bewegung erfaßt, drehte auch ich meinen Kopf zur vorderen Saalhälfte hin und sah, daß dort eine Bühne war und ein Vorhang, der in diesem Augenblick bewegt wurde, sich teilte und einen Herrn entließ.

Der trat bis an den Bühnenrand auf ein Rednerpult zu – – da interessierte mich der Vorgang nicht mehr, ich schweifte ab, konzentrierte meine Augen wieder auf die Stuhlreihen.

Ich hörte reden. Wahrscheinlich war es der Herr, der gerade ans Pult getreten war. Ich suchte nach der Frau. Der Herr redete weiter. Ich aber ließ meine Augen langsam wie Suchscheinwerfer über den Saal gleiten, bewegte dabei den Kopf so gut wie gar nicht, um denen, die um mich her saßen, nicht zu verraten, wie wenig der Redner mich störte.

Manchmal, wenn ich glaubte, jemand habe bemerkt, daß ich nicht zuhörte, erstarrte ich für einige Sekunden völlig und fror vor Angst, man würde mich öffentlich zurechtweisen. Dann nahm ich mir vor, nicht mehr zu suchen, die Pause abzuwarten, fürchtete aber sofort, daß es vielleicht gar keine Pause gebe, daß ich also darauf angewiesen sei, jetzt zu suchen - und ich suchte. Ich weiß nicht, wie lange der Redner sprach, ich weiß nicht, wie viele Redner einander ablösten.

Manchmal brach Beifall aus. Dafür war ich sehr dankbar. Für mich war das doch eine Gelegenheit, rascher umherzuschauen, intensiver zu suchen. Ich klatschte mit, mehr als alle anderen und schaute hitzig nach allen Seiten, tat so, als hielte ich Ausschau nach einem Bekannten, dem ich zunicken wollte, um ihm dadurch gewissermaßen mitzuteilen, wie sehr wir uns freuen durften, solchen Reden lauschen zu können. Obwohl der Beifall oft lange anhielt und ich sogar manchmal aufsprang und kühn im Saale herumblickte, als wolle ich alle zu noch größerem Beifall auffordern, es gelang mir nicht, jene Frau zu entdecken. Aber ich war nun einmal an diesen Nacken gefesselt; und wer je Ähnliches erlebte, weiß, daß ich mich am Ende der Versammlung nicht mit einem billigen Trost abspeisen konnte, der Art vielleicht, daß ich es am besten dem Zufall überlasse, mich noch einmal in die Nähe dieser Frau zu bringen. Und wenn der Zufall nicht will, dachte ich dann... nein, nein, so leicht konnte ich es mir nicht machen! Ich fragte einen Saalordner, wann wieder eine Versammlung sei. Er sagte mir, wenn ich an einer engeren Verbindung interessiert sei, möchte ich ihm meine Anschrift geben, er werde dafür sorgen, daß ich zu allen Veranstaltungen eingeladen werde.

Ich gab ihm meine Anschrift und ein Trinkgeld dazu, das meine Verhältnisse bei weitem überstieg. Ich war so glücklich! Es handelte sich doch offensichtlich um einen richtigen Verein, dessen Veranstaltungen fast immer nur von Mitgliedern besucht wurden. Wahrscheinlich war sie Mitglied. Dann würde es mir auch gelingen, sie wiederzufinden. Ich frohlockte, als ich wenige Tage später die erste Einladung erhielt und – wer beschreibt meine Freude – ein Formular, das ich nur ausfüllen mußte, um Mitglied dieses Vereins zu werden. Die Statuten durchzulesen war mir unmöglich, weil mich der Gedanke, Mitglied eines Vereins zu werden, dem auch sie angehörte, zu sehr erregte. Als ich dann die zweite Versammlung verließ, ohne sie gesehen zu haben, war ich ein bißchen niedergeschlagen, aber ich sagte mir gleich, daß ich dazu eigentlich keinen Grund hatte. Wie hatte ich hoffen können, daß mich der Zufall gerade auf den Stuhl setzen würde, von dem aus ich ihren Nacken entdecken konnte! Ich mußte meine Suche mit System fortsetzen. Das war mir um so leichter möglich, als der Verein ja auf Jahre hinaus ein reichhaltiges Veranstaltungsprogramm garantierte. Zuerst stellte ich einmal im Mitgliederverzeichnis die Zahl der Frauen fest. Und all diesen weiblichen Mitgliedern mußte ich mich jetzt vorstellen lassen. Das schien eine langwierige und große Gewandtheit erfordernde Arbeit zu werden, genügte es doch nicht, daß ich der jeweiligen Dame verschämt meinen Namen entgegenmurmelte; es genügte auch nicht, daß ich ihr so lange wie schicklich und möglich ins Gesicht starrte; ich mußte mich, kaum daß ich ihr ins Gesicht gesehen hatte, in ihren Rücken spielen, um sie auf Haaransatz und Nackengrübchen hin prüfen zu können. Ich war bis dahin ein einsilbiger Mensch gewesen. Diese Aufgabe aber, so vielen Frauen in öffentlicher Gesellschaft in den Nacken zu starren, diesen Anblick sorgfältig und ausgiebig mit dem Bild zu vergleichen, das ich in meiner Erinnerung bewahrte, diese Aufgabe, die ich Abend für Abend unter Wahrung von Sitte und Schicklichkeit zu lösen hatte, machte aus mir einsilbigem Menschen einen geschmeidigen Wortefinder.

Obwohl ich aber in all den zahlreichen Versammlungen in dieser Weise mit meinen eigenen Plänen beschäftigt war, ließ es sich doch nicht verhindern, daß mir gewissermaßen nebenher und ohne meinen Willen die Reden, die hier ununterbrochen gehalten wurden, in die Ohren drangen und sich in meinem Unterbewußten ablagerten und breitmachten. Ohne daß ich je mit wacher Aufmerksamkeit begriffen hätte, welche Ziele mein Verein hatte, hatte ich doch schon nach wenigen Jahren eine ganze Menge Einzelheiten im Kopf; es waren Fetzen aus vielen Reden, wahrscheinlich immer die lautesten Stellen; aber ich konnte, wenn ich gefragt wurde, mit solchen Brocken, die ich wörtlich aus meinem Unterbewußten heraufzuholen vermochte, wie ein gutes, interessiertes Mitglied antworten. Und dann läßt es sich ja gar nicht vermeiden, daß man als halbwegs intelligenter Mensch ganz von selbst Beziehungen herstellt zwischen solchen unwillkürlich aufgefangenen Bruchstükken. Ich darf von mir behaupten, daß ich solche Beziehungen niemals absichtlich herstellte, dazu war ich viel zu sehr mit der Suche nach jener Dame beschäftigt.

Nun wurde allerdings auch diese Suche mit der Zeit zu einer Tätigkeit, die sich von selbst vollzog. Ohne daß ich mich dazu anhalten mußte, ließ ich mich Abend für Abend weiblichen Mitgliedern vorstellen – der Bestand schien unerschöpflich – und ohne daß ich noch genau wußte, was ich tat, spielte ich mich alsbald der jeweiligen Dame in den Rücken. Die Enttäuschung, den gesuchten Haaransatz wieder einmal nicht gefunden zu haben, spürte ich allmählich nicht mehr. Für mich war es bloß noch wichtig, auch diese Dame wieder auf der Liste der weiblichen Mitglieder als geprüft abhaken zu können. Vielleicht ist dem und jenem Mitglied aufgefallen, daß ich mich so danach drängte, allen Damen vorgestellt zu werden, vielleicht belächelte man meine Sucht, die Damen aus nächster Nähe von hinten zu bestarren, aber man ließ mich machen, das genügte mir, das erfüllte mich diesem Verein gegenüber mit wirklicher Dankbarkeit. Und wenn man einmal an mich herantreten wird, mich bitten wird, auch einmal eine Rede, ein Referat zu halten, so werde ich – obwohl ich eigentlich uninteressiert bin – diesem Wunsche nachkommen.

Aus dem Verein auszutreten, bloß weil die Zahl der zu prüfenden Damen sich im Laufe der Jahre doch sehr verringert hatte, das hätte ich nicht über mich gebracht. Ich verlangsamte mein Arbeitstempo, benützte nur noch jede fünfte und später nur noch jede zehnte Versammlung zu meinen Recherchen. Daß ich Versammlungen überstand, ohne meinen eigenen Plänen nachzugeben, erfüllte mich mit großer Verwunderung. Später beschloß ich sogar, gar nicht alle Damen zu prüfen und die Nachforschungen ganz einschlafen zu lassen. Vielleicht war die Gesuchte ausgetreten, vielleicht hatte sie ihre Frisur geändert oder gar ihre Haarfarbe, vielleicht war dieser Nacken fett geworden, von mir aus: die Reden unzähliger Vereinsabende hatten alles zugedeckt, eingeebnet mit dem Flugsand ihrer unmerklichen Worte. Und heute bin ich soweit gekommen, daß es einer Anstrengung bedarf, wenn ich mich daran erinnern will, daß ich früher einmal die Vereinsabende zu recht persönlichen Zwecken benützte. Wenn ich daran denke, schäme ich mich, und ein schlechtes Gewissen rötet mir die Schläfen.

Mich tröstet der Gedanke, daß meine Verfehlungen einer wohlbehüteten Vergangenheit angehören. Manchmal ertappe ich mich zwar noch dabei, wie ich mich einer Dame, der ich gerade vorgestellt wurde, um die Schultern herumspiele, während meine Lippen irgendeine zarte Ausflucht formulieren, um den Sog, der mich in den Rücken meiner Gesprächspartnerin zerrt, gesellschaftlich zu rechtfertigen; aber ich reiße mich immer noch rechtzeitig zurück, murmle eine Entschuldigung, spiele für einen Augenblick den Zerstreuten, sammle mich dann aber rasch zu heller Aufmerksamkeit und sehe meinem Gegenüber voll und breit ins Gesicht. Diese Anfälle beunruhigen mich nicht weiter. Sie verlieren sich nach und nach, und selbst wenn sie auftreten, sind sie leicht zu bestehen, sie sind gewissermaßen ziellos, und erst eine nachträgliche Gedankenarbeit erweist sie mir als Überbleibsel aus meinem Vorleben.

Was mich aber am meisten über dies Vorleben tröstet, ist der Nutzen, den ich dem Verein dank meinen Erfahrungen gestiftet zu haben glaube. Einmal sollte nämlich darüber abgestimmt werden, ob Nichtmitglieder zu Versammlungen zugelassen werden dürfen oder nicht. Viele plädierten für eine strenge Kontrolle am Saaleingang, um zu verhindern, daß Fremde in den Genuß einer Versammlung kämen. Ich sprach gegen diese Ansicht. Ich hielt bei dieser Gelegenheit die einzige Rede meiner Vereinslaufbahn. Unsere Türen müßten offen bleiben, sagte ich, ganz gleich, wer von der Straße hereinirre und mit welchen Absichten! Der Verein müsse stark genug sein, sagte ich, solche Fremdlinge zu verdauen! Ich sprach dabei vom »mächtigen Schoß unseres Vereins« und fand viel Beifall. Meine Rede bewirkte, daß unsere Türen offen blieben und noch offen bleiben werden. Ich glaube, darauf darf ich stolz sein, denn wie anders sollten wir je zu neuen Mitgliedern kommen!

SIEGFRIED LENZ

Der Amüsierdoktor

Nichts bereitet mir größere Sorgen als Heiterkeit. Seit drei Jahren lebe ich bereits davon; seit drei Jahren beziehe ich mein Gehalt dafür, daß ich die auswärtigen Kunden unseres Unternehmens menschlich betreue: wenn die zehrenden Verhandlungen des Tages aufhören, werden die erschöpften Herren mir überstellt, und meinen Fähigkeiten bleibt es überlassen, ihnen zu belebendem Frohsinn zu verhelfen, zu einer Heiterkeit, die sie für weitere Verhandlungen innerlich lösen soll. »Heiter der Mensch – heiter die Abschlüsse«: in diese Worte faßte der erste Direktor meine Aufgabe zusammen, der ich nun schon seit drei Jahren zu genügen suche. Wodurch ich für diese Aufgabe überhaupt geeignet erschien, könnte ich heute nicht mehr sagen, den Ausschlag jedenfalls gab damals meine Promotion zum Doktor der Rechte – weniger meine hanseatische Frohnatur, obwohl die natürlich auch berücksichtigt wurde.

Als Spezialist für die Aufheiterung der wesentlichen Kunden fing ich also an, und ich stellte meine Fähigkeiten in den Dienst eines Unternehmens, das Fischverarbeitungsmaschinen herstellte: Filetiermaschinen, Entgrätungsmaschinen, erstklassige Guillotinen, die den Fisch mit einem – vorher nie gekannten – Rundschnitt köpften, sodann gab es ein Modell, das einen zwei Meter langen Thunfisch in vier Sekunden zu Fischkarbonade machte, mit so sicheren, so tadellosen Hackschnitten, daß wir dem Modell den Namen »Robespierre« gaben, ohne Besorgnis, in unseren Versprechen zu kühn gewesen zu sein. Ferner stellte das Unternehmen Fischtransportbänder her, Fangvorrichtungen für den Fischabfall und Ersatzteile in imponierendem Umfang. Da es sich um hochqualifizierte und sensible Maschinen handelte, besuchten uns Kunden aus aller Welt, kein Weg war zu lang: aus Japan kamen sie, aus Kanada und Hawaii, aus Marokko und von der Küste des Schwarzen Meers, um über Abschlüsse persönlich zu verhandeln. Und so hatte ich denn nach den Verhandlungen die Aufgabe, gewissermaßen die ganze Welt aufzuheitern.

Im großen und ganzen ist es mir auch – das darf ich für mich in Anspruch nehmen – zum Besten des Unternehmens gelungen. Chinesen und Südafrikaner, Koreaner und Norweger und selbst ein seelisch vermummter Mensch aus Spitzbergen: sie alle lernten durch mich die erquickende Macht des Frohsinns kennen, die jeden Verhandlungskrampf löst. Unsere abendlichen Streifzüge durch das Vergnügungsviertel warfen so viel Heiterkeit ab, daß man sie durchaus als eine Art Massage des Herzens beziehungsweise der Brieftasche ansehen konnte. Indem ich auf nationale Temperamente einging, jedesmal andere Zündschnüre der Heiterkeit legte, gelang es mir ohne besondere Schwierigkeiten, unsere Kunden menschlich zu betreuen oder, wenn man einen modernen Ausdruck nehmen will: für *good will* zu sorgen. Auf kürzestem Weg führte ich die Herren ins Vergnügen. Der Humor wurde mein Metier, und selbst bei dem seelisch vermummten Menschen aus Spitzbergen war ich erfolgreich und überlieferte ihn dem Amüsement. Ich ging in meinem Beruf auf, ich liebte ihn, besonders nachdem sie mir eine zufriedenstellende Gehaltserhöhung zugesichert hatten.

Doch seit einiger Zeit wird die Liebe zu meinem Beruf durch Augenblicke des Zweifels unterbrochen, und wenn nicht durch Zweifel, dann durch einen besonderen Argwohn. Ich fürchte meine Sicherheit verloren zu haben, vor allem aber habe ich den Eindruck, daß ich für meine Arbeit entschieden unterbezahlt werde, denn nie zuvor war mir bewußt, welch ein Risiko ich mitunter laufe, welch eine Gefahr. Diese Einsicht hat sich erst in der letzten Zeit ergeben. Und ich glaube nun zu wissen, woraus sie sich ergeben hat.

Schuld an allem ist einzig und allein Pachulka-Sbirr, ein riesiger Kunde von der entlegenen Inselgruppe der Aleuten. Ich erinnere mich noch, wie ich ihn zum ersten Mal sah: das gelbhäutige, grimmige Gesicht, die Bärenfellmütze, die zerknitterten Stiefel, und ich höre auch noch eine Stimme, die so klang, wie ich mir die Brandung vor seinen heimatlichen Inseln vorstelle. Als er mir von der Direktion überstellt wurde und zum ersten Mal grimmig in mein Zimmer trat, erschrak ich leicht, doch schon bald war ich zuversichtlich genug, auch Pachulka-Sbirr durch Frohsinn seelisch aufzulockern. Nach einem Wasserglas Kirschgeist, mit dem ich ihn anheizte, schob ich den finsteren Kunden ins Auto und fuhr ihn in unser Vernügungsviertel – fest davon überzeugt, daß meine Erfahrungen in der Produktion von Heiterkeit auch in seinem Fall ausreichen würden.

Wir ließen die Schießbuden aus, den Ort, an dem unsere japanischen Kunden bereits fröhlich zu zwitschern begannen, denn ich dachte, daß Pachulka-Sbirr handfester aufgeheitert werden müßte, solider sozusagen. Wir fielen gleich in Fietes Lokal ein, in dem sich, von Zeit zu Zeit, drei Damen künstlerisch entkleideten. Ich kannte die Damen gut; oft hatten sie mir geholfen, verstockte skandinavische Kunden, die in Gedanken von den Verhandlungen nicht loskamen, in moussierende Fröhlichkeit zu versetzen, und so gab ich ihnen auch diesmal einen Wink. Sie versprachen, mir zu helfen.

Der Augenblick kam: die Damen entkleideten sich künstlerisch, und dann, wie es bei Fiete üblich ist, wurde ein Gast gesucht, der als zivilisierter Paris einer der Damen den Apfel überreichen sollte. Wie verabredet, wurde Pachulka-Sbirr dazu ausersehen. Er ging, der riesige Kunde, in die Mitte des Raums, erhielt den Apfel und starrte die entkleideten Damen so finster und drohend an, daß ein kleines Erschrecken auf ihren Gesichtern erschien und sie sich instinktiv einige Schritte zurückzogen. Plötzlich, in der beklemmenden Stille, schob Pachulka-Sbirr den Apfel in den Mund, das brechende, mahlende Geräusch seiner kräftigen Kauwerkzeuge erklang, und unter der sprachlosen Verwunderung aller Gäste kam er an unseren Tisch, setzte sich und starrte grimmig vor sich hin.

Ich gab nicht auf. Ich wußte, wieviel ich dem Unternehmen, wieviel ich auch mir selbst schuldig war, und ich erzählte ihm aus meinem festen Bestand an heiteren Geschichten, deren Wirkung ich bei schweigsamen Finnen, bei Iren und wortkargen Faröer-Bewohnern erfolgreich erprobt hatte. Pachulka-Sbirr saß da in einer Haltung grimmigen Zuhörens und regte sich nicht.

Irritiert verließ ich mit ihm Fietes Lokal, wir zogen zu Max herüber, fanden unsern reservierten Tisch und bestellten eine Flasche Kirschgeist. Spätestens bei Max war es mir gelungen, brummige Amerikaner, noch brummigere Alaskaner in Stimmung zu versetzen. Denn im Lokal von Max spielt eine Kapelle, die sich ihren

Dirigenten unter den Gästen suchte. Amerikaner und Alaskaner sind gewohnt, über weites Land zu herrschen; das Reich der Melodien ist ein weites Land, und sobald unsere Kunden darüber herrschen durften, löste sich bei ihnen der Krampf der Verhandlungen, und Heiterkeit, reine Heiterkeit, erfüllte sie. Da die Aleuten nicht allzu weit von Alaska entfernt sind, glaubte ich Pachulka-Sbirr in gleicher Weise Heiterkeit verschaffen zu können, und nach heimlicher Verständigung stapfte er zum Dirigentenpult – die Bärenfellmütze, die er nie ablegte, auf dem Kopf und an den Füßen die zerknitterten Stiefel. Er nahm den Stab in Empfang. Er ließ ihn wie eine Peitsche durch die Luft sausen, worauf sich die Musiker spontan duckten. Gemächlich zwang er sodann den Stab zwischen Hemd und Haut, um sich den riesigen Rücken zu kratzen. Ich weiß auch nicht, wie es geschehen konnte: unvermutet jedoch riß er den Stab heraus, zerbrach ihn – offenbar reichte er nicht bis zu den jukkenden Stellen seines Rückens – und schleuderte ihn in die Kapelle. Mit düsterem Gesicht, während sich die Trompeten einzeln und bang hervorwagten, kam er an den Tisch zurück.

Verzweifelt beobachtete ich Pachulka-Sbirr. Nein, ich war noch nicht bereit, aufzugeben: mein Ehrgeiz erwachte, ein Berufs-Stolz, den jeder empfindet, und ich schwor mir, ihn nicht ins Hotel zu bringen, bevor es mir nicht gelungen wäre, auch diesen Kunden froh zu stimmen. Ich erinnerte mich daran, daß sie mich in der Fabrik den ›Amüsierdoktor‹ nannten, und zwar nicht ohne Anerkennung, und ich wollte beweisen, daß ich diesen Namen verdiente. Ich beschloß, alles zu riskieren. Ich erzählte ihm die Witze, die ich bisher nur gewagt hatte, einem sibirischen Kunden zu erzählen – als letzte Zuflucht gewissermaßen. Pachulka-Sbirr schwieg finster. Das finstere Schweigen schwand nicht von seinem gelbhäutigen Gesicht, welche Mühe ich mir auch mit ihm gab. Der Ritt auf einem Maultier, der Besuch in einem Zerrspiegel-Kabinett, erotische Filme und einige weitere Flaschen Kirschgeist: nichts schien dazu geeignet, seine Stimmung zu heben.

Wanda hatte ich mir bis zuletzt aufgehoben, und nachdem alles andere seine Wirkung verfehlt hatte, gingen wir zu Wanda, die allnächtlich zweimal in einem sehr großen Kelch Champagner badete. Auf Wanda setzte ich meine letzten Hoffnungen. Ihre Kinder und meine Kinder gehen zusammen zur Schule, gelegentlich tauscht sie mit meiner Frau Ableger für das Blumenfenster; unser Verhältnis ist fast familiär, und so fiel es mir leicht, Wanda ins Vertrauen zu ziehen und ihr zu sagen, was auf dem Spiel stand. Auch Wanda versprach, mir zu helfen. Und als sie nach einem Gast suchte, der ihr beim Verlassen des Sekt-Bades assistieren sollte, fiel ihre Wahl mit schöner Unbefangenheit auf Pachulka-Sbirr. Ich glaubte, gewonnen zu haben; denn schon einmal hatte mir Wanda geholfen, einen besonders eisigen Kunden vom Baikalsee aufzutauen. Diesmal mußte es ihr auch gelingen! Doch zu meinem Entsetzen mißlang der Versuch. Ja, ich war entsetzt, als Pachulka-Sbirr auf die Bühne trat, vor das sehr große Sektglas, in dem sich Wanda – was man ihr als Flüchtling nicht zugetraut hätte – vieldeutig räkelte. Sie lächelte ihn an. Sie hielt ihm ihre Arme entgegen. Die Zuschauer klatschten und klatschten. Da warf sich Pachulka-Sbirr auf die Knie, senkte sein Gesicht über den Sektkelch und begann schnaufend zu trinken – mit dem Erfolg, daß Wanda sich in kurzer Zeit auf dem Trocknen befand und nun keine Hilfe mehr benötigte. Sie warf mir einen verzweifelten Blick zu, den ich mit der gleichen Verzweiflung erwiderte. Ich war bereit, zu kapitulieren.

Doch gegen Morgen kam unverhofft meine Chance. Pachulka-Sbirr wollte noch einmal die Maschinen sehen, derentwegen er die weite Reise gemacht hatte. Wir fuhren in die Fabrik und betraten die Ausstellungshalle. Wir waren allein, denn der Pförtner kannte mich und kannte auch bereits ihn und ließ uns ungehindert passieren. Düster sinnend legte Pachulka-Sbirr seine Hand auf die Maschinen, rüttelte an ihnen, lauschte in sie hinein, ließ sich noch einmal die Mechanismen von mir erklären, und dabei machte er Notizen in einem Taschenkalender. Jede Maschine interessierte ihn, am meisten jedoch interessierte ihn unser Modell ›Robespierre‹, das in der Lage ist, einen zwei Meter langen Thunfisch in vier Sekunden zu Fischkarbonade zu machen, und zwar mit faszinierenden Schnitten. Als wir vor dem ›Robespierre‹ standen, steckte er den Taschenkalender ein. Er ging daran, den Höhepunkt unserer Leistung eingehend zu untersuchen. Gelegentlich pfiff er vor Bewunderung durch die Zähne, schnalzte oder stieß Zischlaute aus, und ich spürte wohl, wie er diesem Modell zunehmend verfiel.

Zur letzten Entscheidung aber, zu dem befreienden Entschluß, unsern ›Robespierre‹ zu kaufen, konnte er offenbar nicht finden, und um Pachulka-Sbirr diesen Entschluß zu erleichtern, sprang ich auf die Maschine und legte mich auf die metallene, gut gefederte Hackwanne. Der Augenschein, dachte ich, wird seine Entscheidung beschleunigen, und ich streckte mich aus und lag wie ein Thunfisch da, der in vier Sekunden zu Fischkarbonade verarbeitet werden soll. Ich blickte hinauf zu den extra gehärteten Messern, die lustig über meinem Hals blinkten. Sie waren sehr schwer und wurden nur von dünnen Stützen gehalten, die mit einem schlichten Hebeldruck beseitigt werden konnten. Lächelnd räkelte ich mich in der Hackwanne hin und her, denn ich wollte Pachulka-Sbirr verständlich machen, daß es auch für den Thunfisch eine Wohltat sein müßte, auf unserem Modell zu liegen. Pachulka-Sbirr lächelte nicht zurück. Er erkundigte sich bei mir, durch welchen Hebeldruck die Messer ausgeklinkt würden. Ich sagte es ihm. Und da ich es ihm sagte, sah ich auch schon, wie die Stützen blitzschnell die Messer freigaben. Die Messer lösten sich. Sie sausten auf mich herab. Doch unmittelbar vor meinem Hals blockierten sie und federten knirschend zurück: die Schnittdruck-Vorrichtung klemmte. Zitternd, zu Tode erschreckt, zog ich mich aus der Hackwanne heraus. Ich suchte das Gesicht von Pachulka-Sbirr: ja, und jetzt lag auf seinem Gesicht ein zufriedenes Lächeln. Er lächelte, und in diesem Augenblick schien mir nichts wichtiger zu sein als dies.

Heute allerdings ist unser Modell ›Robespierre‹ noch mehr ausgereift, die Schnittvorrichtung klemmt niemals, und ich frage mich, wie weit ich gehen darf, wenn wieder ein Pachulka-Sbirr von den Alëuten zu uns kommt. Durch ihn habe ich erfahren, wie groß mein Risiko ständig ist und daß berufsmäßige Verbreitung von Heiterkeit nicht überbezahlt werden kann. Ich glaube, daß ich die Gefahr erkannt habe, denn wenn ich heutzutage an Heiterkeit denke, sehe ich über mir lustig blinkende Messer schweben, extra gehärtet...

Nachts schlafen die Ratten doch

Das hohle Fenster in der vereinsamten Mauer gähnte blaurot voll
früher Abendsonne. Staubgewölke flimmerten zwischen den steil-
gereckten Schornsteinresten. Die Schuttwüste döste.
Er hatte die Augen zu. Mit einmal wurde es noch dunkler. Er
merkte, daß jemand gekommen war und nun vor ihm stand,
dunkel, leise. Jetzt haben sie mich! dachte er. Aber als er ein bißchen blinzelte, sah er nur zwei etwas ärmlich behoste Beine. Die
standen ziemlich krumm vor ihm, daß er zwischen ihnen hin-
durchsehen konnte. Er riskierte ein kleines Geblinzel an den Ho-
senbeinen hoch und erkannte einen älteren Mann. Der hatte ein
Messer und einen Korb in der Hand. Und etwas Erde an den
Fingerspitzen.
Du schläfst hier wohl, was? fragte der Mann und sah von oben auf
das Haargestrüpp herunter. Jürgen blinzelte zwischen den Beinen
des Mannes hindurch in die Sonne und sagte: Nein, ich schlafe
nicht. Ich muß hier aufpassen. Der Mann nickte: So, dafür hast du
wohl den großen Stock da? Ja, antwortete Jürgen mutig und hielt
den Stock fest.
Worauf paßt du denn auf?
Das kann ich nicht sagen. Er hielt die Hände fest um den Stock.
Wohl auf Geld, was? Der Mann setzte den Korb ab und wischte das
Messer an seinem Hosenboden hin und her.
Nein, auf Geld überhaupt nicht, sagte Jürgen verächtlich. Auf ganz
etwas anderes.
Na, was denn?
Ich kann es nicht sagen. Was anderes eben.
Na, denn nicht. Dann sage ich dir natürlich auch nicht, was ich hier
im Korb habe. Der Mann stieß mit dem Fuß an den Korb und
klappte das Messer zu.
Pah, kann mir denken, was in dem Korb ist, meinte Jürgen gering-
schätzig, Kaninchenfutter.

Donnerwetter, ja! sagte der Mann verwundert, bist ja ein fixer Kerl. Wie alt bist du denn?

Neun.

Oha, denk mal an, neun also. Dann weißt du ja, wieviel drei mal neun sind, wie?

Klar, sagte Jürgen, und um Zeit zu gewinnen, sagte er noch: Das ist ja ganz leicht. Und er sah durch die Beine des Mannes hindurch. Dreimal neun, nicht? fragte er noch mal, siebenundzwanzig. Das wußte ich gleich.

Stimmt, sagte der Mann, und genau soviel Kaninchen habe ich.

Jürgen machte einen runden Mund: Siebenundzwanzig?

Du kannst sie sehen. Viele sind noch ganz jung. Willst du?

Ich kann doch nicht. Ich muß doch aufpassen, sagte Jürgen unsicher.

Immerzu? fragte der Mann, nachts auch?

Nachts auch. Immerzu. Immer. Jürgen sah an den krummen Beinen hoch. Seit Sonnabend schon, flüsterte er.

Aber gehst du denn gar nicht nach Hause? Du mußt doch essen.

Jürgen hob einen Stein hoch. Da lag ein halbes Brot. Und eine Blechschachtel.

Du rauchst? fragte der Mann, hast du denn eine Peife?

Jürgen faßte seinen Stock fest an und sagte zaghaft: Ich drehe. Pfeife mag ich nicht.

Schade, der Mann bückte sich zu seinem Korb, die Kaninchen hättest du ruhig mal ansehen können. Vor allem die Jungen. Vielleicht hättest du dir eines ausgesucht. Aber du kannst hier ja nicht weg.

Nein, sagte Jürgen traurig, nein nein.

Der Mann nahm den Korb hoch und richteté sich auf. Na ja, wenn du hierbleiben mußt – schade. Und er drehte sich um. Wenn du mich nicht verrätst, sagte Jürgen da schnell, es ist wegen der Ratten.

Die krummen Beine kamen einen Schritt zurück: Wegen der Ratten?

Ja, die essen doch von Toten. Von Menschen. Da leben sie doch von.

Wer sagt das?

Unser Lehrer.

Und du paßt nun auf die Ratten auf? fragte der Mann.

Auf die doch nicht! Und dann sagte er ganz leise: Mein Bruder, der liegt nämlich da unten. Da. Jürgen zeigte mit dem Stock auf die zusammengesackten Mauern. Unser Haus kriegte eine Bombe. Mit einmal war das Licht weg im Keller. Und er auch. Wir haben noch gerufen. Er war viel kleiner als ich. Erst vier. Er muß hier ja noch sein. Er ist doch viel kleiner als ich.

Der Mann sah von oben auf das Haargestrüpp. Aber dann sagte er plötzlich: Ja, hat euer Lehrer euch denn nicht gesagt, daß die Ratten nachts schlafen?

Nein, flüsterte Jürgen und sah mit einmal ganz müde aus, das hat er nicht gesagt.

Na, sagte der Mann, das ist aber ein Lehrer, wenn er das nicht mal weiß. Nachts schlafen die Ratten doch. Nachts kannst du ruhig nach Hause gehen. Nachts schlafen sie immer. Wenn es dunkel wird, schon.

Jürgen machte mit seinem Stock kleine Kuhlen in den Schutt. Lauter kleine Betten sind das, dachte er, alles kleine Betten.

Da sagte der Mann (und seine krummen Beine waren ganz unruhig dabei): Weißt du was? Jetzt füttere ich schnell meine Kaninchen, und wenn es dunkel wird, hole ich dich ab. Vielleicht kann ich eins mitbringen. Ein kleines oder, was meinst du?

Jürgen machte kleine Kuhlen in den Schutt. Lauter kleine Kaninchen. Weiße, graue, weißgraue. Ich weiß nicht, sagte er leise und sah auf die krummen Beine, wenn sie wirklich nachts schlafen. Der Mann stieg über die Mauerreste weg auf die Straße. Natürlich, sagte er von da, euer Lehrer soll einpacken, wenn er das nicht mal weiß.

Da stand Jürgen auf und fragte: Wenn ich eins kriegen kann? Ein weißes vielleicht?

Ich will mal versuchen, rief der Mann schon im Weggehen, aber du mußt hier so lange warten. Ich gehe dann mit dir nach Hause, weißt du? Ich muß deinem Vater doch sagen, wie so ein Kaninchenstall gebaut wird. Denn das müßt ihr ja wissen.

Ja, rief Jürgen, ich warte. Ich muß ja noch aufpassen, bis es dunkel wird. Ich warte bestimmt. Und er rief: Wir haben auch noch Bretter zu Hause. Kistenbretter, rief er.

Aber das hörte der Mann schon nicht mehr. Er lief mit seinen krummen Beinen auf die Sonne zu. Die war schon rot vom Abend und Jürgen konnte sehen, wie sie durch die Beine hindurchschien, so krumm waren sie. Und der Korb schwenkte aufgeregt hin und her. Kaninchenfutter war da drin. Grünes Kaninchenfutter, das war etwas grau vom Schutt.

Der Kranzträger

In Rostock wurde der Oberst vom Ende überrascht. Er hätte es noch immer nicht für möglich gehalten, wenn er nicht gezwungen worden wäre, es zu glauben. Die Stadt war von drei Seiten durch die Russen eingeschlossen.

Der Oberst war in Frankreich, Italien, Rußland, auf dem Balkan – wo war er überall gewesen! Darum fiel es ihm schwer zu begreifen, daß er jetzt kein Oberst mehr war und daß von den Riesenräumen, in denen er überall gesiegt hatte, eine elende Kasernenstube übriggeblieben war, in der er noch in letzter Minute zusammengeschossen oder aus der er in Gefangenschaft abgeführt werden konnte. Er mußte sich entscheiden. Sein einziger Gedanke war zunächst: nicht in Gefangenschaft geraten. Er stopfte die Hosentaschen voll Wehrmachtuhren, die Manteltaschen voll Munition, hängte die Maschinenpistole um und ging. Er schlug sich durch. Dann wurde die Maschinenpistole mitsamt der Munition weggeworfen, die Wehrmachtuhren hatte er noch alle, aber auch die Uniform eines Obersten hatte er noch. Er war stolz auf sie gewesen – er war als Zwölfender aus dem Mannschaftsstand aufgestiegen; nun mußte er sie so rasch wie möglich loswerden.

Vor Buchholz ging er zu einem Bauern und wollte seine Uniform gegen Zivilkleidung eintauschen; denn hier ging das Niemandsland zu Ende. Der Bauer zeigte keine Ergebenheit vor dem Oberst, zuckte mit den Schultern und sagte: »Kleidungsstücke sind rar. Und eine Uniform zieh ich nicht einmal aufs Feld an.« Der Oberst legte eine Wehrmachtuhr auf den Tisch. Der Bauer schaute sie an und sagte: »Gestohlen. Aber für einen Rock reicht sie.« Da warf der Oberst eine zweite Uhr auf den Tisch und bekam dafür eine Hose.

Der Bauer wollte so gut sein, die Uniform verschwinden zu lassen. Das war also vorbei, der Respekt vor der Uniform. Gut. Das ist nicht für immer. Jetzt hieß es, sich bis nach Hause durchschlagen.

Das war weit; ein kleines Städtchen im Süden. Und hier war man ganz im Norden.

Der Oberst wollte bei dem Bauern übernachten, aber der duldete das nicht; das sei gefährlich.

Als es dunkel zu werden begann, ging der Oberst auf den Kirchhof, schaute sich um, trat zu einem frischen Grab, nahm von dem Grab einen frischen Kranz und suchte einen Wald. Dort legte er sich hin, um zu schlafen. Es war eine kalte Nacht, und der Oberst mußte sich mit dem Totenkranz aus Kiefernzweigen zudecken.

Es war gut, daß er den Totenkranz hatte. Am nächsten Mittag begegneten ihm die ersten Engländer. Sie beachteten den Mann mit dem Kranz, der ins Nachbardorf zu einem Begräbnis ging, nicht.

So ging es einige Tage. Der Oberst war ununterbrochen zu einem Begräbnis unterwegs und trug ununterbrochen einen Totenkranz. Da dieser schäbig geworden war, tauschte er ihn auf einem Grab gegen einen anderen aus, einen leichteren, nur aus Papierblumen. Dieser verdarb aber schon am nächsten Tag, weil es regnete, und der Oberst mußte sich einen neuen beschaffen.

Auch der Oberst begann zu verderben. Die weiten Wege, das Schlafen im Freien, das Wenige, das er für seine Wehrmachtuhren zu beißen bekam... Einem Bauern mußte er die angebotene Uhr lassen, ohne dafür etwas einzutauschen; anders hätte der Bauer den ehemaligen Soldaten an die Engländer verraten. Aber Totenkränze gab es genug. Es gab überall frische Gräber.

Als der Oberst eines Tages auf einen Friedhof kam, um den alt gewordenen Kranz gegen einen neuen auszutauschen, war gerade ein Begräbnis. Der Oberst konnte nicht einfach wieder weggehen, und so legte er seinen Kranz neben das Grab und nahm an der Trauerfeier teil. Danach wurde er zum Totenessen eingeladen. Dabei aß er sich zum erstenmale satt.

Ein andermal begegnete ihm ein amerikanisches Auto. Es fuhr nicht weiter, sondern hielt, und der Fahrer redete ihn an: »Hallo! Bist du noch immer nicht dort?« – »Wo?« fragte der Oberst. – »Wo du den Kranz hinbringen willst.« – »Wieso?« – »Ich habe dich schon vor vier Tagen gesehen.« – »Mich? – Nun freilich, es fahren noch immer keine Züge.« – »Daß du auch schon wieder zu einem Begräbnis mußt. Traurig.« – »Wieso?« – »Vor vier Tagen hattest du doch einen anderen Kranz.« – »Ich bin gleich da. Dort sieht man schon das Dorf.« – »Well. Gib mir eine von deinen Uhren.« – »Uhren?« fragte der Oberst wie ein Rekrut, der sich dumm stellt. – »Ja, für die du Lebensmittel eintauschst.« – Da mußte der Oberst mit einer Uhr herausrücken. Er dachte: die haben uns besiegt und wollen uns Kultur bringen und haben selber nicht einmal anständige Uhren. Denn das hatte er erfahren, daß die Amerikaner auf Uhren wie der Teufel auf eine arme Seele scharf waren. Der Amerikaner freute sich wie ein Kind über die Uhr, legt sie sogleich um sein Handgelenk und sagte: »Okay!« hieß den Oberst einsteigen und nahm ihn mit.

Sie fuhren weit, danach durfte der Oberst wieder seinen Kranz nehmen, aussteigen und auf seinen eigenen Füßen weitergehen. Er war auf diese Weise ein hübsches Stück rasch gegen Süden gekommen. Das war gut, denn nach den Manteltaschen wurden jetzt auch die Hosentaschen leer. Das mit den Amerikanern war gut abgegangen. Humor ist doch was wert, dachte der Oberst. Aber er selber hatte keinen mehr.

Es ging weiter wie vorher, immer mit einem Kranz, einmal um die rechte, dann um die linke Schulter gelegt, von Friedhof zu Friedhof. Der Kranz wurde immer schwerer, der Magen immer leichter, die Füße immer müder, überhaupt alles immer elender, je näher der Oberst an zu Hause kam. Von der Ostsee bis an den Fuß der Alpen hatte er den Totenkranz quer durch ganz Deutschland getragen und dabei immer nur von Friedhof zu Friedhof gedacht, von einem frischen Grab zum anderen, als ob es in Deutschland nur noch Friedhöfe und frische Gräber gäbe. Und Oberst war er nicht mehr, der sich auf diese Weise tarnte, nicht einmal mehr Portepee-Träger, gar nichts mehr war er, ein Totenkranzträger war er. Wie verwachsen war der Kranz mit ihm, er konnte sich gar nicht mehr ohne ihn denken, er konnte ihn gerade jetzt nicht einfach wegwerfen, da er in einer Gegend war, wo man ihn schon kennen mochte. So kam er denn mit dem lästigen Ding, das ihm aber die Freiheit bewahrt hatte, nach Hause.

Seine Frau konnte nicht noch bleicher werden, als sie schon war, als sie ihren Mann sah, dazu mit einem Totenkranz.

»Ein Jahr –!« stammelte sie.

Ja, ein Jahr lang hatten sie einander nicht gesehen. Aber das war wie fünf Jahre. So älter erschien dem Oberst seine Frau. Sie war eine Feldwebelsfrau geblieben und keine Offiziersfrau geworden. Doch das war, als er Offizier geworden, nicht wesentlich gewesen. Jetzt aber war sie nicht einmal mehr die Frau eines Feldwebels, denn ihr Mann war nie etwas anderes als Soldat gewesen. Und das zählte jetzt nichts.

»Willst du nicht vorher etwas essen?«

»Was heißt vorher?« sagte der Oberst unwillig. »Ich habe natürlich Hunger. Nach einem solchen Weg –!«

»Gewiß. Den Kranz können wir nachher auf den Friedhof tragen. Ich bin froh, daß du es schon weißt und ich es dir nicht sagen muß.« Sie drückte die mageren Hände über ihr Gesicht und weinte. »Aber ich bin nicht schuld daran. Wirklich. Ich war gerade hamstern gewesen. Horst spielte im Hof, als die Tieffflieger kamen. Am 3. Mai, kurz vor seinem fünften Geburtstag. Er ist sogleich tot gewesen.«

»Schweine!« schrie der Oberst, als stünde er als Spieß auf dem Kasernenhof. »So kurz vor dem Ende! Gemein! Auf Zivilisten schießen! Auf Kinder! Gangster!«

Er stand auf und nahm den Kranz.

»Willst du, noch ehe du etwas gegessen –?«

»Ich habe keinen Appetit mehr.«

Sie gingen, und der Oberst legte, nachdem er von der Ostsee bis zu den Alpen quer durch ganz Deutschland einen Totenkranz getragen, jetzt, da er am Ende war, den Kranz auf das Grab seines Kindes. Eine Weile stand er, abgemattet, verbraucht wie der Kranz, den er einige Tage geschleppt hatte, dann durchfuhr es ihn; er wollte sich soldatisch stramm aufrichten, aber es wurde nichts.

Die Frau hatte sich gebückt, und ihre Finger versuchten, die verdrückten und zerknitterten Papierblumen des Kranzes, so gut das möglich war, in Ordnung zu bringen. Als sie dann den Kranz wieder mitten über das Grab gelegt hatte, schob sie ihn wieder zur Seite. Da blühten Veilchen, die wie blaue Kinderaugen aus dem schmalen Grabhügel schauten. Sie sollten durch den Totenkranz aus zerdrückten Papierblumen nicht verdeckt werden, sie wollten die Sonne sehen.

Die rote Katze

Ich muß immer an diesen roten Teufel von einer Katze denken, und ich weiß nicht, ob das richtig war, was ich getan hab. Es hat damit angefangen, daß ich auf dem Steinhaufen neben dem Bombentrichter in unserm Garten saß. Der Steinhaufen ist die größere Hälfte von unserm Haus. Die kleinere steht noch, und da wohnen wir, ich und die Mutter und Peter und Leni, das sind meine kleinen Geschwister. Also, ich sitz da auf den Steinen, da wächst überall schon Gras und Brennesseln und anderes Grünes. Ich halt ein Stück Brot in der Hand, das ist schon hart, aber meine Mutter sagt, altes Brot ist gesünder als frisches. In Wirklichkeit ist es deswegen, weil sie meint, am alten Brot muß man länger kauen und dann wird man von weniger satt. Bei mir stimmt das nicht. Plötzlich fällt mir ein Brocken herunter. Ich bück mich, aber im nämlichen Augenblick fährt eine rote Pfote aus den Brennesseln und angelt sich das Brot. Ich hab nur dumm schauen können, so schnell ist es gegangen. Und da seh ich, daß in den Brennesseln eine Katze hockt, rot wie ein Fuchs und ganz mager. »Verdammtes Biest«, sag ich und werf einen Stein nach ihr. Ich hab sie gar nicht treffen wollen, nur verscheuchen. Aber ich muß sie doch getroffen haben, denn sie hat geschrien, nur ein einziges Mal, aber so wie ein Kind. Fortgelaufen ist sie nicht. Da hat es mir leid getan, daß ich nach ihr geworfen hab, und ich hab sie gelockt. Aber sie ist nicht aus den Nesseln herausgegangen. Sie hat ganz schnell geatmet. Ich hab gesehen, wie ihr rotes Fell über dem Bauch auf und ab gegangen ist. Sie hat mich immerfort angeschaut mit ihren grünen Augen. Da hab ich sie gefragt: »Was willst du eigentlich?« Das war verrückt, denn sie ist doch kein Mensch, mit dem man reden kann. Dann bin ich ärgerlich geworden über sie und auch über mich, und ich hab einfach nicht mehr hingeschaut und hab ganz schnell mein Brot hinuntergewürgt. Den letzten Bissen, das war noch ein großes Stück, den hab ich ihr hingeworfen und bin ganz zornig fortgegangen.

Im Vorgarten, da waren Peter und Leni und haben Bohnen geschnitten. Sie haben sich die grünen Bohnen in den Mund gestopft, daß es nur so geknirscht hat, und Leni hat ganz leise gefragt, ob ich nicht noch ein Stückchen Brot hab. »Na«, hab ich gesagt, »du hast doch genau so ein großes Stück bekommen wie ich und du bist erst neun, und ich bin dreizehn. Größere brauchen mehr.« – »Ja«, hat sie gesagt, sonst nichts. Da hat Peter gesagt: »Weil sie ihr Brot doch der Katze gegeben hat.« – »Was für einer Katze?« hab ich gefragt. »Ach«, sagt Leni, »da ist so eine Katze gekommen, eine rote, wie so ein kleiner Fuchs und so schrecklich mager. Die hat mich immer angeschaut, wie ich mein Brot hab essen wollen.« – »Dummkopf«, hab ich ärgerlich gesagt, »wo wir doch selber nichts zu essen haben.« Aber sie hat nur mit den Achseln gezuckt und ganz schnell zu Peter hingeschaut, der hat einen roten Kopf gehabt, und ich bin sicher, er hat sein Brot auch der Katze gegeben. Da bin ich wirklich ärgerlich gewesen und hab ganz schnell weggehen müssen.

Wie ich auf die Hauptstraße komm, steht da ein amerikanisches Auto, so ein großer langer Wagen, ein Buick, glaub ich, und da fragt mich der Fahrer nach dem Rathaus. Auf englisch hat er gefragt, und ich kann doch ein bißchen Englisch. »The next street«, hab ich gesagt, »and then left and then« – geradeaus hab ich nicht gewußt auf englisch, das hab ich mit dem Arm gezeigt, und er hat mich schon verstanden. – »And behind the Church is the marketplace with the Rathaus.« Ich glaub, das war ein ganz gutes Amerikanisch, und die Frau im Auto hat mir ein paar Schnitten Weißbrot gegeben, ganz weißes, und wie ich's aufklapp, ist Wurst dazwischen, ganz dick. Da bin ich gleich heimgerannt mit dem Brot. Wie ich in die Küche komm, da verstecken die beiden Kleinen schnell was unterm Sofa, aber ich hab es doch gesehen. Es ist die rote Katze gewesen. Und auf dem Boden war ein bißchen Milch verschüttet, und da hab ich alles gewußt. »Ihr seid wohl verrückt«, hab ich geschrien, »wo wir doch nur einen halben Liter Magermilch haben im Tag, für vier Personen.« Und ich hab die Katze unterm Sofa herausgezogen und hab sie zum Fenster hinausgeworfen. Die beiden Kleinen haben kein Wort gesagt. Dann hab ich das amerikanische Weißbrot in vier Teile geschnitten und den Teil für die Mutter im Küchenschrank versteckt.

»Woher hast du das?« haben sie gefragt und ganz ängstlich geschaut. »Gestohlen«, hab ich gesagt und bin hinausgegangen. Ich hab nur schnell nachsehen wollen, ob auf der Straße keine Kohlen liegen, weil nämlich ein Kohlenauto vorbeigefahren war, und die verlieren manchmal was. Da sitzt im Vorgarten die rote Katze und schaut so an mir rauf. »Geh weg«, hab ich gesagt und mit dem Fuß nach ihr gestoßen. Aber sie ist nicht weggegangen. Sie hat bloß ihr kleines Maul aufgemacht und gesagt: »Miau.« Sie hat nicht geschrien wie andere Katzen, sie hat es einfach so gesagt, ich kann das nicht erklären. Dabei hat sie mich ganz starr angeschaut mit den grünen Augen. Da hab ich ihr voll Zorn einen Brocken von dem amerikanischen Weißbrot hingeworfen. Nachher hat's mich gereut.

Wie ich auf die Straße komm, da sind schon zwei andere da, Größere, die haben die Kohlen aufgehoben. Da bin ich einfach vorbeigegangen. Sie haben einen ganzen Eimer voll gehabt. Ich hab schnell hineingespuckt. Wär das mit der Katze nicht gewesen, hätte ich sie alle allein gekriegt. Und wir hätten ein ganzes Abendessen damit kochen können. Es waren so schöne glänzende Dinger. Nachher hab ich dafür einen Wagen mit Frühkartoffeln getroffen, da bin ich ein bißchen drangestoßen, und da sind ein paar runtergekollert und noch ein paar. Ich hab sie in die Taschen gesteckt und in die Mütze. Wie der Fuhrmann umgeschaut hat, hab ich gesagt: »Sie verlieren Ihre Kartoffeln.« Dann bin ich schnell heimgegangen. Die Mutter war allein daheim, und auf ihrem Schoß, da war die rote Katze. »Himmeldonnerwetter«, hab ich gesagt, »ist das Biest schon wieder da?« – »Red doch nicht so grob«, hat die Mutter gesagt, »das ist eine herrenlose Katze, und wer weiß, wie lange sie nichts mehr gefressen hat. Schau nur, wie mager sie ist.« – »Wir sind auch mager«, hab ich gesagt. »Ich hab ihr ein bißchen was von meinem Brot gegeben«, hat sie gesagt und mich schief angeschaut. Ich hab an unsere Brote gedacht und an die Milch und an das Weißbrot, aber gesagt hab ich nichts. Dann haben wir die Kartoffeln gekocht, und die Mutter war froh. Aber woher ich sie hab, hat sie nicht gefragt. Meinetwegen hätte sie schon fragen können. Nachher hat die Mutter ihren Kaffee schwarz getrunken, und sie haben alle zugeschaut, wie das rote Biest die Milch ausgesoffen hat. Dann ist sie endlich durchs Fenster hinausgesprungen. Ich hab schnell zugemacht und richtig aufgeatmet. Am Morgen, um sechs, hab ich mich für Gemüse angestellt. Wie ich um acht Uhr heimkomm, sitzen die Kleinen beim Frühstück, und auf dem Stuhl dazwischen hockt das Vieh und frißt eingeweichtes Brot aus Lenis Untertasse. Nach ein paar Minuten kommt die Mutter zurück, die ist seit halb sechs beim Metzger angestanden. Die Katze springt gleich zu ihr hin, und wie die Mutter denkt, ich geb nicht acht, läßt sie ein Stück Wurst fallen. Es war zwar markenfreie Wurst, so graues Zeug, aber wir hätten sie uns auch gern aufs Brot gestrichen, das hätte Mutter doch wissen müssen. Ich verschluck meinen Zorn, nehm die Mütze und geh. Ich hab das alte Rad aus dem Keller geholt und bin vor die Stadt gefahren. Da ist ein Teich, in dem gibts Fische. Ich hab keine Angel, nur so einen Stecken mit zwei spitzen Nägeln drin, mit dem stech ich nach den Fischen. Ich hab schon oft Glück gehabt und diesmal auch. Es ist noch nicht zehn Uhr, da hab ich zwei ganz nette Dinger, genug für ein Mittagessen. Ich fahr heim, so schnell ich kann, und daheim leg ich die Fische auf den Küchentisch. Ich geh nur rasch in den Keller und sags der Mutter, die hat Waschtag. Sie kommt auch gleich mit herauf. Aber da ist nur mehr ein Fisch da und ausgerechnet der kleinere. Und auf dem Fensterbrett, da sitzt der rote Teufel und frißt den letzten Bissen. Da krieg ich aber die Wut und werf ein Stück Holz nach ihr, und ich treff sie auch. Sie kollert vom Fensterbrett, und ich hör sie wie einen Sack im Garten aufplumpsen. »So«, sag ich, »die hat genug.« Aber da krieg ich von der Mutter eine Ohrfeige, daß es nur so klatscht. Ich bin dreizehn und hab sicher seit fünf Jahren keine mehr gekriegt. »Tierquäler«, schreit die Mutter und ist ganz blaß vor Zorn über mich. Ich hab nichts anderes tun können als fortgehen. Mittags hat es dann doch Fischsalat gegeben mit mehr Kartoffeln als Fisch. Jedenfalls sind wir das rote Biest los gewesen. Aber glaub ja keiner, daß das besser gewesen ist. Die Kleinen sind durch die Gärten gelaufen und haben immer nach der Katze gerufen, und die Mutter hat jeden Abend ein Schälchen mit Milch vor die Tür gestellt, und sie hat mich vorwurfsvoll angeschaut. Und da hab ich selber angefangen, in allen Winkeln nach dem Vieh zu suchen, es hätte ja irgendwo krank oder tot liegen können. Aber nach drei Tagen war die Katze wieder da. Sie hat gehinkt und hat eine Wunde am Bein gehabt, am rechten Vorderbein, das war von meinem Scheit. Die Mutter hat sie verbunden, und sie hat ihr auch was zu fressen gegeben. Von da an ist sie jeden Tag gekommen. Es hat keine Mahlzeit gegeben ohne das rote Vieh, und keiner von uns hat irgendwas vor ihm verheimlichen können. Kaum hat man was gegessen, so ist sie schon dagesessen und hat einen angestarrt. Und alle haben wir ihr gegeben, was sie hat haben wollen, ich auch. Obwohl ich wütend war. Sie ist immer fetter geworden, und eigentlich war es eine schöne Katze, glaub ich. Und dann ist der Winter sechsundvierzig auf siebenundvierzig gekommen. Da haben wir wirklich kaum mehr was zu essen gehabt. Es hat ein paar Wochen lang kein Gramm Fleisch gegeben und nur gefrorene Kartoffeln, und die Kleider haben nur so geschlottert an uns. Und einmal hat Leni ein Stück Brot gestohlen beim Bäcker vor Hunger. Aber das weiß nur ich. Und Anfang Februar, da hab ich zur Mutter gesagt: »Jetzt schlachten wir das Vieh.« – »Was für ein Vieh?« hat sie gefragt und hat mich scharf angeschaut. »Die Katze halt«, hab ich gesagt und hab gleichgültig getan, aber ich hab schon gewußt, was kommt. Sie sind alle über mich hergefallen. »Was? Unsere Katze? Schämst du dich nicht?« – »Nein«, hab ich gesagt, »ich schäm mich nicht. Wir haben sie von unserm Essen gemästet, und sie ist fett wie ein Spanferkel, jung ist sie auch noch, also?« Aber Leni hat angefangen zu heulen, und Peter hat mir unterm Tisch einen Fußtritt gegeben, und Mutter hat traurig gesagt: »Daß du so ein böses Herz hast, hab ich nicht geglaubt.« Die Katze ist auf dem Herd gesessen und hat geschlafen. Sie war wirklich ganz rund und sie war so faul, daß sie kaum mehr aus dem Haus zu jagen war. Wie es dann im April keine Kartoffeln mehr gegeben hat, da haben wir nicht mehr gewußt, was wir essen sollen. Eines Tages, ich war schon ganz verrückt, da hab ich sie mir vorgenommen und hab gesagt: »Also hör mal, wir haben nichts mehr, siehst du das nicht ein?« Und ich hab ihr die leere Kartoffelkiste gezeigt und den leeren Brotkasten. »Geh fort«, hab ich ihr gesagt, »du siehst ja, wie's bei uns ist.« Aber sie hat nur geblinzelt und sich auf dem Herd herumgedreht. Da hab ich vor Zorn geheult und auf den Küchentisch geschlagen. Aber sie hat sich nicht darum gekümmert. Da hab ich sie gepackt und untern

Arm genommen. Es war schon ein bißchen dunkel draußen, und die Kleinen waren mit der Mutter fort, Kohlen am Bahndamm zusammensuchen. Das rote Vieh war so faul, daß es sich einfach forttragen hat lassen. Ich bin an den Fluß gegangen. Auf einmal ist mir ein Mann begegnet, der hat gefragt, ob ich die Katze verkauf. »Ja«, hab ich gesagt und hab mich schon gefreut. Aber er hat nur gelacht und ist weitergegangen. Und dann war ich auf einmal am Fluß. Da war Treibeis und Nebel und kalt war es. Da hat sich die Katze ganz nah an mich gekuschelt, und dann hab ich sie gestreichelt und mit ihr geredet. »Ich kann das nicht mehr sehen«, hab ich ihr gesagt, »es geht nicht, daß meine Geschwister hungern, und du bist fett, ich kann das einfach nicht mehr mit ansehen.« Und auf einmal hab ich ganz laut geschrien, und dann hab ich das rote Vieh an den Hinterläufen genommen und habs an einen Baumstamm geschlagen. Aber sie hat bloß geschrien. Tot war sie noch lange nicht. Da hab ich sie an eine Eisscholle gehaut, aber davon hat sie nur ein Loch im Kopf bekommen, und da ist das Blut herausgeflossen, und überall im Schnee waren dunkle Flekken. Sie hat geschrien wie ein Kind. Ich hätt gern aufgehört, aber jetzt hab ich's schon fertig tun müssen. Ich hab sie immer wieder an die Eisscholle geschlagen, es hat gekracht, ich weiß nicht, ob es ihre Knochen waren oder das Eis, und sie war immer noch nicht tot. Eine Katze hat sieben Leben, sagen die Leute, aber die hat mehr gehabt. Bei jedem Schlag hat sie laut geschrien, und auf einmal hab ich auch geschrien, und ich war ganz naß vor Schweiß bei aller Kälte. Aber einmal war sie dann doch tot. Da hab ich sie in den Fluß geworfen und hab mir meine Hände im Schnee gewaschen, und wie ich noch einmal nach dem Vieh schau, da schwimmt es schon weit draußen mitten unter den Eisschollen, dann war es im Nebel verschwunden. Dann hat mich gefroren, aber ich hab noch nicht heimgehen mögen. Ich bin noch in der Stadt herumgelaufen, aber dann bin ich doch heimgegangen. »Was hast du denn?« hat die Mutter gefragt, »du bist ja käseweiß. Und was ist das für Blut an deiner Jacke?« – »Ich hab Nasenbluten gehabt«, hab ich gesagt. Sie hat mich nicht angeschaut und ist an den Herd gegangen und hat mir Pfefferminztee gemacht. Auf einmal ist mir schlecht geworden, da hab ich schnell hinausgehen müssen, dann bin ich gleich ins Bett gegangen. Später ist die Mutter gekommen und hat ganz ruhig gesagt: »Ich versteh dich schon. Denk nimmer dran.« Aber nachher hab ich Peter und Leni die halbe Nacht unterm Kissen heulen hören. Und jetzt weiß ich nicht, ob es richtig war, daß ich das rote Biest umgebracht hab. Eigentlich frißt so ein Tier doch gar nicht viel.

HANS ERICH NOSSACK

Das Mal

Ungefähr in der siebenten Woche nach unserm Aufbruch sahen wir
in der Ferne etwas, was einem Mal glich, das sich jemand aufgerichtet hat. Wir stutzten. Auch die Hunde nahmen es wahr und witter-
ten danach hin. Es stand mitten in der Einförmigkeit der endlosen
Schnee-Ebene, durch die wir schon tagelang gezogen waren. Zufällig war die Sicht verhältnismäßig klar, obwohl die Sonne nicht
schien. Das Mal warf deshalb auch kaum einen Schatten, soweit
sich das aus der Entfernung beurteilen ließ. Aber kein Schneesturm
wie sonst. Überhaupt hatte der Wind in den letzten Stunden merklich nachgelassen.

»Also doch«, murmelte Blaise, mehr für sich als für mich, der neben ihm stand; denn es war im allgemeinen nicht seine Art, sofort
eine Meinung zu äußern. Ich begriff, was er damit sagen wollte.
Man hatte uns erzählt, daß vor uns bereits andere den Versuch gemacht hätten, und daß sie niemals zurückgekommen wären. Ge-
naues wußte natürlich niemand, wenn man nachfragte. Wir hielten
es für ein Märchen, um uns von dem Unternehmen abzuschrecken.
Solche Märchen bilden sich ja immer, wenn etwas als unmöglich
gilt. Und wenn sie nun einfach deshalb nicht zurückgekehrt sind,
weil sie was Besseres entdeckt haben? hatte ich damals einem Bie-
dermann entgegnet. Das war sehr töricht von mir gewesen; denn
damit erweckte ich den Eindruck, als ob es uns um etwas Besseres
ginge. Aber in jener Zeit, bevor wir den Entschluß endgültig faßten, war ich sehr reizbar.

»Also los! Gucken wir uns den Schneemann mal an«, rief Patrick
schließlich. Er schnalzte mit der Zunge, und die Schlittenhunde
legten sich ins Geschirr.

Wir brauchten eine gute Stunde, bis wir hinkamen. Die Entfernung
läßt sich schwer einschätzen, wenn sonst nichts da ist. Dann allerdings erkannten wir sofort, daß es tatsächlich ein eingeschneiter

Mann war. Wir ließen alles stehen und liegen und klopften ihm den Schnee von Kopf und Schultern. Die Hunde kratzten unten herum, gaben es aber schneller auf als wir. Offenbar hatte der Mann keinerlei Geruch mehr an sich. Die Hände hatte er in den Taschen seiner Jacke. Seiner Haltung und seinem Aussehen nach hätte er ebensogut einer von uns sein können, was jedoch nichts besagt. Wer bis hierher kommen will, muß mit dem Klima rechnen. In hundert Jahren wird man sich auch nicht viel anders kleiden können als dieser Mann oder als wir.

Am meisten überraschte es uns, daß er stand. Keiner von uns hätte es je für möglich gehalten, daß man stehend erfrieren könnte. Wir hatten ohne weiteres angenommen, man fiele vorher um oder man legte sich aus Müdigkeit hin. Besonders davor wurde ja gewarnt. Und nun, siehe da, dieser Mann stand aufrecht auf seinen Beinen, ohne sich auch nur an irgendwas anzulehnen. Denn woran hätte er sich auch anlehnen sollen? Wir wagten nicht einmal ihn umzulegen, aus Furcht, in dabei mitten durchzubrechen. Gewiß, die Möglichkeit, daß wir selber erfrieren würden, hatten wir in Rechnung gestellt, aber dies war denn doch ziemlich befremdend.

Ich gab mir Mühe, sein Gesicht von der Maske aus verharschtem Schnee zu befreien, die an seiner Mütze, seinen Augenbrauen und Bartstoppeln festgewachsen war, ähnlich wie das bei uns zuweilen vorkam. Die anderen sahen mir zu und warteten; die Arbeit konnte nur einer machen, und so überließen sie es mir. Ich mußte sehr vorsichtig sein, um nichts dabei zu verderben. Ich klopfte ihm ganz sanft das Gesicht mit meinem Handschuh ab. Seine Augen waren geschlossen und die Augäpfel so hart wie Marmeln. »Kein Wunder«, sagte ich; »er hatte keine Schneebrille, darum hat er die Augen zugekniffen.« Aber auch so ließ es sich schließlich nicht länger verheimlichen, daß der Mann lächelte. Nicht jetzt erst und über uns – welch ein Unsinn! –, sondern schon seit damals. Und auch nicht etwa, daß er die Zähne fletschte, wie es Tote zu tun pflegen. Das ist kein Lächeln. Dieser aber lächelte wirklich mit den Winkeln seiner Augen und den schmalen, farblosen Lippen. Kaum merklich; man glaubte zuerst, sich zu täuschen, doch wenn man wieder hinblickte, war es deutlich genug. Wie jemand, der einen schönen Gedanken hat, ganz für sich allein, und weiß es selber nicht, daß er dabei lächelt. Im Gegenteil, wenn jemand zusieht, lächelt man nicht so. Die Leute fragen dann, und es ist peinlich, weil man ihnen keine Antwort zu geben vermag. Aber dieser Mann war erfroren, und deshalb sahen wir es.

Ich weiß nicht, was die anderen dachten. Doch warum sollen sie etwas anderes gedacht haben als ich? Es ist wohl am besten damit ausgedrückt, wenn ich sage: Wir kamen uns plötzlich ein wenig sinnlos vor. Und das ist schlimm. Es ist sehr viel schlimmer, als nur einfach erschrocken zu sein. Wie auf Verabredung benahmen wir uns leiser als sonst. Zum Beispiel würde es doch eigentlich Patricks Art entsprochen haben, den Mann auf die Schulter zu hauen und laut zu begrüßen. »Hallo, alter Junge, da haben wir dich erwischt. Du hast gut lachen.« Oder so ähnlich. Doch nichts dergleichen geschah. Und zwar nicht aus Achtung vor dem Toten (oder vor dem Tode, wie sie das früher nannten). Wir haben genügend Tote in unserem Leben gesehen und sind es gewohnt. Meiner Meinung nach lag es einzig und allein an dem Lächeln. Es zwang uns, behutsam zu sein. Es darf auch nicht außer acht gelassen werden, daß wir überaus anstrengende Wochen hinter uns hatten, und daß uns nicht zum Lächeln zumute war. Obwohl natürlich häufig Witze gerissen wurden, wie es sich gehört.

An diesem Tage zogen wir nicht weiter. Es war erst gerade Mittag, und normalerweise hätten wir es uns noch nicht erlaubt, schon Rast zu machen. Doch es bedurfte gar keines Beschlusses, es ergab sich wie von selbst. Wir ließen den Mann stehen, so wie er war, und schlugen hundert Meter davon entfernt das Lager auf. Genauso wie immer. Jeder von uns hatte seine bestimmten Handgriffe, damit es schnell ginge und keine Zeit mit Nachdenken vergeudet wurde. Das Zelt wurde aufgerichtet und der Spirituskocher in Gang gebracht. Die Hunde bekamen ihren Trockenfisch, und nachdem jeder seinen Anteil unter Knurren verschlungen hatte, rollten sie sich im Schnee auf. Sie nutzen ja jede freie Minute, um zu schlafen, die Schnauze zwischen den Hinterbeinen. Inzwischen war es dann auch für uns so weit. Die Dosen mit Bohnen und Speck waren heiß geworden. Wie üblich kriegten wir unsre Lebertranpillen zugeteilt und hockten uns ins Zelt, um zu essen. Dabei nahmen wir uns immer viel Zeit; es ruht sich besser aus. Gesprochen wurde niemals viel dabei. Es war also nichts Ungewöhnliches. Erst als die Rumflasche umging, und jeder seinen Schluck nahm, zögerte einer, ich weiß nicht mehr wer, als ob er es für höflicher hielt, dem Mann da draußen zuzutrinken. »Es würde ihm auch ganz gut tun«, sagte er. Es war uns unangenehm, daß er dort stand und lächelte, während wir im Zelt hockten und uns an Suppe und Rum gütlich taten. Doch niemand ging darauf ein. Was sollten wir auch dagegen machen? Schließlich war es nicht unsre Schuld. Er hätte ja zu Haus bleiben können.

Nach dem Essen, und nachdem wir Geschirr und Besteck im Schnee gesäubert und wieder zusammengepackt hatten, krochen die drei anderen an ihre Schlafsäcke, als wenn nichts wäre. Blaise nahm seine Instrumente, die er den ganzen Weg mitgeschleppt hatte, um jeden Tag die Temperatur und Luftfeuchtigkeit nachzumessen und den geographischen Ort auszurechnen. Und was weiß ich sonst noch alles. Ich verstand nicht viel davon, aber ich pflegte ihm dabei zu helfen, indem ich die Zahlen, die er mir aufgab, in ein Heft mit Rubriken eintrug. Und so war es auch heute.

Blaise nahm es mit diesen Zahlen sehr wichtig. Ich hatte ihn oft deswegen geneckt. Was geht uns der geographische Ort an, hatte ich gesagt. Im Grunde interessiert uns das doch gar nicht. Und selbst wenn wir annehmen, daß dies Heft einem zu Gesicht kommt, was doch keineswegs unsere Absicht ist – was passiert dann? Die Leute werden die Zahlen in ihr Lexikon eintragen und stolz sein, daß sie einen Schritt weitergekommen sind. Aber nur die Wissenschaft. Niemand sonst kommt mit diesen Zahlen auch nur einen halben Schritt weiter, denn im Ernstfall weiß keiner was damit anzufangen. Und so hatte ich mich auch über die Vitamintabletten lustig gemacht. Sie sterilisieren uns nur gegen die Wirklichkeit, hatte ich gesagt. Doch Blaise ließ sich nicht dadurch beirren. Er meinte, man habe sich jeder zeitgemäßen Erfindung zu bedienen, auch wenn man von ihrem nur relativen Nutzen überzeugt sei. Die, die wir Wilde nennen, argumentierte er, haben auch ihre Mittelchen, die es ihnen ermöglichen, unmenschliche Strapazen zu überstehen. Ich konnte mich jedoch nie ganz des Eindrucks erwehren, daß Blaise es nur darum so gewissenhaft mit seinen Zahlen nahm, weil ihm das einen Halt verschaffte. Während ich der Meinung war, daß wir rascher vorankommen würden, wenn wir gar nicht mehr nach rückwärts dächten. Blaise nannte das eine umgekehrte Romantik.

Das alles war jedoch oft genug gesagt worden – es gehörte schon beinahe zur Verdauung –, und diesmal sagte ich nichts. Ich bin überzeugt, daß ihm das auffiel, doch auch er sagte nichts. »Es klart immer mehr auf«, stellte er fest, als wir mit den Zahlen fertig waren. Und in der Tat, das konnte man auch ohne Instrumente sehen. Von dem erfrorenen Mann nahmen wir keinerlei Notiz. Wir schlenderten dann zu den Vorratssäcken zurück, die wir immer ums Zelt legten, um ihm mehr Festigkeit zu geben. Außerdem konnten wir es so rechtzeitig merken, wenn die Hunde darüber hergefallen wären. Man mußte immer damit rechnen, daß es sie überkam. Blaise stieß ein paarmal mit dem Fuß gegen die Säcke, und ich ahmte ihn nach. Alles ohne ein Wort. Dann krochen wir ins Zelt und rauchten eine Zigarette. Das war eine zusätzliche Zigarette; denn wir hatten nicht viel, zwei Stück pro Mann und Tag. Zu Anfang war ein wenig damit gewüstet worden. Wir glaubten, daß die anderen schliefen, aber das war nicht der Fall. Oder sie wachten vom Tabakgeruch auf. Denn plötzlich fragte einer aus dem Schlafsack heraus: »Na, und was wollen wir nun mit dem Kerl anfangen?« Die Stimme klang zornig; der Mann räusperte sich wiederholt, als er das gesagt hatte. Und es war klar, daß auch die anderen zuhörten. Es ließ sich also doch nicht umgehen, darüber zu reden.

Blaise antwortete nicht gleich. Es war eine ganze Weile sehr still im Zelt. Niemand drängte ihn, es eilte ja auch nicht. »Wir werden ihn morgen fotografieren«, sagte er endlich.

»Und dann?« fragte es aus dem Schlafsack.

»Wir können ja versuchen, das Eis unter seinen Füßen loszuhacken, und ihn dann hinlegen. Für ihn bleibt es sich gleich, ob er steht oder liegt. Es wäre nur der Ordnung wegen. Machen wir uns nichts vor.« Und nach einer Pause fügte er hinzu: »Der Mann ist nicht so wichtig.«

»Was denn?« fagte die beharrliche Stimme.

»Und wenn wir ihn nicht getroffen hätten?« rief Blaise. Er verlor die Geduld, lenkte aber sofort ein. Es war auch eine dumme Antwort; denn wir hatten ihn ja getroffen. »Wichtig ist nur«, bemühte er sich so ruhig und sachlich wie sonst zu sprechen, »daß wir hier in unserm Zelt sitzen und mit unserm gesunden Menschenverstand überlegen, wie weit wir es gebracht haben.«

»Ein komischer Anlaß dazu, ein erfrorener Mann.« Diesmal war es Patrick, der sich äußerte. Es sollte höhnisch klingen.

»Gerade weil er erfroren ist und wir noch nicht. Ich mache ihm ja keinen Vorwurf daraus, es ist seine Sache. Immerhin, wir haben den Beweis erbracht, daß man bis zu diesem Punkt kommen kann, ohne zu erfrieren. Das ist nicht viel, aber wir haben ja auch nicht viel erwartet. Nach allem, was man uns beigebracht hat, müßten wir schon längst erfroren sein.«

»Aber wie kommt er hierher?« fragte einer.

»Und wie kommen wir hierher? Wenn man uns in zehn oder hundert Jahren hier findet, wird man genauso dumm fragen. Per Schlitten oder zu Fuß, ganz einfach. Wahrscheinlich zu Fuß. Der Mann ist kein Vorbild. Vielleicht bildete er sich das ein und da ihn niemand für voll nahm, lief er hierher. Eine billige Tour, aber uns kann er nicht täuschen. Auch seine Pose nicht. Das alles sind Sentimentalitäten. Wenn wir damit arbeiten wollen, hätten wir lieber zu Haus bleiben sollen. Dort gibt es genügend Abnehmer dafür.«

Wenn ich an dem Gespräch teilgenommen hätte, würde ich unbedingt das Lächeln erwähnt haben, denn es schien mir das Wichtigste zu sein. Aber da die anderen nicht darauf kamen, ließ auch ich es und hörte lieber zu.

»Könnte man ihn nicht auftauen?« fragte einer.

»Wir brauchen unser bißchen Hartspiritus für uns selbst.«

»Ich habe mal eine Geschichte von einer Frau in Eis gelesen«, sagte Patrick. »In einem Eisblock aus der Eiszeit. Als man ihn auftaute, weil man die Frau haben wollte, zerfloß sie zu Schleim.«

»Doch möglicherweise hat er ein Papier mit Aufzeichnungen in der Tasche«, meinte der andere.

»Und was sollen wir damit anfangen?« fragte Blaise.

»Es könnte uns einige Aufklärung verschaffen.«

»Von dem armen Eiszapfen?«

»Oder sein Name und warum und wieso. Vielleicht steht er noch gar nicht so lange da. Wir könnten dann über ihn Auskunft geben.«

»Wem bitte?« fragte Patrick.

»Irgendwelchen Angehörigen. Einer Braut oder so.«

»Die Schätzchen sind klüger als du«, höhnte Patrick. »Sie fackeln nicht lange und suchen sich was anderes, wenn man nicht heimkommt. Und recht haben sie. Wohin kämen wir sonst.«

Alle lachten und sprachen von da an über die Weiber, wie es so geht. Blaise und ich krochen in unsre Schlafsäcke. Allmählich hörten die anderen auf, weil sie müde waren, und es wurde still im Zelt.

Auch draußen war es sehr still. Ich wartete wohl mehrere Stunden, bis ich dachte, daß es Nacht wäre. Dann schob ich die Kappe vom Ohr und horchte. Sie schienen alle zu schlafen. Auch in der Gegend, wo Blaise lag, regte sich nichts. Vorsichtig kroch ich aus dem Schlafsack, wozu ich viel Zeit brauchte, da wir wegen der Enge und auch wegen der Wärme fast aufeinander lagen. Doch es gelang mir, ohne daß einer aufwachte. Als ich die Zeltbahn, die den Eingang verschloß, aufhob, ließ ich sie erschrocken wieder fallen. So hell war es draußen, vom Mondlicht. Das hatte ich nicht bedacht. Aber niemand schien es bemerkt zu haben, und so schlüpfte ich rasch hinaus. Zum Glück nahmen auch die Hunde keinen Anstoß daran. Ich stand mich gut mit ihnen.

Es war völlig windstill. Wir hatten sieben Wochen lang ununterbrochen gegen den Sturm ankämpfen müssen; bald war er stärker, bald schwächer, doch immer war Getöse und Brausen. Um so überraschender war diese Stille. Ganz unvorstellbar. Ich hätte beinahe das Gleichgewicht verloren, da ich mich gewohnheitsmäßig vornüber legte. Am Himmel stand ein Dreiviertelmond, ohne sich zu bewegen. Als ob er allen Wind und alle Wolken aufgeschlürft habe und verdaue nun.

Ich ging zu dem Mann hin und setzte mich ihm gegenüber in den Schnee. Ich wollte mich ganz allein an seinem Lächeln erfreuen, das war die Absicht. Jetzt warf er einen deutlichen Schatten. Die Eiskristalle in seinem Bart glitzerten. Er lächelte immer noch, es war sogar besser zu erkennen als bei Tage. Sein Gesicht war wie eine Landschaft, die mir sehr bekannt vorkam. Busch und Tal und alles, wie es sein soll. Jeden Augenblick konnten die Nachtigallen darin singen oder ein Kauz wehklagen. Ich grübelte nach, wo es gewesen war. Denn dann hätte ich auch ohne ein Papier sagen können, woher der Mann stammte. Trotzdem hatte Blaise recht, das ist ganz unwichtig. Für unsereinen ist die Herkunft nicht wichtig. Sie hindert nur am Vorankommen. Dieser Mann blickte auch nicht nach rückwärts. Er lächelte nach dort, wohin wir weiterziehen wollten.

Vielleicht sieht er etwas, dachte ich und stand auf. Zum Beispiel kann es ja möglich sein, daß irgendwo in der Ferne noch mehr solche wie er dastehen. In gewissen Abständen wie Telegraphenmasten; eine ganze Kette, nach der man sich richten kann. Doch ich sah nichts als die nackte, endlose Schneefläche.

Ich stellte mir vor, ich stände da hinten ein paar hundert Meilen weiter. Natürlich auch erfroren, doch immerhin. Und ich versuchte zu lächeln, doch es gelang mir nicht. Ich dachte und dachte, immer schneller ging es; denn das Denken wollte ich auf keinen Fall aufgeben, das war das letzte – und dabei wußte ich schon, daß gar nichts mehr da war, um es nachzudenken. Ich schwitzte sogar unter den Achseln, trotz der Kälte. Am liebsten hätte ich aufgeschrien, es wäre sicher eine große Erleichterung gewesen.

Als ich mich umdrehte, um dem Kerl das infame Lächeln zu zerschlagen – denn sonst war nichts zur Hand, um es zu zerschlagen –, hätte ich beinahe Blaise getroffen, der hinter mir stand. Der Schlag ging vorbei. Ich taumelte, und er fing mich auf.

»Laß mich los«, schrie ich wütend.

»Ich halte dich ja gar nicht. Wie käme ich dazu!« sagte er und gab mich frei. »Vielleicht würde ich mich sogar von dir schlagen lassen, ohne mich zu wehren. Um der tierischen Wärme willen, die dabei entsteht. Aber wie lange reicht das? Alle unsere Handlungen hier sind nichts als Flucht in eine Aktivität, deren Objekt wir erst produzieren müssen, ohne daran zu glauben. Das ist die Wirkung der auszehrenden Widerstandslosigkeit dieser Welt um uns. Wir haben eine Erfahrung über uns gemacht, und das war ja unsre Absicht.«

»Besser, du redest nicht so viel«, sagte ich.

»Natürlich wäre es besser, aber wofür hältst du mich. Ich bin doch nicht wie der da mit seinem Lächeln. Nein, zerschlag ihn nicht. Er kann auch nicht dafür. Außerdem würde es mir die Fotografie verderben, die ich von ihm machen will. Er scheint mir aus dem Material zu sein, aus dem von jeher Götter gemacht wurden. Und dafür ist immer Bedarf. Wir werden den Leuten das Bild zeigen und sagen: Wir haben einen erfrorenen Gott entdeckt. Er ist von euch gegangen, weil ihr nicht genug an ihn geglaubt habt. Doch er ist euch nicht böse; denn seht, er lächelt. Durch euern Unglauben habt ihr ihm die Gelegenheit geboten, ein Gott zu werden. – Nein, den letzten Satz wollen wir lieber fortlassen. Ein schöner Mythos, nicht wahr. Wahrhaftig, Grund genug, um zu lächeln. Nur nicht für uns, mein eisiger Liebling. Denn der Trost, mit dem ein Gott sich tröstet, reicht nicht für uns aus. Weil nämlich die Wollust, die dir das Gefühl, dich für andere geopfert zu haben, bereitet, nicht aufkommt gegen die Wollust, die uns hierhergeführt hat: Endlich einmal versuchen, sich für sich selbst aufzuopfern – bis zum letzten Rest.«

»Sei doch still. Ich weiß alles vorher, was du sagen willst«, bat ich ihn, um ihn davon abzubringen.

»Um so besser. Das erspart uns Tiraden, die der da doch nicht versteht. Zur Sache! Wir haben noch für knapp zwei Wochen Proviant. Bis zum nächsten Depot zurück brauchen wir zwei Wochen, wenn nichts schiefgeht. Doch voraussichtlich werden wir die Rationen kürzen müssen. Du bist gegen die Anlage des Depots gewesen, das ist wahr. Aber mitnehmen hätten wir das Zeug auch nicht können; wir wären dann nicht einmal bis hierher gelangt. Selbstverständlich können wir mit dem, was wir haben, auch noch zwei oder sogar drei Wochen weiterziehen. Glaubst du, daß es noch Sinn hat?«

»Es gibt keine Heimkehr«, sagte ich.

»Antworte nicht so rasch. Ich kann das, was ich sagen will, nicht zweimal sagen. Was wir gestern dachten, stimmt nicht mehr. Es ist weniger dieser Mann, der mich stutzig macht, als die absolute Stille, in die wir geraten sind. Eine ganz neue Situation. Es ist überhaupt kein Widerstand mehr da, das ist entsetzlich. Hörst du? Ich sage: entsetzlich. Die Nüchternheit gebietet mir, das zuzugeben. Es wird auch das gewesen sein, was den Burschen da zur Strecke gebracht hat. Allerdings wird er vorher die Nerven verloren haben. Nun, das kann jedem passieren. Er wird von seinen Leuten weggelaufen sein... Warum bist du eigentlich nicht weggelaufen? Als du aus dem Zelt krochst, nahm ich bestimmt an, daß du es wolltest. Und ich habe dir doch Zeit genug gelassen dazu, du Idiot. Dann wäre alles einfacher gewesen. Schon gut. Vermutlich sind es die geschmähten Vitaminpillen gewesen, die dich daran gehindert haben. Die Chance ist sowieso verpaßt. Für uns beide. Wie dem auch sei, wir müssen eine Entscheidung treffen. Die anderen werden tun, was wir beschließen; sonst würden sie nicht schlafen. Sie werden nur zu gern umkehren. Sie reden schon viel von Frauen, das ist ein sicheres Zeichen. Doch ich halte sie für anständig genug, aus Kameradschaft auch mit uns weiterzuziehen, um gemeinsam mit uns zu erfrieren. Wir alle fünf. Lohnt sich das noch, nachdem uns dieser Bursche da zuvorgekommen ist? Das braucht man doch nicht zweimal zu machen. Zu fünfen wird auch nicht mehr daraus.«

»Das andere ist unmöglich«, sagte ich.

»Was? Heimkehr?«

»Ja.«

»Eine große Neuigkeit«, höhnte Blaise. »Als ob wir das nicht vorher gewußt hätten. Als ob wir nicht deshalb die Laichplätze der großen Gefühle verließen, von denen die Oberfläche so verschleimt war, daß man keine klare Sicht mehr hatte. Heimkehr, ein Aphrodisiakum. Zu den Altären zurückkriechen. Und zu den Mädchen ins Bett. Wer spricht denn von Heimkehr? Ich spreche von Scheitern. – Was meinst du, ob unser Schneemann wohl ein Papier in der Tasche hat? Ich traue ihm nicht recht. Er sieht ganz nach einem aus, der es sich nicht eingestehen will, daß er gescheitert ist. Und solche Leute pflegen die Welt mit ihrer kleinen Vergangenheit zu belasten. Stammt nicht alles, was geredet und geschrieben wird, von Gescheiterten? Ich brauche ja nur mich zu nehmen. Aber lassen wir ihn. Indem wir ihn zu erklären versuchen, erklären wir nur uns selbst. Auch seine aufrechte Pose ist nichts Neues. Als ob wir das nicht schon hundertmal geübt hätten, nachts in unserm Zimmer, wenn nichts mehr war, was uns ablenken konnte. Während sich ringsum die Nachbarn am Dunst ihres eigenen Leibes wärmten.

Genug! Was bleibt uns denn anderes übrig? Die Nerven verlieren? Das mag zu seiner Zeit gut gewesen sein; man zog Erkenntnise daraus, und wenn man Glück hatte, wurde man ein Heiliger. Doch es entspricht leider nicht mehr der Entwicklung unseres Gehirns. Es wäre Pfuscherei. Darum habe ich mich entschlossen zu scheitern. Alles andere ist so möglich, daß es mir verdächtig geworden ist, und so bleibt mir nur noch das Allerunmöglichste: Zurückzugehen bis zu dem Punkt, wo ich das Leben eines Gescheiterten zu führen in der Lage bin, ohne andere darunter leiden zu lassen. Meinetwegen bis zu den Altären und Mädchen. Wenn sie mich nötig haben, um ihre Existenz zu bejahen, weshalb denn nicht? Sie wollen ja nur das von uns, was sie brauchen können, und das können wir leicht geben. Aber werde ich das können? Denn davon hängt es ab, ob wir eines Tages reif werden, diese schöne Stille zu genießen. Doch mir ist so erbärmlich kalt zumute, daß ich Angst habe, alles zu erfrieren, was ich künftig berühre.«

»Komm«, sagte ich und half ihm aus dem Schnee auf. Und dann sagte ich ihm noch, daß ich wohl seinetwegen vorhin nicht weggelaufen wäre. Doch ich glaube, er hat es nicht gehört, weil ich natürlich nur leise sprach.

»Weißt du«, fing er wieder an, »unser Freund lächelt vielleicht gar nicht. Es ist vielleicht nur ein Muskelreflex, und wir meinen es nur. Es kann aber auch sein, daß er sich irgendein Eiapopeia vorsingen wollte – Spieglein, Spieglein an der Wand! oder so etwas –, um sich selbst zu hören, und dabei kam ihm eine Schneeflocke auf die Zunge. Ach, wie gern hätte ich das Mal um ein paar Meter weiter hinausgerückt.« Der Mond stand jetzt hinter dem Erfrorenen und schien auf Blaises Gesicht.

»Was soll das«, rief ich, weil ich erschrak; denn ich sah, wie er alberne Grimassen schnitt.

»Ich versuche mir sein Lächeln abzugucken«, sagte er. »Beim Fotografieren kommt es vielleicht nicht deutlich heraus, und möglicherweise kann man es mal brauchen, um irgendein armes Wesen damit glücklich zu machen.«

Ich hakte ihn unter. Wir waren so eingepackt in Wolle, Leder und Fell, daß wir wie zwei mit Lumpen vollgestopfte Puppen anzufühlen waren. Von einem warmen Leib, der darin steckte, merkte man nichts. Aber unsre Bewegungen waren die gleichen. So gingen wir zum Zelt zurück. Morgen werden wir den Wind im Rücken haben, dachte ich, und Blaise dachte sicher dasselbe. Wozu sollten wir noch sprechen?

Dies habe ich sehr viel später aufgeschrieben, so gut ich konnte.

ROLF SCHROERS

Das Gericht

»Der Gerichtsportier döste in seinem Glaskasten vor sich hin. Die Halle war verlassen, Samstagnachmittag, der Geschäftsverkehr abgelaufen. Er kaute an seinem Butterbrot. Dann hielt er mit Kauen ein.

Ein junger Mann in dünnem Mantel hatte die Halle betreten. Er zauderte vor der schwingenden Pendeltür, seine Augen suchten herum, und mit eng angewinkelten Ellbogen schob er die Hände in die schrägen Manteltaschen. Er sah den Gerichtsportier nicht, der ihn durch sein Glasfenster beobachtete.

Dann knirschten die Schritte des jungen Mannes zögernd über die Fliesen. Er trat nicht fest auf, bewegte sich unsicher nach rechts an der Wand entlang und schien die schwarzen Bretter zu besichtigen, an denen die Terminankündigungen und Aufgebote zu Todeserklärungen befestigt waren. Vor einem Steckbrief verharrte er längere Zeit regungslos. Doch hatte er keine Ähnlichkeit mit der verwaschenen Photographie auf dem Steckbrief.

Noch einmal sah sich der junge Mann um, mit einem scheuen, mißtrauischen Blick, ging wieder ein paar Schritte und hielt unmittelbar vor dem Gerichtsbriefkasten. Offenbar glaubte er sich unbeobachtet. Den Portier in seinem Glasgehäuse hatte er noch nicht bemerkt, und er zog mit hastiger Heimlichkeit einen gelben Umschlag aus der Tasche, den er in den Schlitz des Briefkastens schob.

Der junge Mann atmete auf und strich zittrig die Haare aus der Stirn. Noch einmal beugte er sich vor und studierte die Aufschrift auf dem Kasten, um herauszubekommen, wann er das nächste Mal geleert wurde.

Jetzt hüstelte der Portier in seiner Glasloge vernehmlich. Der junge Mann schrak zusammen, wandte sich schnell und strebte mit immer schleunigeren Schritten dem Ausgang zu. Schließlich lief er fast, die Hände in den Manteltaschen, die schmalen Schultern vorgeneigt.

Der Portier schlüpfte, flink trotz seiner Behäbigkeit, aus seiner Loge, eilte dem jungen Mann nach, sah aber, als er die schwingende

Pendeltür erreichte, nur noch, wie der verdächtige Besucher mit federnden Schritten, immer mehrere Stufen zugleich nehmend, die flache Treppe hinabsprang, unten angelangt sich noch einmal feixend umsah und blitzschnell verschwand.

Mit einem Grunzlaut, der Verachtung und Gleichmut ausdrücken sollte, trat der Portier zurück, zögerte, ging dann zu jenem Briefkasten, starrte ihn fragend an, klopfte sogar gegen das grau gestrichene Holz und grübelte eine Weile. Er mochte einsehen, daß hier keine Auskunft zu erwarten war, und er hatte weder die Befugnis noch die Möglichkeit, den Kasten zu öffnen. Jedenfalls schlurfte er schließlich mit verdrossener Miene in seine Glasloge zurück. Das Geheimnis quälte ihn, und es wurde nicht viel besser dadurch, daß er schließlich große Stücke von einem Butterbrot in den Mund stopfte und zermalmte, auch nicht, als er die Zeitung erneut aufschlug, die er schon von vorne bis hinten durchgelesen hatte. Die Halle war trüb, staubig und leer, ohne jegliches Geräusch, außer dem, das der Portier mit seinem Kauen und Schmatzen machte. Er fühlte sich betrogen.

Indessen war der junge Mann, die Hand gegen sein Herz gepreßt, über die Hauptstraße gelaufen, eine lange Strecke weit, und erst am Eingang des Gasthauses »Zur Majestät« hielt er an. Er verschnaufte, rückte an seinem Kragen, sah sich um, lachte auf einmal künstlich, dann, als habe er sich einen Anstoß dazu gegeben, strich er sich die Haare glatt und betrat das Lokal. Sein Blick suchte flink über die weißgedeckten Tische. Er fand seinen Mann und lächelte verbissen. Der Mann saß lang und steif hinter einem Sträußchen von Studentenblumen, und er winkte jovial mit der Hand, als er den Eintretenden gewahrte. Der strebte nun durch die Tischreihen direkt auf den Langen zu, dessen Gesicht, je näher der Jüngling kam, desto mehr sich mit freudigen Falten überzog. Bei diesem Anblick verkniff der junge Mann die Lippen. Er war immer noch ein wenig atemlos, als er den Langen begrüßte.

»Guten Tag, Herr Richter«, sagte er förmlich, den anderen bei seinem Titel anredend.

Er rückte sich einen Stuhl zurecht und sah sich flüchtig um. Das Lokal war nur mäßig besetzt. Zwar konnte man alles haben seit der Währungsreform, aber das Geld war knapp. Am Nachbartisch, dem jungen Mann gerade gegenüber, saß eine rotgekleidete Dame, die ihr Gesicht mit einem Puderquästchen betupfte und dabei die Augen in Richtung auf einen kleinen Spiegel verdrehte, den sie in der Hand hielt. Sie sah plötzlich auf, dem jungen Mann voll ins Gesicht, und lachte. Dabei zuckte ihre kleine, spitze Zunge über die Lippen. Der junge Mann senkte hastig den Kopf und hörte auf das, was ihm der Richter sagte. Er mußte sich anstrengen, aufmerksam zu sein. Er war sehr zerstreut.

Der Richter klopfte ihm vertraulich auf den Arm.

»Heute sind Sie mein Gast«, sagte er, laut und zutunlich.

Er winkte den Ober heran, der alsbald seinen bebrillten, kahlen Kopf über die Schulter des Richters beugte und den jungen Mann gönnerhaft anlachte, wie um anzudeuten, daß er bei ihm in guten Händen sei.

»Alle lachen«, dachte der junge Mann verstört. »Und soeben habe ich sogar selbst gelacht.«

Nervös griff er einen Bierdeckel und begann damit zu spielen.

»Meine Frau ist gestorben«, sagte der junge Mann unvermittelt.

Der Richter starrte einen Augenblick betroffen, dann stellte er sein Gesicht auf die Mitteilung ein, drückte Trauer und Trostbereitschaft aus.

»Mein herzliches Beileid«, sagte er mit schwingender Stimme.

Der junge Mann warf den Bierdeckel hin.

»Ach!« sagte er abwehrend und lachte kurz auf.

Der Richter hatte bei dem jungen Mann gewohnt: als Flüchtling, bevor er in seine jetzige Stelle berufen wurde. Seine Frau und die Frau des jungen Mannes hatten sich stets gestritten, und der junge Mann hatte dem Richter weidlich zugesetzt. Sie sahen sich danach zum ersten Mal wieder.

Der Ober wartete mit eingewachsenem Lächeln auf die Bestellung.

»Ja«, sagte der Richter hüstelnd. »Was nehmen wir denn? Sie können wählen, was Sie wollen, Sie sind mein Gast heute. Das müssen Sie mir erlauben.«

»Champagner!«

Der Richter lachte vorsichtig, und der Ober lachte beflissen mit. Augenblicke sickernder Peinlichkeit.

»Schorle«, sagte der junge Mann.

»Ja! Das erfrischt«, pflichtete ihm der Richter erleichtert bei und klopfte erneut auf den Arm des jungen Mannes. Der Kellner eilte davon.

Die rotgekleidete Dame spielte mit den Fingern, als gäbe es sonst nichts zu tun auf der Welt; aber sie wußte natürlich, daß der junge Mann ihr zusah. Dieser, in seinem Zorn, hatte Lust, den Richter sitzen zu lassen und an den Tisch der Dame zu wechseln.

»Welche Narrheit«, dachte er, »sich mit dem Richter zu treffen!« Er wartete auf die Schorle, vielleicht würde der Richter von Goethe reden, wie es der junge Mann von früher her kannte, und die ganze Zeit über dachte er an den gelben Brief, den er in den Kasten des Landgerichts gesteckt hatte, der vielleicht schon herausgeholt, geöffnet, gelesen, auf Grund dessen vielleicht schon die Polizei auf seine Spur gesetzt war. Argwöhnisch sah er den langen Richter an, der behaglich drauflosplauderte, das Thema schon von dem Trauerfall weg und auf dieses und jenes gewechselt hatte, voller Verständnis für die Einsilbigkeit des jungen Mannes.

Der junge Mann hatte sich angezeigt. Er hatte im Krieg einen Juden erschossen, selbst und eigenhändig. Mit dem Brief im gelben Umschlag hatte er sich dem Gericht gestellt, und der Mann vor ihm konnte sein Richter sein. Er bedurfte noch einer Galgenfrist, um mit sich ins reine zu kommen. Jetzt hinderten ihn die Vorgänge der letzten Stunde, wie mit Kristallstift in das Gedächtnis geritzt, an jeder gründlichen Überlegung. Vor allem sah der junge Mann nicht, was auf ihn zukommen wollte. Die Schorle war aufgetragen, man hatte sich zugeprostet und an dem spritzigen Zeug genippt. Die Dame am Nachbartisch stand auf, doch wechselte sie nur den Stuhl. Sie setzte sich mit dem Gesicht gegen den jungen Mann, zog die Backen ein und führte langsam eine Zigarette in einer langen Ebenholzspitze an die aufgeworfenen Lippen.«

Ich unterbrach mich, hörte draußen den Wind durch die Äste streichen. Vater nahm hastig seine Falle wieder auf, die er in den Schoß hatte sinken lassen. Ich hörte ihn schnaufen. Arglos sah mich die Mutter an und winkte mir mit den Lidern. Ich beugte mich wieder über die Papiere. Ein Frösteln stieg mir über den Rücken.

»Während der Richter behaglich und weitschweifend erzählte, wie er eine kulturelle Vereinigung gegründet und zu rüstiger Tätigkeit gebracht, ja daß er schon daran denken könne, seine Pläne über die Grenzen der Stadt hinaus zu erweitern, irrten die Gedanken des jungen Mannes, wie es ihm häufig geschah, in die Ferne und suchten Erinnerungsbilder auf. Er dachte an den nackten Leib seiner Frau, wie sie mit ihm im heimatlichen Flüßchen gebadet, und an das Kind, das sie ihm hinterlassen hatte, ein ruppiges Bürschchen mit Augen so traurig, als sei ihm ein Spielzeug verlorengegangen.

An seinen Ohren vorbei haspelte die emsige Stimme des Richters in geschwätziger Unwirklichkeit, und auf einmal grauste es dem jungen Mann bei der Einsicht, daß es bei all dem um seinen Kopf und seine Freiheit ging. Unsicher hob er das Glas, und diese Bewegung unterbrach den Richter.

»Sie werden mich zu verurteilen haben«, sagte der junge Mann langsam mit seiner sanften Stimme, dann trank er.

Dem Richter hatte es die Sprache verschlagen, ein Lächeln irrte über sein langes Gesicht, das um eine scherzhafte Aufklärung bettelte. Er rückte die Beine und sah angestrengt und furchtsam auf.

»Ich verstehe nicht!« sagte er gekränkt.

Der junge Mann warf ihm einen spitzbübischen Blick zu.

»Meine Frau ist tot«, sagte er dann sachlich. »Mein Kind wird von den Großeltern verdorben, denn mein Vater trinkt und die Mutter betet; ich weiß nicht, was schlimmer ist. Alle Leute lügen. Und nun möchte ich wissen, Herr Richter, ob der ein großes Verbrechen begeht, der hingeht und sich einer Tat bezichtigt, die jeder getan hat.«

Des Richters Sinn legte sich in dickhäutige Querfalten; er sah sehr töricht aus, konnte nicht erraten, worauf der junge Mann hinauswollte, zumal dieser sich wieder der rotgekleideten Dame zugewandt hatte, die ihm verstohlene Zeichen mit den Augen gab. Ohne den Blick von der Dame zu lassen, hub der junge Mann erneut an.

»Ich vermute, daß sich die anderen in ihrem Gewissen schämen werden, und daß sie mich durch ihren bestellten Richter grausam bestrafen lassen.«

Der Richter ruckte ungeduldig mit dem Kopf.

»Sie spielen da auf Instinkte an, – das Urteil jedoch wird nach dem Gesetzbuch gesprochen.«

Ein Blick des jungen Mannes unterbrach ihn.

»Ich habe mich heute beim Landgericht angezeigt.«

»Wieso?« fragte der Richter gereizt und fingerte über den Tisch.

Der junge Mann zuckte leichthin mit den schmalen Schultern.

»Verzeihen Sie«, sagte er dann ernsthaft.

Der Richter tat ihm leid, – was konnte er wirklich wissen?

Er hob sein Glas und trank es mit einem Zuge leer. Prüfend sah er den Richter an.

»Verzeihen Sie, ich habe Sie – sozusagen – in Versuchung geführt. Ich habe mich angezeigt. Das stimmt. Sie werden es Montag, wenn Sie wieder ins Amt gehen, erfahren. Ich weiß nicht einmal, warum ich es getan habe. Sie werden ja sehen. Darf ich noch?«

Der junge Mann hob fragend das leere Glas.

»Natürlich!«

Der Richter nickte eifrig, winkte, und der Ober brachte Gläser zum Tisch. Die rote Dame lachte mit einem feurigen, kecken Laut und drohte dem jungen Mann verstohlen mit einem Finger. Jetzt sah sich sogar der Richter nach ihr um.«

Wieder legte ich eine Pause ein. Die Buchstaben auf meinen Bögen wurden undeutlich, und die Konturen der Bäume verschwanden gegen den Himmel; tiefes Violett färbte die Schatten. Ich stand auf, schaltete das Deckenlicht ein, und die Mutter schloß das Fenster. Sie blinzelte und rieb dann wieder die Hände mit greisenhafter Unermüdlichkeit. Der Vater hatte sich eine Pfeife angesteckt und sah mich böse an durch Schwaden von blauem Rauch.

Ich fand meine Niederschrift mangelhaft. Es war vom Tod nicht die Rede, – daß ich den Tod suchte; nichts stand darin von Alois. Die rotgekleidete Dame war ein schlechter Behelf, um deutlich zu machen, was ich mir dachte. Mit trockenem Gaumen las ich weiter. Im Zimmer war es bedrohlich geworden.

»Der junge Mann hatte den Blick des Richters bemerkt. Seine Stirn bedeckte sich mit Schweiß, und er begann, am ganzen Körper zu zittern.

»Es ist ein Irrtum«, brach es verzweifelt aus ihm heraus.

Er klammerte sich mit den Händen an den Tisch, das Lokal tanzte vor seinen Augen. Wie durch einen Schleier sah er die rotgekleidete Dame sich erheben, mit raschem, selbstverständlichem Griff die Studentenblumen aus der Vase greifen, und dann winkte sie deutlich mit dem Kopf und den Blumen zugleich.

»Ist Ihnen schlecht?« fragte der Richter hilflos.

»Ja – bitte! Ich brauchte einen Schnaps«, sagte der junge Mann.

Als er bedient war, stürzte er das Glas mit einem Zuge hinunter und gab es dem Ober herrisch zurück. Der Ober füllte nach aus der Flasche, die er in der Hand hielt.

»Sie müssen an die frische Luft«, sagte der Richter.

»Schon gut. Es ist schon vorbei. Es ist alles so niederträchtig.« Er suchte durch das Lokal, aber der Platz der rotgekleideten Frau war leer, und auf die Frau kam es vielleicht nicht an. Obwohl es besser gewesen wäre, er hätte an ihrem Tisch gesessen und gelacht, anstatt bei dem Richter mit dem Schafsgesicht. Der junge Mann trank seinen Schnaps und beobachtete, wie der Richter auf die Uhr sah. Es wurde Zeit; aber er saß starr und kalt, durchsuchte den elenden Kopf, ob er denn nicht einen haltbaren Grund für die Selbstbezichtigung finden könne, außer seinem starrsinnigen Trotz.

»Wir wollen gehen«, murmelte er, müde.

Der Ober stellte die Rechnung zusammen. Der junge Mann rechnete in einem nervösen Krampfe mit. Der Ober irrte sich bei der Aufstellung, er rechnete zu wenig aus, und nahm dann vom Richter einen der neuen, grünen Zwanzigmarkscheine entgegen, den er an der Theke wechseln mußte.

»Er hat sich verrechnet, Herr Richter«, sagte der junge Mann.

Der Richter zog die Brauen in die Stirn.

»So?« fragte er und studierte die Rechnung.

Der junge Mann merkte, daß der Richter log. Er hatte den Fehler sogleich bemerkt. Es fiel dem jungen Mann ein, daß der Richter immer geizig gewesen war. Nun wollte er den Kellner betrügen.

Der Ober kam zurück und zahlte aus. Der Richter verbesserte ihn nicht und schob ihm fünf Pfennig Trinkgeld zu. Er warf einen bösen, verlegenen Blick auf den jungen Mann.

»Gehen wir?« drängte er.

Der junge Mann stand auf, sah den Ober an und würgte. Der Ober verließ mit einer Verbeugung den Tisch.

»Das macht er an Trinkgeldern recht bald wieder wett!« raunte der Richter und bemühte sich um scherzhafte Vertraulichkeit. Er klopfte dem jungen Mann auf die Schulter. Der junge Mann schüttelte die Hand des Richters ab.

»Gehen Sie!« sagte er hitzig. »Gehen Sie sofort!«

»Nun, nun«, murmelte der Richter ängstlich.

»Ich rate Ihnen, gehen Sie sofort!« wiederholte der junge Mann; und zitternd setzte er hinzu: »Sehen sie am Montag in die Akten...«

Zögernd nahm der Richter die Aktentasche vom Stuhl, und dann verließ er mit schnellen Schritten das Lokal.

Der junge Mann setzte sich wieder, rief den Ober und spielte mit den Studentenblumen.

»Bitte bringen Sie mir noch einen Schnaps!«

»Sehr wohl, der Herr! Mußte der Herr Richter schon gehen?«

Er nickte. Der Ober kannte ihn also und wurde betrogen.

»Wissen Sie, wer die Dame im roten Kleide gewesen ist?«

»Nun ja«, druckste er. »Eine Dame eben, wie man so sagt. Aber sie ist die schlechteste nicht.«

»Aha«, sagte der Jüngling und wurde blaß.

Er spielte mit den Bierdeckeln, bis der Ober den Schnaps brachte.

»Es war vorhin ein Fehler in Ihrer Rechnung – ich möchte das erstatten!«

Eine Weile saß der junge Mann und trank. Er wurde etwas betrunken und fragte den Ober mehrmals nach der Prostituierten. Schließlich versicherte er lachend, der Richter habe ihm schon sein Urteil gesprochen.

»Er hat mir schon sein Urteil gesprochen, glauben Sie mir! Es ist nur ein schrecklicher Irrtum. Ich habe einen Juden erschossen, und ihn hätte ich erschießen sollen.«

Der junge Mann gestikulierte wild, es war schwer für den Ober, ihn zu beschwichtigen und aus dem Lokal zu entfernen.«

UWE JOHNSON

Grenzübertritt

Da dachte ich, schlicht und streng anzufangen so: sie rief ihn an, innezuhalten mit einem Satzzeichen, und dann wie selbstverständlich hinzuzufügen: über die Grenze, damit du überrascht wirst und glaubst zu verstehen. Kleinmütig (nicht gern zeige ich Unsicherheit schon anfangs) kann ich nicht anders als ergänzen daß es im Deutschland der fünfziger Jahre eine Staatsgrenze gab; du siehst wie unbequem dieser zweite Satz steht neben dem ersten. Dennoch würde ich am liebsten beschreiben daß die Grenze lang ist und drei Meilen vor der Küste anfängt mit springenden Schnellbooten, junge Männer halten sie in den Ferngläsern, scharf geladene Geschütze reichen bis zu dem Stacheldrahtzaun, der heranzieht zum freundlichen Strand der Ostsee, in manchen frei gelegenen Dörfern auf der einen Seite waren die Kirchtürme von Lübeck zu sehen der anderen Seite, zehn Meter breit aufgepflügt, drängt der Kontrollstreifen in den eigens gerodeten Wald, die Karrenwege und Trampelpfade sind eingesunken und zugewachsen, vielleicht sollte ich blühende Brombeerranken darüberhängen lassen, so könntest du es dir am Ende vorstellen. Dann hätte ich dir beschrieben die Übergänge für den Verkehr auf der Straße auf Schienen in der Luft: was du sagen mußt bei den Kontrollen (und was man dir sagt) auf der einen und der anderen Seite, wie die Baracken unterschiedlich aussehen und die Posten unähnlich grüßen und das schreckhafte Gefühl der fremden Staatlichkeit, das sogar Karsch anfiel beim Überfahren des Zwischenraums, obwohl er doch schon oft in fremden Ländern gewesen war ohne auch nur ihre Sprache zu haben. Aber der und sein Aussehen und der Grund seiner Reise sind bisher weniger wichtig als der naturhaft plötzliche Abbruch der Straßen an Erdwällen oder in Gräben oder vor Mauern; ich gebe zu: ich bin um Genauigkeit verlegen. Ich meine nicht die Zahl von zehn Metern, es könnte ja sieben sein unter dem Schnee oder unter der ersten wärmenden Sonne, die aus dem aufgerissenen Boden einen grünen

Flaum unnützer Keime holt, ich meine: der Boden soll in ausreichender Breite locker sein, damit Schritte erkennbar sind und verfolgt werden können und noch angehalten. Nun erwarte von mir nicht den Namen und Lebensumstände für eine wild dahinstürzende Gestalt im kalten Morgennebel und kleine nasse Erdklumpen, die unter ihren Tritten auffliegen, wieder reißt der stille Waldrand unter menschlichen Sprüngen auf, eifriges dummes Hundegebell, amtliche Anrufe, keuchender Atem, ein Schuß, unversehens fällt jemand hin, das wollte ich ebenso wenig wie der Schütze es am besten behaupten sollte gegen Ende seines Lebens; ich hatte ja nichts im Sinn als einen telefonischen Anruf, der nicht als Kundenwunsch erledigt sein sollte vor dem Westdeutschland-Schrank des Fernamtes mit der Stimme des Mädchens, das den Kunden zum Warten abhängt, die Leitstelle ruft und sagt: Gib mir Hamburg. Hamburg – und nach einer Weile eine von den Leitungen in die gewünschte Kontaktbuchse stecken kann, ich habe das selbst gesehen, es wird auch in Filmen gezeigt, irgend wo sind die Drähte zwischen Ostdeutschland und Westdeutschland zusammengefaßt, da gehen sie also über die Grenze, wen wundert das. Ungern setze ich hinzu, daß es aber unverhältnismäßig wenige Leitungen sind, die demnach leicht im Ohr zu behalten wären: man könnte an angeschlossene Tonbänder denken und meinen ich sei gehässig; ich wollte es nur jedenfalls gesagt haben und zu verstehen geben daß einer lange warten muß an einem beliebigen Alltagsabend und sogar nachts, wenn es denn ein solches Gespräch sein soll: und daß sie nach allem nicht sicher sein durfte ob das Fernamt ihr sagen ließ: Gewiß ja, oder: wo denken Sie hin. So ist nach der Wartezeit unglaublich die Stimme zu hören: Ihre Verbindung mit Hamburg, melden Sie sich. Das ist nicht alles. Zum Glück auch war Karsch noch wach, er hatte getrunken, er erkannte ihre Stimme sofort und sagte ohne zu fragen ja. Ja: sagte er und legte die Verbindung still, die eigentlich undenkbar war und nicht möglich, wiederum war er hinter der Demarkationslinie: du wirst aus unserem Mißverständnis mit dem Flüchtenden und den Schüssen im Morgengrauen ersehen können welche Art von Genauigkeit ich meine; ich meine die Grenze: die Entfernung: den Unterschied.

Karsch wohnte am Rande von Hamburg; er war aber in der Stadt zu regelmäßigen Zeiten erreichbar zwischen Postamt und Abendessen und Café, bei jeder Reise hinterließ er Nachricht. Er soll nach dem Krieg mit einer Schauspielerin zusammen gelebt haben, das war in Berlin, die war aus dem Osten; augenscheinlich hatten sie bei ihrer Trennung einander gesagt: Wenn etwas ist, will ich dich nicht vergessen haben, oder ähnlich. Denn als sie ihn anrief und zu kommen bat, fuhr er ab von einem Tag auf den anderen. Er hinterließ Nachricht weder über Abreise noch Rückkehr, er durfte ja nicht einreisen für mehr als vierzehn Tage. Da war er unerreichbar, und das Gerücht noch gar nicht kräftig.

Er soll von einem Augenblick auf den anderen abgereist und verschwunden sein, als sogar seine Freunde noch zuversichtlich das Telefon an sich zogen, seine Nummer wählten und beim ersten Pfeifen unverändert gewiß waren er werde die linke Hand von der Schreibmaschine nehmen unachtsam den Schallarm abnehmen und ans Ohr holen, da er den Blick nicht vom Geschriebenen entfernte (so hatten sie ihn beobachten können): Karsch. Erst bei der Vorstellung unüberraschten alltäglichen Weitersprechens, die nun aber mit dem zweiten Rufzeichen zusammenkam und mit dem dritten ermüdete, fiel die Erinnerung seiner Wohnung (in der er am Tisch saß, die Hände von den Tasten nahm, blicklose Bewegung zum Telefon) so sehr auseinander, als sei seine Stimme gleich anfangs vergessen gewesen. So habt ihr gesagt, nachdem er in der zweiten Woche nicht zurückgekommen war und die unvermutete Enttäuschung eurer Anrufe nur zu erinnern als vorausgewußte Bestätigung aller Warnungen, die ihr ihm gar nicht hattet aussprechen können.

Bibliographie

Die Bibliographie nennt an erster Stelle jeweils die Ausgabe, die dieser Anthologie als Druckvorlage gedient hat. Des weiteren sind zur Information des Lesers Hinweise auf die Erstveröffentlichung und die erste Buchausgabe aufgenommen worden. Eckige Klammern bezeichnen das Entstehungsjahr des betreffenden Werkes.

Herausgeber und Verlag danken den Autoren, lizenzgebenden Verlagen und allen sonstigen Rechtsinhabern für ihr freundliches Entgegenkommen bei der Gewährung der Abdruckrechte.

AICHINGER, ILSE (Wien 1. 11. 1921)
Spiegelgeschichte. Aus: Der Gefesselte. Erzählungen. S. Fischer Verlag Frankfurt/M. 1953. S. 61–73 (= Erste Buchausgabe).
Erstdruck: Merkur 4. Jg. 1952. Heft 1.

ANDERSCH, ALFRED (München 4. 2. 1914 – Berzona/Locarno 21. 2. 1980)
Grausiges Erlebnis eines venezianischen Ofensetzers. Aus: Akzente 6. Jg. 1959. Heft 2. S. 160–166 (= Erstdruck).
Buchausgabe: Alfred Andersch, Gesammelte Erzählungen © 1990 by Diogenes Verlag AG, Zürich. Der Abdruck erfolgt mit freundlicher Genehmigung der Diogenes Verlag AG, Zürich

ANDRES, STEFAN (Dhrönchen b. Leiwen Kr. Trier 26. 6. 1906 – Rom 26. 6. 1970)
Die Himmelsschuhe. Aus: Positano. Geschichten aus einer Stadt am Meer. R. Piper & Co. Verlag München 1957. S. 139–147 (= Erste Buchausgabe).

BARTH, EMIL (Haan 6. 7. 1900 – Düsseldorf 14. 7. 1958)
Beim Uhrmacher. Aus: Gesammelte Werke Bd. 1, hg. v. F. N. Mennemeier. Limes Verlag Wiesbaden 1960. S. 383–387. [1947]
Erstdruck: Verzauberungen. Drei Prosastücke. Jahresgabe 1947/48 des Vereins für Literatur und Kunst e. V. Duisburg. Duisburg-Hamborn 1948 (= Erste Buchausgabe).

BENN, GOTTFRIED (Mansfeld 2. 5. 1886 – Berlin 7. 7. 1956)
Gehirne. Aus: Frühe Prosa und Reden. Limes Verlag Wiesbaden 1950. S. 77–84.
Erstdruck: Die weißen Blätter, 2. 2. 1915.
Erste Buchausgebe: Gehirne. Novellen, Kurt Wolff Verlag Leipzig 1916 (= 35. Bd. der Bücherei Der Jüngste Tag).

BERGENGRUEN, WERNER (Riga 16. 9. 1892 – Baden-Baden 4. 9. 1964)
Die Fahrt des Herrn von Ringen. Aus: Die Flamme im Säulenholz. Novellen. Nymphenburger Verlagshandlung ⁵1961 (¹1955). S. 119–126. [1919]

Erstdruck: Rosen am Galgenholz. Geschichten vom anderen Ufer. Dom Verlag Berlin 1923 (= Erste Buchausgabe). Der Abdruck erfolgt mit freundlicher Genehmigung des Arche Verlages Zürich.

BÖLL, HEINRICH (Köln 21. 12. 1917 – Kreuzau-Winden 16. 7. 1985)
Es wird etwas geschehen. Eine handlungsstarke Geschichte. Aus: Doktor Murkes gesammeltes Schweigen und andere Satiren. Kiepenheuer & Witsch Verlag Köln / Berlin 1960 (¹1958). S. 107–117 (= Erste Buchausgabe).
Erstdruck: Aufwärts (Illustrierte Zeitung des Deutschen Gewerkschaftsbundes für junge Menschen) 9. Jg. Nr. 4, Köln 15. 4. 1956.

BORCHERT, WOLFGANG (Hamburg 20. 5. 1921 – Basel 20. 11. 1947)
Nachts schlafen die Ratten doch. Das Gesamtwerk. Rowohlt Verlag Hamburg ²1952 (¹1949). S. 248–251. [1947/47]
Erstdruck: An diesem Dienstag. Neunzehn Geschichten. Rowohlt Verlag Hamburg / Stuttgart 1947 (= Erste Buchausgabe).

BRECHT, BERTOLT (Augsburg 10. 2. 1898 – Berlin 14. 8. 1956)
Herrn K's Lieblingstier. Aus: Versuche Heft 12. Suhrkamp Verlag Berlin 1958 (¹1953). S. 153 (= Erstdruck u. erste Buchausgabe).
Maßnahmen gegen die Gewalt. Aus: Versuche Heft 1. Suhrkamp Verlag Berlin / Frankfurt / M. 1959. S. 25–26.
Erstdruck: Versuche Heft 1. Gustav Kiepenheuer Verlag Berlin 1930 (= Erste Buchausgabe).

BRITTING, GEORG (Regensburg 17. 2. 1891 – München 27. 4. 1964)
Das Märchen vom dicken Liebhaber. Aus: Erzählungen 1941–1960. Nymphenburger Verlagshandlung München 1960 (= Gesamtausgabe in Einzelbänden Bd. V). S. 96–104. Erstdruck: Der Schneckenweg. Erzählungen. Langen-Müller Verlag München 1941 (= Erste Buchausgabe).

BROCH, HERMANN (Wien 1. 10. 1886 – Princeton / USA 30. 5. 1951)
Methodisch konstruiert. Aus: Die Schuldlosen. Roman in elf Erzählungen. Rhein Verlag Zürich 1954 (¹1950). S. 56–69 (= Erste Buchausgabe).
Erstdruck: Summa Bd. 1. Heft 3 (1918) unter dem Titel Methodologische Novelle.

DÖBLIN, ALFRED (Stettin 10. 8. 1878 – Emmendingen 28. 6 1957)
Im Himmel. Der Erzengel Gabriel. Aus: Hamlet oder die lange Nacht nimmt ein Ende. Langen-Müller Verlag München 1956. S. 165–175.
Erstdruck: Hamlet oder die lange Nacht nimmt ein Ende. Rütten & Loening Verlag Berlin 1956 (= Erste Buchausgabe).
Der Abdruck erfolgt mit freundlicher Genehmigung des Walter-Verlages Olten u. Freiburg / Br.

DÜRRENMATT, FRIEDRICH (Konolfingen / Kt. Bern 5. 1. 1921 – Neuchâtel 14. 12. 1990)
Der Tunnel. Aus: Der Hund / Der Tunnel / Die Panne. Drei Erzählungen © 1981 by Diogenes Verlag AG, Zürich.

EISENREICH, HERBERT (Linz / Donau 7. 11. 1925)
Erlebnis wie bei Dostojewski. Aus: Böse schöne Welt. Scherz & Goverts Verlag Stuttgart 1957. S. 77–98 (= Erste Buchausgabe).

Erstdruck: Wort in der Zeit. 2. Jg. 1956. Heft 2.

FRANK, BRUNO (Stuttgart 13. 6. 1887 – Beverly Hills / Calif. 20. 6. 1945)
Chamfort erzählt seinen Tod. Aus: Der Goldene Schnitt. Große Erzähler der Neuen Rundschau 1890–1960. S. Fischer Verlag Frankfurt / M. 1959. S. 415–420.
Erstdruck: Die Neue Rundschau Jg. 1945 / 46. Stockholm 1946. Bd. 1. Erste Buchausgabe: Ausgewählte Werke. Rowohlt Verlag Hamburg 1957.

FRISCH, MAX (Zürich 15. 5. 1911 – Zürich 4. 4. 1991)
Geschichte von Isidor. Aus: Stiller. Roman. Suhrkamp Verlag Frankfurt / M. 1958 (¹ 1954) S. 52–57 (= Erstdruck u. erste Buchausgabe).

GRASS, GÜNTER (Danzig 16. 10. 1927)
Die Linkshänder. Aus: Neue Deutsche Hefte Jg. 5. 1958 / 59. [Heft 1] S. 38–42 (= Erstdruck).

HESSE, HERMANN (Calw 2. 7. 1877 – Montagnola 9. 8. 1962)
Märchen vom Korbstuhl. Aus: Gesammelte Dichtungen Bd. 4. Suhrkamp Verlag o. O. 1952. S. 497–500 [1918]
Erstdruck: Der Korbstuhl. Wieland 4, 1918 / 19, Heft 3.
Erste Buchausgabe: Kleiner Garten. Erlebnisse und Dichtungen Leipzig–Wien 1919.

HOFMANNSTHAL, HUGO VON (Wien 1. 2. 1874 – Rodaun / Wien 15. 7. 1929)
Lucidor. Aus: Die Erzählungen (= Gesammelte Werke in Einzelausgaben) hg. v. Herbert Steiner. S. Fischer Verlag Frankfurt / M. 1953. S. 96–112.
Erstdruck: Neue Freie Presse, Wien 27. 3. 1910.
Erste Buchausgabe: Gesammelte Werke. 1. Reihe Bd. II. S. Fischer Verlag Berlin 1924.

JAHNN, HANS HENNY (Stellingen 17. 12. 1894 – Blankenese 29. 11. 1959)
Ein Knabe weint. Aus: Perrudja. Roman. Europäische Verlagsanstalt Frankfurt / M. 1958. S. 95–106.
Erstdruck: Perrudja. Hamburg 1929 (Privatdruck der Lichtwark-Stiftung) und Gustav Kiepenheuer Verlag Berlin 1929 (= Erste Buchausgabe).
Der Abdruck erfolgt mit freundlicher Genehmigung des Hoffmann und Campe Verlages, Hamburg.

JOHNSON, UWE (20. 7. 1934 – 23. / 24. 2. 1984)
Grenzübertritt. Aus: Das dritte Buch über Achim. Roman. Suhrkamp Verlag Frankfurt / M. 1961. S. 7–10 (= Erstdruck u. erste Buchausgabe).

JÜNGER, ERNST (Heidelberg 29. 3. 1895)
Die Eberjagd. Aus: Werke Bd. 9 (= Erzählende Schriften I). Ernst Klett Verlag Stuttgart o. J. S. 299–308 (= Erste Buchausgabe).
Erstdruck: Story, Jg. 7. Heft 1, Tübingen 1. 1. 1952.

JÜNGER, FRIEDRICH GEORG (Hannover 1. 9. 1898 – Überlingen 20. 7. 1977)
Der Knopf. Aus: Die Pfauen und andere Erzählungen. Carl Hanser Verlag München 1952. S. 30–40 (= Erstdruck u. erste Buchausgabe).

KAFKA, FRANZ (Prag 3. 7. 1883 – Wien 3. 6. 1924)
Auf der Galerie. Aus: Erzählungen. S. Fischer Verlag Frankfurt / M. o. J. (= Gesammelte Werke, hg. v. M. Brod, Bd. IV) S. 154–155.

Erstdruck: Ein Landarzt. Kleine Erzählungen. Kurt Wolff Verlag München/ Leipzig 1919 (= Erste Buchausgabe).

Der Jäger Gracchus. Aus: Beschreibung eines Kampfes. S. Fischer Verlag Frankfurt/M. o. J. (= Gesammelte Werke, hg. v. M. Brod. Bd. V) S. 99–105. [1919]

Erstdruck: Beim Bau der Chinesischen Mauer. Ungedruckte Erzählungen und Prosa aus dem Nachlaß, hg. v. M. Brod u. H. J. Schoeps. Gustav Kiepenheuer Verlag Berlin 1931 (= Erste Buchausgabe).

KASCHNITZ, MARIE LUISE (Karlsruhe 31. 1. 1901 – Rom 10. 10. 1974)

Das dicke Kind. Aus: Lange Schatten. Claassen Verlag Hamburg ⁴1961 (¹1960). S. 144–153 (= Erste Buchausgabe).

Erstdruck: Die Gegenwart 6. Jg. 1951. Nr. 18.

Der Abdruck erfolgt mit freundlicher Genehmigung des Scherpe Verlages Krefeld.

LANGGÄSSER, ELISABETH (Alzey 23. 2. 1899 – Rheinzabern 25. 7. 1950)

Die Bootstaufe. Aus: Das Labyrinth. Fünf Erzählungen. Claasen & Goverts Verlag Hamburg 1949. S. 65–76 (= Erste Buchausgabe).

Erstdruck: Frankfurter Zeitung 3. 10. 1933.

LENZ, SIEGFRIED (Lyck/Ostpr. 17. 3. 1926)

Der Amüsierdoktor. Aus: Das Feuerschiff. Hoffmann & Campe Verlag Hamburg 1960. S. 230–238 (= Erste Buchausgabe).

Erstdruck: The London Magazin, August 1959.

© 1960 Hoffmann und Campe Verlag Hamburg.

MANN, HEINRICH (Lübeck 27. 3. 1871 – Santa Monica/Cal. 12. 3. 1950)

Abdankung: Aus: Novellen Bd. I (= Gesammelte Romane und Novellen Bd. 9). Kurt Wolff Verlag Leipzig o. J. S. 242–257.

Erstdruck: Stürmische Morgen. Novellen. A. Langen Verlag München 1906 (= Erste Buchausgabe).

Der Abdruck erfolgt mit freundlicher Genehmigung des Aufbau Verlages Berlin.

MANN, THOMAS (Lübeck 6. 6. 1875 – Zürich 12. 8. 1955)

Beim Propheten. Aus: Erzählungen (= Stockholmer Gesamtausgabe der Werke von Thomas Mann). S. Fischer Verlag Frankfurt/M. 1958. S. 362–370.

Erstdruck: Das Wunderkind. Novellen. S. Fischer Verlag Berlin 1914 (= Fischers Bibliothek zeitgenössischer Romane. 6. Jg. Bd. 6) (= Erste Buchausgabe).

MÜHLBERGER, JOSEF (Trautenau/Böhmen 3. 4. 1903 – Eislingen 5. 7. 1985)

Der Kranzträger. Aus: Der Galgen im Weinberg. Erzählungen. Bechtle Verlag München/Eßlingen 1960. S. 63–66 (= Erste Buchausgabe).

Erstdruck: Schwäbische Donau-Zeitung, Ulm 7. 4. 1951.

MUSIL, ROBERT (Klagenfurt 16. 11. 1881 – Genf 15. 4. 1942)

Die Amsel. Aus: Prosa, Dramen, späte Briefe (= Gesammelte Werke in Einzelausgaben, hg. von Adolf Frisé). Rowohlt Verlag Hamburg 1957. S. 521–535.

Erstdruck: Die Neue Rundschau Jg. 1928. Bd. I S. 36–51.

Erste Buchausgabe: Nachlaß zu Lebzeiten. Humanitas Verlag Zürich 1936. S. 183–217.

NOSSACK, HANS ERICH (Hamburg 30. 1. 1901 – Hamburg 2. 11. 1977)

Das Mal. Aus: Spirale. Roman einer schlaflosen Nacht. Suhrkamp Verlag Frankfurt/M. 1956. S. 357–372 (= Erste Buchausgabe).

Erstdruck: Merkur 5. Jg. 1951. Heft 6.

PENZOLDT, ERNST (Erlangen 14. 6. 1892 – München 28. 1. 1955)

Der Delphin. Aus: Süße Bitternis. Die gesammelten Erzählungen. Suhrkamp Verlag Frankfurt/M. 1954 (¹ 1951). S. 462–478 (= Erstdruck u. erste Buchausgabe).

RINSER, LUISE (Pitzling/Obb. 30. 4. 1911)

Die rote Katze. Aus: Ein Bündel weißer Narzissen. S. Fischer Verlag Frankfurt/M. ² 1958 (¹ 1956). S. 162–168 [1947]

Erstdruck: Karussell. Literarische Monatsschrift. 3. Jg. 1948. Folge 19.

Erste Buchausgabe: Tausend Gramm. Sammlung neuer deutscher Geschichten, hg. v. W. Weyrauch. Rowohlt Verlag Hamburg 1949.

RISSE, HEINZ (Düsseldorf 30. 3. 1898)

Das Gottesurteil. Aus: Buchhalter Gottes. Erzählungen. Langen-Müller Verlag München 1958. S. 115–118 (= Erste Buchausgabe).

Erstdruck: Jahresring 1955/56. Deutsche Verlags-Anstalt Stuttgart 1955.

ROTH, JOSEPH (Schwabendorf 3. 9. 1894 – Paris 27. 5. 1939)

Seine k. u. k. apostolische Majestät. Aus: Werke in drei Bänden. Kiepenheuer & Witsch Verlag Köln/Berlin 1956. Bd. 2. S. 328–333.

Erstdruck: Frankfurter Zeitung 6. 3. 1928.

Erste Buchausgabe: Panoptikum. Gestalten und Kulissen. Knorr & Hirth Verlag München 1930.

SCHICKELE, RENÉ (Oberehnheim/Elsaß 4. 8. 1883 – Sanary/Riviera 31. 1. 1940)

Das gelbe Haus. Aus: Werke in drei Bänden. Kiepenheuer & Witsch Verlag Köln/Berlin 1959. Bd. 2. S. 1165–1180 (= Erste Buchausgabe).

Erstdruck: Akzente 3. Jg. 1956. Heft 6.

SCHNITZLER, ARTHUR (Wien 15. 5. 1862 – Wien 21. 10. 1931)

Die Toten schweigen. Aus: Gesammelte Werke. Die erzählenden Schriften Bd. 1 S. Fischer Verlag Frankfurt/M. 1961. S. 296–312.

Erstdruck: Cosmopolis 8. Jg. Nr. 22, Oktober 1897.

Erste Buchausgabe: Die Frau des Weisen. S. Fischer Verlag Berlin 1898.

SCHNURRE, WOLFDIETRICH (Frankfurt/M. 22. 8. 1920 – Kiel 9. 6. 1989)

Reusenheben. Aus: Eine Rechnung, die nicht aufgeht. Erzählungen. Walter Verlag Olten u. Freiburg/Br. 1958. S. 31–38 (= Erste Buchausgabe).

Erstdruck: Sie, 10. 4. 1949. (Erste Fassung) u. Frankfurter Allgemeine Zeitung, 2. 4. 1954 (= Zweite Fassung).

SCHROERS, ROLF (Neuß/Rh. 10. 10. 1919)

Das Gericht. Aus: Jakob und die Sehnsucht. Roman. Eugen Diederichs Verlag Düsseldorf 1953. S. 352–361 (= Erstdruck u. erste Buchausgabe).

Der Abdruck erfolgt mit freundlicher Genehmigung des Autors.

WALSER, MARTIN (Wasserburg/Bodensee 24. 3. 1927)
Ich suchte eine Frau. Aus: Ein Flugzeug über dem Haus und andere Geschichten. Suhrkamp Verlag Frankfurt/M. 1955. S. 35–47 (= Erstdruck u. erste Buchausgabe).

WALSER, ROBERT (Teufen/Kt. Appenzell 15. 4. 1878 – Herisau 25. 12. 1956)
Der Tänzer. Aus: Dichtungen in Prosa I (Aufsätze. Kleine Dichtungen). Hrsg. v. Carl Seelig. Holle Verlag Genf-Darmstadt 1953. S. 321–323.
Erstdruck: Kleine Dichtungen. Kurt Wolff Verlag Leipzig 1914 (= Erste Buchausgabe).

WERFEL, FRANZ (Prag 10. 9. 1890 – Beverly Hills/Calif. 26. 8. 1945)
Die Hoteltreppe. Aus: Erzählungen aus zwei Welten. Bd. 2 (= Gesammelte Werke, hg. v. Adolf D. Klarmann). S. Fischer Verlag o. O. 1952. S. 169–180.
Erstdruck: Geheimnis eines Menschen. Vier Novellen. Paul Zsolnay Verlag Wien 1927 (= Erste Buchausgabe).

ZUCKMAYER, CARL (Nackenheim/Rh. 27. 12. 1896 – Visp/Wallis 18. 1. 1977)
Die Geschichte vom Tümpel. Aus: Gedichte, Erzählungen (= Gesammelte Werke Bd. 1). S. Fischer Verlag Frankfurt/M. 1960. S. 223–230)
Erstdruck: Unterhaltungsblatt der Vossischen Zeitung Nr. 124, 30. 5. 1926.
Erste Buchausgabe: Ein Bauer aus dem Taunus und andere Geschichten. Propyläen Verlag Berlin 1927